MARKUS RAFAEL ACKERMANN

Der Jurist Johannes Reuchlin (1455 – 1522)

Schriften zur Rechtsgeschichte

Heft 77

Der Jurist Johannes Reuchlin
(1455 – 1522)

Von

Markus Rafael Ackermann

Duncker & Humblot · Berlin

Die Deutsche Bibliothek – CIP-Einheitsaufnahme

Ackermann, Markus Rafael:
Der Jurist Johannes Reuchlin (1455 – 1522) / von Markus Rafael Ackermann. – Berlin : Duncker und Humblot, 1999
(Schriften zur Rechtsgeschichte ; H. 77)
Zugl.: Heidelberg, Univ., Diss., 1998
ISBN 3-428-09793-9

D 16

Fotoprint: Werner Hildebrand, Berlin
Printed in Germany

ISSN 0720-7379
ISBN 3-428-09793-9

Gedruckt auf alterungsbeständigem (säurefreiem) Papier
entsprechend ISO 9706 ♾

Vorwort

Die vorliegende Arbeit zum Juristen Johannes Reuchlin wurde von der Juristischen Fakultät der Ruprecht-Karls-Universität in Heidelberg als Dissertation angenommen. Für die Drucklegung ist die erschienene Literatur bis Ende 1998 berücksichtigt worden.

Ich danke allen, die mich beim Verfassen dieser Studie unterstützten. Mein ganz besonders herzlicher Dank gilt meinem Lehrer Prof. Dr. Dr. h. c. Adolf Laufs, der das Entstehen der Arbeit stets engagiert betreut hat. Ohne die Unterstützung durch das Frankfurter Graduiertenkolleg „Europäische mittelalterliche Rechtsgeschichte, neuzeitliche Rechtsgeschichte und juristische Zeitgeschichte", dem ich 1994-1996 als Kollegiat und Stipendiat angehörte, wären die zahlreichen Archivstudien, auf welchen die Arbeit aufbaut, nicht möglich gewesen. Dafür und für die kritische Begleitung beim Verfassen der Arbeit danke ich insbesondere den Kollegiaten sowie dem Leitungsgremium des Graduiertenkollegs, namentlich Frau Professorin Regina Ogorek sowie den Herren Professoren Hans-Peter Benöhr, Gerhard Dilcher, Bernhard Distelkamp, Joachim Rückert und Michael Stolleis.

Den Herren Dr. Gerald Dörner und Matthias Dall'Asta von der Pforzheimer Reuchlin-Forschungsstelle danke ich für zahlreiche Anregungen und Hinweise. Dr. Gerald Dörner, Malte Hohn und Stephanie Wilhelm, M. A. haben einzelne Kapitel der Arbeit gelesen und korrigiert; dafür schulde ich ebenfalls großen Dank. Reuchlins Heimatstadt Pforzheim danke ich dafür, daß sie die Drucklegung meiner Arbeit durch einen großzügigen Druckkostenzuschuß unterstützte.

Heidelberg, den 16. Januar 1999 *Markus R. Ackermann*

Inhaltsübersicht

Inhaltsverzeichnis

Kapitel 5

Reuchlin als Gutachter 149

Kapitel 6

Der Streit um den Augenspiegel 178

Kapitel 7

Der Vocabularius Breviloquus 200

Abkürzungsverzeichnis

1. Archive

ADL	Archives Départementales de Loiret (Orléans)
AGOP	Archivum Generale Ordinis Praedicatorum (Rom)
BayHStA	Bayerisches Hauptstaatsarchiv (München)
FÖWA	Fürstlich Oettingen-Wallersteinsches Archiv (Harburg)
GLA	Generallandesarchiv (Karlsruhe)
HHSTA	Haus-, Hof- und Staatsarchiv (Wien)
HStA	Hauptstaatsarchiv (Stuttgart)
LHA	Landeshauptarchiv (Koblenz)
StA	Staatsarchiv
StadtA	Stadtarchiv
TLA	Tiroler Landesarchiv (Innsbruck)

2. Datumsbezeichnungen

Aftermo.	Dienstag
Cath.	Cathedra
Joh. Bapt.	Johannes Baptiste
Kr. Invent.	Kreuztag Inventionis
Mis. Dom.	Misericordia Domini

3. Sonstige

a.	auch
Abt.	Abteilung
Bd.	Band
Best.	Bestand

Bü	Büschel
C.	Codex
D.	Digesten
Dr.	Doktor
f.	folgende
ff.	folgende (Plural)
fl.	Gulden
fol.	folio
GHA	Geheimes Hausarchiv
hl.	heilig(e)
HU	Hausurkunde
ibid.	ibidem
KÄA	Kurbayern Äußeres Archiv
KU	Kurpfalz Urkunde
n.	nach
Nr.	Nummer
o.	ohne
r	(hochgestellt) recto
RKG	Reichskammergericht
Rn.	Randnummer
Rnn.	Randnummern
S.	Seite
s.	siehe
s. d.	ohne Datum
St.	Sankt
Tit.	Titel
U	Urkunde
u.	und
u. a.	unter anderem
v	(hochgestellt) verso
v.	von

VI	Liber Sextus
X	Liber Extra
Z.	Zeile
z. B.	zum Beispiel

Kapitel 1

Einleitung

Am 5. März 1520 hielt der Ingolstädter Professor Johannes Gusubel eine Rede, mit welcher er den jüngst an die Universität zu Ingolstadt gekommenen Johannes Reuchlin als Lehrer für Hebräisch und Griechisch begrüßte und vorstellte[1]. Gusubel bezeichnete in dieser Rede Reuchlin als *vir literatissimus* und als *humanissimus Capnion noster*[2]. Obwohl der zu diesem Zeitpunkt bereits 65jährige Reuchlin vielfältig als Jurist gewirkt hatte, erwähnt Gusubel in seiner Lobrede auf Reuchlin dessen juristische Tätigkeit mit keinem Wort.

Auch heute noch wird mit dem Namen Johannes Reuchlin nicht unmittelbar dessen juristische Tätigkeit assoziiert. Johannes Reuchlin hat als humanistisch gebildeter Gelehrter mit seiner hebräischen Grammatik, mit seinem Wörterbuch *De rudimentis hebraicis* von 1506 und mit seinen beiden kabbalistischen Werken *De verbo mirifico* von 1494 und *De arte cabalistica* von 1517 die christliche Hebraistik in Deutschland begründet[3]. Als Griechischkundiger hat er darüber hinaus als erster das Studium der griechischen Sprache in Deutschland angeregt[4]. Diese philologischen Leistungen Reuchlins wurden je und je anerkennend hervorgehoben[5], und schon Reuchlin selbst hat in einer Beschreibung

---

[1] Die Rede v. *ante diem III. Nonas Martias MDXX* wurde später gedruckt, s. Bibliographie; Reuchlin wurde wohl schon 1519 berufen, s. d. Brief an Willibald Pirkcheimer v. 29. Dez. 1519, Briefwechsel S. 322 (Regest).

[2] Gusubel, J., Oratio fol. A ii^{r} u. B iii^{v}.

[3] Zu Reuchlins Werken und den ersten Editionen in der im Text genannten Reihenfolge Benzing, J., Bibliographie S. 24 f. [Nrr. 90-91], S. 5 f. [Nrr. 23-28] u. S. 28 f. [Nrr. 99-105]; ein weiteres, nicht unbedeutendes Werk zur hebräischen Sprache von Reuchlin ist *De accentibus et orthographia linguae hebraicae* von 1518, Benzing, J., Bibliographie S. 30 [Nr. 106]; zur Bedeutung Reuchlins für die Hebraistik Kluge, O., Die hebräische Sprachwissenschaft S. 81 ff. Eine Übersicht über die neuere Literatur findet sich bei Rhein, S., Reuchliniana II S. 287 ff., Ergänzungen dazu idem, Reuchliniana III S. 312 ff.

[4] Neuere Forschungen werden vorgestellt bei Rhein, S., Reuchliniana II S. 290 ff., Ergänzungen idem, Reuchliniana III S. 305 f.

[5] Als Begründer der Griechischstudien in Deutschland ist Reuchlin schnell anerkannt worden; neben der schon erwähnten Rede von Gusubel sei hier als Beleg noch angeführt die Germanograecia von Martin Crusius, s. dazu Ludwig, W., Das Geschenkexemplar S. 57 f.

seiner bedeutendsten Leistungen besonders auf diese philologischen Verdienste hingewiesen[6].

Reuchlins überragende Leistungen in diesem Bereich bewirkten, daß der Jurist Reuchlin nur geringes Interesse zu wecken vermochte. Neben dem Umstand, daß Reuchlin auf diesen Gebieten als Begründer neuer Wissensrichtungen wirkte, wird bei der Bevorzugung des Hebraisten und des Gräzisten in der wissenschaftlichen Beschäftigung mit Reuchlin eine erhebliche Rolle gespielt haben, daß seine philologischen, kabbalistischen und theologischen Ideen durch Publikationen eine größere Verbreitung und Kenntnisnahme erfahren haben, als sein juristisches Wirken. Während die gedruckten Werke Reuchlins über die Jahrhunderte hinweg einem größeren Kreis Interessierter leicht zugänglich waren, ist der Jurist Reuchlin fast nur über eingehende archivalische Studien sichtbar zu machen, denn als Rechtspraktiker hat Reuchlin keine theoretischen Schriften über rechtliche Probleme verfaßt; das gelegentlich in der Literatur erwähnte, von Reuchlin angeblich verfaßte Einführungswerk in das Zivilrecht konnte nicht aufgefunden werden[7]. Allein das Gutachten zum jüdischen Schrifttum und der Augenspiegel, der jenes enthält, stellen juristische Werke dar, welche einer rechtshistorischen Analyse zugänglich sind. Die große, immer noch wertvolle Biographie Reuchlins von Ludwig Geiger wendet sich dementsprechend dem Juristen Reuchlin nicht in ausreichendem Umfange zu, und das Urteil von Johannes Haller, daß die Schrift Geigers „in mehr als einer Hinsicht ungenügend" sei[8], gilt in besonderem Maße für dessen Analyse des juristischen Wirkens Reuchlins. Daraus dürften die grundsätzlichen Fehleinschätzungen der Bedeutung der juristischen Tätigkeit Reuchlins resultieren, wie sie beispielsweise jüngst bei Constantin Fasolt zu finden ist, der in einem rechtshistorischen Beitrag die Behauptung aufstellt, Reuchlin habe zwar die Rechte studiert, in einer juristischen Tätigkeit aber keine Lebensaufgabe gesehen[9].

Freilich wurden die juristischen Verdienste Reuchlins nicht zur Gänze vergessen. Der landesgeschichtlichen Forschung war der Rat und Bundesrichter Reuchlin stets präsent, ohne daß sie jedoch gezielte Untersuchungen zu diesem

---

[6] So a. E. v. De arte cabalistica fol. LXXX^{r}: *Animadvertunt nimirum quod ego primus omnium Graeca in Germaniam reduxi, et primus omnium ecclesiae universali artem et studia sermonis Hebraici condonavi atque tradidi [...].*

[7] Daß Reuchlin ein solches verfaßte, geht auf Melanchthons Rede über Eberhard i.B. zurück, s. Klaiber, J., Johannes Reuchlin's Beziehungen S. 122; auch die Beteiligung Reuchlins an der Ausarbeitung des Tübinger Stadtrechtes von 1493, wie sie bei Schanz, W., Das Tübinger Stadtrecht S. 107 Fn. 459 erwogen wird, muß auf der Ebene eines Verdachtes bleiben.

[8] Haller, J., Die Anfänge S. 89*.

[9] Fasolt, C., Visions S. 38.

Aspekt Reuchlinschen Schaffens hervorgebracht hätte[10]. Auch das gedruckte Gutachten zum jüdischen Schrifttum sowie der Augenspiegel waren bisweilen Gegenstand der Forschung von Historikern und von Rechtshistorikern[11].

Neuerdings hat sich die Situation insbesondere durch die vorbildliche, kompetente und intensive Wiederbelebung der Reuchlin=Forschung durch die Stadt Pforzheim geändert. Mit mittlerweile vier internationalen Kongressen in Pforzheim zu einzelnen Problemkreisen Reuchlinschen Wirkens wurden gewichtige neue Ergebnisse nicht nur zum Hebraisten und Graezisten Reuchlin hervorgebracht. Hatte sich der erste Reuchlin Kongreß unter dem Titel „Reuchlin und die Juden" 1991 in bezug auf den Juristen Reuchlin wiederum hauptsächlich mit Reuchlins Gutachten und Augenspiegel befaßt, brachte die zweite Reuchlin Tagung 1994 mit Vorträgen zu „Reuchlin und die politischen Kräfte seiner Zeit" neue Erkenntnisse und Aspekte zum Rat und Richter Reuchlin hervor[12].

Das Ziel der hier vorliegenden Arbeit ist, die juristische Tätigkeit Reuchlins darzustellen und zu untersuchen, um die aufgezeigte Lücke etwas zu verkleinern und damit den spätmittelalterlichen Juristen im politisch-gesellschaftlichen Umfeld seiner Zeit zu beschreiben. Dazu wurden zunächst durch intensive Recherchen in Archiven die bislang schmale Basis der zeitgenössischen Quellen erweitert und neue Fragmente zum Wirken des Juristen Reuchlin ermittelt. Zur Erschließung der neuen Quellen wurde mit zahlreichen Archiven in Europa korrespondiert und in folgenden Einrichtungen Originalquellen studiert: StA Augsburg, StadtA Augsburg, StA Bamberg, StadtA Frankfurt a. M., FÖWA Harburg, GLA Karlsruhe, LHA Koblenz, StA Ludwigsburg, BayHStA München, GHA München, AGOP Rom, StadtA Schwäbisch Hall, HStA Stuttgart, StadtA Ulm, AS Vatikan und HHStA Wien. In erheblichem Umfang konnte

[10] Stievermann, D., Johannes Reuchlin S. 31.

[11] Mit Ausnahme von Guido Kisch beachteten die Rechtshistoriker Reuchlin wenig; Laufs, A., Johannes Reuchlin S. 297 weist mit Bedauern auf das Fehlen Reuchlins in den Registern von rechtshistorischen Standardwerken hin; von den ebenda Fn. 7 aufgezählten Werken wäre Reuchlin jedenfalls in dem Werk von Franz Wieacker zu erwarten gewesen, das als ein *Versuch zur Erfassung der Wirkungen des rechtswissenschaftlichen Bewußtseins auf die soziale Wirklichkeit angelegt* (S. 8) ist; Reuchlin wird als Jurist kurz erwähnt bei Kroeschell, K., Deutsche Rechtsgeschichte, Bd. 2, S. 242 f. Neuerdings findet sich ein umfaßender Überblick über den Juristen Reuchlin in Laufs, A., Rechtsentwicklungen S. 72 ff.

[12] Ein Band mit den Vorträgen ist soeben erschienen; von besonderem Interesse für den Juristen Reuchlin sind die Beiträge von A. Laufs, D. Stievermann, H. Carl, W. Trusen, U. Friedrich u. H. Angermeier. Ich danke einem Teil dieser Referenten, daß sie mir ihre Manuskripte schon vor der Drucklegung zugänglich machten; der Vortrag von H. Angermeier über Reuchlin, Württemberg und das Reich war bereits vorab in einer Zeitschrift veröffentlicht worden; einen Überblick über die rechtshistorisch interessanten Ergebnisse der Tagung bei Reiling, E., Reuchlin und die politischen Kräfte seiner Zeit S. 730 f. Der dritte Kongreß beschäftigte sich 1996 mit „Reuchlin und Italien", die Tagung von 1998 mit „Reuchlin im Augenspiegel seiner Zeit".

dabei neues Archivmaterial zu Johannes Reuchlin aufgefunden werden, wobei indessen betont werden muß, daß aufgrund der für die Personenforschung oftmals unzureichenden Erschließung der Archivbestände möglicherweise nicht alle Dokumente aufgespürt werden konnten. Die aufgefundenen Quellen bieten oftmals nur Schlaglichter auf einzelne Bereiche des juristischen Wirkens Reuchlins, die sich nicht immer lückenlos aneinanderfügen lassen. Die bisweilen sehr fragmentarische Überlieferungssituation führt dazu, daß nicht an jeder Stelle des Juristenportraits die einzelnen Steine zu einem vollständigen Mosaik zusammengesetzt werden können.

Die Sichtung der Quellen und die Ordnung des Stoffes orientiert sich an Reuchlins juristischen Tätigkeiten, so daß viele Aspekte von Reuchlins Leben und Werk unbeachtet blieben. Die von Humanismus- und Reuchlinforschern erwünschte Arbeit, die Reuchlin umfassend strukturgeschichtlich in den humanistischen Zusammenhang stellt, war nicht das Ziel[13]; eine derartige Studie wird sinnvoll erst möglich sein, wenn die Neuedition des Reuchlinschen Briefwechsels, die im Rahmen eines Forschungsvorhabens der Heidelberger Akademie der Wissenschaften erfolgen wird, abgeschlossen ist. Dementsprechend blieben auch Überlegungen zu den Ordnungsvorstellungen Reuchlins, wie sie sich beispielsweise aus dessen kabbalistischen Werken ergeben, unberücksichtigt.

In neuerer Zeit ist es aktuell geworden, verstärkt personengeschichtliche Studien zu betreiben[14]. Nach einer Zeit der Institutionen- und der darauffolgenden Sozialgeschichte der Massen, die einzelbiographische Forschungen ablehnte, tritt nun der Einzelne wieder in das Interesse der Forschung, ohne daß dessen Erforschung Selbstzweck wäre[15]. Wie sich am Beispiel der Ratsforschung zeigt, sind die im ausgehenden Mittelalter sich langsam festigenden Institutionen in ihrer Bedeutung am besten über die Erforschung ihrer Mitglieder zu erfassen: So trat im späten Mittelalter der Rat als Institution immer noch hinter seine Mitglieder zurück, so daß das Ratswesen des 15. Jh. nicht verständlich wird, wenn die einzelnen Mitglieder nicht markant hervortreten. Nur über die Detailforschung kann hier ein Gesamtbild entstehen. Die Arbeit zu Reuchlin soll in diesem Sinne auch eine Detailstudie sein, die mit weiteren einmal hilfreich sein kann, die Zusammenhänge des 15. und des 16. Jahrhunderts besser zu verstehen.

[13] Zu diesem „Desiderat" s. Heribert Smolinsky in der Rezension der Neuedition der Reuchlin-Festgabe von 1955, in: Wolfenbütteler Renaissance Mitteilungen, Jg. 20 (1996), S. 88-90, S. 89 f.

[14] Schulten, G., Entstehung S. 60 f. u. S. 88.

[15] S. dazu die Publikation von Gradmann, Chr., Geschichte, Fiktion und Erfahrung S. 1 ff.

Eine wichtige Methode jeglicher Forschung ist der Vergleich, der jedoch nur auf einer ausreichenden Vergleichsgrundlage möglich ist. Da diese bei der Erforschung des späten Mittelalters nicht ausreichend gegeben ist, ist es bei der Studie über den Juristen Reuchlin oft schwierig, Aussagen zu treffen, die über das Deskriptive hinausgehen. So fehlt beispielsweise bislang eine Studie, die eingehend das tatsächliche Funktionieren des Schwäbischen Bundesgerichtes untersucht und darstellt. Diese Lücke kann mit der Arbeit nicht geschlossen werden. Da die biographisch angelegte Arbeit nicht das komplette Umfeld des Untersuchungsgegenstandes konstruieren kann, mußten viele Aussagen sehr behutsam formuliert wurden; weitere Detailstudien, die das Reuchlinsche Umfeld deutlicher erkennen lassen, werden hinkünftig deutlichere Urteile erlauben.

Kapitel 2

Reuchlins Studienjahre

Johannes Reuchlin wurde am 29. Januar 1455 in Pforzheim geboren[1]. Diese landesherrliche Stadt, in welcher der Markgraf von Baden residierte, hatte damals etwa 3000 bis 4000 Einwohner[2]. Seine Eltern waren der Pforzheimer Bürger Georg Reuchlin und dessen Ehefrau Elisabeth, eine geborene Eck[3]. Neben einem Bruder hatte er wahrscheinlich zwei Schwestern[4]. Sein Vater war weltlicher Verwalter des Dominikanerklosters zu St. Stefan in Pforzheim.

Die erste Schule, die Reuchlin besuchte, war die Lateinschule in Pforzheim[5], welche im 15. und 16. Jahrhundert zu den bedeutendsten Schulen am Oberrhein gehörte[6]. Wie Philipp Melanchthon überliefert, war sie auch stets die am stärksten besuchte Schule dieser Region[7]. Dort lernte Reuchlin mittels lateinischer Texte lesen und schreiben sowie die Grundbegriffe der Grammatik, Logik und Rhetorik. Obendrein standen täglich zwei Stunden Unterricht in Gottes- und Chordienst auf dem Lehrplan[8]. Zusammen mit Reuchlin dürften auch der spätere badische Kanzler Adam Frey und Johann Unger die Pforzheimer Lateinschule besucht haben[9]. Ungers Schüler Melanchthon berichtet in seiner Rede über Johannes Reuchlin, daß dieser wegen seiner schönen Stimme zudem mit dem markgräflichen Hofe in Verbindung stand[10].

Mit fünfzehn Jahren verließ Reuchlin seine Heimatstadt und bezog die wenige Jahre zuvor begründete Universität Freiburg im Breisgau. Ausweislich der

---

[1] Lange Zeit galt der 22. Februar 1455 als Geburtsdatum; dieses Datum wurde neuerdings korrigiert, s. Rhein, S., Reuchliniana I S. 277 f.

[2] Sexauer, O., Pforzheim S. 158.

[3] Decker-Hauff, H., Bausteine S. 84 f.

[4] Eine genealogische Tafel findet sich bei Decker-Hauff, H., Bausteine S. 107.

[5] Geiger, L., Johann Reuchlin S. 7.

[6] S. Rhein in: Johannes Reuchlin Phorcensis S. 40.

[7] Nach Sexauer, O., Pforzheim S. 165, Melanchthon berichtet dies in seiner Rede De Capnione Sp. 1001.

[8] Zum Inhalt des Unterrichts an der Lateinschule s. S. Rhein in: Johannes Reuchlin Phorcensis S. 42.

[9] Sexauer, O., Pforzheim S. 166; Johann Unger war später der Lehrer Melanchthons in Bretten.

[10] Melanchthon, Ph., De Capnione Sp. 1001.

Universitätsmatrikel wurde er dort am 19. Mai 1470 aufgenommen[11]. Durch die Inskription in diese Matrikel erwarb Reuchlin die Mitgliedschaft zur Universität, die ihm das akademische Bürgerrecht verlieh und an einigen Privilegien teilhaben ließ[12]. Aber die Einschreibung in die Matrikel brachte für Reuchlin auch gewichtige Pflichten mit sich. Wer sich an der Universität in Freiburg immatrikulierte, mußte zunächst eine Gebühr bezahlen; da nur die Kinder der dortigen Lehrer und die *Pauperes* davon befreit waren, wird auch Reuchlin seinen Beitrag entrichtet haben[13]. Neben dieser Geldzahlung mußte mit der Aufnahme in die Matrikel der neu eingeschriebene Student auch einen Eid leisten, sofern er nicht minderjährig war. Minderjährig in bezug auf die Eidesleistung waren die Studenten bis zum 14. Lebensjahr, so daß der im Alter von fünfzehn in Freiburg ankommende Reuchlin den in den Statuten vorformulierten Eid ablegen mußte[14]. Mit diesem Eid versprach er, dem Rektor der Universität zu gehorchen, die Statuten zu beachten, die Einheit und Eintracht der hohen Schule zu befördern und schließlich dem Hause Österreich die Treue zu halten[15]. Zur Ermahnung wurden die Statuten den Studenten jährlich vorgelesen[16]. An welcher Fakultät Reuchlin in Freiburg studierte, ist nicht überliefert. Da im Spätmittelalter zur Vorbereitung eines Studiums an den oberen Fakultäten jedoch meist ein abgeschlossenes Studium der freien Künste Voraussetzung war, hat Reuchlin höchstwahrscheinlich an der Freiburger Artistenfakultät seine Universitätsstudien aufgenommen[17].

Wie lange Reuchlin in Freiburg studierte, ist nicht bekannt; einen akademischen Grad erwarb er dort wohl nicht. Unter den Studienkollegen Reuchlins befanden sich unter anderem Dietrich von Plieningen, mit dem er in langer Freundschaft und durch seine spätere juristische Tätigkeit verbunden blieb[18].

Seine früh geknüpften Beziehungen zum markgräflichen Hof ermöglichten es ihm, den drei Jahre jüngeren Friedrich von Baden nach Paris zu begleiten[19].

---

[11] Mayer, H., Die Matrikel S. 46: *Johannes Reuchlin de Pforzen 19. Maii.*

[12] Mayer, H., Die Matrikel S. XXVI ff.

[13] Zur Einschreibegebühr und zur Befreiung von dieser Pflicht s. Mayer, H., Die Matrikel S. XLIX ff.

[14] Mayer, H., Die Matrikel S. XLVIII und S. LXXXVII; diese Regel ist wohl beeinflußt durch Decr. II, 22, 5, 15: *Pueri ante annos quatuordecim non cogantur jurare.*

[15] Der Text des Eides ist abgedruckt bei Mayer, H., Die Matrikel, S. 1 f.

[16] Mayer, H., Die Matrikel S. XLVII.

[17] Zum Teil war ein abgeschlossenes Studium an einer Artistenfakultät Zulassungsvoraussetzung für das Studium an einer oberen Fakultät, Burmeister, K. H., Das Studium S. 183. Über das Lehrprogramm des Triviums an Artistenfakultäten ausführlich Grubmüller, K., Der Lehrgang S. 372 ff.

[18] S. Adelmann, F., Dietrich von Plieningen S. 34 f.

[19] Geiger, L., Johann Reuchlin S. 8 f.; Fouquet, G., Das Speyerer Domkapitel S. 325, dort ebenfalls eine kurze Biografie von Friedrich von Baden; in einem Brief an Jakob

Der Sohn des Markgrafen war schon 1466 in die Freiburger Universitätsmatrikel aufgenommen worden[20], und nun wollte er seine Studien in Paris fortsetzen[21]. Es existieren keine Quellen, die ein Studium Reuchlins an der Sorbonne belegen. Jedoch geht aus einem 1513 an Jakob Faber verfaßten Brief Reuchlins hervor, daß er seinen Pariser Aufenthalt zu Studienzwecken nutzte. Er berichtet, daß er in Paris von dem Professor der Artistenfakultät Johannes Heynlin von Stein Grammatikunterricht erhielt und bei Wilhelm Tardivus und Robert Gaguin Rhetorik studierte[22]. Obendrein erwarb er sich bei Gregorios Tiphernas in Paris seine ersten Griechischkenntnisse[23].

Doch bereits ein Jahr darauf kehrte Reuchlin nach Deutschland zurück, wo er sich in der Zeit zwischen dem 1. Mai und dem 17. Oktober 1474 in Basel in die Matricula facultatis artium aufnehmen ließ[24]. Die Universität in Basel war 1460 nach den Vorbildern Bologna, Pavia und insbesondere Erfurt gegründet worden[25]. Als Reuchlin die dortige Hochschule unter dem Rektorat des Johannes von Berwangen bezog[26], war diese noch ganz der scholastischen Lehrmethode und -verfassung verpflichtet[27]. Dennoch ist schon seit Gründung der Universität durch die intensiven Verbindungen nach Italien ein starker Einfluß des italienischen Humanismus in Basel zu verzeichnen[28].

Die Artistenfakultät, in deren Matrikel Reuchlin sich einschrieb, war die rangniedrigste Fakultät der Baseler Universität[29]. Neben den Fächern der artes liberales sollten an dieser Fakultät den Scholaren auch die scholastischen Argumentationsmethoden vermittelt werden[30]. Zur Zeit von Reuchlins Eintritt in

---

Faber v. 31. Aug. 1513 schreibt Reuchlin: *in vestra Gallia ex discipulis Gregorii Tiphernatis adulescens Parisii acceperam anno Domini 1473 [...] cum essem e familia Marchionis Friderici Prinicipis Badensis.* Briefwechsel S. 199; Jakob Faber (1450-1536) studierte bei Hermonymos in Paris Griechisch, später war er Professor in Paris, dann Bischof von Meaux.

[20] Mayer, H., Die Matrikel S. 37.

[21] Er erwarb allerdings dort keinen Abschluß, s. Fouquet, G., Das Speyerer Domkapitel S. 325; zum Aufenthalt von Friedrich in Paris s. Samaran, C. et al., Liber Procuratorum Spp. 239-241.

[22] Brief an Jakob Faber in Briefwechsel S. 198 f. (31. Aug. 1513); zu den Lehrern in Rhetorik s. Geiger, L., Johann Reuchlin S. 11. Zu Heynlin s. u. bei Fn. 45.

[23] Geiger, L., Johann Reuchlin S. 14.

[24] Wackernagel, H. G., Die Matrikel S. 127: *Johannes Roeuchlin de Pfórtzen VI ß.*

[25] Bonjour, E., Die Universität Basel S. 49.

[26] Wackernagel, H. G., Die Matrikel S. 127.

[27] Bonjour, E., Die Universität Basel S. 82.

[28] Bonjour, E., Die Universität Basel S. 94.

[29] Bonjour, E., Die Universität Basel S. 150.

[30] Schroeder, K.-P., Sebastian Brant S. 1907.

die Artistenfakultät war es an dieser möglich, sowohl nach der *via antiqua*, als auch nach der *via moderna* zu studieren.

Die beiden *viae* standen zu Reuchlins Baseler Zeit in lebhafter Konkurrenz und spalteten die gesamte Fakultät bis hin zu den Bursen, in welchen die jungen Studenten wohnten. Den Ausgangspunkt nahm die Rivalität schon in der Mitte des 14. Jahrhunderts zu Paris, wo durch die immer vorherrschender werdende okkamistische Philosophie eine gewisse Neuorientierung an der Artistenfakultät stattfand. Mit der Aufnahme der zunächst in Frankreich etablierten Haltung an deutschen Universitäten wurde die gleichbedeutende Bezeichnung *via moderna* geläufig[31]. Dagegen stand die *via antiqua*, welche in ihren Grundzügen auf die hochmittelalterliche scholastische Lehre Thomas von Aquins zurückgeführt wurde[32]. Im Kern war es eine Auseinandersetzung um erkenntnistheoretische Grundlagen und um Methoden der Textinterpretation[33], die weit zurückreichende Wurzeln hatte[34]. Aus Sicht der damaligen Streitgegner waren insbesondere die unterschiedlichen Antworten auf die Frage nach der Bedeutung der Universalien der Grund der Auseinandersetzung[35]. Nach der von den Realisten weiterentwickelten thomistischen Auffassung war es möglich, das Wesen der Dinge mit Allgemeinbegriffen zu erfassen. Dementsprechend versuchten die Anhänger der *via antiqua* durch Textinterpretationen Erkenntnisse über die Dinge zu erwerben. Dagegen vertraten die an Wilhelm von Ockham anschließenden Nominalisten die Meinung, daß nicht die Dinge, sondern die Zeichen der Erkenntnisgegenstand bei der Textauslegung seien[36]. Diese hier scharf konturierten Differenzen wurden jedoch im Laufe der Zeit immer geringer, und der Streit nährte sich im wesentlichen aus gegenseitigen Mißverständnissen und künstlich überspitzten Gegensätzen[37]. In Paris war der Streit zwischen diesen beiden Richtungen 1473 an seinem Höhepunkt angelangt, als Reuchlin die Stadt verließ[38]. Die Nominalisten hatten dort seit 1407 mit dem allmählichen Verfall an der Universität an Boden verloren[39]. Im Zuge einer allgemeinen Unzufriedenheit mit der überspitzt scholastischen *via moderna*, welche die deutschen Universitäten des 15. Jahrhunderts beherrschte, wurde von

---

[31] Hoffmann, F., Nominalismus Sp. 877.

[32] Genau gesagt gibt es drei Wege, die unterschieden werden können; als dritter Weg spielt die auf Duns Scotus zurückgehende Lehre hier jedoch keine Rolle.

[33] Ritter, G., Studien S. 21 u. 38.

[34] Kurzer Überblick über die Entwicklungen bei Hoffmann, F., Nominalismus Spp. 877 ff.

[35] Ritter, G., Studien S. 69.

[36] Ritter, G., Studien S. 21. Eine gute Darstellung der Philosophie von W. von Ockham bei Copelston, F. C., Geschichte S. 219-243.

[37] Ritter, G., Studien S. 100.

[38] Ritter, G., Studien S. 31 ff.

[39] Ritter, G., Studien S. 31 f.

einem wiedererstarkende Thomismus[40] die *via antiqua* wieder propagiert und erneut als die grundlegende Methode eingeführt[41]. In Paris griff sogar der König in den Streit ein und belegte die *via moderna* 1473 mit einem königlichen Verbot[42]. In Deutschland scheiterte zwar der Versuch der Wiederbelebung des hochscholastischen Systems letztlich, aber zeitweise war dieser Versuch Anlaß heftiger Auseinandersetzungen[43]. So waren beispielsweise in Basel die Lehrstühle der Artistenfakultät zu Beginn allein mit Vertretern der *via moderna* besetzt worden[44]. Diese Einheitlichkeit wurde erst durch die Aufnahme der drei Realisten Johannes Künitz, Theobald Rasoris und Johannes Heynlin von Stein zerstört, die alle schon zuvor in Paris gewirkt hatten[45]. Unter dem Einfluß des gemäßigten Realisten Heynlin wurden nach einigem Streit 1465 in die Statuten Regelungen aufgenommen, die das friedliche Nebeneinander der beiden Wege in Basel festlegten[46], ohne einen wesentlichen Niederschlag im Lehrstoff zu haben[47]. Die neuen Regelungen erlaubten den Studenten die freie Wahl zwischen den Richtungen[48]. Reuchlin entschied sich für ein Studium der Künste nach der *via moderna* und nicht nach dem unter anderem mit seinem ehemaligen Lehrer Johannes Heynlin neu aus Paris kommenden Realismus[49]. Über sein Baseler Studium schrieb Reuchlin 1518 im Rückblick deshalb, er habe dort „die grobe und ungebildete Philosophie des vorigen Jahrhunderts" studiert[50].

---

[40] Ritter, G., Studien, passim nennt diese Strömung gelegentlich Neu-Thomismus.

[41] Ritter, G., Studien S. 98 f.

[42] Ritter, G., Studien S. 35.

[43] Ritter, G., Die geschichtliche Bedeutung S. 410.

[44] Vischer, W., Geschichte der Universität Basel S. 141.

[45] Vischer, W., Geschichte der Universität Basel S. 143; Bonjour, E., Die Universität Basel S. 87 und speziell zum Berühmtesten der drei Scarpatetti, B. M. v., Heynlin Sp. 1213.

[46] Bonjour, E., Die Universität Basel S. 87 f.

[47] Ritter, G., Studien S. 91.

[48] Jedoch war die Wahl nicht ganz frei; die Bursen waren auch jeweils Anhänger eines Weges, so daß je nach aufnehmender Burse schon eine Entscheidung vorgegeben war.

[49] In der Literatur ist streitig, ob der Nominalismus humanismusfeindlich ist; wie Ritter, G., Studien S. 70 f. und S. 115-131 darlegt, spielte sich der Streit um *via moderna* und *via antiqua* auf einer Ebene ab, auf der sich der Humanismus nicht befand, so daß sich jeweils beide Wege gut mit dem Humanismus verbinden konnten. Es ist somit auch nicht verwunderlich, daß Reuchlin sich als Nominalist mit seinem realistischen Lehrer Heynlin so gut verstand, s. Ritter ibid. S. 127 Fn. 1 mit Allegation der Gegenstimmen.

[50] S. die Vorrede zu De Accentibus et Orthographia linguae Hebraicae: *[...] dum asperam et rudem seculi superioris philosophiam apud Rauracos meditor, [...].* Die zitierte Übersetzung bei Rhein, S., Johannes Reuchlin (1455-1522), S. 61, der lateinische Text ebenda S. 62.

Unter dem Dekanat von Johannes Ulrich Surgant erwarb Reuchlin 1474 das Baccalaureatus artium (via moderna)[51]. Dazu mußte er nach den Statuten einen genau festgelegten dreisemestrigen Studienplan befolgen, der Vorlesungen und Übungen in Grammatik nach der Ars des Aelius Donatus, Logik, Rhetorik und naturwissenschaftliche Themenbereiche enthielt[52]. Wichtige Grundlage waren dabei die Werke des Aristoteles, die in lateinischen Übersetzungen vorlagen[53]. Da Reuchlin die Bakkalarswürde nach wenigen Monaten in Basel erhielt, ist davon auszugehen, daß er bereits in Freiburg und Paris artistische Studien betrieben hatte und daß diese in Basel anerkannt wurden[54].

Nach dem Erwerb des Bakkalars bereitete sich Reuchlin weiter auf den Magister Artium vor, für den drei weitere Semester Studium vorgeschrieben waren[55]. Nachdem sich Reuchlin dementsprechend mit Physik, Ethik und Metaphysik beschäftigt hatte[56], erwarb er unter dem Dekan Konrad Wölfflin und dem Rektor Jakob Lauber oder Jakob Hugo 1477 seinen Magister Artium (via moderna)[57]. Jedoch gehörte zum Erwerb des Grades des Magister Artium nicht allein das Ablegen der Prüfung, sondern zwei weitere Jahre mit Studien und Disputationen waren notwendig, um den Magister zu vervollständigen[58]. Allerdings war es durchaus möglich, von dieser Pflicht befreit zu werden, und da Reuchlin bereits 1477 Basel verließ, hat er wahrscheinlich einen Dispens erhalten. Sowohl nach der Bakkalarsprüfung als auch zur Vorbereitung des Magisters mußten die Scholaren in Basel bereits selbst Vorlesungen halten, was

---

[51] Um den 14. September (Angaria Crucis), s. UB Basel AN II 9 S. 207 f., dort S. 208: *Johannes Röchlin de Pfortzheim obtinuit dispensationem sub forma communi.* S. a. Wackernagel, H. G., Die Matrikel S. 127. Die Angabe 1475 bei Geiger, L., Johann Reuchlin S. 13 ist falsch; ich danke Herrn Dr. G. Dörner (Reuchlin-Forschungsstelle) dafür, daß er die Angaben in Basel nochmals überprüft hat und mir freundlicherweise Abschriften zukommen ließ. Rektor bei Reuchlins B. A. ist v. Berwangen, der dieses Amt bis 17. Okt. 1474 innehatte.

[52] Die Vorschriften in bezug auf das Bakkalarsexamen sind abgedruckt bei Vischer, W., Geschichte der Universität Basel S. 153 f. Zudem mußten Gebühren für die Prüfung entrichtet werden.

[53] Vischer, W., Geschichte der Universität Basel S. 155.

[54] Geiger, L., Johann Reuchlin S. 13 vermutet unbegründet, daß ihm nur das Pariser Studium angerechnet wurde.

[55] Vischer, W., Geschichte der Universität Basel S. 155.

[56] Die Anforderungen zur Magisterprüfung bei Vischer, W., Geschichte der Universität Basel S. 154.

[57] UB Basel AN II 9 S. 63: *Magister Johannes Reuchlin Dispensatum est sub uteriori forma.* S. a. Wackernagel, H. G., Die Matrikel, S. 127. Jakob Lauber war bis 18. Oktober 1477 Rektor der Universität Basel. Auch bei Erwerb des Magisters mußten Gebühren bezahlt werden, Vischer, W., Geschichte der Universität Basel S. 156.

[58] Das sogenannte *Magisterium complere*, s. Vischer, W., Geschichte der Universität Basel S. 156.

Reuchlin mehrfach getan hat[59]. Es ist überliefert, daß er sich 1477 zunächst auf eine Vorlesung über Vergil vorbereitet hatte, eventuell aber zu einer Veranstaltung über Rhetorik wechseln wollte, weil bereits Johannes Gengenbach diese übernehmen wolle[60]. Reuchlins Vorlesungen scheinen durchaus großen Anklang bei seinen Hörern gefunden zu haben: In einem Brief des kaiserlichen Leibarztes Wilhelm Copus an Reuchlin von 25. August 1514 schildert dieser, daß sein Lehrer Johann Heberling bei Reuchlin studiert und daß jener Reuchlin als Lehrer stets gerühmt habe[61].

Reuchlins Lehrer waren der von ihm verehrte Nominalist Adam Kreidenwyß[62], sowie wahrscheinlich Johann Institoris und Jakob Louber, die damals das Amt des Dekans innehatten[63]. In der an seinen Bruder adressierte Vorrede der *Rudimenta Hebraica* teilt Reuchlin mit, daß er sich in Basel nebenbei von dem Griechen Andronikos Kontoblakes Unterricht in griechischer Sprache erteilen ließ[64]. Dieser lobte Reuchlin schon 1477 für dessen gute Griechischkenntnisse und forderte ihn auf, das Griechische als Lehrer weiterzugeben[65]. Auch Reuchlins Pariser Lehrer Johannes Heynlin von Stein war 1474 wieder nach Basel gekommen; allerdings nicht um eine Professur zu übernehmen, sondern um die Stellung eines Predigers anzutreten[66]. Gewiß hat Reuchlin in

---

[59] Geiger, L., Johann Reuchlin S. 16. Reuchlin schreibt selbst in der Vorrede zu seinem Buch *De Accentibus et orthographia linguae Hebraicae* v. 1518, daß er als Lehrer tätig war, der lateinische Text mit deutscher Übersetzung bei Rhein, S., Johannes Reuchlin (1455-1522) S. 61 f.

[60] Die neue Pforzheimer Briefedition datiert wohl auf 1477. Dort auch der nächste Brief, der auf 1477 datiert wird, in welchem er einem Studenten die Gebühr für eine Vorlesung über Vergil erläßt; dann wäre in beiden Briefen wohl von derselben Vergilvorlesung die Rede.

[61] Geiger, L., Johann Reuchlin S. 16; Briefregest in Briefwechsel S. 223 f.

[62] Bonjour, E., Die Universität Basel, S. 65; Kisch, G., Die Anfänge, S. 67; Kreidenwyß wurde in Basel von dem Kanonist Johannes Ursi de Durlach promoviert, der diesen als *tamen indoctus* bezeichnete, s. Kisch ibid., dort wird allerdings Kreidenwyß als Professor der juristischen Fakultät erwähnt, was er etwa zwischen 1475 und 1486 wurde, s. Vischer, W., Geschichte der Universität Basel S. 241; 1464 war auch Johannes Fergenhans Prof. für Dekretalen in Basel, Vischer ebenda S. 239.

[63] Vischer, W., Geschichte der Universität Basel S. 168 f.

[64] Die Vorrede ist datiert auf 7. März 1506, abgedruckt in Briefwechsel S. 88-101, Reuchlin schreibt: *[...] sub Andronico Contoblaca natione Graeco linguam graecam didici [..]* (S. 91); der Lehrer Kontoblakes wird auch in der Vorrede zum dritten Buch erwähnt, Briefwechsel S. 96: *[...] primum ab Andronico Contoblaca [...]*. Bonjour, E., Die Universität Basel S. 96 f. Kontoblakes war vor den vordringenden Türken aus Griechenland zunächst nach Venedig, dann nach Basel geflohen. Neben Kontoblakes gab auch Johannes Wessel Griechischunterricht (und Hebräisch) in Basel, Vischer, W., Geschichte der Universität Basel S. 191, zu Kontoblakes Schmitt, W. O., Eine unbekannte Rede S. 264 ff.

[65] So in dem Brief von 1477, Regest in Briefwechsel S. 5.

[66] Geiger, L., Johann Reuchlin S. 13.

Basel auch Kontakt mit diesem gehabt. In die Zeit von Reuchlins Aufenthalt in Basel fällt auch die Immatrikulation Sebastian Brants, der im Oktober 1475 in die dortige Matrikel aufgenommen wurde[67]. Dieser erwarb dort im Wintersemester 1477/78 das Bakkalareat, woraufhin er in Basel an der Rechtsfakultät weiter studierte[68]. In einem Brief an Reuchlin vom 9. Januar 1484 teilte Brant mit, daß seine Lizentiatenprüfung bevorstehe, die er vermutlich noch im selben Jahr im kanonischen Recht ablegte[69]. Fünf Jahre später, 1489, erwarb Sebastian Brant schließlich den Doktor beider Rechte[70]. Während der gemeinsamen Baseler Zeit war möglicherweise der drei Jahre ältere Reuchlin Brants erster Griechischlehrer[71]. Als Reuchlin Basel verließ, verband die beiden eine Freundschaft, die bis zu Brants Tod lebendig blieb, wie zahlreiche Briefe belegen[72]. Darüber hinaus verfaßte Sebastian Brant für das Reuchlinsche Drama *Henno* von 1496 einen Vorspruch und einen Prolog[73], und mit einem Brief vom 1. Oktober 1495 wurde Reuchlin von Brant gebeten, dessen Sohn Onophryus zu unterrichten[74]. Mit dem in Basel ansässigen Buchdrucker Johann Amerbach stand Reuchlin ebenfalls in freundschaftlichem Austausch[75]. Zudem verbanden geschäftliche Beziehungen die beiden: Die Reuchlinsche Bearbeitung des Vocabularius Breviloquus wurde von Amerbach erstmals 1478 gedruckt und in vier Druckausgaben veröffentlicht[76]. Allerdings ist es schwerlich Reuchlin gewesen, der zur korrigierten Neuauflage des Griechisch-Latein Lexikons des Johannes Crastonus aus der Offizin von Johannes Amerbach als Bearbeiter gewonnen wurde[77].

---

[67] Sébastien Brant, S. 33, Schroeder, K.-P., Sebastian Brant S. 1907, Zeydel, E. H. Johann Reuchlin S. 117 ff.

[68] Sébastien Brant, S. 34; zum Studium Brants s. auch Knape, J., Dichtung.

[69] Auf den Brief weist in diesem Zusammenhang zuerst Knape, J., Dichtung S. 32 hin; der Brief ist datiert: *Quinto Id. Jan. die a.*, Knape datiert ihn somit fälschlich auf den 4. Januar. Regest des Briefes in Briefwechsel S. 38.

[70] Knape, J., Dichtung S. 34 und Schroeder, K.-P., Sebastian Brant S. 1907.

[71] S. Rhein in: Johannes Reuchlin Phorcensis S. 49.

[72] Geiger, L., Johann Reuchlin S. 15, Ergänzungen dazu bei Geiger, L., Fünf Briefe Reuchlins S. 116 ff., dazu Zeydel, E. H., Johann Reuchlin and Sebastian Brant S. 127 ff.

[73] Das Drama erschien im Druck erstmals 1498, s. Benzing, J., Bibliographie S. 11 Nr. 45.

[74] Geiger, L., Johann Reuchlin S. 15; der Brief ist abgedruckt in Briefwechsel S. 48 f.

[75] Geiger, L., Johann Reuchlin S. 15 f.

[76] Benzing, J., Bibliographie S. 1 f. Nrr. 1 (1478), 3 (1480), 4 (1481) u. 5 (1482).

[77] Dies behauptete zunächst Hieronymus, F., Einbandschnipsel S. 76 ff.; Martin Sicherl, der beste Kenner von Reuchlins Handschrift, hat dies aber neuerdings bestritten, s. Sicherl, M., Neue Reuchliniana S. 87 f.

Nachdem Reuchlin vier Jahre in Basel verbracht hatte, ging er 1478 für kurze Zeit abermals nach Paris[78]. Dort war er der Lehrer von Hieronymus Zschekenbürlin[79], der aus einer angesehenen Baseler Familie lombardischer Herkunft stammte[80]. In Paris lehrte seit etwa 1476 als Nachfolger von Gregorios Tifernas Georgios Hermonymos Griechisch, der auch Reuchlin während dessen kurzen Aufenthalts in Paris in dieser Sprache Unterricht erteilte[81]. Die dabei erworbene Schreibfertigkeit war nach Melanchthon ebenso wie der von Reuchlin erteilte Unterricht für Reuchlin eine gute Erwerbsmöglichkeit[82]. Die *Colloquia cottidiana* waren ein wichtiges Hilfsmittel im Griechischunterricht des 15. Jahrhunderts, und Reuchlin hatte bei Hermonymos die Gelegenheit, dessen 1476 nach Paris gebrachtes Exemplar zu kopieren[83]. Von dieser Abschrift Reuchlins wurden von dessen Schülern wiederum Kopien angefertigt, deren weite Verbreitung die große Bedeutung Reuchlins für die Förderung der Griechischkenntnisse im deutschen Sprachraum ermessen läßt[84]. Ebenfalls in der Zeit von 1477-78 hat Reuchlin als Griechischschüler einen Kodex mit Texten zum kirchlichen Gebrauch in Griechisch mit lateinischer Transkription angefertigt und eine kleine Schrift mit dem Titel *De quatuor graecae linguae differentiis* verfaßt[85]. Ebenso wie Andronikos Kontoblakes lobte Georgios Hermonymos seinen Schüler Reuchlin für dessen gute Griechischkenntnisse[86].

---

[78] Reuchlin schreibt in der Vorrede der Rudimenta Hebraica: *[...] quam elapsis inde quatuor annis [...]*, gedruckt in Briefwechsel S. 91; Geiger, L., Ueber Melanthons S. 19 hat zuerst bewiesen, daß Reuchlin von Basel nicht direkt nach Orléans ging; ebenso idem, Johann Reuchlin S. 17.

[79] Geiger, L., Johann Reuchlin S. 17. Auf einen Brief von Hermonymos an *Reuchlin Phorcensi Aurelianas habitanti* vom 8. Febr. 1478 wird die Behauptung gestützt, daß die zweite Reise nach Paris über Orléans führte, S. Ridder-Symoens, H. d. et al., Premier livre S. 100; neuerdings wird der Brief jedoch auf das Jahr 1479 datiert, in dem Reuchlin längst in Orléans war, so daß dieser Beweis nicht mehr geführt werden kann. Für die Mitteilung der Neudatierung danke ich der Reuchlin-Forschungsstelle in Pforzheim.

[80] Zschekenbürlin wurde 1460 oder 1461 geboren; er wird am 12. Nov. 1482 als *iuris civilis interpres peritissimus* in Orléans genannt; 1487 tritt er in das Baseler Kartäuserkloster ein; er stirbt 1536; s. Ridder Symoens, H. d. et al., Premier livre S. 102 f.

[81] Geiger, L., Johann Reuchlin S. 17 nach der Rede Melanchthons, s. Melanchthon, P., De Capnione Spp. 1001 f. Bei Melanchthon ist dieser Aufenthalt vor Basel datiert; Geiger, L., Ueber Melanthons S. 19 hat jedoch das Gegenteil bewiesen. Bei Hermonymos haben auch Beatus Rhenanus, Wilhelm Budé und Erasmus von Rotterdam Unterricht.

[82] Melanchthon, Ph., De Capnione Sp. 1002; darauf Hinweis bei Geiger, L., Johann Reuchlin S. 17.

[83] Sicherl, M., Neue Reuchliniana S. 65-71, insbes. S. 66.

[84] Sicherl, M., Neue Reuchliniana S. 71.

[85] Sicherl, M., Neue Reuchliniana, S. 87; zu der Schrift De quatuor Rupprich, H., Johannes Reuchlin S. 23.

[86] Briefwechsel S. 5 (Regest).

Mit dem Erwerb des Magister Artium in Basel hatte Reuchlin die Voraussetzung geschaffen, um an einer der oberen Fakultäten das Studium aufzunehmen. So begab er sich an die Universität Orléans, um die Rechte zu studieren. Während an den meisten europäischen juristischen Fakultäten nur Kenntnisse in der lateinischen Grammatik und Sprache gefordert wurden, war in Orléans ein abgeschlossenes Trivialstudium zwingende Bedingung für die Aufnahme in die Matrikel der juristischen Fakultät[87].

Im 15. Jahrhundert gab es mannigfaltige Motive für deutsche Scholaren, ein Studium im Ausland aufzunehmen[88]. Neben dem Umstand, daß die *peregrinatio academica* damals noch als selbstverständlicher Bestandteil des Studiums betrachtet wurde, ist zu berücksichtigen, daß das an deutschen Universitäten vorhandene Studienangebot schlechter war als das in Frankreich und Italien[89]. Zudem war es möglich, Sprachkenntnisse zu erwerben, die zu Reuchlins Zeiten für Juristen, die insbesondere in landesherrlichen Diensten mit diplomatischen Aufgaben betraut werden wollten, wichtig waren[90].

Neben Montpellier, Toulouse, Avignon und Poitiers war die Universität von Orléans eine der berühmtesten in Frankreich, die von Studenten aus ganz Europa besucht wurde[91]. Nachdem im dritten Teil der Konstitution *Super speculam* von Papst Honorius III. schon 1219 das Studium des ius civile in Paris verboten worden war, erbat und erhielt die Schule von Orléans 1234/35 die päpstliche Erlaubnis, dieses zu unterrichten[92]. Die gesamte Universität war in zehn Nationen eingeteilt, und seit etwa der zweiten Hälfte des 14. Jahrhunderts war die deutsche Nation die bedeutendste dieser Nationen[93].

An der Universität Orléans schrieb Reuchlin sich ausweislich erhaltener Dokumente unter dem Prokurator Franciscus von Olmen zwischen dem 4. Januar

---

[87] Coing, H., Die juristische Fakultät S. 72; zur Aufnahmebedingung in Orléans S. Burmeister, K. H., Das Studium S. 183 und Meijers, E. M., L'Enseignement S. 114. Schon 826 hatte Papst Eugen II. die Pflege der Artes Liberales empfohlen, S. can. XII dist. XXXVII, dazu Genzmer, E., Kleriker S. 1225.

[88] Burmeister, K. H., Das Studium S. 58-61.

[89] Burmeister, K. H., Das Studium S. 58.

[90] Burmeister, K. H., Das Studium S. 60. Zum Fremdsprachenstudium im Mittelalter s. den Aufsatz v. Bischoff, B., The Study of Foreign Languages in the Middle Ages, passim; zu den Sprachkenntnissen als Voraussetzung für diplomatische Aufgaben Leontorius in einem Brief an Reuchlin v. 30. März 1495, Briefwechsel S. 42 f. (Regest).

[91] García y García, A., Die Rechtsfakultäten S. 343 f. Zu Poitiers s. unten S. 35.

[92] Denifle, H., Die Entstehung S. 258 f. Die Universität in Orléans wurde erst 1306 eingerichtet. Einen Überblick dazu bei Fournier, M., Histoire S. 5 ff. Zur Konstitution Kuttner, S., Papst Honorius III. S. 79 ff., zum Problem des Verbotes in Paris bei Erlaubnis des Studiums in Orléans idem S. 98 f.

[93] Fournier, M., Histoire S. 60 f. u. idem, La Nation Allemande S. 386 ff.

und dem 6. Juli 1479 ein[94]. Als Mitglied der deutschen Nation[95] wurde er am 14. Januar 1480 bei einer Versammlung der deutschen Nation in der Kirche Beate Marie Boni Nuncii zum Prokurator gewählt[96]. Nach der in den Statuten niedergelegten Regel konnte nur ein Mitglied der Nation Prokurator werden, das mindestens ein Jahr der Nation angehört hatte[97]. Wenn diese Regel genau beachtet wurde, läßt sich das Datum von Reuchlins Immatrikulation präziser auf den Zeitraum 4.-14. Januar 1479 bestimmen. In diesem Amt folgte ihm schon am 6. April 1480 sein ehemaliger Schüler Hieronymus Zschekenbürlin nach, der mit Reuchlin nach Orléans gekommen war[98].

Als Prokurator hatte Reuchlin zahlreiche Aufgaben und Pflichten. Die erste Pflicht, die er erfüllen mußte, war die Entrichtung einer Gebühr von acht solidi Parisienses zur Ausrichtung des bei der Wahl üblichen Festes[99]. Zudem mußte er einen Eid auf das Statutenbuch ablegen, in das zu diesem Zweck Evangelientexte und sogar die Abbildung eines Kruzifixes aufgenommen war[100]. Aber die Stellung war für Reuchlin auch eine Ehrenstellung, die ihm Befugnisse und Einflußmöglichkeiten zukommen ließ. So lag die Entscheidung für manche Ausgaben der deutschen Nation allein beim Prokurator[101]. Trotz des Bedeutungsverlustes dieses Amtes am Ende des 15. Jahrhunderts hatte Reuchlin als Prokurator noch eine wichtige Rolle bei der Statutengebung der Nation und die Prärogative bei Entscheidungen[102]. Gegenüber dem collegium doctorum mußte Reuchlin als Prokurator die deutsche Nation repräsentieren[103].

---

[94] Ridderikhoff, C. M., Premier Livre, S. 45 und Rhein, S., Reuchliniana I, S. 279. Franciscus von Olmen bekleidete mehrfach das Amt des Prokurators, s. die Einträge in das Liber Procuratorum bei Ridderikhoff, C. M., Premier Livre S. 45 f.: Er war Prokurator vom 10. Okt. 1477 bis 4. Jan. 1478 und in zwei aneinander anschließenden Zeiträumen von 12. Okt. 1478 bis 14. Jan. 1480. Einen Hinweis auf Reuchlins Studium in Orléans auch in ADL Orléans D 244 fol. 5^{r}.

[95] Dafür war Aufnahmebedingung, daß beide Eltern, mindestens aber der Vater, deutsch waren, s. Illmer, D., Die Statuten S. 54.

[96] Ridderikhoff, C. M., Premier Livre S. 47 und Rhein, S., Reuchliniana I S. 279. Die Kirche war der übliche Versammlungsort der dt. Nation, s. Fournier, M., Les Statuts S. 234.

[97] Illmer, D., Die Statuten S. 31.

[98] Ridderikhoff, C. M., Premier Livre S. 47; er amtierte bis zum 7. Juli 1480.

[99] Illmer, D., Die Statuten S. 46 u. S. 58; das Statut v. 30. Aug. 1462 gedruckt bei Fournier, M., Les Statutes S. 234.

[100] Illmer, D., Die Statuten S. 32.

[101] Illmer, D., Die Statuten S. 38; das Statut v. 4. Okt. 1382 bei Fournier, M., Les Statuts S. 147.

[102] Illmer, D., Die Statuten S. 34, 29 u. 31; das dafür grundlegende *Statutum Nacionis super voce et officio Procuratoris [...]* ist gedruckt bei Fournier, M., La Nation Allemande S. 395 ff.

[103] Fournier, M., Histoire S. 77.

Reuchlin war wegen des Rechtsstudiums nach Orléans gekommen. Dieses war zu Reuchlins Zeit nach einem einheitlichen System in ganz Europa eingerichtet, und es gab keine großen Abweichungen[104]. Der Streit um die *viae*, der die Artistenfakultäten der damaligen Zeit bewegte, hatte kaum Auswirkungen auf das Studium an den juristischen Fakultäten[105]. Der Unterricht bestand in Orléans vorwiegend aus Vorlesungen, die in ordentliche (ordinarie) und außerordentliche (extraordinarie) eingeteilt wurden, sowie ergänzenden Repetitionen und Disputationen[106]. In den Vorlesungen wurden einzelne Rechtstexte vorgetragen und besprochen, und zwar in der Reihenfolge, wie sie in den Büchern standen, nicht in systematischer Anordnung[107]. Dabei war das Corpus Iuris Canonici ebenso Unterrichtsstoff wie das Corpus Iuris Civilis mit den mittelalterlichen Kaiserkonstitutionen[108]. Nicht bekannt ist, ob das ius feudorum, das üblicherweise auch zum Unterrichtsgegenstand gehörte, in Orléans studiert wurde[109]. Die Digesten waren unterteilt in das Digestum Vetus, Infortiatum und Digestum Novum, die Kapitelweise Lehrgegenstand waren[110]. Dazu kamen Vorlesungen über den Kodex, die Institutionen und das Authentikum. Genaue Lehrpläne, die *puncta taxata*, schrieben den Studiengang vor, wobei jeder *punctum* einen Kapitel bezeichnete, der in 14 Tagen in den Vorlesungen besprochen sein mußte[111].

Nach dem Eintrag in das Prokuratorenverzeichnis war Reuchlin bei der Wahl zum Prokurator am 14. Januar 1480 bereits Bakkalar der Rechte[112]. Diesen Grad konnte man in Orléans nach fünfjährigem Studium erwerben[113]. Dafür reichte die Bestätigung eines Doktors aus, daß hinreichend lange studiert und die Befähigung zum Unterrichten erworben worden sei[114]. Zwar war mit der Universitätsreform 1447 eine strenge Handhabung der Anforderungen beim Erwerb des Bakkalareats vorgeschrieben worden, aber es gab offensichtlich die

---

[104] Coing, H., Die juristische Fakultät S. 79 f.

[105] Coing, H., Die juristische Fakultät S. 79.

[106] Fournier, M., Histoire S. 106 f.

[107] Coing, H., Die juristische Fakultät S. 70. Dabei ist freilich zu beachten, daß die Digesten nach einem intelligenten System aufgebaut sind, so daß nicht vollkommenes Durcheinander geherrscht haben dürfte.

[108] Coing, H., Die juristische Fakultät S. 70; die libri feudorum waren im Mittelalter dem Authentikum als decima collectio angefügt worden s. Dilcher, G., libri feudorum Spp. 1995 f.

[109] Fournier, M., Histoire S. 100.

[110] Digestum Vetus=D. 1-D. 24, 2; Infortiatum=D. 24, 3-D. 38; Digestum Novum=D. 39-50. Fournier, M., Historie S. 100 f.

[111] Fournier, M., Histoire S. 102.

[112] Gedruckt bei Ridderikhoff, C. M., Premier Livre S. 45.

[113] Fournier, M., Histoire S. 114 f.

[114] Fournier, M., Historie S. 114.

Möglichkeit, auch schneller Bakkalar zu werden, so daß Reuchlin innerhalb eines Jahres diesen Grad erwerben konnte[115]. Vielleicht hatte Reuchlin aber schon seinen zweiten Parisaufenthalt zu juristischen Studien genutzt, die in Orléans angerechnet wurden[116]. Ebenso wie bei den artistischen Studien hatte sich das Bakkalareat in Frankreich zu einem akademischen Grad entwickelt, der die Berechtigung enthielt, an der Universität bestimmte Vorlesungen zu halten[117]. Bisweilen brachte der Grad geradezu die Verpflichtung mit sich, eine Lehrtätigkeit auszuüben[118]. So bestand in Orléans zunächst für jeden Bakkalar die Pflicht, fünf Jahre lang extraordinarie Vorlesungen zu halten[119], wobei der gesamte Lehrstoff des ius civile gelesen werden mußte[120]. Diese Anforderungen wurden jedoch mit der ansteigenden Zahl von Doktoranden in der zweiten Hälfte des 15. Jahrhunderts mehr und mehr aufgehoben, so daß in Orléans die Zeit zwischen Bakkalareat und Lizentiat schließlich auf etwa zwei Jahre verkürzt wurde[121]. Solange Reuchlin das Bakkalareat noch nicht erworben hatte, mußte er bei den Bakkalaren der deutschen Nation Vorlesungen hören[122]. Als Bakkalar traf ihn diese Verpflichtung selbst, Vorlesungen über das gesamte ius civile zu halten.

Neben dieser Lehrverpflichtung war Reuchlin an der Artistenfakultät als Lehrer in den alten Sprachen tätig[123]. Insbesondere junge Adelige machten nach Melanchthon Reuchlins Schülerkreis aus, den er mit den Ciceronischen Briefen vertraut machte[124]. Wohl für den Griechischunterricht verfaßte er eine kleine griechische Grammatik mit dem Titel μικροπαιδια, die jedoch niemals im Druck erschien[125]. Mit dem ebenfalls an der Artistenfakultät unterrichtenden

---

115 Fournier, M., Historie S. 115. Auch in Poitiers wurden Mindeststudienzeiten nicht immer streng eingefordert, s. S. 36.

116 So vermutet von Rhein, S., Reuchliniana I. S. 279.

117 Burmeister, K. H., Das Studium S. 278.

118 Burmeister, K. H., Das Studium S. 278 f.

119 Illmer, D., Die Statuten S. 47; bei Übernahme einer Vorlesung hatte der Bakkalar eine Gebühr von 1 sol. par. zu bezahlen, ebenda S. 36 u. 47.

120 Illmer, D., Die Statuten S. 50.

121 Illmer, D., Die Statuten S. 51; teilweise schrumpfte die Lehrverpflichtung auf nur ein Jahr, Burmeister, K. H., Das Studium S. 279.

122 Illmer, D., Die Statuten S. 35.

123 Rupprich, H., Johannes Reuchlin S. 13.

124 Melanchthon, Ph., De Capnione Sp. 1003; Hinweis darauf bei Geiger, L., Johann Reuchlin S. 19.

125 Reuchlin weist in der Vorrede zum ersten Buch von De Rudimentis Hebraicis auf diese Grammatik hin, s. Briefwechsel S. 91; dazu Geiger L., Johann Reuchlin S. 19. Rupprich, H., Johannes Reuchlin S. 13 behauptet ohne Nachweis, die Mikropaideía sei im Druck erschienen.

Grammatikus Hyvo Britannus de Alnetomenguidi scheint Reuchlin eine über die Orléanser Zeit hinausgehende Freundschaft unterhalten zu haben[126].

Reuchlin verließ noch 1480 Orléans, um in Poitiers sein Rechtsstudium fortzusetzen. Die Universität Poitiers war 1431 nach dem Vorbild Orléans gegründet worden[127], doch schon 1438 bekamen die zwei getrennten Fakultäten für Kirchen- und Zivilrecht neue, eigenständige Statuten[128]. An dieser Universität war nur die juristische Fakultät in Nationen eingeteilt, wobei anders als in Orléans lediglich vier unterschieden wurden[129].

Das Studium an der Universität in Poitiers war in Studienjahre eingeteilt, die sich jeweils vom 10. Oktober bis zum 15. August erstreckten[130]. Wahrscheinlich hat Reuchlin deshalb dort sein Studium im Oktober 1480 aufgenommen[131].

Die Universität Poitiers zog im 15. Jahrhundert hauptsächlich Adelige und reiche Bürgerliche als Studenten an, die später in Verwaltungen tätig sein wollten[132].

Ein Studium in Poitiers war im 15. Jahrhundert teuer und langwierig[133]. Zum Erwerb der juristischen Lizenz war es nach den Statuten der Universität Poitiers während des gesamten 15. Jahrhunderts den Bakkalaren vorgeschrieben, drei Jahre in Poitiers zu studieren[134]. Vormittags wurde über das Digestum vetus und die ersten neun Bücher des Kodex gelesen, nachmittags über das Digestum novum, die drei letzten Bücher des Kodex, die Institutionen und das Authentikum[135]. Neben dem Grad des Bakkalars war der Nachweis des Besuches dieser Vorlesungen Voraussetzung, um zur Lizentiatenprüfung anzutreten[136]. Diese bestand aus der Interpretation jeweils einer Stelle aus den Digesten und aus dem Kodex. Ermittelt wurden die Textstellen von den Prüfern durch zufäl-

[126] S. den Brief von Hyvo Britannus an Reuchlin in Briefwechsel S. 9 (Regest). Zu dieser Freundschaft kurz Geiger, L., Johann Reuchlin S. 19.

[127] Audinet, E., Les Origines S. 17 u. 20, Favreau, R., L'Université de Poitiers S. 549 ff.

[128] Zur Trennung der Fakultäten Favreau, R., Aspects S. 32, der insgesamt fünf Fakultäten zählt: neben den zwei juristischen die Fakultäten für Theologie, Artes und Medizin; zu den neuen Statuten Audinet, E., Les Origines S. 20.

[129] Audinet, E., Les Origines S. 19: Es gab die Nationen Frankreich, Aquitanien, Touraine und Berry.

[130] Favreau, R., Aspects S. 32.

[131] Bislang ist im Schrifttum ungenau vom Studienbeginn im „Wintersemester 1480/81" die Rede, s. Rhein, S., Reuchliniana I. S. 279.

[132] Favreau, R., Aspects S. 43.

[133] Favreau, R., La Ville de Poitiers S. 480.

[134] Audinet, E., Les Origines S. 32.

[135] Audinet, E., Les Origines S. 34.

[136] Audinet, E., Les Origines S. 36.

liges Aufschlagen der Bücher. Der Prüfling hatte dreimal die Möglichkeit, diese abzulehnen und eine andere, mittels des gleichen Verfahrens bestimmte Textstelle als Prüfungsthema zu erbitten[137]. Mit einer Eidesleistung und Feierlichkeiten wurde die Verleihung der Lizentiatenwürde in Poitiers abgeschlossen.

Allerdings mußten nicht alle Prüfungsvoraussetzungen genau eingehalten werden. Insbesondere auf den Nachweis des dreijährigen Studiums wurde oftmals verzichtet, was in der zweiten Hälfte des 15. Jahrhunderts mehrfach Gegenstand von Klagen und Kritik war[138]. Auch Reuchlin hatte noch nicht einmal ein Jahr an der Universität Poitiers studiert, als ihm am 14. Juni 1481 das Lizentiat erteilt wurde. Dennoch wird Reuchlin in seinem Lizentiatendiplom ein ordnungsgemäßes Studium bescheinigt[139]. Einer seiner Lehrer war nach diesem Diplom Bernhard Durand, der neben seiner Tätigkeit an der Universität die Parlamente von Poitiers und Bordeaux beriet und sich in den Vorlesungen oft durch Bakkalare vertreten ließ[140]. Ein weiterer Lehrer Reuchlins, der in der Urkunde erwähnt wird, war Hugo von Bauze. Dieser war Anfang 1474 mit 22 oder 23 Jahren in Poitiers Lehrstuhlinhaber geworden[141]. Auch die Reuchlin als Bakkalar obliegende Vorlesungstätigkeit wird in seinem Lizentiatendiplom hervorgehoben[142]. Nach der Examination durch das Kollegium der Doctores wurde Reuchlin schließlich zum *Licentiatus in iure civilis* kreiert und ihm erlaubt, öffentlich über das ius civile vorzutragen und zu disputieren[143].

Als Lizentiat der Rechte kehrte Reuchlin nach Deutschland zurück. Unter dem Rektor Konrad Schöfferlin schrieb er sich in die Matrikel der Universität Tübingen ein[144]. Die Gründe für die Übersiedlung nach Tübingen liegen nach

---

[137] Auswahl der Texte: *Aperto libro usque ad trinam vicem*; das Prüfungsverfahren, über das die Prüflinge Stillschweigen zu bewahren hatten, ist beschrieben bei Audinet, E., Les Origines S. 36.

[138] Favreau, R., Aspects S. 65.

[139] Das Lizentiatendiplom ist überliefert in den Clarorum Virorum Epistolae k 1^v-k 2^v, Illustrium Virorum Epistolae m 3^v-m 4^v und bei Majus, J. H., Vita S. 166-169; Regest in Briefwechsel S. 6.

[140] Audinet, E., Les Origines S. 27, Favreau, R., Aspects S. 56; die häufige Abwesenheit Durands führte zu heftigem Streit an der Universität, S. Favreau, R., Aspects S. 66 f.

[141] Villard, F., Un Juriste S. 463.

[142] Illustrium Virorum Epistolae m 4^r.

[143] *[...] magistrum Ioannem Reuchlin Phorcensem Licentiatum in iure ciuili creavimus & creamus per praesentes eidemque legendi docendi interpretandi & publice disputandi in dicto iure ciuili. [...]* Illustrium Virorum Epistolae m 4^r.

[144] Der Eintrag in die Matrikel: *M. Johannes Röchlin de Pfortzen, legum licentiatus V idus Dec. dedit 1 ß pedello.* (= 9. Dez.), bei Hermelink, H., Die Matrikeln S. 39, vermerkt lediglich eine Zahlung Reuchlins, so daß der 9. Dez. 1482 ein terminus ante quem

Melanchthon neben der Nähe der Heimatstadt in der Anwesenheit berühmter Männer, die am Hof und an der Universität verkehrten[145]. Die Promotion zum Dr. legum war für Reuchlin nur wenig mehr als das Lizentiat, aber doch das höchste, was neben dem Professorentitel erreicht werden konnte[146]. Mit dem Erwerb dieses Titels ging nicht die Bescheinigung eines größeren Wissens einher, vielmehr wurde damit ursprünglich allein die Erlaubnis erteilt, als Lehrer zu wirken[147]. Für ihn als Lizentiat war der Erwerb des Doktorats im Grunde nur noch eine Form- und Geldsache[148], die jedoch die Wirkung einer Standeserhöhung mit sich brachte[149]. Reuchlin ließ sich in die Tübinger Matrikel vermutlich nur einschreiben, um den Doktortitel zu erwerben[150]. Zudem hielt Reuchlin wahrscheinlich an der Tübinger Artistenfakultät Vorlesungen[151]. Die in Poitiers erworbene Lizenz gestattete es Reuchlin ausdrücklich, den akademischen Grad eines Doktors an jeder ihm beliebenden Universität zu erwerben[152]. Dazu mußte Reuchlin an Repetitionen und Disputationen teilnehmen und auch an der Universität unterrichten[153]. Die Promotion selbst wurde in einem sehr festlichem Rahmen begangen[154]. Nachdem dem Prüfling als Zeichen seiner Zulassung zur Promotion eine Kerze überreicht worden war, führte ein feierlicher Zug die Angehörigen aller Fakultäten in strenger Ordnung vom Haus des Doktoranden zur Tübinger Stiftskirche[155]. Dort hatte der Prüfling kurz über eine Gesetzesstelle zu lesen, woraufhin eine angedeutete Disputation folgte[156].

---

ist, s. Kuhn, W., Die Studenten S. 482 f. u. zustimmend Stievermann, D., Johannes Reuchlin S. 36 Fn. 29.

145 Melanchthon, Ph., De Capnione Sp. 1003; ähnlich schildert Reuchlin selbst die Gründe für seinen Wechsel nach Tübingen in seinem Vortrag, gedruckt bei Sicherl, M., Zwei Reuchlin-Funde S. 10 f.

146 Zum Verhältnis der Bezeichnungen Doctor und Professor Feenstra, R., „Legum Doctor" S. 74 ff. Zum Verhältnis Lizentiat und Doctor Knapp, Th., Die Lizenz S. 528.

147 Feenstra, R., „Legum Doctor" S. 72 ff. u. Audinet, E., Les Origines S. 38.

148 Kuhn, W., Die Studenten S. 29.

149 Burmeister, K. H., Das Studium S. 294. S. a. S. 43.

150 Finke, K. K., Die Tübinger S. 154.

151 Sicherl, M., Zwei Reuchlin-Funde S. 3 ff. In Paris ist ein fragmentarisches Konzept eines Vortrags Reuchlins überliefert, aus welchem dies hervorgeht; die Rede ist abgedruckt und übersetzt ebenda S. 10 ff.

152 *Reuchlin dispensauimus & dispensamus per praesentes de recipiendo insignia doctoratus quando & ubi voluerit.* Wahrscheinlich wurden die Lizentiaten an französischen Universitäten nicht selten von der Verpflichtung befreit, das Doktorat an derselben Universität zu erwerben, s. Burmeister, K. H., Das Studium S. 268.

153 Finke, K. K., Die Tübinger S. 65; daß Reuchlin an der juristischen Fakultät lehrte geht aus seiner Vorrede zur Weltchronik von Johannes Fergenhans hervor, wo er schreibt: *[...] mox atque cathedram iurisconsultorum adeptus eram [...]*, gedr. bei Haller, J., Die Anfänge, Teil 2 S. 89*.

154 Burmeister, K. H., Das Studium S. 295.

155 Forderer, J., Die kirchlichen Gebräuche S. 15.

156 Burmeister, K. H., Das Studium S. 295 f.

Nach dieser hatten die Doktoren zu befinden, ob die Leistungen des Kandidaten ausreichend waren. Dann durfte der Doktorand den im Chor aufgestellten Katheder besteigen, von wo er seine Promotionsrede hielt, die mit der Bitte um die Insignien des Doktorats schloß[157]. Daraufhin wurden ihm ein offenes und ein geschlossenes Buch, der Doktorhut und der Doktorring überreicht. Zudem erhielt der frischgebackene Doktor einen Kuß als Zeichen der Aufnahme unter die Rechtsgelehrten sowie einen Segen[158]. Als Abschluß gab es ein Festessen[159].

In dem Zeitraum 1477-1486 wurden an der juristischen Fakultät 18 Promotionen vollzogen[160]. Meist wurde dazu ein Doktordiplom ausgestellt, was jedoch nicht zwingend zur Promotion erforderlich war[161]. Von Reuchlin ist kein Doktordiplom überliefert, und der genaue Zeitpunkt seiner Promotion ist unbekannt. In den zu Zeiten der Auseinandersetzung um den Augenspiegel veröffentlichten Briefsammlungen ist lediglich das Lizentiatendiplom Reuchlins wiedergegeben[162]. Dies könnte ein Hinweis darauf sein, daß Reuchlin für das Doktorat kein Diplom ausgestellt wurde. Aus Eintragungen in die württembergischen Landschreiberrechnungen kann man immerhin ersehen, daß er am 12. Oktober 1484 noch Lizentiat war, am 13. Januar 1485 jedoch schon den Doktortitel führte[163].

Das Studium der Rechtswissenschaft, das Reuchlin in Frankreich absolviert hatte, stand noch gänzlich in der mittelalterlichen Tradition. Die neue Geistesströmung des Humanismus hatte zwar schon im Bereich der Theologie durch Textkritik der Bibel eine neue Form und Methode der Wissenschaft entwickelt, die von der Rechtswissenschaft erst zu Beginn des 16. Jahrhunderts entsprechend auf ihre Texte übertragen wurde[164]. Insbesondere Orléans blieb auch nach dem Aufkommen der Kritik am traditionellen Lehrbetrieb als eine ganz besonders konservative Universität dem mos italicus und dem Bartolismus verhaftet[165]. Gleichwohl brachte Reuchlin für seine darauffolgende Ratstätigkeit

---

157 Burmeister, K. H., Das Studium S. 296 f.

158 Zu dem Insignien Kuhn, W., Die Studenten S. 29.

159 Burmeister, K. H., Das Studium S. 299.

160 Kuhn, W., Die Studenten S. 38.

161 Burmeister, K. H., Das Studium S. 299.

162 S. o. bei Fn. 138.

163 Der letzte Eintrag als Lizentiat in HStA Stuttgart A 256 Bd. 2 fol. 56^{V} (Dienstag nach Dyonisij 1484), der erste Eintrag als Doktor in HStA Stuttgart A 256 Bd. 2 fol. 123^{V} (Hilarij 1485). Haller, J., Die Anfänge, Teil 2 S. 89* weist fälschlich einen Eintrag vom 26. Feb. 1485 als ersten aus, in dem Reuchlin als Doktor genannt ist; Hallers Angaben folgt Stievermann, D., Johann Reuchlin S. 41 Fn. 57.

164 Troje, H. E., Zur humanistischen Jurisprudenz S. 110 ff.

165 Burmeister, K. H., Das Studium S. 69; Geiger, L., Johann Reuchlin S. 18.

und seine juristische Laufbahn mit seiner Ausbildung an den französischen und deutschen Universitäten die notwendigen Voraussetzungen mit.

Kapitel 3

Reuchlin als gelehrter Rat

A. Vorbemerkung

Die Ratstätigkeit Reuchlins ist bislang schon mehrfach dargestellt worden. Unter der Überschrift „Der Mann in Amt und Würden (1482-1512)" hat Ludwig Geiger in seiner umfangreichen Darstellung von Reuchlins Leben den Rat Reuchlin in seinen Grundzügen skizziert und den Kenntnisstand des späten 19. Jahrhunderts zusammengefaßt[1]. Darauf aufbauend befaßte sich Julius Klaiber im Rahmen einer Schilderung von Reuchlins Beziehungen zu Württemberg mit dessen Ratstätigkeit für Eberhard i. B. und Herzog Ulrich[2]. Viele neue Ergebnisse zur Tätigkeit Reuchlins an den Höfen Württembergs und der Kurpfalz wurden bei der zweiten Reuchlin-Tagung in Pforzheim 1994 „Reuchlin und die politischen Kräfte seiner Zeit" vorgetragen[3]. Mehrere Referenten griffen das Thema auf, wobei am eingehendsten Dieter Stievermann Reuchlins Engagement für Eberhard d. Ä. untersuchte[4]. Der Tübinger Historiker Horst Carl ergänzte dessen Referat in seinem Vortrag mit einer Darstellung des Wirkens Reuchlins für den württembergischen Grafen bezüglich des Schwäbischen Bundes im Jahr 1492[5]. Heinz Angermeier bot als weiterer Redner eine neue Interpretation der württembergischen Reichstagsgesandtschaft Reuchlins[6]. Die Romreise Reuchlins für den Heidelberger Kurfürsten geriet allein bei dem Münchener Philologen Udo Friedrich in den Blick, der Aspekte „pragmatischer Schriftlichkeit" in Reuchlins Rede vor Papst Alexander VI. aufspürte[7].

---

[1] Geiger, L., Johann Reuchlin S. 21 ff.

[2] Klaiber, J., Johannes Reuchlin's Beziehungen S. 113 ff.

[3] Eine Zusammenfassung der rechtshistorisch interessanten Ergebnisse bei Reiling, E., Reuchlin und die politischen Kräfte seiner Zeit S. 730 ff.

[4] Stievermann, D., Johannes Reuchlin S 31 ff., Zusammenfassung bei Reiling, E., Reuchlin und die politischen Kräfte seiner Zeit S. 733 f.

[5] Carl, H., Triumvir Sueviae S. 65 ff., Zusammenfassung bei Reiling, E., Reuchlin und die politischen Kräfte seiner Zeit S. 734 ff.

[6] Dieser Vortrag wurde vorab veröffentlicht, s. Angermeier, H., Reuchlin S. 381 ff., s. a. idem, Reuchlin als Politiker S. 53 ff.

[7] Friedrich, U., Johannes Reuchlin S. 163 ff., bei Zusammenfassung bei Reiling, E., Reuchlin und die politischen Kräfte seiner Zeit S. 737 ist dieses Referat nur kurz erwähnt.

Die Erforschung der Ratstätigkeit Reuchlins steht vor großen Problemen bezüglich ihrer zeitgenössischen Quellen: Zum einen ist die archivalische Überlieferung zum Rat im 15. und 16. Jahrhundert sehr fragmentarisch. Zum anderen sind in den noch erhaltenen Texten die Räte nicht immer namentlich erwähnt, sondern wiederholt allein als Personengruppe aufgeführt[8]. Die Dienerbücher und Landschreibereirechnungen, die aufgrund namentlicher Nennung von Ratsangehörigen als Quelle für die Personengeschichte herausragende Bedeutung haben, weisen Lücken auf, deren Größen nicht bestimmbar sind. Insofern sind die Tätigkeiten eines einzelnen Rates nur sehr bruchstückhaft aus den Zeugnissen des Spätmittelalters zu entnehmen. Zwangsläufig muß deshalb auch die Darstellung der Ratstätigkeit Reuchlins unvollständig bleiben.

B. Reuchlin als Rat Eberhard d. Ä.

I. Der württembergische Rat im Spätmittelalter

Mit der wachsenden Landesherrschaft im spätmittelalterlichen Württemberg wurde eine neue, leistungsfähigere Verwaltungsorganisation in dieser Grafschaft notwendig[9]. Zur Bewältigung dieser steigenden Anforderungen zogen deshalb die württembergischen Landesherren mehr und mehr Räte als Berater und Helfer heran. Ebenso wie in den meisten deutschen Landesherrschaften lassen sich für Württemberg bereits im 13. Jahrhundert vereinzelt Räte nachweisen[10], ohne daß es schon einen Rat als feste administrative Institution gegeben hätte[11]. Als Kollektivorgan und landesherrliche Einrichtung entwickelte sich dieser erst langsam im 15. Jahrhundert, und in Württemberg wurde diese Entwicklung erst durch die Verträge und die Regelungen zur Wiederherstellung der Landeseinheit besonders vorangetrieben[12].

Die Aufgaben der Räte im Spätmittelalter sind vielfältig: Neben der Vertretung eines abwesenden oder unmündigen Grafen und der Bestätigung für die Landesherrschaft wichtiger Abreden werden diese Räte mehr und mehr auch zur Schlichtung von oft politisch und verfassungsrechtlich geprägten Streitig-

---

[8] So z. B. HStA Stuttgart A 256 Bd. 3 fol. 50^{V}, 54^{V}: Unter den hier genannten Räten könnte auch Reuchlin gewesen sein, was jedoch auch unter Heranziehung weiterer Quellen nicht nachgewiesen werden kann. Bei Einträgen wie beispielsweise ebenda Bd. 2 fol. 56^{V}, wo es heißt: *Item als herr Herman von sachssenhain und doctor bernhart schöferlin mitsampt andern Räten [...]* läßt sich desgleichen nicht klären, ob Reuchlin einer der anderen Räte war.

[9] Hofacker, H., Kanzlei S. 7.

[10] Kothe, I., Der fürstliche Rat S. 4; Lieberich, H., Gelehrte Räte Sp. 1474.

[11] Kothe, I., Der fürstliche Rat S. 16 f.

[12] Hofacker, H., Kanzlei S. 127.

keiten eingesetzt[13]. Diese gehören ebenso wie diplomatische Verhandlungen zu den zunächst wichtigsten Arbeitsfeldern gelehrter Juristen als Räte[14]. In diesem Zusammenhang war es für die landesherrliche Politik nötig, daß allseits angesehene Räte am Hof vorhanden waren, die das Ansehen des Landesherrn hoben und damit die Verhandlungsposition bei Auseinandersetzungen verbesserte[15]. Zudem mußten die Räte die Fähigkeiten besitzen, unter Beachtung landesherrlicher Direktiven eigenverantwortlich zu handeln[16], was großes politisches und rhetorisches Geschick erforderte.

Bei all diesen Tätigkeiten steht bis in das 16. Jahrhundert hinein die Persönlichkeit des Rates im Vordergrund, nicht der Rat als Kollektivorgan[17]. Bisweilen gingen in dieser Zeit Räte an mehreren Höfen Ratsverpflichtungen ein, was insbesondere durch fehlende Pfründebindung für gelehrte Laien möglich war[18]. Dies wurde zudem durch die noch relativ lockeren Dienstverhältnisse begünstigt. Es war nicht unüblich, daß ein Landesherr versuchte, die bei solchen Mehrfachverpflichtungen bestehenden Kontakte gezielt für seine politischen Absichten zu nutzen[19].

Zunächst wurden freilich allein Adelige aus dem Gefolge als Räte im gräflichen Dienst beschäftigt. Erst mit den veränderten Verwaltungsinteressen in der Mitte des 15. Jahrhunderts beginnt sich dies in Württemberg zu ändern, und es werden auch gelehrte Räte bestellt, wobei neben Klerikern immer stärker ausgebildete Juristen herangezogen werden[20]. Der Ausbau der Landesherrschaft erforderte auch die Vereinheitlichung der geltenden Rechte und verlangte damit nach gut ausgebildeten Juristen. Die Gründung der Universität Tübingen als Landesuniversität diente deshalb insbesondere der Ausbildung dieser Juristen, die als gelehrte Räte bei der Ausgestaltung der Landesherrschaft und am

---

13 Hofacker, H., Kanzlei S. 122.

14 Wieacker, F., Privatrechtsgeschichte S. 123, Hofacker, H., Kanzlei S. 122.

15 Hofacker, H., Kanzlei S. 124; dort auch zu den methodischen Problemen der Messung und Feststellung der Wechselwirkung zwischen Prestige des Landesherren u. dem Prestige des einzelnen zur diplomatischen Mission verwendeten Rates, dazu auch Press, V., Eberhard i. B. S. 20 u. Stievermann, D., Die gelehrten Juristen S. 266 f. mit Beispielen, wie sich dieses Ansehen auswirkte.

16 Hofacker, H., Kanzlei S. 126.

17 Kothe, I., Der fürstliche Rat S. 16 f.

18 Lieberich, H., Gelehrte Räte Sp. 1475, Stievermann, D., Die gelehrten Juristen S. 266.

19 Hofacker, H., Kanzlei S. 126; Lieberich, H., Gelehrte Räte Sp. 1475.

20 Zu diesem großen Themenbereich s. Stichweh, R., Der frühmoderne Staat S. 204 ff.

neuorganisierten Hofgericht mitwirken sollten[21]. Jedoch sollten damit noch keine spezifischen „Fachbeamte" rekrutiert werden[22].

Im Uracher Landesteil läßt sich der 1433 in Bologna zum Dr. decr. promovierte Heinrich Tegen für 1435 als erster gelehrter Rat in Württemberg nachweisen[23]. Der erste auch im weltlichen Recht ausgebildete Rat wurde unter Eberhard i. B. in Urach 1460 Georg Ehinger, der mit dem Uracher Kanzler verschwägert war[24]. Dieser hatte 1446 in Padua den Titel eines Doktor beider Rechte erworben[25]. Im Stuttgarter Landesteil ist Martin Nüttel der erste Laienjurist, der 1473 als Rat angenommen wurde[26]. Dort nahmen unter Graf Ulrich die Räte bereits bis 1480 einen großen Einfluß auf die Regierung, zu deren wichtigsten Ludwig Fergenhans gehörte.

Die soziale Herkunft war für die Bestallung als Rat unwichtig, weil die rechtsgelehrten Juristen als *nobilis propter scientiam* den Adeligen, die *nobilis ex genere* waren, gleichgestellt wurden[27]. Zum Ausdruck kommt in Württemberg diese Hochschätzung der bürgerlichen, graduierten Juristen beispielsweise darin, daß in der dortigen Kanzlei die Soldzahlungen für graduierte Juristen in den Landschreibereirechnungen bei den Eintragungen der Edelleute verzeichnet wurden[28]. Die wachsende Abhängigkeit von juristischen Ratgebern festigte in Folge die soziale Stellung der Juristen[29]. Neben den Klerikern und den gelehrten Laien sind in Württemberg auch stets Adelige mit akademischen Graden als Räte nachweisbar[30]. Die als Räte angenommenen bürgerlichen Laienjuristen stammen in dieser frühen Zeit häufig nicht aus Württemberg, sondern aus meist angrenzenden Reichsstädten oder Herrschaften wie beispielsweise Bernhard Schöfferlin aus Eßlingen, Georg Ehinger aus Ulm und Johannes Reuchlin aus Pforzheim[31]. Etwas mehr als 40% der Räte Eberhards i. B. haben in Frank-

---

[21] Kuhn, W., Die Studenten S. 70 ff., S. 75.

[22] Lieberich, H., Gelehrte Räte Sp. 1474.

[23] Kothe, I., Der fürstliche Rat S. 9.

[24] Ehingers Stand ist nicht vollkommen geklärt, dazu Stievermann, D., Die gelehrten Juristen S. 266.

[25] Kothe, I., Der fürstliche Rat S. 17.

[26] Kothe, I., Der fürstliche Rat S. 22; Nüttel promovierte jedoch erst 1482, S. Frey, S., Das württembergische Hofgericht S. 195.

[27] Thieme, H., Le Role S. 46 u. Laufs, A., Rechtsentwicklungen S. 65.

[28] So z. B. Reuchlins Sold in HStA Stuttgart A 256 Bd. 1 fol. 113^{r}; dazu auch Stievermann, D., Johannes Reuchlin S. 38.

[29] Zur Abhängigkeit von gelehrten Räten S. Stichweh, R., Der frühmoderne Staat S. 204 f.

[30] Kothe, I., Der fürstliche Rat S. 19.

[31] Zu Schöfferlin Fischer, J., Das Testament S. 159 Fn. 210 mit weiterer Lit., zu Ehinger Kothe, I., Der fürstliche Rat S. 138 u. zu Reuchlin Stievermann, D., Die gelehrten Juristen S. 257; zu den mit der auswärtigen Herkunft und Ausbildung von Räten verknüpfte Probleme Lieberich, H., Gelehrte Räte Sp. 1476.

reich oder in Italien studiert[32]. Dies mag zum einen daran liegen, daß die württembergische Landesuniversität in Tübingen erst 1477 gegründet wurde, zum anderen dürfte es in Württemberg an den sozialen Voraussetzungen gefehlt haben, die es dem Bürgertum erlaubten, ein mit dem Doktorat abgeschlossenes Studium zu finanzieren[33]. Dieser Mangel an bürgerlichen Rechtsgelehrten zwang damit zu verstärkter Aufnahme auswärtiger Juristen. Ein weiterer Grund für die Annahme auswärtiger Juristen als Räte mag allerdings auch darin liegen, daß für diplomatische Gesandtschaften Juristen mit Ansehen über Württemberg hinaus benötigt wurden[34].

Nachdem Württemberg am 14. Dezember 1482 durch den Münsinger Vertrag die Einheit wiedergewonnen hatte, war Graf Eberhard im Bart die eigentliche Regierungsgewalt für ganz Württemberg übertragen, der diese nun unverändert für die vereinigte Grafschaft ausübte[35]. Dazu benötigte er eine große Anzahl von Räten, unter welchen zwar die Anzahl der unstudierten Adeligen überwog, die aber weniger als die gelehrten Ratgeber beansprucht wurden[36]. Ungefähr acht bis zehn gelehrte Räte waren ständig am Hof anwesend, um Eberhard d. Ä. bei den Regierungsgeschäften zu helfen[37].

---

[32] Mertens, D., Eberhard i. B. S. 57.

[33] So die These von Stievermann, D., Die gelehrten Juristen S. 257; er weist ibid. darauf hin, daß die Situation in den Reichsstädten wohl anders war, woraus sich die reichsstädtische Herkunft vieler gelehrter Juristen in Württemberg erklären lassen könnte.

[34] Daß das Ansehen der landesfremden Doktoren in Württemberg bisweilen nicht groß war, zeigt die Beschwerde der württembergischen Landschaft 1514; sie behaupte-te, diese Doktoren richteten in Kanzlei, Rat u. Hofgericht Schaden an, HStA Stuttgart A 34 Bü 1c Nr. 1.

[35] Zum Münsinger Vertrag s. die Publikationen von Gönner, E., Der Münsinger Vertrag S. 13 ff., der Inhalt ist zusammengefaßt bei Maurer, H.-M., Von der Landesteilung S. 115 ff. wo S. 122 ff. der Vertragstext ediert ist; eine knappe Übersicht gibt es von Joachim Fischer in: Württemberg im Spätmittelalter, Nr. 34 (=S. 41-43).

[36] Kothe, I., Der fürstliche Rat S. 26 f.; bei Kothe, ibid., findet sich eine Angabe der Anzahl der in die Dienerbücher eingetragenen Räte: Es sind 1488: 165, 1490-92: 194 u. 1495: 93.

[37] Kothe, I., Der fürstliche Rat S. 28 f.

II. Anfänge: Die Romreise 1482

Im schwäbischen und im württembergischen Gebiet war es im Spätmittelalter unter den Lateinkundigen verbreitet, diese Sprache mit einem *horridissimus sonus Suevicus* zu sprechen[38]. Dieses Latein wurde nach der am Fuß der Schwäbischen Alb gelegenen Stadt Hechingen als Hechinger Latein bezeichnet[39]. Vielfach beklagt wurde dieser Akzent von seinen humanistischen Zeitgenossen, und Jakob Wimpfeling schildert in seinem an Eberhard i. B. adressierten *Carmen Heroicum*, daß bei lateinischen Reden von Schwaben durchaus die Frage gestellt wurde: *Putantne hi homines sese linguam loqui latinam?*[40]

Als der württembergische Graf Eberhard i. B. 1482 eine Reise nach Rom plante, hatte er als seinen Redner und Dolmetscher den aus Arlon stammenden Probst zu Backnang und Stuttgarter Chorherrn Peter Jacobi bestellt, der Latein ohne schwäbischen Akzent sprach[41]. Er benötigte für diese Reise aber noch einen weiteren Redner, der ebenfalls ein den Italienern verständliches Latein zu sprechen vermochte. In dieser Situation wurde ihm von Ludwig Fergenhans, Peter Jacobi und dem Tübinger Theologen Gabriel Biel Johannes Reuchlin als Redner vorgeschlagen[42], dessen Begabung auf diesem Gebiet schon in seinem Lizentiatendiplom aus Orléans hervorgehoben wurde[43]. Nach der Schilderung Melanchthons nahm der württembergische Landesherr Reuchlin daraufhin als zweiten *orator* in sein Gefolge für die Romreise auf[44].

---

[38] Die Bezeichnung *horridissimus sonus Suevicus* findet sich in einem Brief Philipp Melanchthons an Jacob Runge vom 1. Feb. 1560, in: Philippi Melanthonis opera Spp. 1034 ff.

[39] Die Behauptung Caspar Buchers, Mercurius S. 75 f., der Name Hechinger Latein käme von einem württembergischen Kanzler Hechinger, ist somit unrichtig; dies hat Fischer, H., Hechinger Latein S. 232 f. ausführlich dargelegt.

[40] Fol. 7^{V}; Nachweis bei Fischer, H., Hechinger Latein S. 234.

[41] Zu Peter Jacobi Heyd, L. F., Dr. Peter Jacobi S. 180 ff. u. Waltzinger, J. P., Petrus Jacobi S. 35 ff.; zur Tätigkeit als Orator für Eberhard i. B. Mertens, D., Eberhard im Bart S. 56. Ab 1493 war Jacobi Beisitzer am württembergischen Hofgericht, 1496 Rat Eberhard d. J. u. Lehrer Herzog Ulrichs.

[42] Melanchthon, Ph., De Capnione Sp. 1003; auf dieser Grundlage ebenso Johann Ulrich Steinhofer im dritten Teil seiner Chronik S. 352-355 u. Geiger, L., Johann Reuchlin S. 22; Haller, J., Anfänge, Teil 2, S. 89* scheint dieser Aussage zu mißtrauen.

[43] Im Diplom Reuchlins heißt es: *[...] Johannes Reuchlin Phorcensis diocesis Spirensis, in legibus baccalaurius, de cuius facundia eloquiove et doctrina, discretaque morum honestate fama funditus divulgata constitit, [...]*, Epist. Ill. Virorum fol. m 3^{V}.

[44] Melanchthon, Ph., De Capnione Sp. 1003; Adam, M., Johannes Capnio S. 18; die Geschichte der schlechten Aussprache, findet sich -jedoch ohne Nennung Reuchlins- zuerst bei Wimpfeling s. dazu Fischer, H., Hechinger Latein S. 234 u. dessen Nachtrag 1887. Die beiden Geschichten werden zum ersten Mal verbunden bei Manlius, J., Locorum Communium Collectanea S. 547. Nachdem die Geschichte mehrere Ausschmükkungen erfuhr, wurde sie in die v. Geiger, L., Johann Reuchlin S. 22 Fn. 2 zitierte Ver-

Nach einem Bericht des apostolischen Sekretärs Jacopo Gherardi da Volterra erreichte der württembergische Graf am 15. März 1482 den Vatikan[45]. Auf dem Weg nach Rom hatte Eberhard d. Ä. wahrscheinlich in Innsbruck Herzog Sigmund von Tirol besucht, so daß Reuchlin diesen Fürstenhof kennenlernen konnte[46]. Nach der Begrüßung von päpstlicher Seite in Rom bedankte sich Eberhard mittels eines Dolmetschers: *per interpretem responsa dabat de ipsius adventu congratulantibus*[47]. Der Name des Dolmetschers wird in der Schilderung des apostolischen Sekretärs nicht genannt, so daß offenbleiben muß, ob Reuchlin oder Petrus Jacobi die Antwort Eberhards übersetzte[48].

Die Reise Eberhards nach Rom diente hauptsächlich der Devotion[49]. Aber wahrscheinlich wurden in Rom daneben verschiedene Fragen der Universitätsorganisation in Tübingen sowie der Pfründebesetzung in Württemberg verhandelt[50]. Als besondere Ehrung erhielt der württembergische Graf am vierten Fastensonntag, dem 17. März, vom Papst die Goldene Rose[51]. Etwa einen Monat später, am 16. April, verließ Eberhard mit seinem Gefolge die Ewige Stadt[52]. Aus den Quellen ist nicht zu ersehen, welche Rolle Reuchlin bei dieser Romreise genau zukam. Allerdings dürfte außer Zweifel stehen, daß Johannes Fergenhans und nicht Reuchlin an der Spitze der Begleiter Eberhards stand[53].

In der Widmung seines Werkes *De Arte Cabalistica* an Papst Leo X. berichtet Reuchlin selbst von dieser Romreise[54]. Dort schildert er in erster Linie, wie Eberhard d. Ä. mit seinem Gefolge in Florenz von Lorenzo von Medici empfangen wurde[55]. Nach der Erzählung Reuchlins hatte er Graf Eberhard i. B. von

---

sion gebracht. Letztere ist nach der sorgfältigen Untersuchung von Fischer, H., Hechinger Latein S. 233 ohne „Anspruch auf historische Wahrheit".

45 Il diario Romano S. 92.

46 Baum, W., Kaiser Friedrich III. S. 131 u. idem, Politische und literarische Beziehungen S. 104 f.

47 Il diario Romano S. 92.

48 Heyd, L. Fr., Feierlicher Empfang S. 448 bezieht diese Stelle bei Volterra ohne weitere Belege auf Reuchlin.

49 Cornides, E., Rose S. 98.

50 Stievermann, D., Landesherrschaft S. 140.

51 Il diario Romano S. 92, dazu Cornides, E., Rose S. 98.

52 Il diario Romano S. 97; das Datum (10. April bei Geiger, L., Johann Reuchlin S. 27 ist falsch.

53 Stievermann, D., Landesherrschaft S. 139 u. idem, Johannes Reuchlin S. 37.

54 *Igitur in Italiam profectus cum illstri Eberhardo Probo Sueuorum nostra etate primo Duce, cui a Secretis fiebam, [...]*; De arte cabalistica fol. A 4V; eine Übersetzung der Widmung bei Schwab, H.-R., Johannes Reuchlin S. 202 ff.

55 In De Arte Cabalistica fol. A 4V gibt Reuchlin das Datum des Besuchs in Florenz an mit den Worten: *circiter xii Kal. Apriles Anno Christi M.cccc.lxxxii*, was etwa den 21. März bezeichnet. Fraglich ist hier, wie das *circiter* zu verstehen ist; Eberhard zog am 15. März 1482 in Rom ein, so daß er, wenn er bei der Hinreise in Florenz gewesen

der Größe des Florentiner Fürsten vorgeschwärmt und damit dessen Begehren geweckt, Lorenzo de Medici kennen zu lernen[56].

Ob Reuchlin zur Zeit der Romreise schon als Rat Eberhards i. B. angenommen war, ist nicht bekannt. Um der württembergischen Kanzlei die wachsende Verwaltungstätigkeit zu erleichtern und wahrscheinlich auch zur Vermeidung von Doppelbesoldungen, wurden im Württemberg des 15. Jahrhunderts die Annahmen von Räten in Dienerbüchern verzeichnet[57]. In diesen findet sich der erste Beleg für Reuchlins Annahme als Rat in einem Dienerbuch, das im Frühjahr 1483 entstanden sein dürfte[58]. Er ist dort für den 13. Januar in der Rubrik *Diener, den ir dienst=gelt nit verschriben ist* aufgeführt, woraus hervorgeht, daß seine Bestallung befristet war[59]. In ebenfalls dieser Rubrik ist Reuchlin auch für 1488 in der Liste der aufgenommenen Diener aufgeführt[60], wiederum wurde er am 13. Januar, dem Hilarientag, angenommen. Für 1489 gibt es einen Beleg, daß Reuchlin *uff hilarij* als Diener angenommen wurde[61], 1490-92 ist Reuchlin erneut am Hilarientag in die Liste der Diener eingetragen[62]. In das die Jahre 1489-95 umfassende Dienerbuch ist Reuchlin ebenso aufgenommen[63], wie in das Dienerbuch des Jahres 1494[64].

---

sein sollte, schon einige Zeit vorher in Florenz gewesen sein müßte; Geiger, L., Johann Reuchlin S. 24 Fn. 3 vertritt die Ansicht, daß der Graf entweder vor dem 15. März, oder - ev. bei der Rückreise - nach dem 16. April in Florenz war. Nach Grotefend, H., Taschenbuch S. 17 wurde im Spätmittelalter bei römischen Datumsangaben bisweilen versehentlich der Monat danach angeben, so daß man hier den Zeitraum um den 20. April verstehen könnte, womit die Geschehnisse plausibel aneinandergereiht werden können; dies paßt zur Abreise Eberhards aus Rom am 16. April, s. Geiger, L., Johann Reuchlin, S. 27; Heyd, L. Fr., Feierlicher Empfang S. 447 hält Reuchlins Angabe für schlichtweg falsch und er vertraut bezüglich des Romaufenthaltes allein auf den Bericht Volterras.

[56] De arte cabalistica fol. A 4^{v}: *Cumque insignem Medice gentis nobilitatem ei duci commendassem ut pro rei ueritate profecto debui, optabat cum eo sibi uiro colloquium habere.* Da Leo X. als Giovanni von Medici (1475-1521, Papst: 1513-1521) der Sohn von Lorenzo von Medici war, ist eine Widmung in einem Buch, das dessen Vater preist, vorsichtig zu deuten; dabei muß beachtet werden, daß *De arte cabalistica* 1517 erschien, als Reuchlin bereits in ein im Vatikan anhängiges Verfahren gegen seinen Augenspiegel verwickelt war. Die Widmung eines Buches über die Kabbala an den Papst hat wahrscheinlich ihren Grund in diesem Umstand, so daß sich auch das Lob über den Vater des Papstes aus dieser Perspektive relativiert.

[57] Hofacker, H., Kanzlei S. 88.

[58] Dienerbuch Nr. 4 (=HStA Stuttgart A 17 Bü 8b); Zur Datierung des Dienerbuches 4 Hofacker, H., Kanzlei S. 90.

[59] Bestallung auf Hilarientag.

[60] Dienerbuch Nr. 6 (=HStA Stuttgart A 17 Bü 8a) fol. 22^{v}.

[61] Dienerbuch Nr. 5 (=HStA Stuttgart A 17 Bü 8c) fol. 25^{v}; Reuchlin ist nicht zu finden im Dienerbuch von Eberhard Emil v. Georgii-Georgenau.

[62] Dienerbuch Nr. 7 (=HStA Stuttgart A 17 Bü 9) fol. 52^{r}.

[63] Dienerbuch Nr. 9 (=HStA Stuttgart A 17 Bü 6a) fol. 57^{r}.

[64] Dienerbuch Nr. 8 (=HStA Stuttgart A 17 Bü 9a) fol. 49^{r}.

Die Höhe der Besoldung Reuchlins ist erstmals für 1484 mit 50 fl. bekannt[65]. Diesen Sold erhält Reuchlin auch 1485[66] und 1486[67], 1487 wird er vermutlich auf 70 fl. erhöht[68]. Die nächsten beiden Jahre erhielt Reuchlin jeweils 90 fl.[69], 1490-92 wahrscheinlich 96 fl.[70] und schließlich 1494 100 fl.[71]

Diese Bedingungen stehen den anderen Laienjuristen gewährten Bedingungen in mehreren Punkten nach: So wurde Reuchlin anders als beispielsweise Bernhard Schöfferlin und Gregor Lamparter immer nur befristet als Rat angenommen[72]. Auch die Höhe der Besoldung, die bei den eben erwähnten endlich 150 fl. betrug, ist bei Reuchlin trotz gelegentlicher Erhöhungen deutlich geringer[73]. Welche Gründe diese Unterschiede bewirkten, ist nicht ermittelbar. Es könnte sein, daß mit der sich ganz sachte abzeichnende Ressortierung innerhalb des Rates auch verschiedene Funktionen unterschiedlich honoriert wurden[74]. Bernhard Schöfferlin beispielsweise gehörte mit seiner Freistellung von den alltäglich anfallenden Ratstätigkeiten und seiner ab 1488 auf Lebzeiten übertragenen Ratstätigkeit gewiß zu dem innerhalb der Räte herausgehobeneren Kreis um den württembergischen Grafen, dem Reuchlin vermutlich nicht angehörte[75]. Aus derartig unterschiedlichen Stellungen innerhalb des Rates könnten die Unterschiede in den Bedingungen bei den Ratsbestallungen liegen.

Die Ratstätigkeit Reuchlins läßt sich in mehrere Aufgabenbereiche gliedern, die im folgenden nacheinander untersucht werden.

---

[65] HStA Stuttgart A 256 Bd. 1 fol. 113^{r}.

[66] HStA Stuttgart A 256 Bd. 2 fol. 123^{v}.

[67] HStA Stuttgart A 256 Bd. 3 fol. 123^{r}, auf *hilarien.*

[68] Dies geht daraus hervor, daß der Sold 1488 von 70 fl. auf 90 fl. erhöht wird, s. den Beleg für 1488.

[69] 1488: Dienerbuch Nr. 6 (=HStA Stuttgart A 17 Bü 8a) fol. 22^{v}; 1489: Dienerbuch 5 (=HStA Stuttgart A 17 Bü 8c) fol. 25^{v}.

[70] Dienerbuch Nr. 7 (=HStA Stuttgart A 17 Bü 9) fol. 52^{r}.

[71] Dienerbuch Nr. 7 (=HStA Stuttgart A 17 Bü 9) fol. 52^{r}.

[72] Vergleich der Bedingungen erstmals bei Stievermann, D., Johannes Reuchlin S. 38 f.; zu Lamparter Kothe, I., Der fürstliche Rat S. 132.

[73] Stievermann, D., Johannes Reuchlin S. 38 f.

[74] Zur entstehenden Arbeitsteilung im Rat Kothe, I., Der fürstliche Rat S. 28 f. Ein Beispiel für die Aufgabenteilung unter den Räten bietet schon die Hofordnung von 1478, die den Landhofmeister und vier Räte für spezielle Finanzangelegenheiten vorsieht, ebenda S. 27.

[75] Kothe, I., Der fürstliche Rat S. 29, dort auch eine Wiedergabe des Dienerbucheintrages, mit dem Schöfferlin von der Alltagsarbeit des Rates entbunden wurde, zur lebenslangen Anstellung Pfeilsticker, W., Neues württembergisches Dienerbuch § 1148, auch Lamparter war Rat auf Lebenszeit, ebenda § 1106.

III. Reuchlin als württembergischer Anwalt und Beisitzer

1. Reuchlin als Beisitzer

a) Reuchlin als Beisitzer am württembergischen Hofgericht

Die den Landesherrn vom König übertragene, oftmals durch Privilegien abgesicherte Gerichtsgewalt bot den Ständen die Möglichkeit, ihre Macht und Herrschaft zu festigen[76]. Die Überlassung der Strafgerichtsbarkeit und das Privilegium de non evocando für die Grafschaft Württemberg durch Kaiser Karl IV. waren bedeutende Erweiterungen der Landeshoheit im 14. Jahrhundert, welche die Entwicklung des Gerichtswesens deutlich gefördert haben dürfte[77]. Im Zuge des Ausbaus der Landesherrschaft war das württembergische Hofgericht aber ein gleichermaßen wichtiger Baustein. Allerdings dauerte es bis 1475, bis das 1460 erstmals erwähnte Hofgericht seine erste Hofgerichtsordnung erhielt, die indes nicht überliefert ist[78].

Das Hofgericht war im wesentlichen als Appellationsinstanz errichtet worden[79]. Dieses tagte etwa zweimal jährlich, wobei Richter und Beisitzer jeweils neu vom Landesherrn aus dem Kreis seiner Räte bestimmt wurden[80]. Für die letzten Jahrzehnte des 15. Jahrhunderts ist freilich festzustellen, daß bestimmte Räte mehrfach als Beisitzer herangezogen wurden[81]. So sind beispielsweise Nikolaus Beltz, Johann Blaicher, Konrad Bräuninger d. Ä., Johannes und Ludwig Fergenhans, Konrad Feßler, Peter Krafft, Gregor Lamparter, Johannes Lupfdich, Martin Nüttel, Werner von Ontzhauß (gen. Wick), Konrad von Reischach und Hermann von Sachsenheim jeweils mehrfach als Beisitzer des Hofgerichtes belegt[82]. Eberhard i. B. zog dabei eine insgesamt große Zahl nichtadeliger

---

[76] Eisenhardt, U., Die kaiserlichen Privilegia de non appellando S. 61 ff.

[77] Frey, S., Das württembergische Hofgericht S. 10.

[78] Knapp, Th., Das württembergische Hofgericht S. 13, Frey, S., Das württembergische Hofgericht S. 14 u. 23 ff. Neben dem Hofgericht behielten Kanzlei und Räte für bestimmte Klagen die Jurisdiktion, ibid. S. 26. Das Hofgericht tagte in der Stuttgarter Kanzlei, womit sich eine gewisse Verknüpfung der Kanzlei mit dem Gericht zeigt, s. z. B. HStA Stuttgart A 602 U 10471.

[79] Frey, S., Das württembergische Hofgericht S. 71 ff.

[80] Eberhard i. B. bestimmte 1486, daß das Gericht zweimal jährlich zusammenkommen solle, bisweilen tagte es öfters, s. Frey, S., Das württembergische Hofgericht S. 27 f.; zur Bestimmung des Richters und der Beisitzer ibid. S. 29 u. S. 89; Knapp, Th., Das württembergische Hofgericht S. 19.

[81] Frey, S., Das württembergische Hofgericht S. 92.

[82] Einen raschen Überblick bietet der biographische Anhang bei Frey, S., Das württembergische Hofgericht S. 159 ff.

Juristen als Beisitzer heran[83]. Auffällig ist, daß die Anzahl der Beisitzer bei den Gerichtssitzungen nicht gleichbleibend war[84]. Als Beisitzer des württembergischen Hofgerichtes ist auch Reuchlin in den Jahren 1483-93 mehrfach nachweisbar[85].

Vor dem württembergischen Hofgericht wurde in der Regel mündlich verhandelt, wozu sich die Parteien eines Fürsprechers bedienten[86]. Da die Rede eines Fürsprechers von der zugehörigen Partei gutgeheißen oder abgelehnt und verbessert werden mußte, um rechtlich wirksam zu sein, konnten die Fürsprecher aus dem Kreis der Beisitzer bestellt werden[87]. Auch bei Prozessen vor dem württembergischen Hofgericht sind oftmals Beisitzer als Fürsprecher aufgetreten[88].

Der früheste Beleg für Reuchlins Engagement am Hofgericht unter Eberhard i. B. ist ein Urteil, das am 22. November 1483 erging[89]. In dem vorausgehenden Rechtsstreit stritt sich der Probst von Nellingen mit Heumaden um einen Hof in Rüth und dessen Abgaben[90]. Bereits am 8. Mai 1483 hatte sich das Gericht mit dieser Auseinandersetzung zu beschäftigen, wobei sie mit einem Zwischenurteil entschieden, daß durch einen kommissarischen Richter Zeugen verhört werden sollten[91]. Nachdem dies Hans Werner am 7. November 1483 getan hatte, konnte schließlich bei der folgenden Hofgerichtssitzung der Fall entschieden werden, bei der auch *Maister Johann Rochlin licentiat* als Beisitzer

---

[83] Frey, S., Das württembergische Hofgericht S. 106.

[84] Die Zahl der Beisitzer liegt zwischen sechs und fünfzehn, Frey, S., Das württembergische Hofgericht S. 91.

[85] Reuchlin war nicht Hofrichter, wie bisweilen behauptet wird; zu diesem Mißverständnis Knapp, Th., Das württembergische Hofgericht S. 122. Zum Einfluß der gelehrten Räte, unter denen auch Reuchlin genannt wird, auf das Hofgericht Sattler, Chr. F., Geschichte, Teil 4 S. 104.

[86] Frey, S., Das württembergische Hofgericht S. 58.

[87] Winterberg, H., Fürsprecher Sp. 1333. Im Tübinger Stadtrecht ist dies ausdrücklich vorgesehen, S. Schanz, W., Das Tübinger Stadtrecht S. 6 f.

[88] Frey, S., Das württembergische Hofgericht S. 123 f. Als Beleg könne die u. geschilderten Verfahren dienen.

[89] Sa. n. Lieben Frau Präsentationis, HStA Stuttgart A 602 U 11189 fol. 4^v, Pfeilsticker, W., Neues württembergisches Dienerbuch § 1148, Stievermann, D., Johannes Reuchlin S. 38; die Angabe bei Steinhofer, J. U., Ehre S. 410, Reuchlin sei erst 1484 Beisitzer, ist zu revidieren. Auf Steinhofer gehen zurück Schnurrer, Chr. F., Biographische und litterarische Nachrichten S. 12 u. Mayerhoff, E. Th., Johann Reuchlin S. 21.

[90] HStA Stuttgart A 602 U 11189 fol. 1^r; entgegen Frey, S., Das württembergische Hofgericht S. 54 geht aus den Urteilsbriefen des Gerichtes der Streitgegenstand meist genau hervor, wozu die in diesem Abschnitt Angeführten als Beispiele dienen können.

[91] HStA Stuttgart A 602 U 11189 fol. 1^r, Beiurteil fol. 2^v.

herangezogen wurde[92]. Das Amt des Hofrichters war Ritter Hermann von Sachsenheim übertragen worden, unter dessen Leitung neben Reuchlin auch die Beisitzer Dr. iur. utr. Ludwig Fergenhans, der Kanzler Georg Truchseß zu Waldeck, der Deutschordenskommentur von Winnenden, Dr. Balthasar Meßnang, Meister Konrad Veßler, Ritter Konrad Schenk von Winterstetten, Dr. Martin Nüttel, Meister Peter Krafft, Heinrich von Werdnau und Konrad Lutz das Urteil fällten[93]. Die Gründe, welche die Urteiler dazu bewegte, sind in der Urkunde nicht ausdrücklich genannt; aus der Formulierung des Urteilsspruches geht indessen hervor, daß die Beibehaltung des alten Herkommen, das mit dem Zeugenverhör ermittelt wurde, ein wichtiges Motiv bei der Entscheidung war[94].

Eine weitere Urkunde belegt Reuchlins Tätigkeit am Hofgericht in einer Auseinandersetzung, die am 15. Dezember 1483 am Hofgericht erstmals verhandelt wurde[95]. Bei diesem Streit zwischen Ritter Georg von Ehingen und der Vogtei Urach um Wegbau und Frongelder in Reicheneck war das Gericht besetzt mit dem Hofrichter Wilhelm von Werdnau und den Beisitzern Ritter Hermann von Sachsenheim, Dr. Balthasar Meßnang, Dr. Martin Nüttel, Meister Konrad Veßler, *maister Johann Rochlin licentiaten*, Konrad von Reischach, Johann Keller und Konrad Lutz[96]. Wiederum mußten Zeugen verhört werden, deren Auskünfte bei einer weiteren Gerichtssitzung am 28. Juni 1484 verlesen wurden[97]. Bei dieser Hofgerichtssitzung wurde der Rechtsstreit auch mit einem Endurteil entschieden, nach dem sich Georg von Ehingen mit seinen Forderungen nicht durchsetzen konnte.

Ein Konzept eines Urteilsbriefes vom 28. Februar 1485 nennt neben Ritter Hans Spät von Ehestetten, Dr. Bernhard Schöfferlin, Konrad von Reischach, Maister Peter Krafft und Johannes Keller nochmals auch *doctor Johann Röchlin* als Beisitzer[98]. Unter Leitung des Hofrichters Hermann von Sachsenheim wurde ein Streit um das Lehen eines Gutes in Gebersheim zwischen dem

---

[92] Zeugenverhör v. Fr. n. Allerheiligen, Werner war *uffschreÿber zu Stutgartten*; es geht aus dem Urteilsbrief nicht hervor, ob Reuchlin schon bei der Sitzung vom 8. Mai 1483 als Beisitzer mitwirkte.

[93] Die Fürsprecher der Parteien waren dem Kreis der Beisitzer entnommen: Für den Probst zu Nellingen trat Martin Nüttel auf, für Heumaden Peter Krafft.

[94] *Sprachen unser hoffrichter und rätt [...] Mitt urtaill zu rechtt das denen von hewmaden [...] fürterhin stür solt gegebn werden wie von alter herkommen wer [...]*, HStA Stuttgart A 602 U 11189 fol. 4r.

[95] Mo. n. St. Lucien, HStA Stuttgart A 602 U 504.

[96] Fürsprecher waren für Georg v. Ehingen Peter Krafft, für den Vogt von Urach Dr. Bernhard Schöfferlin.

[97] Peter und Paul Abend, HStA Stuttgart A 602 U 504. Bei diesem Termin war der Fürsprecher Georg von Ehingens Michael Schütz aus Horb.

[98] Mo. n. Remin., HStA Stuttgart A 602 U 10471. Dieser Fall ist kurz geschildert bei Frey, S., Das württembergische Hofgericht S. 90 f.

Abt des Klosters Hirsau und Eberhard i. B. verhandelt[99]. In dem Konzept wird erwähnt, daß Zeugen verhört wurden, das Protokoll des Verhörs ist allerdings nicht beigefügt. Zwei weitere Belege verweisen auf eine Hofgerichtstätigkeit Reuchlins. Allerdings sind diesbezüglich keine Archivalien mehr zu ermitteln. Einzige Quelle für Reuchlins Beisitzertätigkeit in den Jahren 1489 und 1493 ist das Neue Württembergische Dienerbuch[100].

Als Beisitzer des württembergischen Hofgerichts erhielt Reuchlin wie damals üblich neben seiner Ratsbesoldung ein Sitzungsgeld sowie die Kosten zur Anreise zum Gerichtsort in Stuttgart erstattet[101]. Obendrein wurde das Personal des Hofgerichtes bei jeder Sitzung mit Wein verköstigt[102].

Bei den geschilderten Fällen zeigt sich, daß Reuchlin zu dem Kreis der mehrfach als Hofgerichtsbeisitzer bestimmten Räte Eberhards i. B. gehörte. Über den genauen Inhalt der Tätigkeit läßt sich aufgrund der schlechten Überlieferungslage zum Hofgericht, die nicht zuletzt auch auf das überwiegend mündliche Verfahren zurückzuführen ist, nichts Genaues ermitteln[103].

b) Reuchlin als Beisitzer bei Schiedsgerichten

Graf Eberhard d. Ä. wurden mehrmalig als Schiedsrichter von Streitenden angerufen und um Räte als Beisitzer gebeten[104]. Einer der Räte, die der württembergische Landesherr wiederholt zu den Assessoren eines von ihm geleiteten Gerichtes bestimmte, war Reuchlin, der erstmals in einer solchen Funktion bei einem Streit der Fürsten von Köln und Trier nachweisbar ist.

An Eberhard i. B. war bereits 1486 die Bitte ergangen, daß er einen Streit zwischen den beiden Kurfürsten über eine Frage der Besiegelung schlichten möge, so daß in diesem Fall am 24. August 1487 in Stuttgart ein Schiedsgericht zusammenkam[105]. Fast die Hälfte der Beisitzer waren gelehrte Juristen, zu denen auch Johannes Reuchlin gehörte[106]. Vor dem Gericht, dem als weitere gelehrte Beisitzer Ludwig Fergenhans, Werner von Ontzhauß (gen. Wick), Bern-

---

[99] Der württembergische Graf ließ sich vertreten durch Georg Lutz v. Leonberg.

[100] Pfeilsticker, W., Neues württembergisches Dienerbuch § 1294.

[101] Frey, S., Das württembergische Hofgericht S. 131 f.

[102] Frey, S., Das württembergische Hofgericht S. 132.

[103] Zur Quellenlage bezüglich des Hofgerichts Frey, S., Das württembergische Hofgericht S. 6 ff.

[104] Kothe, I., Der fürstliche Rat S. 27 f.

[105] Sattler, Chr. F., Geschichte, Teil 3 S. 196 f. u. Beil. 119 auf S. 162 ff.

[106] Hinweise bei Sattler, Chr. F., Geschichte, Teil 3 S. 197 u. in der Beil. 119 S. 163.

hard Schöfferlin, Martin Nüttel und Nikolaus Bältz angehörten, konnte allerdings nicht verhandelt werden, weil die Kurtrierer Partei nicht erschien[107].

In einem großen und heftigen Streit zwischen zwei weiteren Reichsfürsten ist Reuchlin erneut als Beisitzer bemüht worden[108]. In dieser Auseinandersetzung stritt sich Erzbischof Johann von Trier mit dem Heidelberger Pfalzgrafen um verschiedene Gerechtigkeiten betreffend Winnenberg und Bilstein an der Mosel[109]. Zunächst versuchte der bayerische Herzog als Schiedsrichter mit den Beisitzern Ritter Hermann von Sachsenheim und Reuchlin den Streit zu schlichten, was bei einem Rechtstag am 19. September 1488 geschah[110]. Allerdings wurde für den Fall weiterer Differenzen in dieser Sache von den Parteien bereits vereinbart, daß der künftige Schiedsrichter Graf Eberhard i. B., Erzbischof Berthold von Mainz oder wiederum der bayerische Herzog sein solle[111].

Da weiterer Streit nicht ausblieb, wurde der württembergische Graf Eberhard d. Ä. gebeten, am 11. November 1488 in Mainz als Schiedsrichter nochmals zu verhandeln[112]. Der württembergische Landesherr war bereit, die Aufgabe zu übernehmen, verlegte jedoch den Termin auf den 25. November 1488[113]. Aber auch dieser Termin konnte nicht eingehalten werden: Bei der Reise Graf Eberhards i. B. mit seinem großen Gefolge nach Mainz wurde in Worms übernachtet, wo sich zur gleichen Zeit Kaiser Friedrich III. aufhielt. Das Reichsoberhaupt bat den württembergischen Grafen, ihm am nächsten Tag bei verschiedenen Geschäften das Reich und den Kaiser betreffend behilflich zu sein, so daß es Eberhard unmöglich wurde, rechtzeitig nach Mainz zu kommen. So mußte der Rechtstag in Mainz abermalig um zwei Tage verschoben werden[114].

---

[107] Die Namen wiedergegeben bei Sattler, Chr. F., Geschichte, Teil 3 S. 197 u. in der Beil. 119 S. 163.

[108] Hauptquelle dieser Darstellung ist die 1496 verfaßte Abschrift in HStA Stuttgart A 602 U 6306; weitere Überlieferungen, die ebenfalls Reuchlin nennen, in GLA Karlsruhe 67 No. 829 fol. 409^{v} ff. u. 416^{v} ff., BayHStA München KU 1391 u. 1392 sowie LHA Koblenz Best. 1 A Nr. 8808, 8809, 8813 u. Best. 1 C Nr. 884.

[109] J. Fischer in: Württemberg im Spätmittelalter, Nr. 68 (=S. 78 f.) erwähnt kurz den Streit.

[110] Fr. n. Kreuztag Exaltatio; die Beisitzer sind namentlich genannt in HStA Stuttgart A 602 U 6306 fol. 4^{r}, 4^{v}, 6^{v}, 7^{v} u. 107^{v}. Urteilsurkunde in BayHStA München KU 1391, Abschrift in GLA Karlsruhe 67 No. 829 fol. 409^{v}, Reuchlin ist hierfür also geliehener Rat.

[111] HStA Stuttgart A 602 U 6306 fol. 7^{r}.

[112] Der Termin auf Martinstag war schon in der Vereinbarung der Parteien vor dem ersten Schiedsrichter aufgenommen worden; als Tagungsort konnte Eberhard wählen zwischen Mainz und Frankfurt am Main.

[113] Katharinentag, HStA Stuttgart A 602 U 6306 fol. 8^{v}.

[114] HStA Stuttgart A 602 U 6306 fol. 8^{v}.

Mit Eberhard d. Ä. ist auch Reuchlin nach Mainz geritten, wobei er in Worms mit dem Kaiser, den er als Reichstagsgesandter schon 1486 kennengelernt hatte, ein weiteres Mal persönlichen Kontakt gehabt haben könnte[115]. Zusammen mit weiteren 37 Räten als Beisitzern, unter denen sich aber mit den Brüdern Dr. iur. utr. Ludwig und Dr. iur. Johannes Fergenhans, Dr. decr. Werner von Ontzhauß (gen. Wick) und Magister Gregor Lamparter nur vier weitere gelehrte Juristen befanden, nahm Reuchlin an dem Schiedsgericht teil. Die gelehrten Juristen wurden in diesem Rechtsstreit durchaus gefordert, denn in der bis zur kurtrierischen Septuplik geführten Verhandlung wurden mehrfach von den Parteien Allegationen aus den Digesten und dem iustinianischen Kodex zur Begründung der jeweiligen Positionen angeführt[116]. Schließlich wurde der Streit am 9. Dezember 1488 im Rathaus zu Mainz entschieden[117].

Etwa ein Jahr darauf, am 12. Dezember 1489, erhielt der württembergische Graf Eberhard i. B. von Kaiser Friedrich III. den Auftrag, erneut als Schiedsrichter einen Streit zu schlichten, diesmal zwischen der Stadt Worms und den dort ansäßigen Münzerhausgenossen. Der württembergische Graf widmete sich indessen nicht persönlich dieser Auseinandersetzung, sondern bestimmte Ritter Hermann von Sachsenheim, den er bereits mehrfach als seinen Hofrichter bestellt hatte, als subdelegierten Richter. Zudem fügte er dem Schiedsrichter den Dr. decr. Werner Ontzhauß, den Dechant des Stifts zu Stuttgart Jörg Hartzesser, Dr. Bernhard Schöfferlin, Dr. Martin Nüttel, Dr. *Johann Röchlin*, Konrad von Reischach und den Stuttgarter Vogt Günter Wenntkenn als Beisitzer hinzu[118].

Die Münzerhausgenossen waren ein Vereinigung in Worms, welche das der Stadt verliehene Münzrecht ausübten und die dem Wormser Bischof sehr nahestand[119]. Innerhalb der Stadt nahmen die Genossen eine Sonderstellung ein, die neben der Gewährung einiger Freiheiten hauptsächlich in einer eigenen Gerichtsbarkeit zum Ausdruck kam. Diese Sonderstellung war im 15. Jahrhundert mehrfach Anlaß für Streit mit der Stadt Worms, die gegen Ende des Jahrhunderts versuchte, die Sonderstellung der Münzer einzuschränken[120]. Schon 1488 hatte Friedrich III. dem Rat von Worms befohlen, dafür zu sorgen, daß

---

[115] Zur Reichstagsgesandtschaft S. u. bei Fn. 232.

[116] Ausführlicher Bericht der Verhandlung HStA Stuttgart A 602 U 6306 foll. 10^r ff. Die Beisitzer sind aufgezählt ebenda fol. 8^v-9^r; als weiterer gelehrter Rat nahm Dr. med. Nikolaus Bälz als Beisitzer an der Verhandlung teil. Eine Auflistung der Zusammensetzung des Beisitzerkollegiums in Württemberg im Spätmittelalter S. 78 f. (=Nr. 68). Die Zitate des römischen Rechts ebenda foll. 38^r f. u. 46^r ff. u. ö.

[117] Die Urteilsurkunde in BayHStA München KU 1393 u. Abschrift in GLA Karlsruhe 67 No. 829 fol. 416^v f., das Datum ist Di. n. Conceptio Marie 1488 (nicht 1487, wie Stievermann, D., Johannes Reuchlin S. 41 behauptet).

[118] Prozeßlibell in HHStA Wien Fridericiana 7 Nr. 4, Reuchlin genannt auf fol. 3^r.

[119] Boos, H., Geschichte S. 27; Joseph, P., Die Münzen S. 19 ff.

[120] Joseph, P., Die Münzen S. 30 ff.

die Münzerhausgenossen die Ratserlässe und Satzungen respektierten. Die Münzerhausgenossen wollten sich freilich nicht dem kaiserlichen Befehl fügen und versuchten durch Einwirken auf den kaiserlichen Rat Heinrich von Prüschenk den Kaiser zu beeinflussen[121].

Der Kaiser übertrug jedoch die Angelegenheit auf Eberhard i. B. Vor diesem Gericht klagten am 27. März 1490 die Münzerhausgenossen und machten geltend, daß die Stadt Worms zahlreiche kaiserliche Freiheiten der Genossen nicht beachteten[122]. Namentlich in ihren Rechten in bezug auf ihre Mitglieder und die Aufnahme neuer Münzer fühlten sich die Hausgenossen beeinträchtigt. Dieser Klage liegt zugrunde, daß der reiche, in Heidelberg zum Magister artium promovierte Reinhart Noltz in den Sechzehnerrat der Stadt gewählt wurde, obwohl er zu den Münzern gehörte[123]. In der sich daran anschließenden Auseinandersetzung vertrieb der Wormser Rat kurzfristig alle Münzerhausgenossen aus der Stadt. Nach einer intensiven Diskussion des Falles durch die Parteien beschloß das Schiedsgericht, dem Reuchlin angehörte, zwei Tage später, daß zur Aufklärung der Vorgänge Zeugen verhört werden sollten[124]. Das Libell der Stuttgarter Gerichtsverhandlung schickte Eberhard i. B. schließlich im Dezember 1490 an Kaiser Friedrich III.[125] Ob es zu dem Zeugenverhör noch kam, ist unbekannt. Jedoch wurde am 5. Oktober 1491 ein gütlicher Vertrag zwischen der Genossenschaft und der Stadt geschlossen, mit dem die wesentlichen Streitpunkte beigelegt werden konnten[126].

2. Reuchlin als württembergischer Anwalt

Als württembergischer Rat war Reuchlin für seinen Landesherrn nicht allein als Beisitzer am württembergischen Hofgericht oder bei Schiedsgerichten tätig, sondern bisweilen vertrat er die Interessen des württembergischen Grafen selbst vor Gericht. Forensische Erfahrung hatte er bereits durch seine Beisitzertätigkeit am Hofgericht erwerben können.

---

[121] Boos, H., Geschichte S. 28.

[122] HHStA Wien Fridericiana 7 Nr. 4 fol. 5^{v}; erster Gerichtstag Sa. n. Lätare 1490.

[123] Joseph, P., Die Münzen S. 30 f. u. Boos, H., Geschichte S. 28 f.

[124] Mo. n. Judica, HHStA Wien Fridericiana 7 Nr. 4 fol. 83^{r} ff., bereits der Heidelberger Kurfürst war als Schlichter berufen worden, der zwar auch, aber wohl nicht ausreichend Zeugen vernahm, zur Schlichtung des Pfalzgrafen kurz Boos, H., Geschichte S. 28.

[125] Mo. n. Andreas (4. Dez.), Schreiben Eberhards in HHStA Wien Fridericiana 7 Nr. 3 fol. 113.

[126] Joseph, P., Die Münzen S. 31.

a) Der Geleitrechtsstreit Württembergs mit der Kurpfalz 1487

Im Jahre 1487 trat Johannes Reuchlin als Anwalt von Eberhard i. B. in einem Streit um das Geleit von Stuttgart nach Frankfurt auf. Das Verhältnis zwischen Württemberg und der Kurpfalz hatte sich gegen Ende des 15. Jahrhunderts erheblich verschlechtert; zwar schlossen die beiden württembergischen Landesherren Eberhard i. B. und Eberhard der Jüngere 1480 eine Einung mit Kurfürst Philipp von der Pfalz und mit Herzog Georg von Bayern-Landshut. Aber bereits in den 70er Jahren des Jahrhunderts begannen kleinliche Streitigkeiten zwischen den Nachbarn Kurpfalz und Württemberg, die Ausdruck zunehmender Spannungen waren[127]. Beispielsweise waren nicht nur Herrschaftsrechte in Ingerheim strittig, sondern seit 1475 auch die Wildbänne im Schorndorfer Forst. Ebenso kam es wegen des Geleits der Kaufleute von Stuttgart zur Messe nach Frankfurt zu Differenzen zwischen Württemberg und der Kurpfalz.

Bis 1450 wurde der Handelsverkehr durch Württemberg nach Frankfurt über die Straße über Brackenheim und am Heuchelberg entlang geleitet, danach wurde die Geleitsstrecke über Bretten geführt. Schon 1485 hatte die Pfalz vorgeschlagen, die alte Straße wiederzubeleben, womit Württemberg nicht einverstanden war[128]. Zum Streit kam es schließlich, als der Kurfürst sich weigerte, Kaufleute entlang der von ihm nicht mehr gewünschten Strecke durch sein Territorium zu geleiten.

Nach Maßgabe der freundlichen Einung zwischen Württemberg und der Kurpfalz wurde deshalb der berühmte Humanist und Jurist Dietrich von Plieningen als Schiedsrichter bestimmt. Dieser hatte gleichzeitig mit Reuchlin in Freiburg studiert, und nach weiteren Studien in Pavia und in Ferrara war er zum doctor legum promoviert worden. Ab 1482 befand er sich als Rat in kurpfälzischen Diensten, wo er mit zahlreichen Angelegenheiten betraut wurde[129]. Durch seine Tätigkeit als Beisitzer des Heidelberger Hofgerichts hatte er seit 1485 auch Erfahrungen in der Gerichtspraxis sammeln können[130]. Als Beisitzer dieses erfahrenen Juristen wurden von Württemberg der Probst von Tübingen

[127] Dazu ausführlich Ulrich Müller, Die politischen Beziehungen zwischen der Kurpfalz und der Grafschaft Wirtemberg im 15. Jahrhundert, Stuttgart 1970; zur Verschlechterung des Verhältnisses zwischen Kurpfalz und Württemberg in den 70er Jahren insbesondere Spp. 60-73.

[128] Die Straßenverläufe der zwei Routen sind eingezeichnet in der von Meinrad Schaab i. V. m. Wilhelm Matzat und Wilfried Beutter erstellten Karte X.1 im Historischen Atlas von Baden-Württemberg.

[129] Dazu Adelmann, Dietrich von Plieningen S. 34 f.; von 1488-95 ist v. Plieningen auch württembergischer Rat, Kothe, I., Der fürstliche Rat S. 148; zu den Doppelstellungen von Räten an den Höfen in Heidelberg und Stuttgart Müller, U., Die politischen Beziehungen S. 14 ff.

[130] Zum Studium S. Adelmann, F., Dietrich von Plieningen S. 16-21, zu seiner Beisitzertätigkeit ebenda S. 35 u. Vogelgesang, G., Kanzlei- und Ratswesen S. 113.

Johann Fergenhans und der Ritter Georg von Ehingen bestimmt[131]. Die kurpfälzer Seite ergänzte das Gericht mit den zwei „Zusätzen" Dr. Bernhard Frowis und Hans zu Neidenstein, so daß das Schiedsgericht paritätisch mit Adeligen und Gelehrten besetzt war[132]. Dieses Gericht kam zur ersten Verhandlung am 7. Juni 1487 zusammen[133]. Dazu schickte Graf Eberhard der Ältere als seine Anwälte seinen Kanzler Ludwig Fergenhans, Johannes Reuchlin[134] und den Vogt zu Vaihingen Märken von Hailfingen[135].

In der Position des Klägers behaupten die württembergischen Vertreter zunächst, daß es *lanntkundig were wie des heyligen Rychs straß durch veyhingen geyn Bretheym zu unnd furab den Rynstrom gend.*[136] Diese Straße werde schon lange von vielen Reisenden, insbesondere aber von Kaufleuten, die zu den Frankfurter Messen wollten, genutzt. Dabei wurden diese üblicherweise bis zum Brunnen von Schmieh von Württemberg geleitet, und dort in kurpfälzisches Geleit übergeben. Fergenhans, Reuchlin und von Hailfingen beschweren sich nun für den württembergischen Grafen, daß bei den beiden vergangenen Messen der Pfalzgraf das Geleit verweigert habe, und dies habe der Grafschaft Württemberg *zu merglichem schaden gedient an syn zollen gleyt und annderm*[137]. Sie beantragen zum einen, daß das Geleit weiterhin wie bisher geführt werde, und zum anderen, daß der entstandene Schaden ersetzt werde. Zwar hätten sie vernommen, daß der Pfalzgraf die Geleitstraße verlegen wollte; doch Reuchlin, Fergenhans und von Hailfingen machen geltend, daß dies nicht möglich sei aufgrund einiger Freiheiten, die der Straße erteilt wurden, und die verböten, daß Änderungen vorgenommen werden, welche den Verkehr darauf verschlechterten oder unterbänden. Die Benutzung der Straße sei ein *Publicum Jus*, so daß *die Cristen Juden und allen menschen die selben nach ir notturfft zu wanndeln zu webern unnd zugebruchen ungehyndert menglichs gemeyn were*[138]. Von den Landesherren, durch deren Territorium sie ginge, sei die Straße

---

[131] HStA Stuttgart A 602 U 4966 fol. 1r. Wie man aus dem Inhaltsverzeichnis in GLA Karlsruhe 67 No. 829 unter Gliederungspunkt W erfährt, befand sich in GLA Karlsruhe 67 No. 829 fol. 372 ff. wohl einst eine Abschrift des Prozeßlibells; jedoch wurden in diesem Kopialbuch die fol. 369-380 zu unbekannter Zeit herausgeschnitten, so daß einzige Grundlage der Darstellung die Stuttgarter Quelle ist. Zu Georg von Ehingen, der seit 1460 Rat Eberhards i. B. war, eine biographische Skizze bei Frey, S., Das württembergische Hofgericht S. 154.

[132] HStA Stuttgart A 602 U 4966 fol. 1r.

[133] *Dornstag nach dem heylgen Pfingstag anno dmi etc. ocuagesimo Septimo.*

[134] Daß Reuchlin bei den Verhandlungen dabei war, erwähnt schon Hofacker, H., Kanzlei Fn. 3 auf S. 142.

[135] HStA Stuttgart A 602 U 4966 fol. 1r; zu Märken von Hailfingen S. Fischer, J., Das Testament S. 158.

[136] HStA Stuttgart A 602 U 4966 fol. 1v.

[137] HStA Stuttgart A 602 U 4966 fol. 1v.

[138] HStA Stuttgart A 602 U 4966 fol. 2r.

sicher zu halten[139]. Solange der Streit vor dem Schiedsgericht anhängig und nicht entschieden sei, dürften aufgrund weiterer Freiheiten auch berechtigte Änderungen nicht vorgenommen werden[140]. Es sei somit alles zu tun, den alten Zustand zu bewahren, *damit der wanndel fry sin möcht*. Zur weiteren Begründung wird von den drei württembergischen Anwälten auf die *geschriben* Rechte verwiesen. Aber auch die freundliche Einung verbiete es dem Pfalzgrafen, sich mit Württemberg zu streiten. Wenn eine solche schon abgeschlossen worden sei, so sei *nichts glicher der natürlichen vernunfft*, als daß diese auch eingehalten werde. Zum Abschluß ihrer Vorbringungen wiederholen Reuchlin, Fergenhans und von Hailfingen unter Berufung auf das gemeine Recht und die Einung nochmals ihre Forderungen, wobei sie deutlich machen, daß sie die Klage als *Possessorio vel quasi* einbringen[141].

Thomas Dornberg, Johann von Morßheim und der Vogt von Bretten Jörg Gälern von Ravensburg, welche von Pfalzgraf Philipp als Anwälte vor dem Gericht auftraten, gehen in ihrer Replik zunächst auf die Tatsachendarstellungen der Gegenpartei ein[142]. Dabei wird deutlich, daß Eberhard i. B. in die Änderung der Geleitsstrecke beim Abschluß der freundlichen Einung eingewilligt hatte, weil dadurch die Kaufleute eine Nacht länger auf seinem Territorium blieben. Bei den weiteren Verhandlungen, zu denen der württembergische Landesherr Simon von Freiberg, Georg von Rechberg und für die anschließenden Tage in Ulm Ulrich von Westerstetten als seine Vertreter schickte[143], wollte Eberhard d. Ä. seine Zustimmung indessen nachträglich von der Zustimmung der Städte abhängig machen, was nicht möglich gewesen sei. Zudem habe der Heidelberger Regent auch nicht gezwungen werden können, das Geleit nach Württemberger Wünschen zu führen, denn die pfälzer Seite könne ihre Rechte nutzen wie sie wolle und schließlich gelte doch der Rechtssatz *Qui uteret Iure suo neminem faceret iniuria*[144]. Gegen das Argument, daß die Straße *publici Juris* sei, wenden die pfälzer Anwälte ein, dies gelte auch für die andere, neu vorgeschlagene Route. Schließlich hätte der Graf von Württemberg das Geleit auf pfälzer Seite niemals innegehabt, so daß er durch Änderung des Geleits auch nicht in seinem Geleit gestört werden könne[145].

---

[139] HStA Stuttgart A 602 U 4966 fol. 2^r.

[140] HStA Stuttgart A 602 U 4966 fol. 2^r.

[141] HStA Stuttgart A 602 U 4966 fol. 2^v.

[142] HStA Stuttgart A 602 U 4966 fol. 1^r, Thomas Dornberg war der Anführer der kurpfälzischen Anwälte, s. ebenda fol. 2^v.

[143] HStA Stuttgart A 602 U 4966 fol. 3^r; die Tage von Ulm fanden statt in der Woche 27. Februar bis 5. März 1486 (*umb Mittfasten)*.

[144] HStA Stuttgart A 602 U 4966 fol. 4^r.

[145] HStA Stuttgart A 602 U 4966 fol. 4^v.

Gegen diese Behauptungen protestierten Reuchlin und die anderen beiden Anwälte, und sie wiesen zunächst darauf hin, daß Eberhard i. B. niemals in eine Änderung eingewilligt habe, obwohl er mehrfach dazu aufgefordert worden sei. Die neue Route sei länger und führe durch unwegsameres Gelände, so daß das Geleiten für Eberhard i. B. mehr Mühe und Kosten bedeute[146]. Seine Einwilligung zur Änderung habe er ausdrücklich nur *conditionaliter uff verwilligung der stett* gegeben[147]. Nach diesem Widerspruch in der Sache gehen die drei Vertreter von Eberhard d. Ä. auf die Argumente ein, daß jeder auf seinem Territorium tun dürfe, was er wolle: Diese könne man hier nicht anführen, denn Straßen seien niemandens Eigentum, *und wer nit des durch welchs lannd sie gieng. Darumb derselb auch nitt dem dritten zuschaden daruff ychts furnemen möcht*[148]. Obendrein sei das Geleit eine unteilbare *res individua*, womit gemeint ist, daß eine Veränderung auf kurpfälzer Seite durchaus württembergische Interessen berühre. Zur Verdeutlichung, welches Ausmaß der Schaden habe, wird darauf verwiesen, daß für Württemberg der Schaden deutlich geringer gewesen wäre, wenn die Pfälzer dem württembergischen Grafen ein gutes Dorf weggenommen hätten. Danach kommen Reuchlin und seine Mitstreiter auf das zu sprechen, was nach ihrer Meinung der Kern ihrer Argumentation ist: das Herkommen[149]. Dieses böte auch die Grundlage der Einung, die Württemberg mit der Kurpfalz abschloß. An der Wahrnehmung der durch Herkommen entstandenen Rechte dürfe Eberhard i. B. nicht beeinträchtigt werden, denn es *wer doch nach gemeynem Rechten billich das keiner den anndern daran hynnderte.* Der Heidelberger Pfalzgraf habe sich freiwillig mit Württemberg in die Einung begeben, welche ihn verpflichte, auch württembergische Interessen zu achten, was ihn in seinen Rechten beschränke *ut de pactis iuris gentium etc.*[150]

Ein weiteres Mal bestreiten dagegen die Vertreter des Heidelberger Fürsten, daß Eberhard i. B. seine Zustimmung von der Zustimmung der Städte abhängig gemacht habe[151], vielmehr habe er auf Bitten von Herzog Ottos Hofmeister Dietzen von Tungern einer Änderung der Geleitstrecke zugestimmt. Eine Neuerung könne in dieser Änderung nicht gesehen werden, denn damit würde ja nur der alte Zustand, der sehr lange Bestand gehabt habe, wieder hergestellt[152]. Auch auf das Argument Reuchlins und der anderen Anwälte Württembergs, daß die Straße *publici iuris* sei, gehen die Anwälte nochmals ein: Sie glauben, einen Widerspruch im württembergischen Vorbringen konstatieren zu

---

[146] HStA Stuttgart A 602 U 4966 fol. 5^{r}.
[147] HStA Stuttgart A 602 U 4966 fol. 5r.
[148] HStA Stuttgart A 602 U 4966 fol. 5^{v}-6^{r}.
[149] HStA Stuttgart A 602 U 4966 fol. 6^{v}.
[150] HStA Stuttgart A 602 U 4966 fol. 7^{r}; hier wird Bezug genommen auf D. 2, 14, 7.
[151] HStA Stuttgart A 602 U 4966 fol. 7^{v}.
[152] HStA Stuttgart A 602 U 4966 fol. 8^{r}.

können, behauptet dieses doch zum einen die Öffentlichkeit der Straße, zum anderen mache er selbst Rechte an der Straße wie ein Herr darüber geltend[153]. Auch der Einwand, das Geleit sei *res individua* greife nicht, weil damit nichts gegen die Route an sich gesagt werde; entscheidend sei allein, daß die Kaufleute und Reisenden nach Frankfurt geleitet würden. Endlich machen die Vertreter des Pfalzgrafen bezüglich der gewählten Klageart geltend, daß im Fall das *Possessorium* nicht vom *Petitorio* geschieden werden könne. Württemberg sei niemals im Besitz des Geleits auf dem Gebiet der Kurpfalz gewesen, so daß es auch durch die Pfalz nicht im Besitz gestört werden könne[154].

Darauf antworten die württembergischen Anwälte scharf, daß es als Kläger in ihrem Belieben stünde, ob sie *ex possessorio* oder *ex petitio* klagten; es stünde auch nicht dem Beklagten zu, die Klage in eine *ex petitio* zu verändern, was von kurpfälzer Seite nicht akzeptiert werden will[155].

In Schlußreden bringen beide Parteien nochmals jeweils ihre Anträge vor[156]. Dietrich von Plieningen und seine Beisitzer geben daraufhin den Parteien zu erkennen, sie müßten sich zu einer Beratung zurückziehen; da die Sache nicht einfach sei und den Parteien doch erkennbar viel daran läge, seien sorgfältige Überlegungen des Gerichtes vonnöten. Und schließlich kommen die Anwälte mit dem Gericht überein, daß weitere Verhandlungen unnötig seien; das Endurteil solle etwa vier Wochen später gefällt werden, was am 25. Juni 1487 geschah[157]. Wie verabredet schickte es Dietrich von Plieningen den Parteien zu: In dem Urteil erkannte er für Recht, daß der Pfalzgraf weiterhin das Geleit führen solle, wie es bislang üblich war; die Kosten solle jede Partei für sich tragen[158]. Wie im Spätmittelalter üblich teilt Dietrich von Plieningen die Gründe, die ihn zu dieser Entscheidung bewogen, in dem Urteil nicht mit, sodaß nicht nachvollziehbar ist, warum die württembergischen Anwälte den Sieg für ihren Grafen davontragen konnten.

b) Für Graf Heinrich 1489

Mit einer mehr familiären Angelegenheit wurde Reuchlin etwa drei Jahre später als Anwalt beauftragt. Der Inhaber der elsäßischen Territorien Württembergs Graf Heinrich hatte sich dem Vorwurf zu stellen, er habe 1489 Jakob von Rathsamhausen, einen Diener des Heidelberger Pfalzgrafen, angegriffen, ver-

---

[153] *Quantum ad proprietatem puri dominij* HStA Stuttgart A 602 U 4966 fol. 8^r.

[154] HStA Stuttgart A 602 U 4966 fol. 8^v.

[155] HStA Stuttgart A 602 U 4966 fol. 9^r.

[156] HStA Stuttgart A 602 U 4966 fol. 9^v.

[157] Mo. n. St. Johann dem Täufer, HStA Stuttgart A 602 U 4966 fol. 10^r.

[158] Der Urteilsspruch findet sich in HStA Stuttgart A 602 U 4966 fol. 10^r.

wundet und verschleppt[159]. Als es zur gerichtlichen Auseinandersetzung vor dem Heidelberger Hofgericht kam, erhielt Reuchlin den Auftrag, die württembergische Partei zu vertreten. Allerdings konnte Reuchlin bei der Gerichtsverhandlung in Heidelberg am 27. Februar 1490 wenig zu Gunsten Heinrichs vorbringen, so daß jener zur Zahlung von 3900 fl. verurteilt wurde[160].

c) Der Streit um die Kastvogtei über das Kloster Zwiefalten 1490

Eine heftige, das Verhältnis Österreichs zu Württemberg nachhaltig prägende Auseinandersetzung um das Kloster Zwiefalten sollte 1490 von einem Schiedsgericht geschlichtet werden. Auch in dieser für die württembergische Herrschaft hochbedeutenden Sache ist Reuchlin als rechtskundiger Rat von Eberhard i. B. herangezogen worden. Der Streit, der zunächst eine nicht allzu bedeutende Rolle für das Verhältnis von Württemberg und Österreich spielte, kreiste im wesentlichen um die Kastvogtei über das um 1085 von den Grafen Kuno und Liutold von Achalm gegründeten Kloster[161].

Im Rahmen der Neuordnung des Verhältnisses zwischen der Gründerfamilie und dem Kloster wurde durch ein Privileg Papst Urbans II. von 1093 dem Kloster die Freiheit gegeben, seine Vögte selbst zu wählen[162]. Im Jahr 1122 erhielten Abt und Konvent von Zwiefalten darüberhinaus noch das Recht, dem Kloster schadende Vögte abzusetzen[163]. Als im ausgehenden 13. Jahrhundert der gewählte Vogt Ritter Wolf von Stein das Kloster nicht zu dessen Zufriedenheit schirmte und schützte, wurde von diesem Recht Gebrauch gemacht, indem 1303 das Kloster Herzog Friedrich von Österreich zum neuen Vogt wählte[164]. In die Übergabeurkunde wurden Bestimmungen aufgenommen, welche faktisch die Erblichkeit der Vogtei und eine Einschränkung des Wahlrechts der Klosterinsassen auf eine Familie beinhalteten. Obendrein wurde festgelegt, daß

[159] Sattler, Chr. F., Geschichte, Teil 4 S. 8 f.

[160] Das Urteil v. Sa. n. Estomihi mit dieser Summe erwähnt in WürttLaBi Stuttgart Cod. hist. 2° Nr. 52 fol. 14^r; Sattler, Chr. F., Geschichte, Teil 4 S. 9 gibt eine Summe von 4000 fl. an.

[161] Erhalten hat sich das komplette Prozeßlibell in HStA Stuttgart A 602 U 4897. Unter Kastvogtei ist die Schirmvogtei zu verstehen, dazu Hirsch, H., Über die Bedeutung S. 204. Zu dem Streit und dessen Bedeutung Setzler, W., Kloster Zwiefalten S. 59 f.

[162] Setzler, W., Zwiefalten S. 690 f.

[163] Setzler, W., Zwiefalten S. 691.

[164] Dazu Setzler, W., Kloster Zwiefalten S. 35 und idem, Zwiefalten S. 683 u. S. 692. Die Urkunde der Übergabe des Klosters ist am 17. Januar 1303 in Speyer ausgestellt.

die Vogtei künftig nicht belehnt werden dürfe[165]. Freilich wurde unter Verstoß gegen diese Bestimmung schon 1365 die Kastvogtei des Klosters Zwiefalten als Lehen an den württembergischen Grafen Eberhard der Greiner vergeben. Zwar war die Belehnung zunächst auf drei Jahre befristet, aber mit Willen des Klosters 1368 und 1371 verlängert worden. Zu gleichen Bedingungen wurde die Kastvogtei schließlich 1442 auf Graf Ulrich von Württemberg übertragen, von welchem die Kastvogtei 1482 auf Graf Eberhard i. B. überging. Parallel zu dieser ständigen Vergabe der Vogtei an das Haus Württemberg zeichnete sich insgesamt ein immer enger werdendes Verhältnis zwischen Zwiefalten und Württemberg ab, welches sich namentlich daran ablesen läßt, daß das Kloster die württembergischen Grafen immer öfter als Schiedsrichter heranzog[166]. Den nun einsetzenden Versuchen Württembergs, die Kastvogtei in ein festes Schutzverhältnis zu verändern, stellte sich das Kloster jedoch entgegen. Als die Prälaten der von Württemberg abhängigen Klöster als Landstand den Bündnisvertrag Eberhards d. J. mit Eberhard d. Ä. von 1482 siegeln sollten, verwies der Abt von Zwiefalten auf seine Verbindung mit Österreich und verweigerte die Besiegelung[167]. Bei einer Verhandlung des Problems 1484 konnte der Konflikt, der sich weiter zuspitzte, nicht beigelegt werden[168]. Schließlich konnte insoweit Einigkeit erzielt werden, daß Bischof Johannes von Augsburg als Vorsitzender eines Schiedsgerichts mit der Schlichtung beauftragt werden sollte[169]. Da dieser bald darauf verstarb, einigten sich König Maximilian und Graf Eberhard i. B. 1490 in Ulm auf den Konstanzer Bischof Otto zur Streitbeilegung[170]. Dieser sollte die Parteien anhören und dabei auf eine gütliche Einigung hinwirken. Sollte das jedoch nicht möglich sein, so sollte er *mit rechtlichem spruch darüber erkennen*[171].

Zur Anhörung und zur Verhandlung vor dem Bischof wurden die Parteien zum ersten Mal zum 24. September 1490 in die bischöfliche Pfalz von Konstanz geladen. In zwei weiteren Sitzungen am 4. und am 18. Oktober des glei-

---

[165] Zu den Einschränkungen ausführlich Setzler, W., Zwiefalten S. 692.

[166] Setzler, W., Kloster Zwiefalten S. 36 f.

[167] Setzler, W., Kloster Zwiefalten S. 60 f. und S. 125; ebenso die Erläuterungen von Joachim Fischer zum Vertrag vom 23. Juli 1481 in: Württemberg im Spätmittelalter, Nr. 88 (=S. 95); auch der Probst von Ellwangen weigerte sich, den Vertrag mit Siegel zu bezeugen und zu garantieren.

[168] HStA Stuttgart A 602 U 4866 fol. 82.

[169] Darüber ein Bericht bei Sattler, Chr. F., Geschichte, Teil 4, S. 10 f. Die Prozeßakten des Streites vor dem Bischof von Augsburg sind erhalten in HStA Stuttgart A 602 U 4866, als württembergischer Anwalt trat auf Martin Nüttel, auch erwähnt in HStA Stuttgart A 602 U 4897 fol. 184r.

[170] S. Sattler, Chr. F., Geschichte, Teil 4 S. 11; das Prozeßlibell in HStA Stuttgart A 602 U 4897 fol. 130r ff. Es beginnt: *Wir Otto von gottes gnaden Bischove zu Costenz [...].*

[171] HStA Stuttgart A 602 U 4897 fol. 130r.

chen Jahres wurden die Verhandlungen fortgesetzt[172]. Bei diesem Schiedsgericht wurde das Beisitzerkollegium aus zwei adeligen und zwei gelehrten Räten der streitenden Parteien zusammengesetzt: Neben den Rittern Hans Jacob von Bodmann und Hermann von Sachsenheim waren die gelehrten Dr. Johannes Sanigeti und Dr. Bernhard Schöfferlin als Beisitzer bestimmt worden[173].

Zu den Rechtstagen schickten König Maximilian und Graf Eberhard i. B. einige ihrer berühmtesten Räte als Anwälte: Die österreichische Seite vertrat der königliche Kanzler Konrad Stürtzel zusammen mit Bilgeri von Reischach sowie Hans Lanz[174]. Als Redner für den König fungierte der Konstanzer Humanist und Jurist Ulrich Molitoris[175], der schon seit 1485 mehrfach von Erzherzog Sigmund von Tirol als Berater in rechtlichen Angelegenheiten um Hilfe gebeten wurde[176]. Diesen standen auf württembergischer Seite neben Johannes Reuchlin der Probst in Tübingen Johannes Fergenhans und dessen Bruder der Probst des Stifts zu Stuttgart Ludwig Fergenhans gegenüber.

Als Kläger behaupteten die österreichischen Vertreter zunächst, daß Österreich Kastvogt über das Kloster Zwiefalten sei, und sie verlangten, daß der württembergische Landesherr damit aufhöre, Erzherzog Sigmund von Tirol in dessen *gerechtigkeit, besitzung, posseß und altem Brauch* zu stören[177]. Zudem sollten alle Kosten dieses Rechtsstreites von Württemberg getragen werden. Zur Stützung ihres Begehrens führen die Anwälte im weiteren Verlauf der langwierigen Verhandlungen mannigfaltige Argumente an. So sei zunächst zu beachten, daß Abt und Konvent des Gotteshauses Zwiefalten Österreich als Kastvogt anerkennen würden[178]. Nach päpstlichem Privileg stünde es ihnen zu, den Vogt frei zu wählen, und daraufhin hätten sie den Erzherzog von Tirol zum Kastvogt gewählt[179]. Diese Anerkennung hätten die Klosterinsassen dadurch zum Ausdruck gebracht, daß sie dem Erzherzog von Tirol einst zum Kloster

---

[172] HStA Stuttgart A 602 U 4897 fol. 130^{v}: Die Daten sind Freitag nach St. Mauritius, Montag nach St. Michael und schließlich Montag nach St. Gallen-Tag 1490.

[173] HStA Stuttgart A 602 U 4897 fol. 130^{v}-131^{r}; Johann Sanigeti war Turmherr zu Konstanz.

[174] Zu Stürtzel s. die Publikation von G. Buchwald.

[175] HStA Stuttgart A 602 U 4897 fol. 131^{r}; der Jurist Ulrich Molitoris studierte und promovierte in Pavia und war seit 1470 Notar in Konstanz und Prokurator am dortigen bischöflichen Gericht, Mauz, J., Ulrich Molitoris S. 12; am 7. Juni 1494 wurde dieser mit einem Gehalt von 1.200 fl., zwei Pferden und vier Dienern zum Rat am Hof Sigmunds von Tirol in Innsbruck bestellt, ebenda S. 45 f.; von 1497-1507 wirkte er als Prokurator am Reichskammergericht, ebenda S. 47-57.

[176] Mauz, J., Ulrich Molitoris S. 26 ff. und S. 32 ff.

[177] Die österreichische Klage in HStA Stuttgart A 602 U 4897 fol. 132^{r}-132^{v}.

[178] HStA Stuttgart A 602 U 4897 fol. 133^{r}.

[179] HStA Stuttgart A 602 U 4897 fol. 133^{r}.

passende Schlüssel überreichten[180]. Auch bei anderer Gelegenheit habe das Kloster stets betont auf seine österreichische Zugewandtheit hingewiesen: Als beispielsweise die beiden Grafen Eberhard d. Ä. und Eberhard d. J. den Bündnisvertrag von 1481 schlossen, habe sich der Abt von Zwiefalten geweigert, den Vertrag zu siegeln *uß der ursach Er bekennte Wirttemberg nit für sinen schirmherrn sondern Osterrich*[181]. Auch das Anbringen des österreichischen Wappens in der Klosterkirche sei ein Beleg der Verbundenheit mit Österreich[182]. Schließlich sei das Haus Österreich auch seinen Schutzpflichten nachgekommen und habe das Kloster bei verschiedenen Gelegenheiten geschirmt und geschützt[183]. Da sie durch langes Herkommen diese Vogtei innehätten, hätten nach gemeinen Rechten die Österreicher einen gemeinen Titel in bezug auf die Kastvogtei[184]. Anders sei dies bei Württemberg: Die württembergischen Grafen hätten niemals das Kloster geschützt, sondern vielmehr sei Graf Eberhard i. B. einmal sogar kriegerisch in das Zwiefaltener Gotteshaus eingedrungen[185]. Die wenigen Pflichten, die Württemberg gegenüber dem Kloster zu erfüllen habe, seien zudem alle von Österreich abgeleitet[186]. Da dies Württemberg bekannt gewesen sei, konnten sie auch nicht in gutem Glauben die Kastvogtei ersitzen[187].

Gegen diese österreichischen Darlegungen behaupten Reuchlin und die beiden Brüder Johannes und Ludwig Fergenhans zunächst apodiktisch, daß ihr württembergischer Landesherr Eberhard i. B. Inhaber der Kastvogtei sei. Die Grafen von Württemberg seien schon vor langer Zeit als Kastvögte angenommen worden[188], und sie würden das Kloster auch schon lange verwalten[189]. Daß Württemberg in der Vergangenheit stets als Kastvogt des Klosters Zwiefalten handelte, sei auch durchaus von österreichischer Seite geduldet worden[190]. Es sei zwar richtig, daß Österreich Württemberg nicht zum Kastvogt hätte machen können. Aber darauf käme es nicht an, denn Abt und Konvent hätten selbständig Württemberg zum Kastvogt gewählt, wozu sie berechtigt und befähigt waren, was auch Österreich zugegeben habe[191]. Daß die Klosterinsassen durchaus

---

180 HStA Stuttgart A 602 U 4897 fol. 134^{v}.

181 HStA Stuttgart A 602 U 4897 fol. 145^{r}.

182 HStA Stuttgart A 602 U 4897 fol. 149^{v}.

183 HStA Stuttgart A 602 U 4897 fol. 150^{r}.

184 HStA Stuttgart A 602 U 4897 fol. 134^{r} u. 145^{v}.

185 HStA Stuttgart A 602 U 4897 fol. 157^{r}.

186 HStA Stuttgart A 602 U 4897 fol. 143^{v}.

187 HStA Stuttgart A 602 U 4897 fol. 146^{r} u. 156^{r}.

188 HStA Stuttgart A 602 U 4897 fol. 155^{v}.

189 HStA Stuttgart A 602 U 4897 fol. 135^{r}, 137^{r}, 137^{v}, 150^{r}, 154^{v}.

190 HStA Stuttgart A 602 U 4897 fol. 137^{v}.

191 HStA Stuttgart A 602 U 4897 fol. 156^{r,v}.

Württemberg als Kastvogt wollten und anerkannten, sei obendrein daran zu ersehen, daß das Weihnachtsopfergeld stets in die württembergische Kasse bezahlt worden sei. Eine Kastvogtei innezuhaben bedeute darüberhinaus die Verpflichtung, als Schutzherr tätig zu werden. Dies habe Württemberg vielmals für Zwiefalten getan, Österreich jedoch niemals. Daran ließe sich ebenfalls erkennen, daß Württemberg die Kastvogtei tatsächlich besaß, weshalb Eberhard i. B. als rechtmäßiger Kastvogt des Klosters anzusehen sei. Daß Österreich nicht Kastvogt sein könne, untermauern die württembergischen Prozeßvertreter zudem mit der Überlegung, ob denn wirklich die Kastvogtei an Österreich übergeben wurde. Dabei stellten sie fest, daß zur Übergabe einer Kastvogtei eine Abrede oder ein Vertrag notwendig sei, daß aber ein Kontrakt allein nicht ausreiche. Es gehöre auch der Vollzug des im Kontrakt Versprochenen zu den Erwerbsvoraussetzungen einer Vogtei, weshalb Österreich die Vogtei nur erworben habe, wenn sie auch übergeben wurde. Nun wurden an Österreich zwar die Schlüssel der Kastvogtei übergeben. Dies sei aber mitnichten die Form, in der eine Kastvogtei übergeben werde[192]. Zudem hätte auch der württembergische Landesherr Schlüssel von Abt und Konvent von Zwiefalten erhalten[193]. Somit habe Österreich keinen Besitz an der Kastvogtei von Zwiefalten übertragen bekommen. Auch das Anbringen des Österreichischen Wappens in der Klosterkirche sei kein Beleg für den Besitz der Kastvogtei der Habsburger, *dann maler mochten malen unnd poeten tichten wie sie wollten*[194]. Neben dem auf der linken Seite angebrachten österreichischen Wappen sei zudem auf der rechten Seite das württembergische Wappen angebracht, und dieses gelte beim Streit um die Kastvogtei genauso viel, wie das des Hause Österreich[195]. Als weitere Stütze ihres Begehrens im Ringen um die Kastvogtei verweisen die württembergischen Anwälte darauf, daß durch Heirat die Grafen von Württemberg mit der Stifterfamilie verwandt seien, die von sich aus als Kastvögte anerkannt werden müsse. Durch Erbschaft sei nun auch Eberhard i. B. zum Kastvogt geworden[196].

Um zunächst die Tatsachen, die nach den Reden der Anwälte umstritten waren, genauer zu erforschen, werden die Protokolle einer Zeugenvernehmung von 1485, als der Streit vor dem Bischof von Augsburg ausgetragen wurde, in den Prozeß eingeführt[197]. Zur Klärung weiterer Fragen sollten weitere Zeugen verhört werden, wozu es jedoch aufgrund des Ablebens des Bischofs nicht

[192] HStA Stuttgart A 602 U 4897 fol. 149^r.

[193] HStA Stuttgart A 602 U 4897 fol. 137^v, 152^v.

[194] HStA Stuttgart A 602 U 4897 fol. 149^v.

[195] HStA Stuttgart A 602 U 4897 fol. 149^v.

[196] HStA Stuttgart A 602 U 4897 fol. 154^v, 155^v.

[197] Am 9. Dez. (Fr. n. Concep. Marie) 1490, HStA Stuttgart A 602 U 4897 fol. 169^r ff.

mehr kam[198]. Maximilian I., der bei den aufgekommenen Spannungen zwischen ihm und dem Schwäbischen Bund einerseits und den Wittelsbachern andererseits nicht die Unterstützung des württembergischen Grafen verlieren wollte, versuchte mehr und mehr Konflikte mit Eberhard i. B. zu vermeiden[199]. Im sogenannten Nürnberger Vertrag konnte deshalb schon im Juni 1491 die Auseinandersetzung um die Kastvogtei beigelegt und Eberhard i. B. die Schirmherrschaft über das Kloster zugesichert werden[200]. Eine Beteiligung des zuvor als Anwalt bemühten Reuchlins ist bei dieser Übereinkunft zwar nicht belegbar; gleichwohl dürfte sein Auftreten zusammen mit den anderen Anwälten vor dem Gericht den späteren Erfolg des württembergischen Grafen mit bewirkt habe.

d) Der Heuchelberger Jagdrechtsstreit 1490

Gleichzeitig zu den Verhandlungen vor dem Schiedsgericht in Konstanz waren Streitigkeiten Eberhards i. B. mit dem Heidelberger Kurfürsten der Anlaß, daß gelehrte Räte, unter denen sich erneut Reuchlin befand, vor einem weiteren Schiedsgericht verhandeln mußten. Dieses war wie das Gericht wegen des Geleitsrechtstreit auf Grundlage der freundlichen Einung eingesetzt worden, wobei diesmal Ludwig von Neipperg als Obmann erwählt wurde[201]. Neben dem Vogt zu Germersheim Johann von Morsheim, bestimmte die pfälzer Seite als zweiten Beisitzer Wiegand von Dienand; Ritter Hermann von Sachsenheim und Bernhard Schöfferlin wurden von württembergischer Seite noch beigefügt, sodaß wiederum das Schiedsgericht je zur Hälfte mit adeligen und mit gelehrten Beisitzern besetzt war[202]. Als erster Verhandlungstag wurde der 6. Oktober 1490 bestimmt[203]. An diesem erschienen als Prozeßvertreter für die Pfalz Graf Ludwig zu Lauenstein, Götz von Adlitzheim und der Kämmerer zu Dalberg Friedrich[204]. Für Württemberg wurde von Eberhard i. B. neben Johannes Reuchlin der Vogt zu Vaihingen Märken von Hailfingen nach Maulbronn ge-

---

[198] HStA Stuttgart A 602 U 4897 fol. 185^{v}, Setzler, W., Kloster Zwiefalten S. 65.

[199] Setzler, W., Kloster Zwiefalten S. 65.

[200] Eine genaue Darstellung der vertraglichen Abreden bei Setzler, W., Kloster Zwiefalten S. 66 f.

[201] Das Prozeßlibell ist in einer Abschrift in einem Kopialbuch in Karlsruhe erhalten, GLA Karlsruhe 67 No. 908 fol. 128^{r}-154^{v}.

[202] GLA Karlsruhe 67 No. 908 fol. 128^{r}.

[203] GLA Karlsruhe 67 No. 908 fol. 129^{r}.

[204] GLA Karlsruhe 67 No. 908 foll. 128^{r} f.; Götz von Adlitzheim war Doktor und Probst zu Wimpfen im Tal.

schickt[205]. Als Redner trat wiederum der Kanzler und Probst zu Stuttgart Ludwig Fergenhans auf[206].

Beim ersten Verhandlungstag machten die Anwälte des Heidelberger Kurfürsten geltend, daß die Herren von Neipperg vom Pfalzgrafen das Jagd- und Hegerecht am Heuchelberg übertragen bekamen, welches diesen nun von Graf Eberhard i. B. streitig gemacht worden sei[207]. In ihrer Replik bestreiten die württembergischen Vertreter die Klagebefugnis des Pfalzgrafen, denn wenn die Rechte auf die Herren von Neipperg übertragen wurden, so seien allenfalls diese durch den württembergischen Grafen in ihren Rechten beeinträchtigt[208]. Auf Grundlage der Einung zwischen Pfalz und Württemberg könne der Heidelberger Fürst somit nicht vor dem Schiedsgericht klagen. Es sei nicht möglich, daß ein Fürst auf Grundlage der Einung für seinen Diener klage, welchen er freilich bei einer Klage unterstützen könne[209]. Zudem wird von württembergischer Seite bestritten, daß die Herren von Neipperg Untertanen des Pfalzgrafen seien, denn *im lannd zu Schwaben hiessenn sie ain Edellman nit ain zugehorigen ains herrn*[210]. Deshalb wollten sich Reuchlin, Märken von Hailfingen und Ludwig Fergenhans bei dem Streit nicht in die Hauptsache einlassen[211]. Während die Vertreter des Klägers zur Begründung ihrer Klagebefugnis darauf hinweisen, daß die Einung zwischen den Landesherrn *nit allain gemacht zwayer fürstenn halb, sondern auch iren landenn unnd lüttenn zu gutt*, beharrt die württembergische Seite auf der Unzulässigkeit der Klage[212].

Noch am darauffolgenden Tag stritten sich die Parteien in der Frage, ob der Kurfürst auf andere übertragene Rechte vor diesem Schiedsgericht geltend machen könne. Die drei württembergischen Anwälte verweisen in ihren Reden auf den wenige Jahre zuvor geführten Streit über das Geleit entlang der Straße nach Frankfurt zwischen Kurfürst Philipp und Graf Eberhard d. Ä., bei welchem auf Grundlage der Einung nur Rechte deren Mitglieder geltend gemacht wurden[213]. Für den Kurfürsten wird nun vorgebracht, daß er möglicherweise nicht in seinem Jagd- und Hegerecht beeinträchtigt sei, jedoch aber in seinen Schutz- und

[205] Die Beteiligung Reuchlins ist erwähnt bei Hofacker, H., Kanzlei S. 142 Fn. 4.

[206] GLA Karlsruhe 67 No. 908 fol. 130^{r}.

[207] Klage in GLA Karlsruhe 67 No. 908 foll. 129^{v} ff.

[208] GLA Karlsruhe 67 No. 908 foll. 130^{r} ff.

[209] GLA Karlsruhe 67 No. 908 fol. 133^{v}.

[210] GLA Karlsruhe 67 No. 908 fol. 138^{v}.

[211] GLA Karlsruhe 67 No. 908 fol. 137^{r}.

[212] GLA Karlsruhe 67 No. 908 fol. 135^{v}.

[213] GLA Karlsruhe 67 No. 908 foll. 149^{r} f.; bei diesem Streit war auch Reuchlin als Anwalt Eberhards beteiligt, S. bei Fn. 307.

Schirmrechten gegenüber den Herren von Neipperg[214]. Insofern könne doch vor dem Schiedsgericht geklagt werden.

Nach diesem von beiden Seiten hartnäckigen Streiten um die Zulässigkeit eines Verfahrens vor dem Schiedsgericht entschließen sich Richter und Beisitzer, daß sie die Sache in Ruhe überdenken und entscheiden möchten[215]. Am 25. November sollten die Parteien nochmals zur Urteilsverkündung vor das Gericht kommen[216]. Aufgrund fehlender weiterer Dokumentation des Falles ist nicht bekannt, ob an diesem Tag tatsächlich nochmals das Gericht zusammentrat, ob Reuchlin weiterhin mit dem Streit zu tun hatte und zu welchem Ergebnis die Richter kamen.

IV. Reuchlin als Gesandter und als Diplomat

1. Reuchlin als Rat auf Reisen für Eberhard i. B.

Die Ratstätigkeit der württembergischen Räte beschränkte sich nicht allein auf Beschäftigungen am Hof des Landesherrn. Regelmäßig entsandte Eberhard d. Ä. Räte zu anderen Grafen und an Fürstenhöfe, was sich anhand der Landschreibereirechnungen der württembergischen Kanzlei nachvollziehen läßt. Peter Krafft, Balthasar Meßnang, Martin Nüttel und viele andere seiner Räte wurden häufig als Gesandte eingesetzt[217].

Ausweislich der Rechnungsbücher der Landschreiberei wurden auch Reuchlin mehrfach Gesandtschaften übertragen. Für den württembergischen Landesherrn ritt Reuchlin Anfang 1484 zweimal nach Weil der Stadt in einer Ratsangelegenheit[218]. Kurz darauf, in der Zeit vom 11. bis zum 17. April 1484, reiste er als Gesandter für Eberhard i. B. nach München und Eichstätt[219]. Im Februar 1485 begab sich Reuchlin *umb ettlicher erfarung willen* nach Homburg[220] und vier Monate später erkundete Reuchlin Neuigkeiten *wider die von Rottwyl*[221]. Mit Johannes Heller reiste Reuchlin im gleichen Jahr noch nach Mömpelgard,

---

214 GLA Karlsruhe 67 No. 908 fol. 152^{v}.

215 GLA Karlsruhe 67 No. 908 fol. 154^{v}.

216 Am Katharinentag, GLA Karlsruhe 67 No. 908 fol. 154^{v}.

217 Kothe, I., Der fürstliche Rat S. 28.

218 13. Jan. (Hilarientag) *und darnach noch ain mal*, HStA Stuttgart A 256 Bd. 1 fol. 61^{v}. Haller, J., Die Anfänge, Teil 2 S. 89*.

219 In der Karwoche, HStA Stuttgart A 256 Bd. 1 fol. 65^{r}, Haller, J., Die Anfänge, Teil 2 S. 89*.

220 26. Feb. (Sa. v. Reminiscere), HStA Stuttgart A 256 Bd. 2 fol. 59^{v}, Haller, J., Die Anfänge, Teil 2 S. 89*.

221 10. Juni (Fr. v. Vitius), HStA Stuttgart A 256 Bd. 3 fol. 51^{r}, Haller, J., Die Anfänge, Teil 2 S. 89*.

nachdem er zuvor bei einem Rechtstag in Riedlingen war[222]. Im Auftrag Eberhard i. B. ritt Reuchlin im November 1489 nach Ellwangen, um für den Landesherrn aus dem dortigen Benediktinerkloster die Herausgabe verschiedener Schriften und Bücher zu erlangen[223].

Da die Rechnungsbücher nicht regelmäßig und vollständig geführt wurden, ist diese Aufzählung der Gesandtschaften vermutlich lückenhaft. Es ist wahrscheinlich, daß Reuchlin noch öfter für seinen Herrn reiste, denn in einem Brief von 1488 schreibt Reuchlin an, er sei in jüngster Zeit viel für Eberhard i. B. unterwegs gewesen[224].

2. Reuchlin in München für Eberhard i. B.

Nur bezüglich der Reise Reuchlins nach München in der Karwoche 1484 läßt sich durch weitere Überlieferungen Genaueres über seinen Auftrag in Erfahrung bringen. Aus einem Brief von Graf Eberhard i. B. an den bayerischen Herzog Albrecht läßt sich entnehmen, daß Reuchlin Rat in München beim Herzog suchen sollte[225]. Bereits zuvor hatte sich Eberhard d. Ä. in Innsbruck mit dem Fürsten aus München über seinen Streit mit Eberhard d. J. unterredet und einen Ratschlag erhalten. Nun sollte Reuchlin weitere Hilfe erbitten.

Hintergrund der Reise Reuchlins war, daß Eberhard d. J. schon kurz nach Abschluß des ihn fast vollkommen von der Regierung ausschließenden Münsinger Vertrages von 1482 diese Übereinkunft bereute, so daß er über ein Jahrzehnt lang versuchte, von dieser Vereinbarung wieder loszukommen[226]. Ein Versuch, seinen daraus resultierenden Streit mit Eberhard d. Ä. zu schlichten, sollte am 29. März 1484 in der Reichsstadt Heilbronn unternommen werden, wobei der Heidelberger Pfalzgraf Philipp als Schiedsrichter amtieren sollte[227]. Eberhard d. J. bat den bayerischen Herzog, ihm dafür Räte zu leihen, was ihm

---

222 HStA Stuttgart A 256 Bd. 2 fol. 60^{v}, es geht aus der Quelle nicht hervor, ob Reuchlin für Eberhard i. B. oder als geliehener Rat in Riedlingen tätig wurde.

223 6. Nov. (Fr. n. Allerheiligen), Zeller, J., Die Umwandlung S. 360 f.

224 Urkundenbuch der Stadt Heilbronn, Bd. 2, S. 180; darauf auch Hinweis bei Ernst, F., Eberhard im Bart S. 26. Kurze Hinweise auf Ratstätigkeiten 1487 und 1488 Reuchlins bieten zwei Schriftstücke in BayHStA München, Kasten blau 435/5 foll. 119^{r} u. 260^{r}, die Herr Dr. Dörner aufgefunden hat. Ich danke ihm für die Überlassung von Kopien der Archivalien.

225 Brief v. 13. April (Di. n. Palmsonntag) 1484, in BayHStA München KÄA 1861 fol. 229^{r}.

226 Ernst, F., Eberhard im Bart S. 35 f.

227 Ernst, F., Eberhard im Bart S. 35 f.; Tag festgesetzt auf Mo. n. Lätare.

allerdings versagt wurde[228]. Aber auch Eberhard d. Ä. ersuchte Herzog Albrecht, ihm für diesen Tag zwei Räte zu leihen, worauf er gleichfalls Zurückweisung erfuhr[229].

Immerhin versuchte Eberhard i. B. zumindest, den Rat Herzog Albrechts von Bayern zu erhalten. So schickte er Reuchlin mit einem geschriebenen Bericht über den Stand des Streites nach München, den Reuchlin mündlich ergänzen sollte[230]. Eberhard bat obendrein den Herzog, dieser möge ihm wie einst in Innsbruck nochmals in dieser Angelegenheit beratend zur Seite stehen. Dies mag der bayerische Herzog getan haben, und möglicherweise hat er Reuchlin hilfreiche Ratschläge mit auf dessen Weg zurück gegeben. Da dies alles mündlich geschah, sind keine Quellen darüber entstanden, die näheren Aufschluß geben könnten[231].

3. Reuchlin als Reichstagsteilnehmer

a) 1486

Eine weitere Gesandtschaft, die ebenfalls vom württembergischen Landschreiber vermerkt wurde, führte Reuchlin zusammen mit Ludwig Fergenhans und Hermann von Sachsenheim zur Reichsversammlung von 1486[232]. Diese begann am 28. Januar 1486 mit dem Eintreffen des Reichsoberhauptes in Frankfurt am Main. Zu diesem *tag* hatte der Kaiser neben den Kurfürsten einige ihm nahestehende Reichsfürsten sowie den Grafen von Württemberg geladen[233]. Dieser schickte als Vertreter die drei Räte, die allerdings erst am 15. Februar in Stuttgart abreisten[234].

---

228 Brief Eberhards d. J. v. Valentinstag, BayHStA München KÄA 1861 fol. 223^r, Konzept der Antwort ebenda fol. 224^r.

229 Brief Eberhard d. Ä. BayHStA München KÄA 1861 fol. 225^r, die Ablehnung geht hervor aus ebenda fol. 224^r.

230 Das geht auch aus dem Brief Eberhards hervor BayHStA München KÄA 1861 fol. 229^r.

231 Bei weiteren Streitigkeiten der beiden Württembergischen Vettern wurde von Eberhard i. B. insbesondere Johannes Plaicher und Ritter Hans von Sachsenheim herangezogen, S. HHStA Wien Fridericiana 7 Nr. 1 fol. 201^r für 1488.

232 Sattler, Chr. F., Geschichte, Teil 3 S. 183 f.; die Reise ist vermerkt in HStA Stuttgart A 256 Bd. 3 fol. 60^r; zum Reichstagsaufenthalt Ludwig Vergenhans' S. Nägele, A., Dr. Ludwig Vergenhans S. 51.

233 Deutsche Reichstagsakten, mittlere Reihe, Bd. 1/1 S. 33 f.

234 Mi. n. Invocavit, HStA Stuttgart A 256 Bd. 3 fol. 60^r. Namentlich genannt sind die württembergischen Vertreter in einem gedruckten Verzeichnis der Reichstagsteilnehmer, Deutsche Reichstagsakten, mittlere Reihe, Bd. I/2 S. 897 f.: *Dr. Hans Reychlyn.*

Eines der bedeutensten Ereignisse dieser Reichsversammlung war die Wahl des Sohnes Kaiser Friedrich III. zum römischen König am 16. Februar, wobei die Vorschriften der für die Königswahl maßgeblichen Goldene Bulle nicht vollständig eingehalten wurden. Gemäß des Reichsgrundgesetzes von 1386 war die Wahl eines neuen Königs zu Lebzeiten des vorangehenden Königs nicht möglich[235]. Da der König von Böhmen Matthias Corvinus danach strebte, die deutsche Königswürde zu erwerben, wurde bei der Wahl Maximilian I. gegen diese Regel verstoßen, denn schließlich sollte um jeden Preis gesichert werden, daß die Krone nicht auf das böhmische Haupt geriet[236]. Deshalb wurde auch der König von Böhmen entgegen der Goldenen Bulle nicht an der Königswahl beteiligt[237].

Der mit der Goldenen Bulle festgelegte Ort der Königswahl Frankfurt am Main war von Stuttgart mehr als eine Tagesreise entfernt[238]. So hat Reuchlin das erste wichtige Ereignis der Reichsversammlung wahrscheinlich nicht miterlebt. Eine Liste der anwesenden Versammlungsteilnehmer führt jedoch für den 20. Februar 1486 bereits die drei württembergischen Vertreter auf[239].

Zur Krönung und zur Verleihung der Insignien an den Neugewählten begaben sich die versammelten Fürsten und die anderen Teilnehmer nach Köln und Aachen. Neben den Krönungsfeierlichkeiten fanden Beratungen und Versammlungen, die geprägt waren von der Sorge über den ungarischen Einfall in Österreich, statt. Ein wichtiges Ergebnis der Versammlung war zudem die Verabschiedung eines Reichslandfriedens.

Mehrere Aufzeichnungen und ein Brief an Eberhard i. B. sind von Reuchlins Reichstagsaufenthalt überliefert[240]. In sehr lebendiger und anschaulicher Weise schildert Reuchlin darin die Schiffsreise des Reichsoberhauptes und des frischgewählten Königs mit den Reichstagsteilnehmern nach Köln, die Krönungsfeierlichkeiten in Aachen, eine Audienz polnischer Gesandter bei Kaiser Friedrich III. in Köln, sowie Erhebungen in den Ritterstand, Festessen, Tunierzweikämpfen und vieles mehr[241]. Dabei zeichnen sich die Berichte Reuchlins durch genaues Beobachten aus, das auch kleine Details der großen Zusammenkunft der Ersten des Reiches präzise erfaßt. Beim Bericht von der Präsentation des

---

235 Zeumer, K. Die Goldene Bulle S. 87.

236 Deutsche Reichstagsakten, mittlere Reihe, Bd. I/1 S. 35 f.

237 Deutsche Reichstagsakten, mittlere Reihe, Bd. I/1 S. 38.

238 Zeumer, K., Die Goldene Bulle S. 15. Goldene Bulle Cap. I § 15.

239 Deutsche Reichstagsakten, mittlere Reihe, Bd. I/2 S. 922 (*Dr. Johanns Rouchlin).*

240 In HStA Stuttgart A 602 U 4628, ediert in Deutsche Reichstagsakten, mittlere Reihe, Bd. I/2 S. 812-839. Teilabdruck bei Schneider, E., Johann Reuchlins Berichte S. 553 ff.

241 Zusammenfassung der Schilderungen Reuchlins bei Laufs, A., Johannes Reuchlin S. 302 u. idem, Johannes Reuchlin - Jurist S. 25.

Heiltums in Aachen hat Reuchlin auf dem Blattrand zur Veranschaulichung sogar eine kleine Zeichnung der Reliquien angefertigt[242]. Insgesamt enthalten die Berichte Reuchlins keine abstrakten politischen Erörterungen, sondern sehr lebhafte Beschreibungen der Äußerlichkeiten.

Diese Äußerlichkeiten waren indes für das alte Reich von herausragender Bedeutung. Mit der öffentlichen Sichtbarmachung von Rangunterschieden und sozialer Hierarchien wurde die Verfassung des Reiches sinnfällig und erlebbar, so daß dem Ritual und der Zeremonie im spätmittelalterlichen alten Reich eine wichtige politische Bedeutung zukommt[243]. Die Form der Zeremonien und der Inhalt der Verfassungsorganisation sind aufeinander bezogen. Reuchlins Beschreibungen der höfischen Rituale am Reichstag von 1486 sind somit nicht nur eine Schilderung von Äußerlichkeiten, sondern auch eine Beschreibung der Reichsverfassung[244].

Aus Reuchlins Reichstagsnotizen geht hervor, daß der württembergische Gesandte mehrfach mit österreichischen und brandenburgischen Räten Kontakt pflegte[245]. Zudem hat er auch Kontakt mit Herzog Sigmund von Tirol, von welchem er Neuigkeiten über die bayerische Herrschaft Spitz in Österreich erfährt[246]. Dies kann wohl auf die enge politische Anlehnung Württembergs an Habsburg auf Reichsebene zurückgeführt werden. Heinz Angermeier hat die trotz mancher Spannungen guten Beziehungen Württembergs und Österreichs damit in Verbindung gebracht, daß Reuchlin die Verstöße gegen die Goldene Bulle bei der Königswahl *vivente imperatore* unter Ausschluß des Böhmischen Kurfürsten nicht kritisch hervorhebt[247]. Darin erkennt er ein „demonstratives" Übergehen eines Bruchs des Reichsgrundgesetzes von 1386, das er in dem guten Verhältnis begründet sieht, und aus dem eine „offenkundige Parteinahme Württembergs für die habsburgische Machtdemonstration" spreche[248]. Die scharfen und genauen Beobachtungen weisen nach Heinz Angermeier Reuchlin dabei als „sach- und rechtskundigen Beobachter" aus, dessen Berichte nur „scheinbar [...] dem äußeren Gepränge zugewandt" seien[249]. Aus einer Bemer-

---

[242] HStA Stuttgart A 602 U 4628 Nr. 5.

[243] Graf, K., Eberhard im Bart S. 11 ff., ähnlich Angermeier, H., Reuchlin S. 382.

[244] Angermeier, H., Reuchlin S. 382 f.

[245] Deutsche Reichstagsakten, mittlere Reihe, Bd. I/2 S. 814, 834 u. 835; Angermeier, H., Reuchlin S. 384 ff. betont nachdrücklich die Rolle Reuchlins als österreichischer „Parteigänger".

[246] Deutsche Reichstagsakten, mittlere Reihe, Bd. I/2 S. 812.

[247] Reuchlin führt durchaus die Goldene Bulle an, S. Deutsche Reichstagsakten, smittlere Reihe, Bd. I/2 S. 821 u. 824, Angermeier, H., Reuchlin S. 383.

[248] Angermeier, H., Reuchlin S. 383.

[249] Die Zitate bei Angermeier, H., Reuchlin S. 383 f.; eine Zusammenfassung der Thesen Angermeiers bei Reiling, E., Reuchlin und die politischen Kräfte seiner Zeit S. 732.

kung Reuchlins in einem Brief an Eberhard i. B. schließt Heinz Angermeier, daß der württembergische Rat „alles Brisante oder Gefährliche den Briefen gar nicht“ anvertraute[250].

Ein sorgfältiger Blick auf die Quellen erweist freilich eine solche Interpretation als unzutreffend. Zunächst ist zu beachten, daß es sich bei den auszulegenden Texten von Reuchlin überwiegend um Konzepte handelt, und daß sich lediglich ein Brief Reuchlins an den württembergischen Grafen darunter befindet[251]. Die weiteren Schilderungen des Reichstagsgeschehens sind eindeutig Notizen von schneller Hand mit Streichungen und Korrekturen, von denen nicht bekannt ist, ob sie überhaupt als Unterrichtung des württembergischen Grafen gedacht waren[252]. Einzelne Bemerkungen weisen vielmehr deutlich darauf hin, daß die Aufzeichnungen Reuchlins von persönlichem Charakter sind: So hat Reuchlin unter anderem notiert, daß er Ludwig Fergenhans einen Brief über eine persönliche Schuld geschrieben habe[253]. Außerdem notierte Reuchlin, daß er einen Brief an seine Frau verfaßt habe, der von der Liebe handele. Diese beiden Notizen machte Reuchlin überdies in griechischer Sprache, so daß dadurch die Vermutung gestützt wird, daß die Aufzeichnungen nicht für Eberhard i. B. bestimmt waren[254].

Auch die Zeichnung der Heiltümer von Aachen, die Reuchlin am Rand einer seiner Texte anbrachte, verweist auf den persönlichen Zug der Reichstagsberichte Reuchlins. Mit diesen erweist sich Reuchlin zwar als kundiger Beobachter, der auch gewußt haben dürfte, warum der Stuhl des Böhmischen Königs leer stand. Daß er damit als geschickter Diplomat politisch heikle Themen verklausuliert ansprechen oder Partei beziehen wollte, ist freilich unwahrscheinlich[255].

---

[250] Angermeier, H., Reuchlin S. 383.

[251] Angermeier, H., Reuchlin S. 382 ff. geht dagegen von Brief*en* aus.

[252] Der erste Bericht Reuchlins ist vom 27. März 1486, Deutsche Reichstagsakten, mittlere Reihe, Bd. I/2 S. 812; die in HStA Stuttgart A 602 U 4628 Nr. 7 enthaltene Notiz von der Belehnung der Fürsten v. 14. Feb. (Di. n. Invocavit) 1486 stammt entgegen Schneider, E., Johann Reuchlins Berichte S. 548 wohl nicht von Reuchlin, sie ist auch von Reuchlins Berichten getrennt abgedruckt in Deutsche Reichstagsakten, mittlere Reihe, Bd. I/2 S. 982 f.

[253] HStA Stuttgart A 602 U 4628 Nr. 10.

[254] An Fergenhans schreibt Reuchlin *perí tes idíes aitías*, an seine Frau *perí érotos*, HStA Stuttgart A 602 U 4628 Nr. 10; die Griechischen Textstellen sind weder angegeben noch erwähnt in Deutsche Reichstagsakten, mittlere Reihe, Bd. I/2 S. 838! Ich danke der Melanchthon-Forschungsstelle (Heidelberg) für Hilfe bei der Entzifferung der griechischen Stellen. Auf die griechische Notiz in bezug auf Reuchlins Frau weist schon Schneider, E., Johann Reuchlins Berichte S. 548 f. hin.

[255] So aber Angermeier, H., Reuchlin S. 383.

Daß Reuchlin brisante Aussagen nicht schriftlich, sondern allein mündlich an Eberhard i. B. weitergeben wollte, geht ebenfalls entgegen der Behauptung Heinz Angermeiers aus dem Brief Reuchlins an Graf Eberhard nicht hervor[256]. In diesem Brief schreibt Reuchlin in Eile von der Krönung Maximilian I. und von einer dabei entstandenen Streitigkeit zwischen den Bischöfen von Köln und Trier. Gleichzeitig verweist er darauf, daß er weitere Nachrichten, die er nach Abfassung des Briefes von den Unterherolden erfahre, Graf Eberhard mündlich berichten wolle[257]. Reuchlin unterscheidet somit nicht die Nachrichten in heikle und unverfängliche, sondern führt ein zeitliches Kriterium an: Was er bereits weiß, teilt er -in der Eile vielleicht verkürzt- mit, was er erst erfahren wird, wird er nicht mehr schreiben, sondern gleich mündlich berichten.

Heinz Angermeiers Interpretation ist aus diesen Überlegungen zurückzuweisen. Reuchlin hat in seinen sehr persönlichen Texten die Äußerlichkeiten der Reichsversammlung mit anschaulichen Schilderungen erfaßt. Mit einer solchen Bewertung der Reichstagsberichte wird Reuchlin auch nicht auf die Stufe eines „naiven Gaffers“ herabgesetzt[258].

Aus den Reichtstagsberichten ist nicht zu ersehen, welche genaue Rolle Reuchlin auf dem Reichstag spielte. Für Württemberg war er nicht der einzige Gesandte, und vermutlich war der ältere und erfahrenere Ludwig Fergenhans der bedeutendere Gesandte. Die Notiz Reuchlins, daß er von *Dr. Ludwig* Geld für den Aufenthalt erhalten habe, könnte ein Hinweis darauf sein, daß Ludwig Fergenhans der Anführer der württembergischen Gesandtschaft war[259]. Es ist zudem nicht genau bekannt, wie lange sich Reuchlin bei der Reichsversammlung aufhielt. Nach einer Notiz Reuchlins bemühte sich dieser am 2. Mai 1486 um den Abschied des Königs, den er alsbald erhalten haben dürfte[260].

b) 1495

Noch ein weiteres Mal war Reuchlin Zeuge einer Reichsversammlung: Zum großen Reichstag von 1495 reiste Eberhard i. B. mit einem Gefolge, das 48

---

[256] So aber Angermeier, H., Reuchlin S. 383.

[257] Der Brief beginnt nach Schneider, E., Johann Reuchlins Berichte S. 553 so: *Hochgeporner gnediger Here des römschen Küngs krönung zu Ach beschenhen, will ich üwren gnaden yetzmals ÿlends unnd inn der gemain bezaichnen, so vil ich des gesenhen hon. Darnach ob ich ettwas von den persevanten mag erlernen das will ich üwren gnad mündtlich endecken wann ich haim kom [...]* (Abdruck bei Deutsche Reichstagsakten, mittlere Reihe, Bd. I/2 S. 825 ff. orthographisch abweichend, Hervorhebung von mir).

[258] Für Angermeier, H., Reuchlin S. 382 f. ist freilich die Alternative zum geschickten Politiker der naive Gaffer.

[259] Notiz in Deutsche Reichstagsakten, mittlere Reihe, Bd. I/2 S. 383.

[260] Deutsche Reichstagsakten, mittlere Reihe, Bd. I/2 S. 839.

Personen umfaßte[261]. Zu diesem, mit dem selbst manches fürstliche Hofgesinde übertroffen wurde, gehörte auch der Jurist Johannes Reuchlin[262].

Diese Reichsversammlung, für die der Begriff *Reichstag* erstmals verwendet wurde, ist ein wichtiger Markstein der spätmittelalterlichen Reformbemühungen im alten Reich. Mit über sechs Monaten dauerte der Reichstag von März bis September außerordentlich lange[263]. Wichtige Kompromisse und Vereinbarungen brachte dieser Reichstag zu Worms zustande, mit welchen der Reichsverfassung am Ausgang des Mittelalters eine neue Prägung gegeben wurde. Mit dem auf diesem Reichstag beschlossenen ewigen Landfrieden, der Einrichtung des Reichskammergerichtes, der Handhabung von Frieden und Recht sowie dem als reichsweite Steuer konzipierten Gemeinen Pfennig erweist sich der Reichstag von 1495 als ein wichtiges Kapitel bei der Reform des spätmittelalterlichen Reiches[264]. Insbesondere für die württembergische Geschichte ist aber noch ein weiteres Ereignis des Reichstages von herausragender Bedeutung: Die Erhebung Graf Eberhards i. B. zum Herzog von Württemberg.

Reuchlin war ausweislich seiner Briefe nicht ständig beim Reichstag in Worms anwesend[265]. Allerdings läßt sich einem Eintrag in eine Handschrift, die auch den *Hortus nucis* von Abraham Gikatilla umfaßt, ersehen, daß Reuchlin am 3. April 1495 in Worms anwesend war[266]. Am 13. Juli 1495 schickte Reuchlin Graf Eberhard d. Ä. eine eigens angefertigte Übersetzung der ersten olynthischen Rede des Demosthenes nach Worms, so daß er zu diesem Zeitpunkt dem Reichstagsgeschehen bereits wieder den Rücken gekehrt hatte[267]. Die feierliche Standeserhöhung Graf Eberhard des Älteren in Worms am 21. Juli 1495 erlebte Reuchlin somit nicht mit. Dahingegen waren von Eberhards Räten unter anderem Ludwig und Johannes Fergenhans, Petrus Jacobi und Gregor Lamparter bei der Herzogserhebung in Worms anwesend. Obwohl sich Eberhard i. B. bei derartigen Zusammenkünften, die sich zu Gelehrtentreffen entwickelten, gerne mit Gelehrten und humanistisch Gebildeten umgab, konnte er offensichtlich bei seiner Herzogserhebung auf Reuchlin verzichten, den er nach einer Aussage Reuchlins wegen nichtiger Geschäfte von Worms weg-

---

261 Eine Liste des gräflichen Gefolges in Deutsche Reichstagsakten, mittlere Reihe, Bd. V/1,2 S. 1160 f. u. bei Sattler, Chr. F., Geschichte, Teil 4 S. 29.

262 Deutsche Reichstagsakten, mittlere Reihe, Bd. V/1,2 S. 1161: *Dr. Johannes Rochlin*; eine Beschreibung des Gefolges bei Graf, K., Eberhard im Bart S. 18.

263 Moraw, P., Der Reichstag S. 31. Zum Begriff Reichstag ebenda S. 29.

264 Zu den herausragenden Ergebnissen des Reichstages Laufs, A., Rechtsentwicklungen S. 93 f., Moraw, P., Der Reichstag S. 32 ff.

265 Geiger, L., Johann Reuchlin S. 38 f.; Meiners, L., Lebensbeschreibung S. 58.

266 Die heute in London aufbewahrte Handschrift bekam Reuchlin im Worms von Johannes v. Dalberg geschenkt, dazu ausführlich Walter, P., Johannes von Dalberg S. 145; kurz erwähnt ist das Buch bei Preisendanz, K., Die Bibliothek S. 72.

267 Graf, K., Eberhard im Bart S. 31.

schickte[268]. Vermutlich wurde Reuchlin sogar über die bevorstehende Erhebung Eberhards in den Reichsfürstenstand nicht in Kenntnis gesetzt[269].

Die Herzogserhebung wurde von zahlreichen Schriftstellern und Humanisten mit eigenen Werken gepriesen. So verfaßten beispielsweise Jakob Wimpfeling das sogenannte *Carmen heroicum* als Lobgedicht auf Eberhard i. B. und der Tübinger Professor für Beredsamkeit und Dichtkunst Heinrich Bebel drei Texte zum Lobe Eberhards[270]. Als Hans von Hermannsgrün Reuchlin aufforderte, dieser möge Eberhard i. B. ebenfalls mit einem Lobgedicht feiern, lehnte Reuchlin dies mit dem Hinweis ab, er habe die Herzogserhebung nicht persönlich verfolgen können, denn unbedeutende Geschäfte hätten ihn in der Provinz aufgehalten[271]. Dennoch wollte Reuchlin nicht hinter den anderen Humanisten zurückstehen und sandte seinem Herrn am 1. August 1495 eine Übersetzung der zwölften Todesrede Lukians[272].

Ob Reuchlin von Eberhard in das Reichstagsgefolge allein zur Erhöhung seines Prestiges aufgenommen wurde, oder ob Reuchlin in die politischen und verfassungsrechtlichen Diskussionen einbezogen wurde, ist unbekannt. In diesem Zusammenhang ist allerdings zu bedenken, daß Reuchlin nicht zu den Räten gehört, die bei Eberhards Herzogserhebung anwesend sind; offensichtlich war Reuchlin keiner der Räte, auf die Eberhard nicht doch verzichten konnte. Die Briefe Reuchlins aus der Zeit des Reichstages zeigen, daß Reuchlin dennoch die politischen Geschehnisse verfolgte und sich darüber mit Freunden austauschte[273].

4. Reuchlin als Gesandter in Reichenweiher

Doch auch in der Zeit zwischen den beiden Reichstagen übertrug Eberhard i. B. Reuchlin zahlreiche Aufgaben. Eine politisch-repäsentative Gesandtschaft führte so den Juristen 1487 nach Reichenweiher. Zusammen mit einer Delega-

[268] Zum Einsatz von Humanisten zum Prestigegewinn Eberhards Mertens, D., Eberhard im Bart S. 55 f.; Graf, K., Eberhard im Bart S. 31. Der Humanist und Jurist Ulrich Molitoris war auf dem Reichstag ebenfalls anwesend, Mauz, J., Ulrich Molitoris S. 45.

[269] Graf, K., Eberhard im Bart S. 31.

[270] Graf, K., Eberhard im Bart S. 30.

[271] Klaiber, J., Johannes Reuchlin's Beziehungen S. 119; Graf, K., Eberhard im Bart S. 31.

[272] Clarorum Virorum Epp. fol. d 1^r f., Regest in Briefwechsel S. 46 f.; Graf, K., Eberhard im Bart S. 31.

[273] Dargestellt mit methodisch problematischen Schlußfolgerungen von Angermeier, H., Reuchlin S. 389 ff. (Angermeier schließt aus der Existenz der Reuchlinschen Bemerkungen zur Politik auf eine politische Motivation von Reuchlin als Rat, wobei er zum Schluß kommt, Reuchlin sei ein ganz besonders „versierter" Politiker.)

tion des Grafen Eberhard V. von Württemberg überbrachte Reuchlin Graf Heinrich von Württemberg, der die linksrheinischen Gebiete Württembergs innehatte, Glückwünsche anläßlich der Geburt seines Sohnes Heinrich, der später in Ulrich umgetauft wurde[274] und am 8. Februar 1487 geboren worden war. Seine Mutter starb noch im Kindbett, sodaß Heinrich zur Erziehung nach Württemberg gebracht wurde[275].

5. Die Gefangennahme Conrad Holzingers

In einer politisch brisanten Angelegenheit half Reuchlin seinem Herrn, in dessen Gefolge er im November 1488 nach Mainz reiste, um den Streit zwischen Kurtrier und Kurpfalz zu schlichten[276]. Zur gleichen Zeit kam auch einer der wichtigsten Berater Graf Eberhard d. J. nach Mainz, der mit Hilfe Reuchlins gefangengenommen werden konnte. Dieser Gefangennahme gingen folgende Ereignisse voraus: Eberhard d. J. hatte seit der Wiedervereinigung Württembergs 1482 mehr und mehr Macht und Einfluß an Graf Eberhard i. B. verloren. Nach dem Stuttgarter Vertrag waren ihm nur noch wenige Ämter geblieben, unter anderem das Amt Kirchheim (Teck), in dem sich ein reformiertes Dominikanerinnenkloster befand.

An dieses Kloster stellte Eberhard d. J. 1486 Forderungen und er versuchte, zu deren Durchsetzung in dieses gewaltsam eindringen[277]. In der daraus entstehenden Auseinandersetzung spielte der Augustinermönch Conrad Holzinger als Berater von Eberhard d. J. eine herausragende Rolle[278]. Nachdem selbst der Kaiser vergeblich versucht hatte, Eberhard d. J. von seinem Ansinnen abzubringen, besetzte dessen Vetter kurzerhand die dem Jüngeren verbliebenen Ämter. Conrad Holzinger konnte dabei jedoch nicht dingfest gemacht werden. Als er sich im November 1488 wegen eines Rechtsstreites nach Mainz begab, hat insbesondere Reuchlin durch Beschuldigung Holzingers bewirkt, daß dieser vom Mainzer Bischof gefangengenommen und an Eberhard i. B. ausgeliefert wurde[279]. Der als Schiedsrichter nach Mainz gekommene Eberhard d. Ä. wies zudem eine päpstliche Erlaubnis vor, welche die Gefangennahme Holzingers ausdrücklich gestattete[280]. Holzinger wurde als Gefangener Eberhard d. Ä. nach

---

[274] Steinhofer, J. U., Ehre des Herzogtums Wirtenberg S. 443.

[275] Stievermann, D., Johannes Reuchlin S. 41.

[276] S. bei Fn. 108.

[277] Stievermann, D., Der Augustinermönch S. 382 f., der die Geschichte i. wesentlichen nach Sattler wiedergibt.

[278] Stievermann, D., Der Augustinermönch S. 383.

[279] Sattler, Chr. F., Geschichte, Teil 3 S. 196.

[280] Stievermann, D., Der Augustinermönch S. 385.

Tübingen gebracht, wo er Urfehde schwören mußte und auf dem Schloß Hohentübingen gefangen gesetzt wurde[281].

6. Der Erbverzicht Katharinas von Württemberg

Die Tochter Graf Ulrichs dem Vielgeliebten, Katharina von Württemberg, entlief 1487 aus dem Nonnenkloster in Lauffen am Neckar. Dieses war im Zuge der Reformen des Klosterwesens von Eberhard d. Ä. mit dem Adelberger Frauenkonvent neu belegt worden, so daß auch Katharina von Württemberg 1476 nach Lauffen gekommen war[282]. Durch ihr Verlassen des Klosters bestand die Gefahr, daß sie Erbansprüche stellte, welche die Einheit Württembergs gefährden könnten. Darum bemühte sich schon 1488 Eberhard i. B. um eine päpstliche Erlaubnis, Katharina von Württemberg gefangen zu nehmen. Dies bot neben dem Effekt der Drohung gegenüber der entlaufenen Nonne auch die Gewähr, daß kein Konflikt mit der kirchlichen Gerichtsbarkeit auftreten konnte[283]. Im Februar 1489 leistete ein Vertreter Katharinas schließlich im Beisein von Reuchlin einen Erbverzicht[284]; im Gegenzug erhielt sie eine Leibrente zugesprochen.

7. Reuchlin als Gesandter in Linz 1492

Nachdem eine Gesandtschaft Reuchlin 1490 ein zweites Mal nach Rom geführt hatte, brachte eine der längsten und wichtigsten Missionen diesem einen engen Kontakt zum kaiserlichen Hofe Friedrichs III. in Linz[285]. Mehrere Angelegenheiten bezüglich Württembergs und des Schwäbischen Bundes standen bei dieser Gesandtschaft nach Linz im Vordergrund von Reuchlins Auftrag[286].

---

[281] Stievermann, D., Der Augustinermönch S. 386 f. Holzinger war schon zu Beginn des Jahrzehnts kurz Gefangener Graf Eberhard i. B. gewesen, idem, S. 377 u. 381; allerdings ist diesbezüglich eine Beteiligung Reuchlins nicht belegbar.

[282] Stievermann, D., Landesherrschaft S. 280.

[283] Stievermann, D., Landesherrschaft S. 37.

[284] HStA Stuttgart A 602 U 420; Mehring, G., Beiträge S. 342; Stievermann, D., Johannes Reuchlin S. 43.

[285] Reuchlin war bei der Reise nach Rom vermutlich Begleiter des Sohnes Eberhards i. B. Ludwig Württemberger, Geiger, L., Johann Reuchlin S. 32 f., Rupprich, H., Johannes Reuchlin S. 14. Stievermann, D., Johannes Reuchlin S. 44 f. vermutet, daß Reuchlin bei diesem Romaufenthalt auch in württembergischen Angelegenheiten am päpstlichen Hof war. Spätestens im Sept. 1490 war Reuchlin zurück in Deutschland, denn zu dieser Zeit ist er als Anwalt nachweisbar, s. bei Fn. 161.

[286] Der Aufenthalt Reuchlins in Linz hat eine blumige Beschreibung gefunden bei K. Schiffmann (s. Bibliographie).

Der 1488 als Bündnis gegen die expandierenden Wittelsbacher geschaffene Schwäbische Bund stand 1492 vor großen Problemen: Herzog Albrecht von Bayern hatte schon 1486 die Stadt Regensburg besetzt und zu einer bayerischen Landstadt gemacht. Diese Vereinnahmung einer freien Reichsstadt hatte zur Folge, daß der Kaiser über Regensburg die Reichsacht verhängte, die vom Löwlerbund vollstreckt werden sollte[287]. Nachdem allerdings die Exekution dieser Acht mißglückte, erweiterte Friedrich III. im Februar 1492 die Acht auf Herzog Albrecht von Bayern[288]. Gleichzeitig ernannte er den brandenburgischen Markgrafen zum Reichshauptmann des Exekutionsheeres[289]. Eberhard i. B. sollte als Hauptmann den Befehl über das Heer des Schwäbischen Bundes führen[290].

Die kaiserliche Kanzlei beauftragte unter anderem den in Linz am Kaiserhof anwesenden Reuchlin, die Hauptleute des Schwäbischen Bundes zu bitten, die Achterklärung durch Verteilung von kaiserlichen Mandaten unter den Mitgliedern bekannt zu machen[291]. Einen entsprechenden Brief sandte Reuchlin auch an die Versammlung des Schwäbischen Bundes, die in Augsburg zusammen gekommen war[292].

Doch auch am Königshof ist Reuchlin wohl wiederum in seiner Funktion als württembergischer Gesandter zur Zeit dieser Auseinandersetzung nachweisbar[293]. Im März 1492 wandte sich Reuchlin aus Füssen, wo sich der Römische König aufhielt, mit einem Schreiben an den brandenburgischen Markgrafen, wobei er seine Zweifel an der Richtigkeit der undurchsichtigen politischen Taktik Maximilians I., die letztlich erfolgreich sein sollte, äußerte[294].

Die Verlängerung des jeweils nur auf Zeit geschlossenen Schwäbischen Bundes war 1492 ein wichtiges Anliegen einiger Bundesmitglieder. Der Kaiser stand einer Verlängerung verhalten gegenüber; schon 1489 hatte er sich leicht an Bayern angenähert, von dem er Hilfe beim Krieg gegen Ungarn erbat[295].

---

[287] Seyboth, R., Die Markgraftümer Ansbach S. 170.

[288] Seyboth, R., Die Markgraftümer Ansbach S. 170.

[289] Seyboth, R., Die Markgraftümer Ansbach S. 170.

[290] Seyboth, R., Die Markgraftümer Ansbach S. 172.

[291] Zu diesem Brief Reuchlins an Haug v. Werdenberg u. Wilhelm Besserer v. 3. Febr. 1492 (Fr. n. Pur. Marie), StA Bamberg C 3 Nr. 621 fol. 7^r erstmals Carl, H., Triumvir Sueviae S. 68.

[292] Dies berichtet der brandenburgische Landhofmeister Erkinger von Sainsheim an Markgraf v. Brandenburg, StA Bamberg C 3 Nr. 621 fol. 8^r, datiert 7. Febr. 1492 (Di. n. Lichtmeß).

[293] Carl, H., Triumvir Sueviae S. 70.

[294] Briefwechsel S. 33, Brief v. 28. März 1492, dazu Carl, H., Triumvir Sueviae S. 70 f.

[295] Seyboth, R., Die Markgraftümer Ansbach S. 171; Bock, E., Der Schwäbische Bund S. XLI.

Zudem stand er durch Sigmund von Prüschenk unter probayerischem Einfluß[296]. Aus der Sorge, daß diese Sympathie für Bayern eine Verlängerung des Schwäbischen Bundes zunichte machen könnte, wurde von Brandenburg schon zu diesem Zeitpunkt versucht, eine Bundesverlängerung zu bewirken[297]. Denn nur mit einer dauerhaft gewährten Unterstützung des Schwäbischen Bundes ließ sich der Feldzug gegen Bayern hinreichend absichern[298]. Am 16. März 1492 hatte darum der Gesandte Dr. Johannes Pfotel für den Brandenburger Markgrafen bei Kaiser Friedrich III. eine Verlängerung des Bundes zu erreichen versucht[299]. Möglicherweise ist auch Reuchlin als württembergischer Rat zusammen mit Hans von Fruntsberg an Friedrich III. mit dem Rat um Erstrekkung des Bundes herangetreten[300].

Nachdem sich Bayern und der Bund schlachtbereit gegenübergestanden hatten, konnten die Differenzen zwischen den beiden doch noch friedlich mit Schiedssprüchen Maximilians I. vom Mai und Juni 1492 beseitigt werden[301]. Diese Schiedssprüche enthielten Regelungen zugunsten des Markgrafen von Brandenburg gegen Bayern. König Maximilian I., der für seine bevorstehenden Kriege mit Frankreich und Ungarn die finanzielle Unterstützung auch der bayerischen Herzöge benötigte, versuchte jedoch ab etwa Mitte 1492 Brandenburg davon abzubringen, die Forderungen aus den Augsburger Schiedssprüchen durchzusetzen[302]. Da es dem Markgrafen gelang, den Bund gegen Maximilian I. auf seine Seite zu bringen, verstärkte sich erneut das Interesse des Brandenburgischen Markgrafen, eine Verlängerung des Bundes über 1496 hinaus zu bewirken[303]. Zudem wurde befürchtet, daß im Falle einer Auflösung des Bundes 1496 Bayern die kleineren Bundesmitglieder bedrängen könne, um Genugtuung zu erhalten.

Nachdem sich der brandenburgische Kanzler Johannes Pfotel im März nicht durchzusetzen vermochte, war nach den beiden Schiedssprüchen Maximilians I. in Augsburg der Kaiser bereit, eine Verlängerung um drei Jahre zu gestatten. Im Juli 1492 hatte sich ebenso Hans von Fruntsberg um diese Verlängerung in

---

[296] Carl, H., Triumvir Sueviae S. 69 f.

[297] Carl, H., Triumvir Sueviae S. 69 f.

[298] Seyboth, R., Die Markgraftümer Ansbach S. 172.

[299] Höfler, C., Fränkische Studien S. 122 ff.; dazu auch Carl, H., Triumvir Sueviae S. 69 f.; Schmidt, L., Maximilian I. S. 151.

[300] In einem Bericht Johannes Pfotels wird erwähnt, daß dem Kaiser zuvor schon von Fruntsberg den Vorschlag zusammen mit einem Doktor gemacht habe; daß dieser Doktor möglicherweise Reuchlin war vermutet erstmals Carl, H., Triumvir Sueviae S. 70.

[301] Bock, E., Der Schwäbische Bund S. XLVI.

[302] Wagner, F., Der Schwäbische Bund S. 465.

[303] Bock, E., Der Schwäbische Bund S. 53.

einer Audienz bemüht[304]. Dieser begab sich nach der Gestattung der Verlängerung in die kaiserliche Kanzlei, um zusammen mit Reuchlin die Ausfertigung des Mandates zur Bundesverlängerung zu bewirken[305].

Aber nicht nur die Interessen des Schwäbischen Bundes bewegte Reuchlin während seines Aufenthaltes am Kaiserhof in Linz. Auch in württembergischen Anliegen wandte er sich für seinen Landesherrn an das Reichsoberhaupt. In den letzten Lebensjahren des Kaisers gehörte namentlich Eberhard i. B. zu den Landesherrn, zu denen Friedrich III. den meisten und freundschaftlichsten Kontakt hatte, der gerade 1492 besonders intensiv war[306].

Im Zuge der ständigen Streitigkeiten zwischen den beiden gräflichen Vettern von Württemberg wurde im September 1492 mit dem Esslinger Vertrag der Frankfurter Entscheid vom 30. Juli 1489 ergänzt[307]. Der Vertrag beinhaltete insbesondere Regelungen für die Zeit der Regierung Eberhard d. J., der diese nun doch nach dem Tod seines Vetters antreten sollte. Im Dezember 1489 hatte Eberhard d. Ä. bereits Reuchlin darüber in Kenntnis gesetzt, daß statt Graf Heinrich von Württemberg Eberhard d. J. sein Nachfolger im Regiment sein solle[308]. Nach dem mittlerweile geschlossenen Eßlinger Vertrag sollte eine landständische Regierung Eberhard d. J. vorgesetzt werden, damit dessen Einfluß gering bleibe[309]. Während Reuchlins Aufenthalt in Linz bestätigte Kaiser Friedrich III. diesen Vertrag. Reuchlin hatte schon am 12. April 1490 in einem Brief an Eberhard i. B. Vorschläge unterbreitet, wie Heinrich aus der Erbfolge ausgeschlossen und um seine Besitzungen gebracht werden könnte. Eine nach Reuchlins Dafürhalten einschlägige Digestenstelle hatte dieser dem Brief in wörtlicher Übersetzung beigefügt, auf die Graf Eberhard d. Ä. ein Vorgehen gegen Heinrich von Württemberg stützen könne[310]. Zudem wurde Eberhard

---

[304] Schreiben Hans v. Fruntsbergs an den Markgraf v. Brandenburg v. 10. Juli 1492 (Aftermo. n. Kilian) in StA Bamberg C 3 Nr. 621 fol. 17^r. Die Audienz fand statt am 4. Juli (Ulrichstag).

[305] Dies schildert Hans v. Fruntsberg in seinem Brief StA Bamberg C 3 Nr. 621 fol. 17^r; erstmals erwähnt bei Wagner, F., Der Schwäbische Bund S. 473. Schmidt, L., Maximilian I. S. 151.

[306] Baum, W., Kaiser Friedrich III. S. 131. Neben den im Text weiter unten aufgeführten Sachverhalte sei zum Beleg noch angeführt das Dankschreiben Friedrich III. an Eberhard d. Ä. für die Hilfe gegen die Bayern, HHStA Wien Fridericiana 8 fol. 70^r-71^r (28. März 1492, Mi. n. Oculi) u. das Mandat, mit dem Eberhard d. Ä. als Schiedsrichter eingesetzt wurde, HHStA Wien Fridericiana 8 fol. 97^r f. (7. Mai 1492).

[307] Zum Frankfurter Entscheid Ernst, F., Eberhard im Bart S. 40 ff.

[308] HStA Stuttgart A 602 U 518; S. a. Stievermann, D., Johannes Reuchlin S. 43.

[309] Zu den Regelungen des Eßlinger Vertrages Ernst, F., Eberhard im Bart S. 42.

[310] Der Brief mit der Übersetzung v. Fr. n. Judica 1490 in HStA Stuttgart A 602 U 519c; auf diese Archivalie hat mich Herr Dr. G. Dörner (Reuchlin-Forschungsstelle, Pforzheim) aufmerksam gemacht. Reuchlin hat die Fragmente D. 1, 17, 13, 1 und D. 1, 17, 14 übersetzt.

d. Ä. wenige Tage nach der kaiserlichen Bestätigung als Pfleger und Kurator für Graf Heinrich bestellt, der bereits seit 1490 wegen Geistesschwäche auf Hohenurach gefangen gehalten wurde[311]. Auch eine kaiserliche Entscheidung im Streit Eberhard d. Ä. mit Kuntz von Bibra erging während Reuchlins Aufenthalt in Linz[312]. Es ist wahrscheinlich, daß Reuchlin in diesen Angelegenheiten die württembergischen Interessen vor dem Reichsoberhaupt vertrat. Es fehlen jedoch dafür jegliche Belege, so daß es bei der Vermutung bleiben muß[313].

Bei seinem Aufenthalt am Kaiserhof in Linz wurde Reuchlin am 24. Oktober 1492 die Ehre zuteil, zum Hofpfalzgrafen ernannt zu werden. Aus Italien kommend war dieses Amt seit Mitte des 14. Jahrhunderts zu einer festen Einrichtung auch im deutschen Reichsteil geworden[314]. Aufgabe der Hofpfalzgrafen war es, in Vertretung für den Kaiser rechtliche Handlungen vorzunehmen, die eigentlich persönliche Anwesenheit des Kaisers erforderten, wie beispielsweise die Legitimation Unehelicher, Volljährigkeitserklärung und die Entlassung aus der Leibeigenschaft[315]. Das jedoch praktisch wichtigste Recht des Comitivs war die Befugnis, Notare zu ernennen[316]. Die Aufgabenbereiche eines Hofpfalzgrafen waren zunächst auf die Rechtsverhältnisse Italiens zugeschnitten; mit Fortschreiten der Rezeption kam es allerdings auch zu einer Aufnahme der italienischen Einrichtungen in Deutschland, so daß auch die Befugnisse der Hofpfalzgrafen dort Bedeutung erlangten[317]. Die wachsende praktische Bedeutung des römisch-kanonischen Rechtes erforderte ebenso wie die voranschreitende Professionalisierung des Rechtslebens, daß im gesamten Reichsgebiet hinreichend qualifizierte Fachgelehrte als kaiserliche Vertreter zur Verfügung standen.

Überwiegend waren die übertragenen Befugnisse nicht vererblich, sondern an die Person des Empfängers gebunden[318]. Verliehen wurde das Amt des Hofpfalzgrafen zur Anerkennung von Verdiensten, wobei aufgrund des juristischen

---

[311] Zur Gefangenschaft Heinrichs Ernst, F., Eberhard im Bart S. 42.

[312] HHStA Wien Fridericiana 8 fol. 265^{r}.

[313] Den Eßlinger Vertrag bringt auch Geiger, L., Johann Reuchlin S. 36 mit Reuchlins Aufenthalt in Verbindung.

[314] Arndt, J., Zur Entwicklung S. V ff.; Schröder, R. u. Künßberg, E. v., Lehrbuch S. 528 f. Synonyme für das Amt sind Comitiv oder Comitiva u. Palatinat.

[315] Dolezalek, G., Hofpfalzgraf S. 212; Arndt, J., Zur Entwicklung S. VI f. u. IX. Diese Rechte wurden z. B. auch dem Hofkaplan Mathias Scheit 1467 mit der Verleihung des Palatinates übertragen, s. „Gerechtigkeit erhöht ein Volk“ S. 149. Zum Inhalt d. Palatinats ausführlich Dobler, E., Das kaiserliche Hofpfalzgrafenamt S. 72 ff.

[316] Arndt, J., Das Notarernennungsrecht S. 111.

[317] Dobler, E., Das kaiserliche Hofpfalzgrafenamt S. 25 f.

[318] Sog. kleines Palatinat; beim großen Palatinat waren die Befugnisse erblich, Arndt, J., Zur Entwicklung S. X.

Inhaltes bevorzugt Juristen damit betraut wurden[319]. Unter Reuchlins berühmteren Zeitgenossen, die gleichfalls das kleine Palatinat empfingen, sind Petrus Apianus, Sebastian Brant, Hieronymus von Croaria, Konrad Celtis, Paul Speratus und Ambrosius Volland[320].

Der Wortlaut von Reuchlins von Friedrich III. verliehene Hofpfalzgrafendiplom ist in der von Reuchlin edierten Briefsammlung überliefert; in diesem heißt es: *Te igitur Ioannem Reuchlin [...] sacri lat. palatii aulaeque nostrae et imperialis consistorii Comitem facimus, creamus, erigimus, nobilitamus, attollimus et autoritate nostra imperiali gratiosius insignimus*[321]. Der Hinweis auf den Lateranpalast im Titel des Comes spielt auf die kirchenbezogenen Verpflichtungen des Kaisers an, dessen Reichshofrat, das *consistorium imperiale*, als zuständige Verwaltungsinstitution genannt wird[322]. Mit dem Comitiv wurden Reuchlin die *cosuetudine vel de iure* üblichen Befugnisse erteilt: So konnte er hinkünftig im gesamten Römischen Reich Notare und *iudices ordinarii* ernennen sowie die schon oben erörterten Akte der freiwilligen Gerichtsbarkeit vornehmen. Ergänzend wurde Reuchlin die Befähigung erteilt, zehn Doktoren jeglicher Fachrichtungen zu promovieren. Dieses Recht war zwar nicht regelmäßiger Bestandteil eines Comitivs, es wurde aber unter Friedrich III. nicht selten dem kleinen Palatinat hinzugefügt: Vor Reuchlin waren Johannes Landenburg und Albrecht von Bonstetten mit einem gleichartigen Promotionsrecht ausgestattet worden[323].

Kaiser Friedrich III. hat etwa 130 Hofpfalzgrafen ernannt[324]. Ausweislich der überlieferten kaiserlichen Registratur hat er allerdings in dem Zeitraum

[319] Arndt, J., Zur Entwicklung S. XVI: Von allen Hofpfalzgrafen waren 80% Juristen.

[320] Arndt, J., Das Notarernennungsrecht S. 111 u. S. 116., Zeller, J., Paul Speratus S. 348 u. zu Volland Finke, K. K., Die Tübinger Juristenfakultät S. 171.

[321] Genaue Fundstellen in den Sammlungen in Briefwechsel S. 35; weitere Abdrucke in Majus, J. H., Vita S. 173 ff. u. Itter, J. Chr., De honoribus S. 173 ff. Die Palatinatsverleihung ist auch vermerkt in HHStA Wien Reichsregister W fol. 76^r; dort heißt es ebenso wie im Diplom fälschlich, Reuchlin sei *artium et legum doctor*.

[322] „Gerechtigkeit erhöht ein Volk" S. 149.

[323] Comitiv für Johannes Landenburg am 12. Juni 1454, Chmel, J., Regesta S. 325 (Nr. 3219), für Albrecht v. Bonstetten Burmeister, K. H., Das Studium S. 267. Das Recht, zehn Doktoren zu promovieren, wurde beim Reuchlin betreffend Eintrag in das Reichsregister eigens hervorgehoben, HHStA Wien Reichsregister W fol. 76^r. K. H. Burmeister weist darauf hin, daß die Delegation des Promotionsrechtes eine „Unsitte" gewesen sei, die eine Gefahr für das Doktorat und die damit assoziierte Qualität darstellte.

[324] Schätzung von Arndt, J., Zur Entwicklung S. XV.

1491-93 nur zweimal das Amt übertragen: Neben dem Palatinat für Reuchlin ist nur noch Dr. iur. utr. Stephan Berlanda diese Ehre zuteil geworden[325].

Gleichzeitig mit der Palatinatsverleihung wurden Johannes Reuchlin und sein Bruder Dionysius in den erblichen Adelsstand erhoben und ihnen ein Wappenbrief erteilt. Das Wappen, das im Zentrum des Schildes einen Opferaltar mit aufsteigendem Rauch zeigt, ist mehrfach von Reuchlin geführt worden: Neben dem Holzschnitt des Wappens in *De Rudimentis Hebraicis* und *De Arte Cabalistica* hat Reuchlin auch als Richter des Schwäbischen Bundes den *ara Capnionis* in sein Siegel aufgenommen[326]. Ob Reuchlin jemals von seinen Comitivrechten Gebrauch machte, ist dagegen nicht bekannt. Bei Notarernennungen der Hofpfalzgrafen war es unüblich, den Namen des ernennenden Hofpfalzgrafen in die Notariatsmatrikeln oder in die Ernennungsurkunden aufzunehmen, sodaß diesbezüglich kaum Quellen entstanden sein können[327].

In Linz hatte Reuchlin die Gelegenheit, den kaiserlichen Leibarzt Jakob ben Jehiel Loans kennenzulernen, der ihn im Hebräischen unterrichtete. Wann Reuchlin Linz verließ, ist nicht überliefert; wahrscheinlich hielt er sich nicht durchgängig am Kaiserhof auf, sondern kehrte zwischendurch nach Württemberg zurück[328]. In der an Maximilian I. adressierten *Defensio* Reuchlins teilt dieser dem Römischen König mit, daß Kaiser Friedrich III. in seiner Gegenwart in Linz gestorben sei. Somit befand sich Reuchlin am 19. August 1493 nochmals oder noch immer am Linzer Hof[329].

8. Die Einnahme der Huldigung von Horburg 1494

Eberhard i. B. hatte für den geisteskranken Graf Heinrich als Vertreter die Herrschaft über die linksrheinischen Gebiete übernommen. Zusammen mit Georg von Ehingen und Dr. Martin Nüttel wurde Reuchlin im Frühjahr 1494 be-

---

325 HHStA Wien Reichsregister W fol. 80^{v}, datiert 28. Jänner 1493; das Reichsregister W umfaßt die Registratur Kaiser Friedrich III. des Zeitraums 1491-93.

326 Beschreibung des Wappens bei Mayerhoff, E. Th., Johann Reuchlin S. 278, eine Deutung bei Decker-Hauff, H., Bausteine S. 93 f., Abb. desselben in Benzing, J., Bibliographie S. 37. Das Papiersiegel des Bundesrichters Reuchlin ist z. B. erhalten in BayHStA München RKG 1751 u. FÖWA Harburg VI.5.5-1 Nr. 3 o. fol. Adelserhebung und Wappen sind auch in HHStA Wien Reichsregister W fol. 76^{r} vermerkt.

327 Arndt, J., Das Notarernennungsrecht S. 112.

328 Geiger, L., Johann Reuchlin S. 36.

329 *Caesar Fridericus tertius [...] obiit me presente in Lyncea XIV. kalend. septembres anno M. CCCC. LXXXXIII.*, Defensio S. 81; s. a. Geiger, L., Johann Reuchlin S. 37.

auftragt, für Graf Eberhard d. Ä., der aufgrund der Hochzeitsfeierlichkeiten Maximilians I. verhindert war, die Huldigung Horburgs einzunehmen[330].

V. Reuchlin als Zeuge bei Urkunden und bei Vereidigungen

Zur Ratstätigkeit Reuchlins gehörten freilich nicht nur die Angelegenheiten der großen Reichspolitik, sondern auch alltägliche Arbeiten. Diese sind freilich nur sehr schlecht archivalisch erfaßbar. Zweimal ist Reuchlin als Zeuge bei rechtlich bedeutsamen Handlungen am Hofe Eberhard i. B. nachweisbar.

So ist Reuchlin einer der württembergischen Räte, die am 11. November 1491 bei der Vereidigung des neuen Landhofmeisters Haug von Werdenberg anwesend sind. Unter den dabei anwesenden Räten finden sich auch dessen Amtsvorgänger Dietrich Spät sowie Hermann von Sachsenheim, Bernhard Schöfferlin, Martin Prenninger sowie Ludwig und Johannes Fergenhans[331].

Im Zusammenhang mit der Abfassung des Testamentes von Graf Eberhard i. B. ist Reuchlin nochmals als Zeuge nachweisbar. Das am 28. Dezember 1482 in Urach errichtete Testament wurde von Eberhard i. B. und von acht fast ausschließlich adeligen Zeugen besiegelt[332]. Matthias Horn, der als Notar anwesend war, wurde daraufhin von Eberhard i. B. gebeten, dieser möge diesen Vorgang der Besiegelung zusätzlich mit einem *instrumentum publicum* öffentlich beglaubigen. Zusammen mit dem Kammerschreiber Burckhart von Eppen fungierte Reuchlin bei dieser notariellen Handlung als Zeuge[333]. Offensichtlich war dem Testament als gesiegelte Urkunde nicht mehr ausreichende Beweiskraft zuerkannt worden, so daß das Notariatsinstrument, das im ausgehenden Mittelalter erst langsam auf deutschem Boden Verbreitung fand, hinzugefügt werden mußte, um dem Testament genügend Anerkennung zu sichern. Reuchlin hat als eigens dafür gebetener Zeuge bei der notariellen Beurkundung des Siegelbeweises mitgewirkt, er war also nicht direkter Testamentszeuge[334]. Diese Heranziehung Reuchlins könnte der Hinweis auf ein besonders gutes Verhältnis Eberhards d. Ä. zu Reuchlin sein, insbesondere daß Reuchlin dafür eigens gebeten wurde[335]. Wahrscheinlicher ist freilich, daß hier die Anforderung

---

330 Sattler, Chr. F., Geschichte, Teil 4 S. 26.

331 HStA Stuttgart A 157 Bd. 1 fol. B^r; Zeller, W., Der Jurist S. 38.

332 Nicht adelig von Geburt sind die Zeugen Gabriel Biel und der Leibarzt Nikolaus Bälz, die allerdings zum Briefadel gehörten.

333 Das Testament Eberhards ist ediert in 1495: Württemberg wird Herzogtum S. 61 ff., Reuchlin als Zeuge erwähnt S. 69.

334 So aber Stievermann, D., Johannes Reuchlin S. 47.

335 Stievermann, D., Johannes Reuchlin S. 47 deutet dies zumindest so.

der *testes specialiter ad hoc rogati*, die bei Testamentszeugen gefordert wurde, auf die Zeugen des Notarinstrumentes übertragen wurde[336].

VI. Reuchlin und das Reichskammergericht

Neben dem ewigen Landfrieden, dem gemeinen Pfennig und der Handhabung des Friedens und Rechtes war eine der wichtigsten Errungenschaften des Wormser Reichstages von 1495 die Einrichtung des Reichskammergerichtes[337]. Durch das Fehdeverbot des Ewigen Landfriedens war es notwendig, eine alternative Einrichtung zur Streitschlichtung zu schaffen. Dazu wurde das schon vorhandene königliche Kammergericht in ein Gericht umgewandelt, das von der persönlichen Rechtsprechung des Königs getrennt und unter starker Beteiligung der Stände getragen war[338]. Durch die Bestimmung, daß subsidiär zum einheimischen Recht das römisch-kanonische Recht angewendet werden soll, erwies sich das Reichskammergericht mit dem von ihm angewandten Grundsatz der strengen Auslegung der lokalen Statuten und Rechtsgewohnheiten als eine wichtige Institution, die dem ius commune in Deutschland zur Geltung verhalf[339].

Die Reichskammergerichtsordnung von 1495 bestimmte, daß das Amt des Kammerrichters mit einem geistlichen oder weltlichen Fürsten, Grafen oder Freiherren versehen werden sollte[340]. Als Beisitzer sollten acht mit einem akademischen Grad versehene Juristen und acht mindestens ritterliche Adelige vom König bestimmt werden.

Bei der Auswahl der Urteiler hatte die Reichsversammlung beratend mitzuwirken. Eine Vorschlagsliste für die Besetzung von den Grafen, Freiherrn, Doctores, Ritter und der Ritterschaft führt unter anderem für die Gelehrtenbank *doctor Johann Reuchling* auf[341]. Jedoch hat Reuchlin nicht als Beisitzer des Reichskammergerichtes gewirkt. Statt ihm wurde Dr. Gregor Lamparter als

---

336 Zu den gebetenen Zeugen Ogris, W., Testament Sp. 158.

337 Zum Reichstag neuerdings 1495 - Kaiser, Reich, Reformen: Der Reichstag zu Worms.

338 Dick, B., Die Entwicklung S. 16, Laufs, A., Frieden durch Recht S. 669.

339 Laufs, A., Frieden durch Recht S. 669.

340 Die Ordnung ist gedruckt bei Zeumer, K., Quellensammlung S. 284 ff. Die Regelungen bezüglich des Kammerrichters und der Beisitzer ebenda S. 284 f.

341 BayHStA München Kasten blau $^{14}/_{2}$ fol. 4^{r}. Gedruckt bei Smend, R., Das Reichskammergericht S. 392 u. neuerdings in Deutsche Reichstagsakten, Mittlere Reihe, Bd. V, I/1 S. 441.

gelehrter Beisitzer aus Württemberg bestimmt[342]. Warum es allein beim Vorschlag blieb, läßt sich heutzutage nicht mehr ermitteln.

In der Reuchlinliteratur wird schon seit langem behauptet, daß Reuchlin nach seiner Rückkehr aus Heidelberg als Prokurator am Reichskammergericht bestellt wurde[343]. Diese Behauptung wird zurückgeführt auf eine Eintragung in ein württembergisches Dienerbuch vom 22. Februar 1501 und die Landschreibereirechnung[344].

Allerdings handelt es sich hierbei um ein Lesefehler. Beide herangezogenen Einträge führen nicht Johannes Reuchlin an, sondern den aus Augsburg stammenden Dr. Johannes Rehlinger, der bis 1503 auch Prokurator des Schwäbischen Bundes am Reichskammergericht war[345]. Der Schreiber hat jedoch nicht alle Buchstaben des Namens ausgeschrieben, sondern die „-er"-Endung mit einer Abbreviatur wiedergegeben, so daß bei flüchtigem Lesen durchaus Reuchlin gelesen werden kann.

Auf einer Liste der württembergischen Prokuratoren von etwa 1495/97 findet sich unter den zwölf Namen auch *maister Johan Rechlinger*, so daß Johannes Rehlinger durchaus als württembergischer Prokurator noch in weiteren Quellen nachweisbar ist[346]. Reuchlin ist somit nicht ab 1501 als Prokurator Württembergs am Reichskammergericht juristisch tätig gewesen[347].

---

342 Deutsche Reichstagsakten, Mittlere Reihe, Bd. V, I/1 S. 445; Eine Besetzungsliste des Reichskammergerichtes v. 1495-97 in HStA Stuttgart A 41 Bü 143 nennt allerdings Dr. Bernhard Schöfferlin als Beisitzer, der 1496 in dieser Eigenschaft nachweisbar ist.

343 Erstmals wohl Haller, J., Die Anfänge, Teil 2 S. 89*; später z. B. Rhein, S., Reuchliniana I S. 282 u. bei der Reuchlin-Tagung 1994 D. Stievermann, s. dazu den Bericht v. Reiling, E., Reuchlin S. 731 f.

344 Bei Haller, J., Die Anfänge, Teil 2 S. 90*: Grundlage der Bestellung auf Cath. Petri 1501 ist HStA Stuttgart A 17 Bü 10 fol. 63^r, das Ende der Tätigkeit 14. Nov. 1509 wird zurückgeführt auf HStA Stuttgart A 256 Bd. 7 fol. 32^r.

345 Als Prokurator des Schwäbischen Bundes in StadtA Schwäbisch Hall 4/48 o. fol., entlassen am 2. Juli 1503, Klüpfel, K., Urkunden, erster Teil S. 488; Herrn Dr. G. Dörner (Reuchlin-Forschungsstelle) verdanke ich den Hinweis, daß Rehlinger als kaiserl. Pronotar erwähnt wird in StA Basel Stadt Missiven A 19 fol. 102, A 21 fol. 261 u. 281, A 23 fol. 316, 352 u. 388 sowie ebenda Fremde Staaten: Deutschland C 3: Hofgericht zu Rottweil (1461-1517), was vollständigkeitshalber hier angeführt sei.

346 HStA Stuttgart A 41 Bü 143, s. a. als weitere Belege HStA Stuttgart A 256 Bd. 6 fol. 177^v, Bd. 7 fol. 32^r u. 92^r, Bd. 8 fol. 120^r, Bd. 10 fol. 133^v.

347 D. Stievermann hat mittels paralleler, mittlerweile publizierter Quellenforschungen seinen noch 1994 vertretenen Standpunkt revidiert, s. Stievermann, D., Johannes Reuchlin S. 49.

VII. Reuchlins Ratsende bei Eberhard i. B.

Wenige Monate nach der Herzogserhebung 1495 starb Eberhard i. B.[348]. Die Nachricht vom Tode Eberhards verbreitete sich schnell, und es war Johannes Reuchlin, der Bernhard Schöfferlin vom Ableben des ersten württembergischen Herzogs unterrichtete[349]. Als am 22. März 1496 das Testament von Eberhard i. B. im Beisein zahlreicher Zeugen eröffnet wurde, befand sich Reuchlin nicht unter den zehn anwesenden herzoglichen Räten, denn er hatte das Land längst verlassen.

C. Reuchlin als Rat in Heidelberg

Nach dem Tod Herzog Eberhard d. Ä. übernahm wie vorgesehen dessen Vetter Eberhard d. J. die Regierung. Zwanzig der Räte, die unter dem ersten württembergischen Herzog engagiert waren, blieben auch unter dem neuen Landesherrn als Räte tätig[350]; Reuchlin gab jedoch seine Stellung als württembergischer Rat auf.

Eine der wichtigsten Gründe für Reuchlins Ende als württembergischer Rat war wohl die umgehende Freilassung und Annahme als Rat Conrad Holzingers durch Eberhard d. J. An dessen Gefangennahme war Reuchlin 1488 maßgeblich beteiligt gewesen, so daß eine Zusammenarbeit der beiden als Räte eines Herrn unmöglich gewesen sein dürfte[351]. Zudem wird die Herausgabe der Urfehde, die Holzinger 1488 leisten mußte, auch als eine Drohung gegenüber Reuchlin gewirkt haben[352]. Erleichtert wurde Reuchlin die Entlassung aus den Ratsverpflichtungen, weil seine Annahme ohnehin stets auf ein Jahr befristet war.

So verließ Reuchlin Württemberg und ging nach Heidelberg, das schon seit Pfalzgraf Friedrich des Siegreichen zu einem Zentrum des Humanismus in Deutschland geworden war[353]. Dietrich von Plieningen, der zusammen mit Reuchlin in Freiburg studierte, war Rat von Pfalzgraf Philipp dem Aufrichtigen, und der Wormser Bischof Johannes von Dalberg war dem Heidelberger

---

[348] Nach neueren Erkenntnissen am 25. Feb. 1496, S. Amelung, P., Wann starb S. 319 ff.

[349] Amelung, P., Wann starb S. 325. Schöfferlin war zu dieser Zeit Beisitzer auf der Gelehrtenbank des Reichskammergerichtes in Frankfurt am Main, zu Schöfferlin als Beisitzer s. S. 87 Fn. 342.

[350] Kothe, I., Der fürstliche Rat S. 30.

[351] Dazu ausführlich Stievermann, D., Johannes Reuchlin S. 48 f.

[352] Parteigänger des neuen Herzogs bedrohten mehrfach Mitglieder der württembergischen Ehrbarkeit, Grube, W., Der Stuttgarter Landtag S. 59.

[353] Walter, P., Johannes von Dalberg S. 141.

Hof als kurpfälzischer Großkanzler verbunden[354]. Dalberg hatte Reuchlin wahrscheinlich auf dem Reichstag von 1486 persönlich kennengelernt und bereits 1491 Reuchlin nach Heidelberg eingeladen, sollten sich die Verhältnisse in Stuttgart verschlechtern[355]. Reuchlin hatte zuvor mehrfach wegen griechischer Schriften Kontakt zu Dalberg gepflegt und ihm 1494 sein Buch *De verbo mirifico* gewidmet[356]. Dalberg förderte Reuchlin bei seinen hebraistischen Studien und er hatte ihm mehrere Bücher geschenkt, unter denen sich auch kabbalistische Werke befanden[357].

Reuchlin, der in Heidelberg zeitweise der Bibliothekar Dalbergs war, wohnte zunächst in dessen Heidelberger Bischofshof, bis er zu Beginn des Jahres 1497 in das Haus von Johannes Wacker zog[358]. Mit diesem und weiteren in Heidelberg anwesenden Humanisten bildete Reuchlin einen humanistischen Kreis, der gemeinsame Ausflüge und Feiern veranstaltete[359].

Am 31. Dezember 1497 wurde Reuchlin in Heidelberg von Pfalzgraf Philipp als Rat und Diener angenommen. In den vorangegangenen annähernd zwei Jahren, welche sich Reuchlin ohne nachweisbare Anstellung in Heidelberg aufhielt, verfaßte Reuchlin die zwei Dramen *Sergius vel Capitis Caput* und *Henno*[360]. Unter großem Beifall wurde das letztere im Haus von Johannes von Dalberg erstmals aufgeführt[361]. Zudem gab er verschiedentlich Griechischunterricht, zu seinen bekanntesten Schülern aus der Heidelberger Zeit gehören Johannes Cuno, Thomas Truchseß und Jakob Drach[362].

In der Kurpfalz sind schon seit der ersten Hälfte des 15. Jahrhunderts rechtsgelehrte Räte nachweisbar[363]. Kurfürst Philipp nahm viele studierte Juristen als Räte an, meist jedoch nur für ein bis zwei Jahre[364]. So wurde am 31. Dezember

---

[354] Vogelgesang, G., Kanzlei- und Ratswesen S. 27; das Großkanzleramt war von überwiegend repräsentativen Charakter, s. ebenda S. 28.

[355] Regest des Dalbergbriefes v. 12. Dez. 1491 in Briefwechsel S. 32 f., gedr. bei Morneweg, K., Johann von Dalberg, Anhang S. IV f.; zu dem Brief Walter, P., Johannes von Dalberg S. 145.

[356] Das Buch wurde mehrfach nachgedruckt, s. d. Nachweise bei Benzing, J., Bibliographie S. 5 f. Nrr. 23-28; Widmungsvorrede abgedruckt in Briefwechsel S. 39 ff.

[357] Preisedanz, K., Die Bibliothek S. 71 f., Walter, P., Johannes von Dalberg S. 145.

[358] Walter, P., Johannes von Dalberg S. 145; zum Bibliothekarsamt Cohn, H. J., The Early Renaissance Court S. 311; daß Reuchlin die Bibliothek Dalbergs bewunderte geht hervor aus der Vorrede zu De Verbo Mirifico, gedr. in Briefwechsel S. 40.

[359] Geiger, L., Johann Reuchlin S. 41 ff., Preisedanz, K., Johannes Reuchlins S. 2 ff.

[360] Zum *Sergius* Benzing, J., Bibliographie S. 7 ff. Nrr. 29-44, zum *Henno*, das eigentlich *Scenica Progymnasmata* betitelt war, idem S. 11 ff. Nrr. 45-83.

[361] Walter, P., Johannes von Dalberg S. 145.

[362] Friedrich, U., Johannes Reuchlin S. 164 f. m. w. Nw.

[363] Vogelgesang, G., Kanzlei- und Ratswesen S. 74.

[364] Vogelgesang, G., Kanzlei- und Ratswesen S. 75.

1497 auch Reuchlin in Heidelberg für ein Jahr zum Rat und Diener von Kurfürst Philipp angenommen[365]. Insbesondere die Aufgabe eines Lehrers und Erziehers, die zuvor Jakob Wimpfeling erfüllte, sollte Reuchlin erhalten[366]. Den kurfürstlichen Söhnen sollte Reuchlin *anwysing geben was unser sonen zu irem state zu lernen und in zucht eynigkeit und iren wirden sich zu halten*[367].

Die Bestallungsurkunden für Pfälzer Räte folgen unter Pfalzgraf Philipp einem durchweg formelhaften Aufbau, der auch in der Reuchlin betreffenden Urkunde wiederzufinden ist[368]. Als Pfälzer Rat bekam Reuchlin neben einem Sold, dessen Höhe mit 100 fl. in Heidelberg im Durchschnitt lag, ein Hofkleid und zwei Pferde, wie es in Heidelberg üblich war[369]. Bei Reisen erhielt Reuchlin darüberhinaus für sich und seinen Knecht freie Kost. In die Bestallungsurkunde Reuchlins wurde zudem die Bestimmung aufgenommen, daß er keine weitere Ratstätigkeit übernehmen dürfe[370].

Von Reuchlins Tätigkeit für den Heidelberger Kurfürsten ist nur eine diplomatische Reise nach Rom bekannt. Bei dieser hatte Reuchlin in zwei Angelegenheiten Kurfürst Philipps Interessen zu vertreten, die ihn längere Zeit in Rom aufhielten. Reuchlin, der sich schon fast zwei Jahre in Heidelberg aufgehalten hatte, wurde für ein Jahr zum Rat bestellt, das er zum größten Teil in Rom verbrachte. Dies legt die Vermutung nahe, daß Reuchlin allein für die Gesandtschaft nach Rom zum pfälzer Rat angenommen wurde.

Die erste Aufgabe Reuchlins bezog sich auf die Heiratspläne für den Sohn des Heidelberger Kurfürsten und Herzog Georg von Bayern-Landshut. Jener überlegte, mit wem er seine Tochter Elisabeth verheiraten könne. Sein Kanzler Wolfgang Kolberger schlug ihm daraufhin Rupprecht, den dritten Sohn von

---

365 Urkunde in GLA Karlsruhe 67 No. 818 fol. 342^{r}-343^{v}.

366 GLA Karlsruhe 67 No. 818 fol. 342^{r}. Zur Stellung des Vorgängers S. Cohn, H. J., The Government S. 200 f., Friedrich, U., Johannes Reuchlin S. 165; eine informative Charakteristik Wimpfelings bei Mertens, D., Jakob Wimpfeling S. 35 ff.

367 GLA Karlsruhe 67 No. 818 fol. 342^{r}.

368 Zum Inhalt der Bestallungsurkunden Vogelgesang, G., Kanzlei- und Ratswesen S. 72 f.

369 GLA Karlsruhe 67 No. 818 fol. 342^{v} f. Vogelgesang, G., Kanzlei- und Ratswesen S. 72 f.: Der Sold der Heidelberger Räte lag zwischen 30 fl. u. 175 fl., ein Hofkleid erhielten die meisten Räte, auch Dietrich v. Plieningen und Bernhard Frowis trugen das rote Kleid, Cohn, H. J., The Government S. 220 f.

370 GLA Karlsruhe 67 No. 818 fol. 343^{r}; Reuchlin wurde jedoch gelegentlich von dem Heidelberger Kurfürsten als Rat ausgeliehen, S. z. B. BayHStA München Kasten blau 435/5, wo Reuchlin in einem Streit mit Erlangen an Worms ausgeliehen wurde; ich danke Herrn Dr. Dörner, der die Archivalie in München gefunden hat, daß er mir eine Kopie des Schreibens überließ.

Kurfürst Philipp, vor[371]. Dagegen hatte jedoch Herzog Georg Bedenken wegen der engen Verwandtschaft, so daß die Möglichkeit eines Dispenses überlegt wurde. Der Herzog von Bayern wollte allerdings ungern seine eigenen Räte mit der Prüfung beauftragen, so daß ihm wiederum sein Kanzler riet, er solle bei seinem bereits geplanten Heidelbergaufenthalt die Räte Philipps darum bitten; denn am Heidelberger Hof seien bekanntlich auch *ettlich wolgelert Rete*[372]. Es könnte sein, daß in diesem Zusammenhang auch Reuchlin um Rat gefragt wurde. Jedenfalls war es Reuchlin, der beauftragt wurde, in Rom einen päpstlichen Dispens für die Ehe zu bewirken[373]. Dies hatte er wahrscheinlich schon bald nach seiner Ankunft in Rom erfolgreich getan[374].

Der zweite Grund für Reuchlins Gesandtschaft nach Rom betraf die Auseinandersetzung Kurfürst Philipps von der Pfalz mit den Benediktinermönchen von Weißenburg im Elsaß[375]. Diese lagen mit dem Heidelberger Kurfürsten schon seit langer Zeit im Streit. Der Streitgegenstand war hauptsächlich der sogenannte Berwartstein, der nach einer Abrede von 1474 von der Kurpfalz an das Kloster Weißenburg im Elsaß übergeben werden sollte[376]. Der Auslöser der Auseinandersetzung war die Belehnung Hans von Trotts 1480 mit dem Berwartstein als erblichem Lehen, womit die Übergabe an das Kloster für Pfalzgraf Philipp unmöglich wurde.

Dies wollte der Abt von Weißenburg nicht hinnehmen, und so wandte er sich mehrfach an den Kaiser, um doch noch den Berwartstein für das Kloster zu erhalten. Als dies allerdings keinen Erfolg brachte, wandte sich der Abt 1491 an den päpstlichen Hof, an dessen Gericht der Fall angenommen wurde. Philipp sandte auf die gerichtliche Zitation wohl einen Boten, der die Unzuständigkeit des Gerichtes geltend machen sollte. In einem Kontumazialverfahren wurde dennoch gegen Philipp prozessiert und dieser exkommuniziert. Reuchlins Aufgabe war es, die Aufhebung der Exkommunikation zu bewirken. Mit einer langen anwaltlichen Rede vor Papst Alexander VI. versuchte der pfälzer Rat dies zu erreichen.

---

371 Zur Anbahnung der Ehe Ruprechts mit Elisabeth s. Stauber, R., Herzog Georg S. 709 f.; die Vorgänge am herzoglich-bayerischen Hof schildert Kolberger in einem Bericht in BayHStA München Pfalz Neuburg, Ausw. St. 2095 fol. 5ʳ.

372 BayHStA München Pfalz Neuburg, Ausw. St. 2095 fol. 5ʳ.

373 Melanchthon, Ph., De Capnione Sp. 1005.

374 Die Urkunde ist vordatiert auf den 19. Feb. 1496; zur Datierung Stauber, R. Herzog Georg S. 710. Die päpstliche Urkunde ist in BayHStA München, Abt. GHA, HU 827.

375 Dazu grundsätzlich Krause, E., Der Weißenburger Handel u. kurze Zusammenfassung bei Cohn, H. J., The Government S. 64 ff.

376 Die Geschichte des Streites wird geschildert anhand Krause, E., Der Weißenburger Handel S. 15 ff.

Zum Papst konnte Reuchlin freilich nicht sofort vordringen. Erst nachdem er sich schon zwei Monate in Rom aufgehalten hatte, konnte er endlich am 7. August 1498 mit seiner Rede vor Papst Alexander VI. die kurpfälzischen Interessen vertreten[377]. Zuvor hatte er versucht, einen hilfreichen Rat von Kardinal Franz von St. Eustachius zu bekommen[378]. Offensichtlich wurde in Heidelberg nicht mit einem so langen und teuren Aufenthalt Reuchlins in Rom gerechnet, denn als Reuchlin aus Rom die Bitte äußerte, er möge etwas mehr Geld für seinen Aufenthalt bekommen, rief der Heidelberger Kanzler entsetzt aus: *gott helff allen den Jhenen die zü rom zu schicken haben*[379].

Die Mönche und den Abt des Klosters Weissenburg schildert Reuchlin gegenüber dem Papst als diejenigen, die den Streit mit dem friedliebenden Heidelberger Kurfürsten begonnen hätten. Dabei beschreibt Reuchlin die Mönche als kleinmütig, die mit ihrer Beschwerde Unfrieden stifteten[380]. Sie hätten es sogar gewagt, ihren Landesherrn gegen den Willen Maximilian I. beim Papst zu verklagen[381]. Diesen von Reuchlin durchweg negativ dargestellten Mönchen setzt Reuchlin das Bild des friedliebenden Pfalzgrafen Philipp gegenüber. Dieser werde von den Mönchen bedrängt und alle seine Bemühungen, den Frieden zu wahren, seien gescheitert[382]. Zur Erhöhung des Kurfürsten führt Reuchlin ergänzend an, daß der Pfalzgraf bei Rhein von König Rupprecht abstamme und daß er nach den geistlichen Kurfürsten als erster den ewigen Landfrieden von Worms gesiegelt habe[383]. Zudem verweist Reuchlin auf das gute Verhältnis zwischen Papst und Kurfürst, deren Beziehung er als eine zwischen Vater und Sohn deutet[384].

Als Anwalt versuchte Reuchlin allerdings nicht, allein mit einer solchen an das Wohlwollen des Papstes appellierenden Darstellung die Aufhebung der Exkommunikation zu erreichen. Vielmehr führt er auch rechtliche Gründe an, mit denen er das päpstliche Urteil von 1492 als unrechtmäßig erweisen möchte.

---

[377] Die Rede erschien gedruckt 1498 in Venedig bei Aldus Manutius, S. Benzing, J., S. 23 Nr. 84. Das Manuskript der Rede von Reuchlin gelangte aus Heidelberg in den Vatikan, wo es heute mit den lateinischen Handschriften der Bibliotheca Palatina verwahrt wird, Biblioteca Apostolica Vaticana Pal. Lat. 692 fol. 415^r-420^r.

[378] Krause, E., Der Weißenburger Handel S. 50; die Antwort des Kardinals in Briefwechsel S. 55 f.

[379] AD Straßburg C 39 No. 9 bis, zitiert nach Cohn, H. J., The Government S. 84.

[380] Ad Alexandrum fol. n 4^r; eine Wertung der Rhetorik Reuchlins unter dem Gesichtspunkt der pragmatischen Schriftlichkeit bei Friedrich, U., Johannes Reuchlin S. 171 ff.

[381] Ad Alexandrum fol. n 4^r f.; dazu Krause, E., Der Weißenburger Handel S. 50 f.

[382] Ad Alexandrum fol. n 4^v.

[383] Ad Alexandrum foll. o 3^r u. o 1^v.

[384] Ad Alexandrum fol. n 5^r, dazu neuerdings Friedrich, U., Johannes Reuchlin S. 172 f.

Dies versuchte Reuchlin im wesentlichen mit dem Argument, daß in dieser Streitsache der Papst als Richter nicht zuständig sein. Deshalb sei auch das ergangene Urteil nicht gerechtfertigt und die Exkommunikation aufzuheben.

Reuchlin stützt die Behauptung der gerichtlichen Inkompetenz zum einen auf ein Digestenfragment, das er nahezu wörtlich in seine Rede aufnimmt[385]. Die dort von Ulpian vertretene Ansicht, daß Konsule, Präfekte, Prätore, Prokonsule sowie alle Beamten, die ein Imperium innehaben, nicht vor Gericht geladen werden dürften, überträgt Reuchlin auf Pfalzgraf Philipp, der als Fürst ebenfalls nicht vor Gericht geladen werden dürfe.

Zum anderen findet Reuchlin in der Goldenen Bulle, die er als *Constitutio sacra Imperii* bezeichnet, eine Stütze für sein Begehren. In Kapitel elf ist bestimmt, daß Klagen gegen die Kurfürsten vor auswärtigen Gerichtshöfen unwirksam sind. Insofern könne auch der Pfalzgraf bei Rhein nicht gezwungen werden, sich vor dem päpstlichen Gericht zu verantworten[386]. Diese Regel findet allerdings für den Fall der absoluten Rechtsverweigerung keine Anwendung, und genau *propter denegatam iustitiam* hatten die Mönche sich an den Papst gewandt, so daß Reuchlins Argument nicht überzeugend gewesen sein dürfte[387]. Dieses Problem erkannte aber Reuchlin, der wohl deshalb den Mönchen von Weissenburg vorwirft, sie hätten nur durch arglistige Vorspiegelung der Rechtsverweigerung beim Papst Gehör gefunden[388].

Zudem führt Reuchlin aus, daß es sich bei dem Streit um eine weltliche Angelegenheit handele, die der Kaiser entscheiden wollte. Aus diesem Grund hätte der Papst nicht den Fall an seinem Gericht annehmen dürfen[389]. An die Goldene Bulle anschließend erwähnt Reuchlin vergleichend noch kurz die Pragmatische Sanktion, mit der zwar auch das Verhältnis der weltlichen Macht zum Papst bestimmt wurde, die aber in Deutschland keine Geltung hatte[390].

Eine weitere Regelung, mit der Reuchlin die Unzulässigkeit der Exkommunikation zu begründen versucht, ist ein Beschluß des Konzils von Karthago, der Aufnahme in das Dekret Gratians fand[391]. Ebenso wie das Digestenfragment

---

[385] D. 2, 4, 2 unius; zitiert in Ad Alexandrum fol. o 2^v.

[386] Ad Alexandrum fol. o 3^r.

[387] Zur Klage wg. Rechtsverweigerung s. Krause, E., Der Weissenburger Handel S. 23, dort auch das im Text angeführte Zitat.

[388] Ad Alexandrum fol. n 4^v; Krause, E., Der Weißenburger Handel S. 24 u. S. 51.

[389] Ad Alexandrum fol. o 3^r; Reuchlin verweist auch auf Briefe, die Maximilian I. an Alexander VI. mit der Bitte schickte, den Streit nicht in Rom zu entscheiden, ebenda fol. o 1^v; dazu neuerdings Friedrich, U., Johannes Reuchlin S. 174.

[390] Ad Alexandrum fol. o 3^v. Zur Pragmatischen Sanktion s. Schulte, F., Lehrbuch S. 125.

[391] Decr. I, 90, 7.

nahm Reuchlin den Beschluß nahezu wörtlich in seine Rede auf[392]. Als letztes weist Reuchlin noch darauf hin, daß nach der Zwei-Schwerter-Lehre die geistliche und die weltliche Gewalt sich gegenseitig als gleichwertig erachten müßten, so daß es dem Papst nicht anstünde, in die weltliche Gerichtsgewalt einzugreifen[393]. Dieses Argument dürfte nicht allzu zugkräftig gewesen sein, weil schon seit Beginn des 14. Jahrhunderts die Päpste die Lehre entwickelt hatten, daß das geistliche und das weltliche Schwert dem Papst zustünden, der das letztgenannte an den König übertrug. Deshalb bestand schon zu Reuchlins Zeit durchaus die Auffassung, daß die weltliche Gewalt vom Papst abhängig und diesem untergeordnet sei[394].

Darüber hinaus behauptet Reuchlin, daß das Kontumazialverfahren am Päpstlichen Hof nicht rechtmäßig durchgeführt worden sei. Nachdem Philipp vor das Gericht geladen worden war, hätte er durch einen Boten die Unzuständigkeit des Gerichtes vortragen lassen, das aber gleichwohl das Verfahren in Abwesenheit des Kurfürsten weiter verfolgte und somit unrechtmäßig gehandelt habe[395].

Reuchlins Rede ist somit ein auf juristischer Argumentation aufbauendes anwaltliches Plädoyer, mit dem der kurfürstliche Redner allerdings nichts für seinen Auftraggeber erreichte[396]. Die Exkommunikation wurde aufrecht erhalten, und der Streit weitete sich in Folge noch aus[397]. Erst 1502 wurde Pfalzgraf Philipp wahrscheinlich durch Vermittlung Kardinal Raimunds von Gurk absolutiert und die Exkommunikation aufgehoben[398]. Nach weiteren Verhandlungen konnte schließlich 1511 der Streit endgültig beigelegt werden[399].

---

[392] Ad Alexandrum fol. o 3^r f.

[393] Ad Alexandrum fol. o 2^r.

[394] Dazu Überblick bei Willoweit, D., Deutsche Verfassungsgeschichte S. 68 f.

[395] Ad Alexandrum fol. o 3^r; Krause, E., Der Weißenburger Handel S. 24.

[396] Anders Friedrich, U., Johannes Reuchlin S. 172 ff., der zwar zugesteht, daß in der Rede rechtliche Probleme namentlich gerichtlicher Zuständigkeiten von Reuchlin erörtert werden, gleichzeitig aber behauptet, es handele sich nicht um „eine juristische Rede in eigentlichen Sinn“, sondern um eine „Erörterung über das Verhältnis von Kurfürstentum und Papst“ auf „der Ebene politischer Entscheidungsträger“. Diese Unentschlossenheit rührt bei Friedrich aus der methodisch unzulässigen Trennung von Politik und Recht her; zudem verkennt er, daß das Verhältnis von Papst und Kurfürst weitgehend rechtlich definiert war. Offensichtlich unerkannt bleiben bei Friedrich die Zitate Reuchlins aus den Digesten und dem Dekret, sowie die Hinweise auf die Zwei-Schwerter-Lehre.

[397] Krause, E., Der Weißenburger Handel S. 53 f.; Friedrich, U., Johannes Reuchlin S. 176 stellt alleine darauf ab, daß die Exkommunikation aufgehoben wurde; daß dies erst Jahre nach Reuchlins Rede geschah, spielt bei seiner Betrachtung keine Rolle, so daß er zum Ergebnis kommen kann, Reuchlin habe mit seiner Rede Erfolg gehabt.

[398] Krause, E., Der Weißenburger Handel S. 60.

[399] Krause, E., Der Weißenburger Handel S. 64.

Obwohl Reuchlins Rede die erwünschte Wirkung versagt blieb, erfuhr sie mannigfaltige Anerkennung. Jakob Questenberg, der sich eine Abschrift der Rede anfertigte, schrieb noch 1498 voller Anerkennung an Reuchlin[400]. Auch Petrus Jacobi, der unter Eberhard d. J. als Rat in Württemberg geblieben war, lobte Reuchlins Rede, die er mit Freude gelesen habe[401]. Vier Jahre später bat Kardinal Raimund von Gurk Reuchlin, dieser möge ihm dessen Rede über die deutschen Fürsten zusenden, womit Reuchlins Rede vor Papst Alexander VI. gemeint sein dürfte[402].

Mit diesen beiden Aufträgen war Reuchlin nach Rom gereist. Das langsame Vorankommen insbesondere bezüglich des Weißenburger Streites zwang Reuchlin, länger als geplant in Rom zu verweilen. Die Zeit wurde von ihm dazu genutzt, Bücher zu erwerben und sich mit italienischen Gelehrten auszutauschen.

D. Reuchlin als Rat unter Herzog Ulrich von Württemberg

I. Die Rückkehr nach Württemberg

Nach der Absetzung Eberhard des Jüngeren konnte Reuchlin zum großen Bedauern des humanistischen Kreises in Heidelberg, dem Reuchlin für mehrere Jahre angehört hatte, nach Württemberg zurückkehren. Neben der Veränderung der politischen Verhältnisse in Württemberg wurde ihm dies auch dadurch erleichtert, daß seine Ratsbestallung am Heidelberger Hof befristet war und Anfang 1499 durch Zeitablauf endete. Johannes Wacker berichtet in einem Brief aus Heidelberg an Reuchlin vom 9. September 1499, welche Versuche unternommen wurden, um Reuchlin bei seinen humanistisch gebildeten Freunden in Heidelberg zu halten. Sogar ein Faß guten Weines habe man an Reuchlins Frau gesandt, damit sie einem längeren Verbleiben Reuchlins in Heidelberg zustimme[403]. Aus einem in Hugens Formelbuch gedruckten Vertrag Reuchlins kann abgeleitet werden, daß Reuchlin, der noch am 22. Januar 1499 beim Heidelberger Kurfürsten eingeladen war und deshalb eine konkurrierende Einladung Jakob Wimpfelings ausschlagen mußte, vor Ende Oktober Heidelberg verließ[404].

---

400 Brief v. 1498 in Briefwechsel S. 56 f.; die Rezeption der Rede Reuchlins im Gelehrten- und Freundeskreis dargestellt bei Friedrich, U., Johannes Reuchlin S. 175 f.

401 Brief v. 7. Aug. 1498, Regest in Briefwechsel S. 57 f.

402 Brief v. 27. Juni 1502 in Briefwechsel S. 76 f.; die Bitte dürfte mit den Vermittlungsbemühungen des Kardinals im Zusammenhang stehen.

403 Geiger, L., Johann Reuchlin S. 48; Brief in Briefwechsel S. 61-64.

404 Rhein, S., Reuchliniana I. S. 284; zur Einladung Reuchlins Friedrich, U., Johannes Reuchlin S. 167 Fn. 22, es waren mehrere Humanisten beim Kurfürsten eingeladen, so z. B. auch Johannes Wacker.

Es gibt keine Belege dafür, daß Reuchlin nach seiner Rückkehr nach Württemberg erneut eine Stellung als ständiger Rat angenommen hat. Vermutlich hatte Herzog Ulrich bereits einen festen Kreis gelehrter und vertrauter Räte, so daß eine Anstellung Reuchlins als Rat aus seiner Sicht uninteressant war. Dazu kommt, daß von Reuchlins Bekannten, die mit ihm Räte Eberhard d. Ä. waren, kaum einer bei Ulrich als Rat herangezogen wurde. Darüberhinaus war Reuchlin mit seinen 45 Jahren schon recht alt, und sein Gönner Ludwig Fergenhans, der ihn Graf Eberhard i. B. als Rat empfahl, hatte aufgrund seines Alters an Einfluß am württembergischen Hof verloren. Die Bemerkungen Ciceros über die Aufgabe seiner Ämter in seinen Tuskulanischen Gesprächen, welche Reuchlin am 24. Juni 1501 in einer Übersetzung als Trostschrift an den Heidelberger Kurfürsten Philipp sandte, hat Reuchlin wahrscheinlich auf seine eigene Lebenssituation bezogen[405]. Insofern ist auch der Brief Sebastian Brants an Reuchlin zu verstehen, in welchem der Verfasser des Narrenschiffs schreibt, er beneide Reuchlin um sein jetziges, von der *molestia curialis* erleichtertes Leben, das Reuchlin Zeit für seine Studien gäbe[406]. Gleichwohl ist Reuchlin in vereinzelten Fällen für den Herzog von Württemberg tätig gewesen.

II. Reuchlin und die Hochzeit Herzog Ulrichs von Württemberg 1511

Als Nachfolger von Johannes Fergenhans trat Reuchlin 1502 das Amt des Fürstenrichters des Schwäbischen Bundes an. Während dieser Richtertätigkeit ist Reuchlin nur einmal als Rat bei der Hochzeit von Herzog Ulrich 1511 nachweisbar. Die wichtigste Quelle für diese Tätigkeit Reuchlins ist eine Handschrift Jakob Frischlins, die ihrerseits auf einen Augenzeugenbericht zurückgeht[407].

Die Art und Weise wie Herzog Ulrich von Württemberg seine Hochzeit mit Sabine von Bayern feierte, galt schon bei den Zeitgenossen als überaus prunkvoll[408]. Zur Feier wurden so viele Gäste geladen, daß die Zahl der Diener des Bräutigams zur Versorgung und Betreuung der Gäste nicht ausreichten und weitere Helfer herangezogen wurden. Unter diesen Helfern befand sich auch Reuchlin, der für die Betreuung der geistlichen Gäste zuständig war[409]. Er hatte

---

[405] Friedrich, U., Johannes Reuchlin S. 177 ff.

[406] Regest d. Briefs v. 13. Januar 1500 in Briefwechsel S. 64.

[407] WürttLaBi Stuttgart Cod. hist. 2° Nr. 329 fol. 7^{v} ff., der Augenzeugenbericht entstammte *scripta relicta viri qui lorchensis erat quoque dictus frater Lanus.* Frischlins Bericht liegt auch den Darstellungen zugrunde von Heyd, L. F., Der wirtembergische Canzler S. 13 f. u. idem, Ulrich S. 140 ff.; s. a. Geiger, L., Johann Reuchlin S. 52.

[408] Heyd, L. F., Ulrich S. 140 ff. bietet eine ausführliche Schilderung der Feierlichkeiten.

[409] WürttLaBi Stuttgart Cod. hist. 2° Nr. 329 fol. 20^{r}.

sie zu empfangen und dafür zu sorgen, daß die Tischordnung innerhalb der Geistlichen gemäß ihrem Rang und ihren Würden gewahrt wurde. Sollte es bei Tisch an Unterhaltung fehlen, so mußte Reuchlin zusammen mit Ambrosius Volland für Heiterkeit und gute Stimmung am Tisch sorgen[410].

III. Reuchlin und der Tübinger Vertrag

Drei Jahre darauf zog Herzog Ulrich Reuchlin im Zusammenhang mit dem Tübinger Vertrag ein weiteres Mal heran. Die finanzielle Mißwirtschaft des württembergischen Landesherrn hatte schon bald nach seiner Regierungsübernahme zu Beschwerden der Landstände geführt. Als der Herzog von Württemberg 1514 versuchte, mittels einer Steuer Geld zur Schuldentilgung einzutreiben, kam es ausgehend vom Remstal zum Aufstand des sogenannten *Armen Konrad*[411]. Beim Landtag, der auf Betreiben der Aufständischen einberufen wurde, kam der Tübinger Vertrag als Landtagsabschied zustande. Mit diesem sagte die Landschaft gegen politische Zugeständnisse Herzog Ulrichs jährliche Geldleistungen zur Schuldentilgung zu.

Um den Vertragsinhalt allen Ämtern bekanntgeben zu können, druckte Thomas Anshelm, der viele Werke Reuchlins verlegte, den Tübinger Vertrag[412]. Eine Beteiligung Reuchlins bei der Erarbeitung des Tübinger Vertrages ist gleichwohl nicht nachweisbar. Als die Huldigungen auf den Tübinger Vertrag eingeholt werden mußte, bemühte sich allerdings Reuchlin zusammen mit Heinrich von Liebenstein, die Huldigung Winnendens auf den Tübinger Vertrag einzuholen, wobei sie jedoch zunächst auf Widerstand stießen[413]. Nachdem einige Zeit die Stadt Winnenden besetzt worden war, setzten sich die württembergischen Gesandten durch und die Huldigung erfolgte endlich am 30. Juli 1514.

---

410 *[...] mensas hilarare tacentes [...]*, WürttLaBi Stuttgart Cod. hist. 2° Nr. 329 fol. 20^r^. Ambrosius Volland ist ebenda genannt.

411 Öhler, H., Der Aufstand S. 401 ff.

412 In dessen Offizin arbeitete Melanchthon gelegentlich mit, Heyd, L. F., Melanchthon S. 47 u. 84; s. a. Rhein, S., Buchdruck und Humanismus S. 63 ff.; über Anshelms Tübinger Zeit neuerdings Lagler, W., Drucker S. 23 f.

413 Heyd, L. F., Ulrich S. 329 f. u. idem Melanchthon S. 84.

IV. Reuchlin und der württembergische Landtag

Im Mai 1515 tötete Herzog Ulrich von Württemberg im Böblinger Wald seinen Stallmeister Hans von Hutten[414]. Die durch diese Tötung hervorgerufenen Spannungen führten zur Forderung der Städte Stuttgart und Tübingen nach Einberufung eines Landtages, bei dem der mit Hans von Hutten verwandte Konrad Thumb von Neuenburg sehr einflußreich war. Der Vater des Getöteten verlangte auf diesem Landtag die Bestrafung des Herzogs, von dessen Räten nicht wenige auf Seiten der württembergischen Landschaft standen. Nachdem am 22. Februar 1516 eine Beseitigung der Spannungen bei einer Verhandlung in Mergentheim nicht gelang, wurde Ulrich von Maximilian I. vor das kaiserliche Hofgericht geladen und eine Landtagsversammlung mit kaiserlichen Räten nach Stuttgart auf den 18. September 1516 festgesetzt[415]. Von diesem Landtag wurde Reuchlin als Mitglied eines Städteausschußes bestimmt, der eine Antwort auf die Vorbringungen Ulrichs während des Landtages verfassen sollte[416]. Am 11. Oktober 1516 erklärte Kaiser Maximilian I. Ulrich in die Acht, welcher der kaiserlichen Forderung nach einem sechsjährigen Regierungsverzichts zunächst nicht nachkam. Stattdessen begann der württembergische Herzog gegen die Räte und Mitglieder der Ehrbarkeit, die sich auf den Landtagen gegen ihn gestellt hatten, vorzugehen. So wurden am 19. November 1516 Sebastian Breuning und Konrad Vaut, die beide eine wichtige Rolle bei den Beratungen gespielt hatten, hingerichtet. Die Räte, die schon Eberhard i. B. verbunden gewesen waren, gerieten in den Hintergrund und verloren an Einfluß[417]. Der langjährige württembergische Kanzler Gregor Lamparter gab sein Amt auf, in das Ambrosius Volland folgte[418]. Auch Reuchlin scheint in Gefahr gewesen zu sein, denn in einem Brief an Erasmus von Rotterdam teilt Willibald Pirckheimer besorgt mit, daß er befürchte, daß auch Reuchlin unter Ulrichs Reaktion in Bedrängnis gekommen sei[419].

---

414 Dazu und zu der im Text folgenden Geschichte Grube, W., Der Stuttgarter Landtag S. 91 ff.

415 Grube, W., Der Stuttgarter Landtag S. 98 f.

416 Heyd, L. F., Ulrich S. 225 u. S. 454.

417 Heyd, L. F., Ulrich S. 224 f.

418 Finke, K. K., Die Tübinger Juristenfakultät S. 171.

419 Brief v. 1. Jan. (Cal. Jan.) 1517; Hinweis und wörtl. Zitat aus dem Brief bei Heyd, L. F., Ulrich S. 225: *Audi obsecro, quid ne faudi nebulones egere, Cum Joh. Reuchlin undique oppugnassent, tandem principis sui, quod semper timui, nescio quibus fraudibus indignationem concitarunt: id ne in extremam calamitatem hominem conjiciat, vehementer timeo, nec eum a tyranni faucibus nisi Deus eripiet.* Zur Verdächtigung Reuchlins auch idem S. 510.

V. Reuchlin und die Klosteraufhebung 1517

Die Bedrängnis scheint allerdings nicht allzu groß gewesen zu sein, denn schon ein halbes Jahr darauf ist Reuchlin mit einer Klosteraufhebung für Ulrich von Württemberg befaßt[420]. Dies ist die letzte nachweisbare Ratstätigkeit Reuchlins.

Eine bedeutende Reform Eberhards d. Ä. stellt im Bereich der Kirchen- und Klosterpolitik die Ansiedlung der Brüder vom gemeinsamen Leben dar[421]. Diese klösterliche Gemeinschaft, deren Ursprünge in der aus den Niederlanden kommenden *devotio moderna* lagen, erhielt 1477 die erste württembergische Niederlassung in Urach, worauf weitere Stifte und Klöster in Herrenberg, Dettingen, Tübingen und Tachenhausen folgten[422]. Auch das Stift St. Peter auf dem Einsiedel im Schönbuch, das zu Eberhard d. Ä. Lieblingsprojekten gehörte, war mit den Fraterherren besetzt. Der Theologe Gabriel Biel, welcher der wichtigste Berater von Eberhard i. B. auf kirchlichem Gebiet war, unterstützte als Mitglied dieser Gemeinschaft den württembergischen Grafen bei diesen Bemühungen[423].

Doch die mit dem Tod des ersten württembergischen Herzogs eintretenden Veränderungen erfaßten sehr stark die Fraterhäuser in Württemberg[424]. Mit dem Vorwurf, daß die Kappenherren eine neue, abweichende und dem Land abträgliche Lebensweise hätten, erhielt Herzog Ulrich 1516 die Erlaubnis von Papst Leo X., die Niederlassungen der Brüder vom gemeinsamen Leben aufzuheben. Aber vermutlich war die schlechte finanzielle Lage Herzog Ulrichs gepaart mit dessen Wunsch, die Hofmusik weiter zu fördern, der Grund für den Zugriff des Herzogs auf das geistliche Gut, denn der Erlös sollte unter anderem für die Hofkapelle verwendet werden[425]. Als Patronatsherrn hatte Herzog Ulrich mit der päpstlichen Erlaubnis die Möglichkeit, das Kirchenvermögen zu säkularisieren[426]. Jedoch erst Mitte 1517 ernannte der württembergische Herzog Kommissare, die die Auflösung betreiben sollten.

Ulrich befand sich zu dieser Zeit wegen der Affäre um den Tod von Hans von Hutten bereits in der Reichsacht und somit in einer politisch schwierigen Situation[427]. Dies dürfte der Grund gewesen sein, daß von den drei päpstlich

---

420 HStA Stuttgart A 535 Bü 1.

421 Fratris communis vitae, auch Fraterherren oder Kappenherren genannt; Stievermann, D., Landesherrschaft S. 286.

422 Stievermann, D., Landesherrschaft S. 286.

423 Stievermann, D., Landesherrschaft S. 286 f.

424 Schöntag, W., Die Aufhebung S. 82.

425 Stievermann, D., Landesherrschaft S. 288; Schöntag, W., Die Aufhebung S. 90.

426 Schöntag, W., Die Aufhebung S. 93.

427 Schöntag, W., Die Aufhebung S. 90.

ernannten Exekutoren der Klosteraufhebung nur der Tübinger Probst Ambrosius Widmann diese Aufgabe übernahm[428]. Dieser Exekutor ernannte am 30. Juli 1517 als weitere Exekutoren zum einen Benedikt Farner, zum anderen Johannes Reuchlin[429].

Als Exekutor erstellte Reuchlin zusammen mit dem Propositus von Denkendorf ein Inventar der Fahrnis und der Grundstücke der Fraterherren zu Tachenhausen[430]. Diese beiden ließen daraufhin den Vogt von Kirchheim damit beauftragen, die Habe der Tachenhäuser Brüder vom gemeinsamen Leben einzunehmen[431].

Die Fraterhäuser wurden bei der Auflösung und Umwandlung ausgenommen und aller Vermögenswerte beraubt. Die Quellen schweigen auf die Frage, warum sich Reuchlin daran als Exekutor beteiligte. Dies ist insofern eine wichtige Frage, als die Einführung der Brüder vom gemeinsamen Leben in Württemberg ein nicht geringes Anliegen von Eberhard i. B. gewesen war, zu dessen langjährigen Räten Reuchlin gehört hatte. Verschärft wird die Frage durch den Umstand, daß zwei der vom Papst ernannten Exekutoren der von Herzog Ulrich wohl aus finanziellen Interessen betriebenen Unternehmung die Beteiligung versagten.

Bezüglich dieser Frage können nur Vermutungen geäußert werden. Zu beachten ist zunächst, daß Ulrich von Württemberg Reuchlin bei dessen Auseinandersetzung mehrfach wegen des Augenspiegels unterstützte[432]. Da in dem Streit 1517 noch kein Endurteil ergangen war, wollte Reuchlin vielleicht diese Unterstützung nicht verlieren. Dazu kommt, daß Reuchlin in der sich an die Tötung Hans von Huttens anschließenden Regierungskrise Ulrichs offensichtlich nicht auf Seiten des württembergischen Herzogs befunden hatte, wodurch er in Gefahr geriet[433]. Möglicherweise wollte Reuchlin weiteren Gefahren durch eine Demonstration seiner Loyalität entgegenwirken. Schließlich ist auch denkbar, daß Ambrosius Volland, welcher seit 1516 das Kanzleramt innehatte und mit Reuchlin schon zuvor zusammen als Rat wirkte, bei der Heranziehung Reuchlins Einfluß ausübte.

---

[428] Schöntag, W., Die Aufhebung S. 91.

[429] HStA Stuttgart A 535 Bü 1; Hinweis bei Schöntag, W., Die Aufhebung S. 91. Reuchlin wird fälschlich als *utriusque iuris doctori* bezeichnet.

[430] Erzählt in einem Brief v. Propositus Martin an den württ. Kanzler Dr. Ambrosius Volland v. 27. Nov. (Fr. n. Konrad) 1517, HStA Stuttgart A 535 Bü 1.

[431] HStA Stuttgart A 535 Bü 1.

[432] Mit zwei Briefen, einen an die Pariser theologische Fakultät, Geiger, L, Johann Reuchlin S. 287, einen nach Rom, Acta Judiciorum S. 117.

[433] S. S. 98.

E. Reuchlin als von Württemberg ausgeliehener Rat

In der Widmungsvorrede seines Buches *De Accentibvs, et orthographia [...]* von 1518 schreibt Reuchlin, er sei von den wichtigsten Fürstenhöfen als Berater herangezogen worden[434]. Als Rat der großen Fürstenhöfe ist Reuchlin allerdings nur selten nachweisbar. Vermutlich steht diese Aussagen von 1518 im Zusammenhang mit dem Streit um den Augenspiegel, während diesem Reuchlin mehrfach durch Selbstlob seine Bedeutung unterstreichen wollte[435]. Bisweilen wird indes vermutet, daß Reuchlin mit der Palatinatsverleihung auch als kaiserlicher Rat angenommen wurde[436]. Dies wird zurückgeführt auf Aussagen Reuchlins in seiner Defensio, in der er sich als kaiserlicher *consilarius* bezeichnet[437]. In diesem Buch, mit welchem Reuchlin auf sein Gutachten für Kaiser Maximilian I. eingeht, ist jedoch der Begriff *consilarius* nicht als kaiserlicher Rat zu verstehen, sondern als Gutachter. Ein ständiges Ratsverhältnis ist damit sicherlich nicht gemeint.

Allerdings gibt es doch einige Hinweise, daß Reuchlin als Rat auch von anderen Landesherren begehrt war. Die Rechnungsbücher des Landschreibers in Stuttgart geben Aufschlüsse über mannigfaltige Reisen Reuchlins, wobei bisweilen vermerkt wurde, daß Reuchlin anderen Herren ausgeliehen wurde. Ein solches Ausleihen von Räten ist im Spätmittelalter keine ungewöhnliche Erscheinung. Eberhard i. B. hat selbst für bestimmte Angelegenheiten andere Fürsten um Räte gebeten[438]. Gleichzeitig waren auch seine Räte anderen Landesherrn oft als Helfer zur Seite gestellt worden[439].

Als geliehener Rat ist Reuchlin erstmals 1483 nachweisbar, als er dem Augsburger Domkapitel ausgeliehen wurde und dazu von Stuttgart nach Freising ritt[440]. In der Karwoche 1484 reiste Reuchlin in einer württembergischen Angelegenheit nach München, bei welcher Gelegenheit er Ulrich von Rechberg als Rat zur Verfügung gestellt wurde, um diesem bei einer Angele-

---

434 Darauf weist Meiners, L., Lebensbeschreibung S. 53 hin mit bezug auf De Accentibvs, et orthographia S. A 2^{v}: *Potentissimorum Germanie principium consiliis intereram.*

435 S. Kapitel 6: Der Streit um den Augenspiegel, u. S. 178 ff.

436 Meiners, C., Lebensbeschreibung S. 57; ebenso Wiesflecker, H., Kaiser Maximilian I., Bd. V S. 353; Wiesflecker vermutet zudem, daß Reuchlin mit der Reform der Universität Wien beauftragt gewesen sein könnte.

437 Dies mehrfach, z. B. Defensio S. 66.

438 S. z. B. S. 69 f.

439 Kothe, I., Der fürstliche Rat S. 28.

440 29. Juli (Di. v. Petri Vincula), HStA Stuttgart A 256 Bd. 1 fol. 51^{r}; möglicherweise hatte Reuchlin bei dieser Gelegenheit den Kontakt zu Johann von Lamberg, auf welchen das bei Schlecht, J., Reuchlin und Johann von Lamberg S. 330 publizierte Gedicht Reuchlins Bezug nimmt.

genheit in Landshut mit Rat zur Seite zu stehen[441]. Im Oktober des selben Jahres ritt Reuchlin zusammen mit Märken von Hailfingen in seine Heimatstadt Pforzheim, um einem der Grafen von Eberstein bei einem Tag zu raten[442]. Im Januar 1486 reiste er nach Heidelberg als geliehener Rat für den Landhofmeister in einem Streit mit dessen Stiefsohn[443]. Noch im gleichen Monat wurde Reuchlin ausgeliehen an den Abt zu Murrhardt[444]. Nochmals als geliehener Rat war Reuchlin 1488 Beisitzer eines Schiedsgerichtes tätig[445].

Ob Eberhard i. B. in diesen Fällen gezielt um Reuchlin als Rat gebeten wurde, teilen die Einträge der Landschreiberei und die anderen Quellen nicht mit. Daß beim Ausleihen eines Rates der spezielle Wunsch nach Reuchlin jedenfalls nicht immer bestand, zeigt folgende Begebenheit: In einem Streit mit den von Stetten baten die Grafen Albrecht und Kraft von Hohenlohe und Ziegenhain 1489 Eberhard d. Ä., für einen Rechtstag in Stuttgart Dr. Martin Nüttel als Rat auszuleihen[446]. Sollte dieser allerdings an diesem Tag von Eberhard selbst mit Geschäften belastet sein, so würden die Hohenloher Grafen gerne Dr. Bernhard Schöfferlin oder *doctor Hansen Raüchlin* als Rat gestellt bekommen. Bereits einen Tag darauf antwortete Eberhard aus Eßlingen, daß er der Bitte der Grafen gerne entsprechen möchte[447]. Während die gezielte Bitte um Dr. Nüttel darauf zurückzuführen sein dürfte, daß dieser schon zuvor mit dem Fall Berührung hatte, zeigt die gleichwertige Nennung Schöfferlins und Reuchlins, daß es den Grafen von Hohenlohe wahrscheinlich nicht darauf ankam, bestimmte Räte geliehen zu bekommen; ausschlaggebend war offensichtlich allein, daß die Räte ausgebildete Juristen waren.

Es ist allerdings auch ein Fall bekannt, in welchem Reuchlin direkt von einem Fürsten um Rat gebeten wurde. So bat der Herzog von Lothringen 1491 Reuchlin um Rat, wozu er seinen Rat Johannes Clavi zu Reuchlin schickte[448].

---

[441] HStA Stuttgart A 256 Bd. 1 fol. 65^{r}.

[442] 12. Okt. (Di. n. Dionysius) HStA Stuttgart A 256 Bd. 2 fol. 56^{v}.

[443] 17. Jan. (Di. n. Hilarientag) HStA Stuttgart A 256 Bd. 3 fol. 59^{r}, Haller, J., Die Anfänge, Teil 2 S. 89*.

[444] 25. Jan. (Mi. Pauli Convers.), HStA Stuttgart A 256 Bd. 3 fol. 59^{v}.

[445] HStA Stuttgart A 602 U 6306.

[446] HStA Stuttgart H 66 Bü 1a, Brief v. 19. Mai (Di. n. Cantate) 1489, Hofacker, H., Kanzlei S. 138 u. 142 f., Stievermann, D., Johannes Reuchlin S. 40.

[447] Antwort in HStA Stuttgart H 66 Bü 1a v. 20. Mai (Mi. n. Cantate). Es ist nicht mehr zu ermitteln, ob schließlich Reuchlin beim Rechtstag in Stuttgart für Hohenlohe als Ratgeber wirkte.

[448] Regest d. Briefs v. 20. Juli 1491 in Briefwechsel S. 30.

F. Schluß

Reuchlin war als Rat unter Eberhard im Bart mit mannigfaltigen Aufgaben betraut worden. Zu den Aufgaben, die ihm übertragen wurden, gehören zum einen politische Angelegenheiten, in welchen das Verhältnis Württembergs zu den benachbarten Herrschaften und zum Schwäbischen Bund eine Rolle spielten. Darüber hinaus wurde Reuchlin als Rat von Eberhard im Bart mehrfach in brisanten Familienangelegenheiten herangezogen. Dies führt zusammen mit dem Umstand, daß Reuchlin als einer der ersten vom Tod Eberhards d. Ä. erfuhr und die Nachricht weiter verbreitete[449], zu dem Eindruck, daß Reuchlin zu dem Kreis der vertrauteren Räte um den württembergischen Landesherrn gehörte. Die häufige Betrauung Reuchlins mit diplomatischen Aufgaben zwang den Juristen, vielfach Reisen anzutreten, wie dies auch seine Ratskollegen Martin Nüttel, Balthasar Meßnang und Peter Krafft machen mußten[450]. Neben seiner oftmals gerühmten Begabung als Redner dürfte Reuchlin dafür durch seine Ausbildung in den kaiserlichen Rechten sowie aufgrund seiner Sprachkenntnisse ganz besonders geeignet gewesen sei.

Neben der Ratstätigkeit im eigentlichen Sinn ist Reuchlin als Anwalt aufgetreten. Dazu haben sich nur wenige Zeugnisse erhalten. In einem Brief an einen Franziskanermönch vom April 1501 schreibt Reuchlin, daß seine Advokatentätigkeit ihn von seinen Hebräischstudien abhielte, denn häufig werde er um rechtlichen Beistand gebeten[451]. Siebzehn Jahre später schreibt Reuchlin sogar, er sei mit Zivilrechtsstreitigkeiten überschüttet gewesen[452]. Täglich habe er auf mancherlei Fragen seiner Mandanten rechtliche Auskunft auf Schwäbisch gegeben[453]. Wahrscheinlich erteilte Reuchlin derartige Auskünfte doch nur gelegentlich, denn wie er 1513 an Georg Spalatin schrieb, pflegte er für seinen Rat kein Honorar zu verlangen[454].

Es ist ein Dokument erhalten, das auf Reuchlins frühe anwaltliche Tätigkeit direkt Bezug nimmt[455]: Etwa ein Jahr nachdem Reuchlin in die Dienste des Grafen Eberhard d. Ä. getreten war, erhielt Reuchlin ein Mandat der Reichsstadt Ravensburg. Diese stritt sich mit Rudi am Biel, der vor Gericht jedoch

---

449 Amelung, P., Wann starb S. 325.

450 Dazu Kothe, I., Der fürstliche Rat S. 28.

451 Reuchlin an Bruder Crismannus, gedr. in Krebs, M., Ein unbekannter Brief Reuchlins S. 203, dt. Übersetzung S. 204.

452 De Accentibvs, et orthographia S. A 3r *Iam ciuiles caussae obruebant[...].*

453 S. die Vorrede z. dritten Buch von De rudimentis Hebraicis, Briefwechsel S. 94 f.; Klaiber, J., Johannes Reuchlin's Beziehungen S. 130.

454 Brief v. 31. Aug. 1513 in Briefwechsel S. 196 ff.: *Nec ullo sum aut fui tempore mercenarius patronus.* Klaiber, J., Johannes Reuchlin's Beziehungen S. 130.

455 Die folgende Geschichtserzählung entstammt einem Schreiben Kaiser Friedrichs III. an Ravensburg, HHStA Wien Fridericiana 5, 1483 fol. 65r.

obsiegte. Deshalb appellierte Reuchlin als Prozeßvertreter der Reichsstadt an das königliche Kammergericht, verglich sich aber kurz darauf im Namen der Stadt Ravensburg mit deren Gegner. Damit waren die Ravensburger keineswegs einverstanden; unter dem Vorwurf, Reuchlin habe seinen bei Mandatsübernahme geleisteten Eid gebrochen indem er die Appellation aufgab, sperrten sie ihn in ihren Turm und zwangen und drängten ihn, Urfehde zu schwören. Allerdings wurde Reuchlin die Hilfe Kaiser Friedrich III. zuteil, der sich an die Stadt wandte mit dem Befehl, Reuchlin unverzüglich freizulassen[456]. Darüber hinaus sollte die Stadt Reuchlin den Urfehdebrief herausgeben sowie durch eine Geldzahlung die erlittene Schmach, die Kosten und den Schaden abtragen. Die kaiserliche Forderung wurde gleichzeitig mit der Drohung verbunden, daß bei Nichtbefolgung eine gewaltsame Durchsetzung erfolge. Warum sich Kaiser Friedrich III. für Reuchlin einsetzte, geht aus dem Brief nicht hervor. Aufgrund der Anhängigkeit des Ravenburger Streits am Kammergericht dürfte die Angelegenheit am Kaiserhof bekannt gewesen sein, so daß Friedrich III. als oberster Richter eingegriffen haben wird.

Reuchlin war ausweislich seiner Briefe ebenfalls für die Dominikaner längere Zeit als Anwalt tätig. Möglicherweise bekam er durch seinen Vater, den Verwalter des Predigerklosters in Pforzheim, Kontakte zu diesem Orden, der ihn später bisweilen um Rechtsrat bat[457]. Etwa 29 Jahre beriet Reuchlin den Dominikanerorden in Deutschland, wobei er dafür wie sonst auch kein Honorar erhielt, denn er riet den Predigermönchen *solum propter deum et ingentem meum erga illos amorem ac reverentiam commode utiliterque [...]*[458]. Allerdings hat sich hierzu keinerlei Archivmaterial erhalten, sodaß es allein bei der Feststellung bleiben muß, daß Reuchlin eine derartige Verbindung zu den Dominikanern unterhielt[459]. Diese anwaltliche Tätigkeit Reuchlins könnte wegen des erstarkenden Kirchenregimentes in Württemberg in seiner Ratstätigkeit

[456] Mit oben erwähntem Schreiben aus Graz v. 29. Juli 1483.

[457] Klaiber, J., Johannes Reuchlin's Beziehungen S. 130.

[458] Brief an die Theologische Fakultät zu Paris v. 19. Juni 1514, Briefwechsel S. 218 f.; in einem Brief an Jakob Questenberg schreibt Reuchlin 1514, er habe die Dominikaner 28 Jahre lang unterstützt, Briefwechsel S. 213 (Regest).

[459] Im Zentralarchiv der Dominikaner auf dem Aventin finden sich Register der Briefausgänge an Klöster der Teutonia in Regestum litterarum et actorum Magistrorum, Procuratorum et Vicariorum Generalium Ordinis Praedicatorum, AGOP Rom IV, 8 ff. In diesen ist jeweils unter Nr. 7 die Teutonia verzeichnet, und es findet sich dort z. B. der Eintrag, daß Petrus Siber aus dem Ulmer Konvent am 9. Juni 1501 Provinzial wurde, AGOP Rom IV, 16 fol 115^{r}.Mehrere Einträge zu Jakob Sprenger u. Petrus Siber für den Zeitraum 1497-99 in AGOP Rom IV, 12 passim. Der 1501-05 umfaßende Band AGOP Rom IV, 15 enthält keine Hinweise auf die Angelegenheiten, für deren Erledigungen sich Siber und Wiegand 1504 in ihren Briefen an Reuchlin bedanken, s. Briefwechsel S. 85 (Regesten).

für Eberhard i. B. begründet sein, denn im ausgehenden 15. Jahrhundert war die Verbindung Württembergs zu den Dominikanern sehr eng[460].

Daß Reuchlin unter Herzog Ulrich von Württemberg weniger als Rat engagiert wurde, liegt zum einen daran, daß Ulrich bei der Rückkehr Reuchlins nach Württemberg bereits einen gefestigten Kreis an Räten um sich versammelt hatte, so daß für Reuchlin kein ständiger Platz am Hofe war. Auch das Alter Reuchlins sowie seine Erkrankungen dürften einer Ratstätigkeit Reuchlins in der Art, wie er sie unter Eberhard d. Ä. ausübte, entgegengestanden haben, denn sein sich fortschreitend verschlechternder Gesundheitszustand erlaubte ihm keine ausgiebige Reisetätigkeit mehr.

Als um 1517 die Räte Ulrichs in Ungnade fielen, kam es zu erheblichen personellen Veränderungen am Hofe Herzog Ulrichs von Württemberg. So wurde beispielsweise Gregor Lamparter, der lange als Rat diente, entlassen und als sein Nachfolger Ambrosius Volland bestimmt[461]. Reuchlin bezog in der diesen Veränderungen vorausgehenden Auseinandersetzung um den Tod von Hans von Hutten zwar eindeutig für Ulrichs Gegner Partei, war jedoch später gleichwohl wieder für Herzog Ulrich von Württemberg tätig, und 1518 schreibt er an den Herzog von Sachsen, daß er zu einer Versammlung in Augsburg nur reisen werde, wenn auch Herzog Ulrich reise. Dies ist ein Beleg dafür, daß das Verhältnis zu Ulrich nicht grundlegend gestört gewesen war und daß Reuchlin Störungen vermeiden wollte, um sich die Unterstützung des württembergischen Herzogs in seinem Streit mit den Dominikanern zu erhalten[462].

Nach Ulrichs Vertreibung aus Württemberg wurde in Stuttgart ein neues Regiment aus sechs Räten besetzt, das von acht Miträten unterstützt werden sollte; nach Möglichkeit sollte zu diesen auch Johannes Reuchlin gehören[463]. Dies macht deutlich, daß Reuchlin trotz seines Alters und seines Streites um den Augenspiegel immer noch großes Ansehen genoß. Er selbst scheint sogar geglaubt zu haben, noch maßgeblichen Einfluß auf die Geschicke Württembergs nehmen zu können, denn er setzte sich im Zusammenhang mit dem Krieg des Schwäbischen Bundes gegen Württemberg für Frieden ein, wie aus den Briefen Reuchlins von 1519 hervorgeht[464]. In diesen appellierte Reuchlin an

[460] Stievermann, D., Johannes Reuchlin S. 49.

[461] Finke, K. K., Die Tübinger Juristenfakultät S. 171.

[462] Heyd, L. F., Ulrich S. 225, zu dem Streit s. Kapitel 6.

[463] Heyd, L. F., Ulrich S. 590, Stievermann, D., Johannes Reuchlin S. 50.

[464] Der Brief an Neidhard in StA Nürnberg Hofrat Ansbach-Bayreuth C 3 Nr. 646 fol 50^{r}-^{v}, datiert 24 Aug. (Bartholomäus) 1519. Dieser Brief wurde von Dr. G. Dörner und M. Dall'Asta 1996 in Nürnberg gefunden, die mir freundlicherweise eine Kopie zugänglich machten; fast wörtlich identisch ist der Brief an Willibald Pirckheimer v. gleichen Tag, Briefwechsel S. 316 ff. In diesem erwähnt Reuchlin, er habe sich auch an Tucher gewandt. Reuchlin schrieb am 21. Dez. 1519 aus Ingolstadt an Willibald Pirckheimer *Fugi pestem, fugi gladium, utinam effugerim famen*!, Briefwechsel S. 319 f.

Willibald Pirckheimer, Ulrich Neidhard und wohl auch Hieronymus Tucher, daß der Bund im Streit mit dem württembergischen Herzog einen ewigen Frieden schaffe. Die Bevölkerung habe unter den kriegerischen Auseinandersetzungen in Württemberg schwer zu leiden, nur durch Frieden könne weiterer Schaden verhindert werden. Insofern war Reuchlin zwar unter Herzog Ulrich nicht mehr am Stuttgarter Hofe als Rat präsent, aber auf der landespolitischen Bühne sind zu Beginn des 16. Jahrhunderts durchaus noch Spuren Reuchlins zu erkennen, die das Ansehen und die Achtung seiner Person deutlich machen.

Kapitel 4

Reuchlin als Fürstenrichter des Schwäbischen Bundes

A. Das Gericht des Schwäbischen Bundes

Der Schwäbische Bund war eine der herausragendsten und wichtigsten Einungen des ausgehenden Mittelalters[1]. Anlaß der Gründung waren die wachsenden Spannungen zwischen dem Reichsoberhaupt und den Wittelsbachern, die Friedrich III. bewogen, 1487 mit einem Mandat eine Einung der schwäbischen Stände zu fordern. Ein Jahr darauf wurde der kaiserliche *Punt zu Swaben* bei einer Versammlung in Eßlingen gegründet, der rasch weitere Mitglieder aufnahm und an Größe gewann.

Im Laufe der Zeit hatte dieser Schwäbische Bund ein ständiges Gericht zur Schlichtung von Streitigkeiten der Bundesmitglieder bekommen. Laut der Bundeseinung von 1500 diente der Schwäbische Bund hauptsächlich dazu, den Landfrieden von 1495 umzusetzen[2]. Sollten dennoch künftig Streitigkeiten entstehen, so sollten diese vor einem Gericht ausgetragen werden[3]. Das Gericht wurde eingerichtet, damit es im Bund eine Institution gab, die Streitigkeiten zwischen den Bundesmitgliedern beilegen konnte[4]. Insbesondere in dem stark territorial und rechtlich zersplitterten Gebiet im schwäbischen Süddeutschland erforderte ein friedliches Auskommen der Bündnispartner eine Einrichtung zur Schlichtung von Streitigkeiten[5].

Nach den Bundesordnungen war das Gericht des Schwäbischen Bundes ein Schiedsgericht, das für bestimmte, genau festgelegte Streitgegenstände zwischen den Bundesmitgliedern die obligatorische Streitschlichtungsinstanz war[6].

---

[1] Zum Schwäbischen Bund Laufs, A. u. Reiling, E., Schwäbischer Bund Spp. 1551 ff. mit weiterer Litt.

[2] S. den Text der Bundesordnung v. 1500 bei Datt, J. P., Volumen S. 350 f.

[3] Bundesordnung v. 1500 Tit. 2, Datt, J. P., Volumen S. 351.

[4] Frey, S., Das Gericht S. 227.

[5] Frey, S., Das Gericht S. 227.

[6] Frey, S., Das Gericht S. 227.

Trotz dieser Institutionalisierung der Gerichtsbarkeit überwogen bis zum Ende des Schwäbischen Bundes die schiedsgerichtlichen Züge des Gerichtes[7].

Schon seit Begründung des Schwäbischen Bundes wurden Streitigkeiten vor ein Bundesgericht verwiesen, das anfangs freilich nicht ständig eingerichtet war, sondern sich jeweils nach Bedarf neu konstituierte[8]. Mit dem Amt des Richters wurde seit 1488 der gelehrte Rat Eberhards i. B. Bernhard Schöfferlin mehrfach betraut[9]. Doch schon bald traten die Fürsten des Bundes dafür ein, ein ständiges Bundesgericht einzurichten[10]. So wurde von den fürstlichen Bundesmitgliedern auf einem Bundestag zu Eßlingen 1492 dieser Vorschlag eingebracht[11], welcher jedoch zunächst am Widerstand der anderen Bundesmitglieder scheiterte[12]. Das hartnäckige Festhalten der Fürsten an dieser Idee bewirkte schließlich, daß mit der Verlängerung des jeweils nur auf Zeit geschlossenen Bundes 1496 ein ständiges Bundesgericht eingerichtet wurde, das mit einem festen Richter und vier jeweils zu bestimmenden Beisitzern besetzt war[13]. Die Besetzung des Gerichtes mit fünf Richtern zeigt, daß auch bei einer ständigen Einrichtung bei dem Gericht die Schiedsidee noch gegenwärtig war[14]. Der jährlich neu festzulegende Gerichtsort war zunächst Blaubeuren, dann Ulm[15]. Obwohl vom Richter kein Universitätsstudium als Voraussetzung verlangt wurde, er also nicht rechtsgelehrt sein mußte, sind bei diesem Gericht schon Anzeichen der Rezeption des römischen Rechtes feststellbar[16]. Ebenso wie beim ein Jahr zuvor auf dem Reichstag zu Worms aufgerichteten Reichskammergericht weisen Schriftlichkeit des Verfahrens und Prozeßvertretung durch Anwälte oder Prokuratoren auf diese Rezeption auch beim Bundesgericht hin[17]. Die Appellation an das Reichskammergericht wurde ebenfalls gemäß dem gemeinen Recht als Rechtsmittel gegen Urteile des Bundesgerichtes zugelassen.

---

[7] Frey, S., Das Gericht S. 239.

[8] Datt, J. P., Volumen S. 452 Rn. 3-8 u. Frey, S., Das Gericht S. 228.

[9] Frey, S., Das Gericht S. 242 u. S. 241 Fn. 39.

[10] Bock, E., Der Schwäbische Bund S. 61.

[11] Bock, E., Der Schwäbische Bund S. 61 f.

[12] Bock, E., Der Schwäbische Bund S. 62.

[13] Bock, E., Der Schwäbische Bund S. 62. Datt, J. P., Volumen S. 452 Rn 10 ff.

[14] Schon § 9 des Nürnberger Reichlandfriedens v. 1383 hatte für Schiedsgerichte fünf Richter vorgeschrieben; auch in 15. Jh. waren Schiedsgerichte oft mit fünf Richtern besetzt, s. Sellert, W., Schiedsgericht Sp. 1389 u. GLA Karlsruhe 67 No. 908 fol. 128^r ff., HStA Stuttgart A 602 U 4966 u. ibid. U 4897 fol. 130^r ff.

[15] Datt, J. P., Volumen S. 453 Rn. 16: *Item derselb Richter soll auch ein Jar das nechst das gericht zu Blaubeüren in der Statt halten und besitzen*; Laufs, A., Der Schwäbische Kreis S. 114 Fn. 226; s. auch S. 124 Fn. 257, wo ein Instrument des Bundesrichters abgedruckt ist; der Rechtstag war festgesetzt *zu Blaubüren in der grossern stuben des rauthuses*, StadtA Ulm A 1131 fol. 129^r.

[16] Laufs, A., Der Schwäbische Kreis S. 115 ff.

[17] Laufs, A., Der Schwäbische Kreis S. 115.

Als erster ständiger Bundesrichter wurde 1497 der württembergische Vogt Burkhard von Ehingen bestellt, der neben einem Sold von 160 fl. vier Pferde und einen Schreiber zugeordnet bekam[18].

Eine weitreichende und wichtige Umgestaltung erfuhr das Bundesgericht mit der zwölfjährigen Einung, die am 1. Februar 1500 in Eßlingen beschlossen wurde[19]. Mit dieser Einung wurden die Fürsten endlich vollständig in den Bund integriert, und am Text der neuen Verfassung läßt sich der wachsende Einfluß von König Maximilian I. ablesen[20]. Die Forderung der Fürsten nach einem ständig mit drei Bundesrichtern besetzten Gericht kam mit dieser Einung zur Umsetzung, und so wurde beschloßen, es sollten *drey weiß verstendig Mann zu richtern ernent und verordnet werden*[21]. Damit geriet die Rechtspflege des Bundes in die Hände von gelehrten Richtern, wodurch für Verwissenschaftlichung und Professionalisierung der Rechtspflege gesorgt wurde, welche letztlich die Rezeption des römischen Rechtes in Deutschland nachhaltig förderte[22]. Die ständische Gliederung des Bundes fand beim Gericht des Schwäbischen Bundes darin ihren Ausdruck, daß jeder der drei im Bund vereinten Stände je einen Bundesrichter wählen sollten[23].

Mit dem Nebenabschied vom 4. Februar 1500 erhielt jeweils ein Stand das Recht, den Gerichtsort für ein Jahr zu bestimmen[24]. An diesem mußten sich die Bundesrichter aufhalten, und nur wenn das Gericht nicht tagte, durften sie diesen kurz verlassen. Zunächst sollte nur alle Quatember vor dem Gericht ver-

---

[18] Datt, J. P., Volumen S. 453 Rn. 16: *Item ist Burckart von Ehingen zu ainem gemeinen Richter erwehlt worden* (auf Vitius 1497); eine kurze Biografie von B. v. Ehingen bei Frey, S., Das Gericht S. 264 f. Sein Stellvertreter war Ludwig von Emershofen, Datt ibid. Zur Richtertätigkeit v. Burkhard v. Ehingen s. auch Ottmar, J., Burkhard von Ehingen S. 43-47.

[19] Abgedruckt z. B. bei Datt, J. P., Volumen S. 349-366. Diese Einung brachte noch weitere verfassungsrechtlicher Neuerungen, dazu Laufs, A., Der Schwäbische Kreis S. 123 ff.

[20] Die Ordnung beginnt bei der Aufzählung der Bundesmitglieder mit Maximilian I., was bei den Ordnungen zuvor nicht der Fall war, s. dazu Friedhuber, I., König Maximilian I. S. 35.

[21] Bundesordnung v. 1500 Tit. 3, s. Datt, J. P., Volumen S. 351. Die Heranziehung gelehrter Richter war insbesondere in Schwaben eine wichtige Frage geworden. So hat Johannes Fergenhans in seiner 1504 fertiggestellten Weltchronik die Besetzung der Gerichte in Schwaben mit ungelehrten Richter als Mißstand bezeichnet, Finke, K. K., Die Tübinger Juristenfakultät S. 94 Fn. 13. Möglicherweise hat Fergenhans, der auch ein Gutachten zur Verbesserung des Bundes verfaßte und der einer der ersten Richter des Schwäbischen Bundes nach der neuen Bundesordnung war, hier Einfluß ausgeübt; der Ratschlag ist in HStA Stuttgart H 53 Bü 77a fol. 148^{r}-150^{r}.

[22] Zu gelehrten Richtern s. auch Buchda, G., Gelehrte Richter Spp. 1477 ff.

[23] Bundesordnung v. 1500 Tit. 3, s. Datt, J. P., Volumen S. 351.

[24] Diese Regelungen des Nebenabschieds sind gedruckt bei Datt, J. P., Volumen, S. 368; s. zu diesen Knapp, T., Vom Gericht S. 522 f.

handelt werden, aber schon 1502 wurde in einem Bundesabschied bestimmt, daß dann Gericht gehalten werden sollte, *so oft die notdurfft ervordert, [...] damit die partheyen gefurdert werden und außtrag Irer sachen zu ÿeder zeit unverzogennlich verlangen möge*[25]. Damit gab es für die Bundesrichter eine ständige Präsenzpflicht am Gerichtsort[26]. Allerdings waren die Richter bei Seuchen wohl nicht an die Präsenzpflicht gebunden, denn Reuchlin hielt sich beispielsweise 1502 im Kloster vom Orden des heiligen Grabes in Denkendorf auf, weil in Ulm die Pest ausgebrochen war[27].

Als ersten Tagungsort des derartig neugestalteten Gerichtes wurde von den fürstlichen Bundesmitgliedern und den im Bund geeinten Prälaten, Grafen und Freien für die folgenden zwei Jahre Tübingen festgelegt[28]. Mitte 1501 trugen die Bundesstädte auf einem Bundestag den Wunsch vor, daß ab 1502 das Gericht seinen Sitz in Ulm habe, wo es schon für Februar 1502 nachweisbar ist[29]; erst im Februar 1503 kehrte das Gericht auf Bestimmung der Fürsten des Bundes nach Tübingen zurück, wo es für zehn Jahre ansässig blieb[30].

Die ersten drei Richter, die mit dieser Bundesverlängerung gewählt wurden, sind für die Fürsten der schon betagte Johannes Fergenhans[31], für den Adel

[25] Abschied v. 10. April (Mis. Dom.) 1502, HStA Stuttgart H 53 Bü 85 o. fol. u. StA Augsburg Reichsstadt Nördlingen/MÜB 906 I 8 fol. 13^{r}. Mit diesem Abschied wurde ausdrücklich die Bestimmung geändert; daß das Gericht nicht nur alle Quattember tagte, vermutet schon Carl, H., Triumvir Sueviae S. 72 f. Trotz dieser Präsenzpflicht waren die Richter nicht immer anwesend; so war beispielsweise wegen Abwesenheit Reuchlins 1509 Konrad Krafft dessen Vertreter und Verweser, s. die *Acta prioris instantiae* in FÖWA Harburg VI.5.5-2 o. fol.

[26] Freilich scheint es auch noch nach 1502 am Bundesgericht Gerichtsferien gegeben zu haben; Reuchlin schreibt in einem Brief an Johannes Amerbach v. 12. Juli 1510: *[...] quando nunc feriae judiciorum instabunt [...]*, Briefwechsel S. 126.

[27] Als Dank für die Aufnahme im Kloster mit Frau und Gesinde schrieb Reuchlin das Buch *De arte praedicandi*, dazu: Funk, F. X. v., Reuchlins Aufenthalt S. 559 f.; die *ars* wird gemeinhin für ein durchschnittliches Werk gehalten, Spitz, L. W., Reuchlin's Philosophy S. 4; eine positive Stimme: Evans, G. R., The Ars Praedicandi S. 99 ff. (S. 104: „Reuchlin's Ars Praedicandi is excellent of its kind").

[28] Tit. 9 des Bundesabschieds v. 4. Febr. 1500 (Di. n. Pur. Marie), s. Datt, J. P., Volumen S. 368.

[29] S. den Brief der drei Bundesrichter an Jakob von Landau v. 21. Feb. 1502 (Mo. n. Reminiscere), mit dem sie ihn bitten, dieser möge seine Stellungnahme gegen eine gegen ihn gerichtete Klage den Richtern in Ulm zuschicken, HStA Stuttgart B 515 Bd. 67 fol. 132^{r-v}. Die Bundesstädte brachten ihren Wunsch am 24. Juni 1501, wie es schon in Tit. 9 des Nebenabschiedes v. 1500 vorgeschrieben war, vor, s. den Regest des Bundesabschiedes bei Klüpfel, K., Urkunden, erster Teil S. 439. Zu dieser Verlegung schon Knapp, T., Vom Gericht S. 523.

[30] Die Fürsten hatten 1502 wieder den Gerichtsort zu bestimmen, s. Abschied v. 10. April 1502 (Mis. Dom) HStA Stuttgart H 53 Bü 85 o. fol., davon ungenaues Regest bei Klüpfel, K., Urkunden, erster Teil S. 463.

[31] Mit einem Gehalt von 100 fl., als Stellvertreter wurden Konrad Blicklin und Mangold Widmann gewählt; Knapp, T., Vom Gericht S. 522 behauptet o. Nw., es sei Lud-

Konrad Feßler[32] und für die Bundesstädte Bernhard Schöfferlin[33]. Da der Städterichter schon 1501 verstarb, wurde Ulrich Krafft sein Nachfolger[34]. Johannes Fergenhans war 1500 für nur ein Jahr als Fürstenrichter gewählt worden, und es gibt keine Quellen, ob seine Amtszeit verlängert wurde[35]; es ist aber unwahrscheinlich, daß Fergenhans seine Amtszeit nicht verlängerte. Es könnte die 1502 vorgenommene Verlegung des Gerichts von Tübingen nach Ulm gewesen sein, die den mittlerweile 79jährigen Johannes Fergenhans dazu bewegte, sein Richteramt aufzugeben.

Um die vakante Richterstelle neu zu besetzen, beschlossen die Fürsten des Schwäbischen Bundes mit ihrem Abschied vom Januar 1502: *Es ist auch doctor Johans Röchlinn drei jare die nächsten nach ain ander vollgend zu ainem Richter der obgemelten furstenn angenomen und bestellt*[36]. Was die Fürsten bewog, Reuchlin zu ihrem Richter zu wählen, läßt sich aus den Quellen nicht mit Sicherheit ermitteln. Möglicherweise hat sein Amtsvorgänger Johannes Fergenhans mit der Aufgabe seines Amtes bewußt Reuchlin, welcher erst wenige Jahre zuvor aus Heidelberg nach Württemberg zurückgekehrt war und noch in enger Verbindung mit Ludwig Fergenhans stand, diese angesehene, hochdotierte Stellung verschafft[37]. Sein Bruder Ludwig Fergenhans hatte schon 1482 Reuchlin als Dolmetscher für die Romreise Eberhards i. B. vorgeschlagen. Als weiteren Grund wird bislang angeführt, daß Reuchlins Wohnsitz in der

---

wig Fergenhans gewählt worden und Datt, J. P., Volumen S. 453 Rn. 21 f. ein Fehler beim Namen unterlaufen. Der Bundesabschied ist im Original erhalten in HStA Stuttgart H 53 Bü 77a fol. 107^{v} und in HHStA Wien Maximiliana 10/2 fol. 7^{v}, wo beidesmal der Vorname Johannes steht. Eine unvollständige grafische Übersicht über die Besetzung des Bundesgerichts bei Frey, S., Das Gericht S. 249.

32 Finke, K. K., Die Tübinger Juristenfakultät S. 103.

33 Datt, J. P., Volumen S. 454 Rn. 27.

34 Zum Sterbedatum Schöfferlins s. Frey, S., Das Gericht S. 275. Zur Richterbestellung Kraffts Datt, J. P., Volumen S. 454 Rn. 29 f. Er wurde am 22. Nov. 1501 bestellt, s. Klüpfel, K., Urkunden, erster Theil S. 448.

35 In bezug auf die Bestallung heißt es: *Item es ist Doctor Johannes Vergenhanß diß Jars[...] zu einem Richter aufgenommen und bestellt*, s. Datt, J. P., Volumen S. 453 Rn. 22. Das Schrifttum geht stets davon aus, daß Fergenhans bis 1502 Richter blieb, s. Frey, S., Das Gericht S. 244, 249 u. 267.

36 StA Bamberg C 3 Nr. 624 fol. 303^{r}; der Abschied ist beschlossen in Schwäbisch Hall, das Datum wird fälschlich mit So. Conversionis Pauli 1502 angegeben. Da 1502 Conv. Pauli auf einen Dienstag fiel, ist die bei Datt, J. P., Volumen S. 454 Rn. 26 zu findende Angabe, der Abschied sei von So. n. Coversionis Pauli, also dem 30. Jänner 1502, wohl richtig.

37 Stievermann, D., Johannes Reuchlin S. 50; die gute Beziehung Reuchlins zu Fergenhans belegt das Vorwort, das Reuchlin für die Weltchronik von Fergenhans verfaßte, und in welchem er diesen als den Fährmann seines Lebens bezeichnet, Binder, H., Descriptio Sueviae S. 192, Mertens, D., Eberhard im Bart S. 57; zur Abfassung der Chronik überließ Reuchlin Fergenhans auch schon zuvor ein Buch, Preisendanz, K., Die Bibliothek S. 40.

Nähe von Tübingen es ihm leicht gemacht hätte, die Präsenzpflicht eines Bundesrichters zu erfüllen. Dagegen ist aber zu bedenken, daß gerade zur Zeit von Reuchlins Amtsantritt das Gericht nach Ulm verlegt wurde[38].

In der Bundesordnung wurde festgelegt, daß Maximilian I. dem Richter den Stab als Zeichen der richterlichen Gewalt zu überreichen hatte[39]. Diese Regelung ist nicht nur Ausdruck der Bezogenheit des Bundes als kaiserlicher Bund zu Schwaben auf das Reichsoberhaupt, sondern durch die Ableitung der Gerichtsgewalt vom Römischen König wurde auch die Autorität des Bundesgerichtes gesteigert[40]. Das Führen des Gerichtsstabes war namentlich ein Zeichen für die Macht der Verhandlungsleitung, und in Prozessen vor dem Bundesgericht wurden obendrein Eide auf den Gerichtsstab abgelegt[41]. So wird auch Reuchlin als Zeichen seiner bundesrichterlichen Macht den Gerichtsstab von Kaiser Maximilian I. überreicht bekommen haben.

Mit der Übernahme des Amtes verpflichtete sich Reuchlin mit einem Eid, *sölichem gericht treülich und mit fleiß obzusein; und nach des reichs und gemainen rechten / auch nach redlichen / erbaren und leidlichen ordnungen statuten und gewonheyten / der fürstentumb / herrschaften und gerichten / die fur sy gebracht werden* zu richten. Zudem mußte er eidlich versprechen, von den Parteien keine Geschenke anzunehmen, diese nicht zu beraten, das Gerichtsgeheimnis zu wahren und die Verfahren nicht aus bösem Willen zu verzögern[42]. Dieser Eid stimmt wörtlich überein mit demjenigen, den die Gerichtsmitglieder des Reichskammergerichtes zu leisten hatten[43]. Hier zeigt sich nicht nur der Einfluß des obersten Gerichtes im alten Reich in bezug auf die Rechtsanwendung, sondern auch, daß ebenso wie am Reichskammergericht durch die Aufnahme der italienischen Theorie mittels der salvatorischen Klau-

---

[38] S. bei Fn. 29.

[39] Dazu Friedhuber, I., König Maximilian I. S. 171-173.

[40] Bock, E., Der Schwäbische Bund S. 100. S. auch Bundesordnung v. 1500 Tit. 3: *Samentlich und sunderlich wöllen wir Künig Maximilian als Römischer Künig unsern Küniglichen gewalt und gerichtszwang die gemelten zeit auß hiemit unwiderrufflich gegeben unnd beuohlen haben.* Mit Gerichtsgewalt ist insbesondere auch die Befugnis der Verhandlungsleitung gemeint; zum Gerichtsstab s. auch Carlen, L., Stab Spp. 1838-1843.

[41] S. z. B. HStA Stuttgart C 3 Bü W2046 b fol. 58^r: *[...] möchte und wölte der von Ravenspurg annwallt by siner truw an gerichtsstab an eydes statt geloben [...].* Zum Eid auf den Gerichtsstab s. a. Grimm, J., Deutsche Rechtsaltertümer S. 186 f.

[42] Der Text des Eides in der Bundesordnung v. 1500 Tit. 13, gedruckt bei Datt, J. P., Volumen S. 353.

[43] Der Text des Eides der Reichskammergerichtspersonen findet sich in § 3 der KGO von 1495, s. Zeumer, Karl, Quellensammlung S. 285. Die RKGO von 1500 hat den Eid nicht geändert, diese ist abgedruckt in Neue und vollständigere S. 67 ff.

sel eine Grundlage zur Rezeption des römischen Rechtes durch das Schwäbische Bundesgericht gelegt wurde[44].

Neben diesem Hinweis auf das anzuwendende Recht waren in der Bundesordnung die verfahrensrechtlichen Grundzüge für Prozesse vor dem Bundesgericht festgelegt[45]. Bei diesen zeigt sich ein starker Einfluß des italienisch-kanonischen Prozesses. Ebenso wie bei jenem war beim Bundesgericht das Verfahren aufgeteilt in einen schriftlichen und einen mündlichen Teil. Mit Klage, Antwort, Gegen- und Widerrede wurden die aus dem italienisch-kanonischen Prozeß bekannten Elemente Actio, Exceptio, Replic und Duplic aufgenommen. In jeweils doppelter Ausfertigung mußten diese Schriften dem Gericht übergeben werden, wobei es dem verhandlungsführenden Richter oblag, eine Ausfertigung der Gegenpartei zukommen zu lassen. In einem an den Austausch der Schriftsätze anschließenden Rechtstag sollte der Streit mit einem Urteil abgeschlossen werden. Weiter gingen die Regelungen der Bundesordnung nicht.

Zur Durchführung eines Zivilprozesses reichte dies freilich nicht aus. Die vorhandenen Lücken wurden durch Heranziehung des damals üblichen gemeinen Prozesses geschlossen[46]. So war auch für Prozesse vor dem Gericht des Schwäbischen Bundes die Prozeßrechtsfigur der Litiskontestation als Erklärung der Streitabsicht unentbehrliche Prozeßvoraussetzung[47]. Auch der Kalumnieneid, mit dem versprochen wurde, nicht wider besseren Wissens die geltendgemachten Ansprüche prozeßual zu verfolgen, wurde aus dem italienisch-kanonischen Recht in das Verfahren vor dem Bundesgericht aufgenommen.

Meist wurden die Streitsachen auch nicht so, wie es die Bundesordnung als Ideal sah, mit einem einzigen Rechtstag urteilsreif. Regelmäßig erstreckte sich die mündliche Verhandlung auf mehrere Tage, bevor ein Endurteil ergehen konnte. Oft wurden auch nach dem Vorbild des italienisch-kanonischen Prozeßrechtes Zeugen von kommissionierten Richtern verhört[48]. Die Zeugenaussagen und die mündliche Verhandlung wurden genau protokolliert und später

---

[44] Zur italienischen Theorie und zu der Rechtsanwendungslehre s. Wiegand, W., Studien insb. Kap. VII. auf S. 162 ff, u. Trusen, W., Römisches und partikuläres Recht S. 97 ff.

[45] Im Tit. 22 der Bundesordnung v. 1500.

[46] Einen guten, kurzen Überblick erhält man bei Buchda, G., Gerichtsverfassung, Spp. 1555 ff.; ausführlich dazu die Publikation von B. Dick zum Kameralprozeß.

[47] Sohm jr., R., Die Litis Contestatio S. 185 f. Daß die Litiskontestation beim Bundesgericht als formeller Prozeßakt vollzogen wurde, s. die unten aufgeführten Prozeßlibelli, und die Ausführungen zu BayHStA München RKG 1481/II o. fol.

[48] Zur Wurzel der kommissionierten Zeugenverhörung Budischin, H. J., Der gelehrte Zivilprozeß S. 192 f.; die Verhörungen verliefen ähnlich dem von Sellert, W., Prozeßgrundsätze S. 308 ff. geschilderten Verfahren.

zusammen mit den Schriftsätzen der Parteien und den Briefen der Richter in einem Prozeßlibell zusammengefaßt, von dem jede Partei eine Kopie erhielt[49].

Laut Tit. 25 der Bundesordnung konnte eine Partei, die sich durch ein Urteil des Bundesgerichts beschwert fühlte, an das Reichskammergericht appellieren. In Aufnahme der spätmittelalterlichen Prozeßlehren war dies ausdrücklich nicht nur bei Endurteilen möglich, sondern auch bei Beiurteilen des Bundesgerichtes, wenn in diesen das Endurteil schon abzusehen war oder die im Zwischenurteil enthaltene Beschwer nach dem Endurteil nicht mehr behoben werden konnte: *Doch so soll von keiner vor oder beyurteyl geappelliert werden / die die end urteyl nit auff ir tregt oder der beschwerd / durch die appellation / so von der end urteyl geschicht / widerbracht mag werden [...]*[50]. Als Urteile über Beweisfragen spielten die Beiurteile beim Schwäbischen Bundesgericht eine große Rolle, und oftmals wurde gegen ein Beiurteil an das oberste Gericht appelliert[51].

In bezug auf die Zuständigkeit der Richter galt beim Gericht des Schwäbischen Bundes der Grundsatz „Actor sequitur forum rei"[52]. Gemäß diesem hatte jeweils der vom Stand des Beklagten bestimmte Richter den Prozeß zu leiten. Da Reuchlin von den fürstlichen Mitgliedern des Bundes gewählt worden war, hatte folglich Reuchlin bei Klagen gegen einen Fürsten den Stab zu führen. Als Beisitzer sollten ihn dann die beiden anderen Bundesrichter unterstützen, falls die beklagte Partei damit einverstanden war. Ansonsten sollten ihm vier Beisitzer von den Parteien zugeordnet werden[53]. Dann wäre das Bundesgericht mit fünf Richtern besetzt gewesen, wie es für Schiedsgerichte häufig der Fall war[54]. Aus dieser Bestimmung, die nach den bekannten Quellen niemals angewandt wurde, läßt sich ein weiteres Mal die hohe Wertschätzung der gelehrten Juristen in der damaligen Zeit ersehen: Ein gelehrter Richter konnte zwei ungelehr-

---

[49] Die Protokollierungspflicht entstammt dem kanonischen Recht, s. X 2, 19, 11: *[...] Statuimus, ut tam in ordinario iudicio, qam extraordinario, iudex semper adhibeat publicam (si potest habere) personam aut duos viros idoneos, qui fideliter universa iudicii acta conscribant [...] Et omnia sic conscripta partibus tribuantur [...].* Dazu s. auch Wetzell, G. W., System S. 876 f.

[50] Sedes materiae im Römischen Recht sind D. 49, 5, 2 u. C. 7, 65, 5; das kanonische Recht ließ schon immer die Appellation auf Beiurteile zu, s. im Decretum Gratians can. 18 causa II qu. 6 und im Liber Extra X 2, 28,5 u. 12. Ausführlich dazu Wetzell, G. W., System S. 661 f.

[51] Zur Appellation auf Beweisurteile s. Buchda, G., Beweisinterlokut Spp. 409 f. Beispiele für Appellationen auf Beiurteile s. die im folgenden Text geschilderten Fälle.

[52] S. C. 3, 13, 2 u. 3, 19, 3; dazu s. den Aufsatz von Nève, P. L., Actor; in der Bundesordnung v. 1500 ist dies umständlich geregelt in Tit. 4 ff. s. Datt, J. P., Volumen S. 351 ff.; s. auch ibid. S. 457 Rn. 8 ff.

[53] Die Regelung in bezug auf die Beisitzer in Bundesordnung v. 1500 Tit. 4 ff., Datt, J. P., Volumen S. 351 ff.

[54] S. die Ausführungen S. 56 ff. passim.

te Beisitzer ersetzen[55]. Allerdings dürfte der Umstand, daß von der Möglichkeit, das Gericht mit fünf Richtern zu besetzen, niemals Gebrauch gemacht wurde, nicht alleine in der Hochachtung vor den gelehrten Juristen zu sehen sein: Die mit der Residenzpflicht belegten Richter standen stets schnell zur Verfügung, und ihre Erfahrung bot die Gewähr einer schnellen und sicheren Rechtspflege[56]. Zudem entstanden durch Heranziehung der fest besoldeten, ständigen Richter keine weiteren Kosten[57].

Wie man aus den Urteilsformeln des Schwäbischen Bundesgerichtes ersehen kann, fällten der Richter und die Beisitzer alle Urteile und Beiurteile gemeinsam. So heißt es beispielsweise in einem von Reuchlin verfaßten Urteilsbrief, es sei *Von unns BuntsRichtern ain urtaill ergangen und gesprochen*[58]. Eine stets wiederkehrende Formulierung in den Prozeßlibelli ist auch: *So hab ich der Richter diser sach sampt minen zugeordneten bysitzern mit urtaill zu recht erkannt*[59]. Somit ist beim Bundesgericht keine deutschrechtliche Aufteilung in Urteiler und Beisitzer festzustellen, womit sich der Ursprung des Bundesgerichtes als ein auf römisch-kanonischem Recht fundiertes Schiedsgericht ein weiteres Mal erweist[60]. Eine deutschrechtlich-dinggenossenschaftliche Aufgabenverteilung zwischen Richter und Urteiler gibt es beim Bundesgericht nicht.

Wenngleich das Bundesgericht eingerichtet wurde, um Streitigkeiten zwischen Bundesmitgliedern mittels eines geordneten Verfahren beizulegen, so kamen doch nicht alle Streitigkeiten im Bund vor die Bundesrichter. Fallweise war der Austragungsort für verschiedene Streitigkeiten die Bundesversammlung, die insbesondere bei Auseinandersetzungen mit stark politischer Färbung angerufen wurde[61]. Daraus resultierte eine Konkurrenz der beiden Bundeseinrichtungen, und gelegentlich griff die Bundesversammlung in beim Gericht anhängige Verfahren ein. Stand das Gericht vor der Frage, ob es bei einem Prozeß überhaupt das zuständige Gericht sei, so mußten die Richter bei der Bundesversammlung Rücksprache halten, ohne deren ausdrückliche Zustimmung

---

55 In allen bislang bekannten Prozessen wurden Bundesrichter als Beisitzer akzeptiert.

56 Dazu ausführlich Laufs, A., Der Schwäbische Kreis S. 125 f.

57 Laufs, A., Der Schwäbische Kreis S. 125 f.

58 Urkunde in BayHStA München RKG 1481/I.

59 S. Prozeßlibelli wie unten.

60 Deutschrechtliche Elemente vermutete Bock, E., Der Schwäbische Bund S. 101 in der Aufteilung in Richter und Beisitzer.

61 Dazu Laufs, A., Der Schwäbische Kreis S. 128. So wurde bespielsweise der Streit zwischen Markgraf Friedrich v. Brandenburg mit Nürnberg vor der Bundesversammlung ausgetragen, bei der 1506 die Interessen des Markgrafen von Johannes Lupfdich, die der Reichsstadt von Willibald Pirckheimer anwaltlich vertreten wurden, s. BayHStA München KÄA 2017 fol. 260^{r}-303^{r}; zur Tätigkeit Pirckheimers als Jurist für Nürnberg s. Spielvogel, J. J., Willibald Pirckheimer S. 38 ff. insbes. 45 f.

die Richter sich nicht für unzuständig erklären durften[62]. Bei bestimmten Zweifelsfragen war das Gericht ohnehin gezwungen, Rücksprache bei der Versammlung zu halten[63].

Reuchlin hatte sich während seiner Zeit als Triumvir Sueviae mit zahlreichen Auseinandersetzungen von Bundesmitgliedern zu befassen. Da vom Gericht selbst keinerlei Archivbestände erhalten sind, sind Unterlagen zu den Gerichtsverfahren jeweils nur über die Parteien überliefert[64]. Während aber auch dort meist nur wenig Archivalien erhalten wurden, sind im ehemaligen Archivbestand des Reichskammergerichtes mehrere komplette Prozeßlibelli enthalten[65]. Bei der Auswertung dieser Archivalien ist zu bedenken, daß diese durch Appellation auf Urteile der Bundesrichter zum Reichskammergericht kamen. Da nicht bekannt ist, wie viele Prozesse beim Gericht des Schwäbischen Bundes überhaupt anhängig waren und wie oft nach Urteilen appelliert wurde, läßt sich nicht sagen, ob mit den Prozeßlibelli ein repräsentativer Einblick in die Gerichtspraxis des Bundesgerichtes möglich ist. Indes zeichnen sich in diesen durchaus mehrfach wiederkehrende Grundprobleme beim Gericht des Schwäbischen Bundes ab, deren Beachtung auch für den Bundesrichter Reuchlin aufschlußreich ist. Aufgrund der fragmentarischen Quellenlage können Aussagen von allgemeinerem Charakter freilich nur behutsam gemacht werden.

B. Reuchlin als Beisitzer am Schwäbischen Bundesgericht

Der Bundesrichter Reuchlin ist bei zahlreichen Prozessen vor dem Gericht des Schwäbischen Bundes als Beisitzer tätig gewesen. Die folgende Schilderung führt alle bislang bekannten Fälle auf, die in der Zeit von Reuchlins Richtertätigkeit am Bundesgericht anhängig waren. Das Ziel dieser Auflistung ist neben der Mitteilung, mit welchen Problemen Reuchlin sich als Beisitzer zu beschäftigen hatte, auch die Schaffung einer Vergleichsgrundlage, mit der die Tätigkeit Reuchlins als verhandlungsführender Richter leichter einzuordnen sein wird.

---

[62] Bock, E., Der Schwäbische Bund S. 116. Diese Bestimmung wurde ausdrücklich erst in der Bundesordnung von 1522 geregelt, Laufs, A., Der Schwäbische Kreis S. 135.

[63] Der Befehl der Bundesversammlung im Abschied v. 15. April (Mi. n. Ostern) 1503, HStA Stuttgart H 53 Bü 86 o. fol.

[64] Carl, H., Triumvir Sueviae S. 74; Carl hat herausgefunden, daß das Archiv des Bundesgerichtes, das zunächst vom Augsburger Bischof verwaltet wurde, schon wenige Jahre nach Auflösung des Bundes nicht mehr auffindbar war.

[65] Daß man dort noch fündig werden konnte, vermutete schon Carl, H., Triumvir Sueviae S. 74. Mehrere Prozeßlibelli sind in den Reichskammergerichtsbeständen im BayHStA München und im HStA Stuttgart.

Häufige Kläger vor dem Gericht des Schwäbischen Bundes waren Abt und Konvent des Klosters zu Weingarten, die mindestens drei Auseinandersetzungen mit dem Landvogt der Habsburgischen Landvogtei Schwaben Jakob von Landau vor dem Gericht des Schwäbischen Bundes austrugen. Die Landvogtei, die nur durch ihre Zugehörigkeit zum Haus Habsburg dem Schwäbischen Bund verbunden war, wurde 1499 von der Innsbrucker Regierung angewiesen, den angrenzenden Territorialherren möglichst hart gegenüberzutreten, wodurch sich auch das Verhältnis der Landvogtei zum benachbarten Kloster Weingarten verschlechterte[66]. Schon zuvor hatte die vorderösterreichische Regierung mehrfach das Kloster bedrängt, was zu Spannungen führte[67], die durch zahlreiche kaiserliche Kommissionen beseitigt werden sollten[68].

Um 1500 waren die Auseinandersetzungen zwischen Abt und Konvent zu Weingarten mit Jakob von Landau so heftig, daß von den Räten des Schwäbischen Bundes empfohlen wurde, den Streit vor dem Gericht der Föderation auszutragen[69], wo der Streit auch tatsächlich mit einer Klageschrift von 1501 anhängig wurde[70]. In dieser klagte das Kloster Weingarten wegen verschiedentlicher Eingriffe des Landvogts in seine Rechte, aber schon bald wiesen der Richter Konrad Feßler und seine Beisitzer Reuchlin und Sträler die Klage ab[71]. Damit schlossen sie sich offenbar der Meinung des Anwaltes des Landvogtes Hans Timauer an, der als Einrede bezüglich der Zuständigkeit geltend gemacht hatte, vor dem Gericht seien nur Streitigkeiten auszutragen, die nach der Einung von 1500 entstanden seien; der Streit mit Weingarten sei jedoch schon zuvor entstanden[72]. Zudem wollte Maximilian I. den Bundesrichtern verbieten, in dieser Sache zu verhandeln[73]. Auch die Bundesversammlung mußte sich mit der Frage beschäftigen, ob Jakob von Landau überhaupt vor dem Bundesgericht belangt werden könne, und sie entschied, daß der Landvogt auf die Klage

[66] Dreher, A., Geschichte S. 341.

[67] Dreher, A., Geschichte S. 341 u. Dreher, A., Zur Gütergeschichte S. 148.

[68] Dazu zahlreiche Hinweise und Material in HStA Stuttgart B 515 Bd. 67 passim.

[69] BayHStA München KÄA 2016 fol. 253^r-254^v u. 256^r.

[70] Die Klageschrift trägt das Datum 30. Okt. 1501 (Sa. vor Allerheiligen); das gesamte Prozeßlibell von 11 Bll. in HStA Stuttgart B 59 U 84. Dieses wurde geschrieben von Matthias Horn, der dafür 10 fl. zuzüglich eines Trinkgeldes taxierte, s. ibid. Die Bundesversammlung hatte sich am 24. Juni 1501 (Joh. Bapt.) nochmals mit der Angelegeheit beschäftigt, eine Entscheidung jedoch vertagt, HStA Stuttgart H 53 Bü 87 o. fol.

[71] Am 20. Febr. (Hornung) 1503; die Beisitzer werden erst am Ende des Libells genannt.

[72] Hans Timauer war der Landschreiber von Jakob v. Landau. Weingarten wurde vor Gericht von Johannes Lupfdich und Heinrich Winkelhofer vertreten, s. HStA Stuttgart B 59 U 84 letzte Seite. Zum Streit vor 1500 s. HStA Stuttgart B 515 Bd. 67 passim.

[73] Das Verbot ist angekündigt in dem Brief HStA Stuttgart B 515 Bd. 67 fol. 145^r.

von Weingarten Antwort geben solle[74]. Daraufhin hatte Maiximilian I. in den gerichtlich anhängigen Streit eingegriffen, und dem Abt von Weingarten befohlen, sich von seinen Räten vergleichen zu lassen[75].

In einem weiteren Prozeß, den Weingarten gegen den Landvogt Jakob von Landau wenige Jahre später anstrengte, waren sich die drei Bundesrichter erneut unsicher, ob das Gericht des Schwäbischen Bundes zuständig sei, so daß sie diese die Frage gemäß ihrer Verpflichtung der Bundesversammlung vorlegten[76]. In diesen Prozeß griff wiederum Maximilian I. ein: In einem Schreiben an den zuständigen Richter Heinrich Winkelhofer verwies Maximilian I. darauf, daß der Streit schon anhängig gewesen und entschieden worden sei, und daß sich in diesem das Gericht für unzuständig erklärt hatte[77]. Nun könne die Sache nicht erneut vor das Gericht gebracht werden. Gleichzeitig kündigte Maximilian I. an, daß er Jakob von Landau verbieten werde, sich in den Streit vor dem Bundesgericht einzulassen. An Abt und Konvent von Weingarten erließ er ebenfalls den Befehl, nicht weiter vor Winkelhofer, Krafft und Reuchlin zu prozessieren[78]. Da sich aber die drei Bundesrichter nach Rückfrage bei der Bundesversammlung in diesem Streit als zuständig erkannten, verbat Maximilian I. erneut dem Landvogt, sich vor dem Gericht einzulassen[79]. Auch Abt und Konvent des Klosters wurde bei 20 Mark lötigen Geldes verboten, den Prozeß weiter zu verfolgen, denn damit würden österreichische Freiheiten beeinträchtigt[80]. Ob sich damit Maximilian I. durchsetzen konnte und das Verfahren beendet wurde, ist aus den Quellen nicht zu ersehen.

---

[74] S. den Abschied v. 9. Jänner 1502, HStA Stuttgart H 53 Bü 88, Auszug bei Klüpfel, K., Urkunden, erster Theil S. 450 f. Am 24. Sept. 1502 (Samst. vor Michael) war der Streit nochmals Thema bei einer Bundesversammlung, HStA Stuttgart H 53 Bü 87 o. fol.

[75] Brief v. Maximilian I. an Weingarten v. 4. April 1502 (Mo. n. Quasimodogeniti), HStA Stuttgart B 515 Bd. 67 fol. 145^r.

[76] Hinweise in BayHStA München KÄA 2017 fol. 332^r (1506) u. 386^r (1507); s. auch den Brief der Bundesversammlung an Reuchlin in dem Prozeßlibell v. 24. April 1507 (Sa. vor Jubilate): *[...] und im andern handell betreffend weingarten und den landtvogt wollen wir auch mit der Zeit auch bescheid geben wie Ir euch haltten sollen*, BayHStA München RKG 1481/II o. fol. Zur Vorlageverpflichtung an die Bundesversammlung Bock, E., Der Schwäbische Bund S. 116.

[77] Brief v. 23. Aug. (Vigilia Bartholomaeus) 1508 in TLA Innsbruck oö Regierung/Kopialbuch ältere Serie/Band Bb (Nr. 29) fol. 98^r-99^r. Darauf auch Hinweis bei Carl, H., Triumvir Sueviae S. 75.

[78] Undatiert in TLA Innsbruck oö Regierung/Kopialbuch ältere Serie/Band Bb (Nr. 29) fol. 60^v-62^r.

[79] Er verbat es *bey vermeydung unnser swerer ungnad und straff, auch bey verlierung deines phandtschillings* am 25. Okt. 1508, in TLA Innsbruck oö Regierung/Kopialbuch ältere Serie/Band Bb (Nr. 29) fol. 105^{r-v}; undatiertes Verbot ibid. fol. 106^{r-v}.

[80] Brief v. 7. Dez. 1508, HStA Stuttgart B 515 Bd. 67 fol. 326^{r-v}.

Jedoch wandten sich Abt und Konvent von Weingarten noch ein weiteres Mal mit einer Klage 1511 an das Schwäbische Bundesgericht[81], und nochmals erließ Maximilian ein Verbot *bey einer nemlichen pene* weiterhin vor dem Gericht des Bundes zu prozessieren[82]. Darüber hinaus befahl er Abt und Konvent, sich von seinen Räten zu Innsbruck mit Jakob von Landau vergleichen zu lassen[83]. Nachdem Abt Heinrich dieses Verbot mißachtet hatte und den Streit vor Heinrich Winkelhofer und dessen Beisitzern führte, wiederholte Maximilian I. gegenüber dem Abt das Verbot und bestrafte ihn aus seiner königlichen Macht zu 40 Mark lötigen Goldes[84]. Daraufhin beschwerte sich Weingarten beim Reichsoberhaupt und ersuchte gleichzeitig die Bundesversammlung um Hilfe[85]. Auch Johannes Lupfdich, der als Weingarter Anwalt engagiert worden war, bat die drei Bundesrichter, sie mögen weiterhin die Richter dieser Sache bleiben[86]. Jedenfalls wandte sich noch im September 1511 der Bund an Jakob v. Landau und befahl diesem, in der Sache mit Weingarten still zu stehen[87]. Wie der Streit weiterging und wie sich die drei Bundesrichter verhielten, ist nicht überliefert; möglicherweise wurde der Prozeß vor dem Schwäbischen Bundesgericht ein weiteres Mal eingestellt.

Neben den Prozessen mit der Landvogtei stand das Kloster Weingarten auch in einem Streit mit der Reichsstadt Ravensburg vor dem Bundesgericht. Von diesem ist allerdings allein bekannt, daß er 1502 von der Bundesversammlung vor das Bundesgericht gewiesen wurde[88].

Ebenfalls zahlreiche Prozesse vor dem Bundesgericht führten Konrad und Egloff von Rietheim, bei welchen Reuchlin meist Beisitzer war[89]. Bei diesen Verfahren, bei denen stets die Gemeinde Türkheim an der Wertach als Streit-

---

[81] Konzept und Abschriften der Klageschrift v. 1. April 1511 (Di. nach Lätare) in HStA Stuttgart B 515 Bd. 67 fol. 385^{r} ff.; die Antwort des Landvogtes auf fol. 396^{r} ff.

[82] Erwähnt in BayHStA München KÄA 2018 fol. 168^{r}.

[83] BayHStA München KÄA 2018 fol. 168^{r}.

[84] Mit Schreiben v. 21. Mai 1511, BayHStA München KÄA 2018 fol. 168^{r}-^{v}. Darauf nimmt Winkelhofer bezug in seinem Brief v. 23. Juni 1511 (Vigilia Joh. Bapt.) an Weingarten, HStA Stuttgart B 515 Bd. 67 fol. 414^{v}.

[85] Brief an Maximilian v. 25. Juli 1511 (Jakobstag) in HStA Stuttgart B 515 Bd. 67 fol. 423^{r}-424^{v}. Ersuchen an die Bundesversammlung ibid. fol. 425^{r} ff.

[86] Brief v. 1511 HStA Stuttgart B 515 Bd. 67 fol. 459^{r}-460^{v}.

[87] Brief v. 18. Sept. 1511, HStA Stuttgart B 515 Bd. 67 fol. 452^{r}-^{v}.

[88] Bundesabschied v. 10. April 1502, Regest bei Klüpfel, K., Urkunden, erster Theil S. 461. Auch dieser Streit war schon vor 1500 entstanden, s. den Brief der Bundesversammlung v. 11. Mai 1499 (Sa. vor Exaudi) an Weingarten, HStA Stuttgart B 515 Bd. 122a fol. 76^{r}.

[89] Zu Egloff v. Rietheim s. Mayer, F., Geschichte S. 29 ff. Egloff v. Rietheim war Rat von Maximilian I. Sein Bruder Konrad war kaiserlicher Jägermeister, s. ebenda. Bei den Streitigkeiten der Rietheims war Reuchlin verhandlungsführender Richter, s. S. 127.

gegner Rietheims auftrat, ist die Quellenlage extrem fragmentarisch, so daß nur vage Aussagen möglich sind.

In einem dieser Prozesse, in dem Konrad von Rietheim verschiedentlichen Schadenersatz geltend machte, wollten die Türkheimer zunächst als Einrede entgegenhalten, daß Konrad v. Rietheim aufgrund einer Gewalttat an Annderlin Gyger in der Acht sei und somit als Kläger vor dem Gericht nicht auftreten könne[90]. Ob die Einrede tatsächlich im Prozeß vorgebracht wurde und ob dies Auswirkungen auf den Prozeß hatte, ist ungewiß. Jedenfalls beschäftigte sich die Bundesversammlung noch 1506 mit dem Begehren Konrad von Rietheims[91]. Schon 1502 befaßten sich mehrere Bundesversammlungen mit einer Streitigkeit zwischen Egloff von Rietheim und Herzog Albrecht von Bayern wegen Holzhauung und Viehtrieb im Westerholz und Westermoos[92], wobei schließlich entschieden wurde, daß die Sache vor dem Bundesgericht ausgetragen werden sollte[93]. Gleichzeitig wurde eine Streitigkeit Konrad von Rietheims gegen Türkheim an das Bundesgericht verwiesen, die wohl eng mit dem zuvor geschilderten Fall zusammenhing[94]. Jedoch stritten sich Rietheim und Türkheim noch 1505 in dieser Sache[95]. Zumindest während dieses Verfahrens behaupteten die Türkheimer gegenüber dem Gericht, daß aufgrund der Acht die Rietheimer nicht vor dem Bundesrichter klagen könnten[96]. Auf einem Bundestag zu Ulm wurde nach Vorlage durch das Gericht jedoch beschlossen, daß die Bundesrichter die Einrede der Acht nicht zulassen sollten[97].

Ebenfalls 1505 beschwerten sich Egloff und Konrad von Rietheim bei der Bundesversammlung, weil Türkheim einem Urteil der Bundesrichter nicht

---

[90] S. den Brief von Heinrich Winkelhofer an dem Herzog von Bayern vom 5. April 1503 in BayHStA München KÄA 2017 fol. 10^{r}. Winkelhofer, der wohl Anwalt von Bayern war, warnt den Herzog, er möge sich gut überlegen *solch exception fürzuwenn-den*; er würde seine Bedenken auch den Türkheimern mitteilen, diese sollten sich jedenfalls nochmals gut beraten lassen. Anwalt der Türkheimer ist Johannes Lupfdich.

[91] S. deren Abschied v. 10. Februar 1506 (Aftermo. n. Lichtmeß), HStA Stuttgart H 53 Bü 87 o. fol.

[92] Am 9. Jänner 1502, HStA Stuttgart H 53 Bü 88, und am 10 April 1502, HStA Stuttgart H 53 Bü 85, Regeste bei Klüpfel, K., Urkunden, erster Theil S. 448 f. und S. 461.

[93] Mit Abschied v. 24. Juni 1502, HStA Stuttgart H 53 Bü 87 o. fol., Regest bei Klüpfel, K., Urkunden, erster Theil S. 468.

[94] Abschied v. 24. Juni 1502, HStA Stuttgart H 53 Bü 87 o. fol.

[95] S. das Schreiben von Türkheim an den Bayerischen Herzog v. 9. April 1505 (Mi. n. Mis. Dom.) in BayHStA München KÄA 2017 fol. 173^{r}-176^{r}.

[96] BayHStA München KÄA 2017 fol. 174^{r}.

[97] BayHStA München KÄA 2017 fol. 174^{r}. Die von Türkheim haben gegen das Beiurteil an den König appelliert, s. ibid. fol. 175^{v}, der die Sache als oberster Richter angenommen hat und dem Richter des Bundes befahl, nicht weiters fortzufahren, ibid. fol. 175^{v}.

nachkommen wollte. In diesem Urteil hatten die drei Bundesrichter den Türkheimern befohlen, gefangene Untertanen der Herren von Rietheim freizulassen, was nun auch die Bundesversammlung Türkheim befahl[98]. Für 1509 ist den Quellen zu entnehmen, daß bereits eine von den Bundesrichtern entschiedene Sache im Wege der Appellation am Reichskammergericht anhängig geworden war[99].

Zudem stritten sich die Rietheimer mit Bayern um Jagdrechte in der Herrschaft Schwabeck[100]. Mit der in dieser Herrschaft gelegenen Gemeinde Siebeneich stritt sich Konrad von Rietheims bereits seit Beginn des Jahrhunderts, und 1502 wurde dieser Streit von der Bundesversammlung an das Bundesgericht verwiesen[101].

Gegen Türkheim zog 1506 Konrad von Rietheim zu Irmatzhofen auf dem Wald vor das Gericht des Schwäbischen Bundes[102]. Zunächst war Johannes Sträler der zuständige Richter, der jedoch bald abgelöst wurde von Konrad Krafft[103]. In dem von ihm verfaßten Libell schreibt er, er habe *all geübt handlung zu min handen genommen und die (wie mir miner als Richters Pflicht nach gepürt hat) flysslich unnd nach aller notturft besichtiget*[104] und die Sache dann mit seinen Beisitzern Winkelhofer und Reuchlin am 4. Mai 1508 entschieden: Der Schaden, den Conrad v. Rietheim vor dem Gericht geltend gemacht hatte, wurde ihm zum Teil zugesprochen und die Kosten hatten die Türkheimer zu tragen[105].

Mit einer Klageschrift vom 27. Oktober 1510 wandte sich Egloff von Rietheim und Angelberg wegen verschiedentlicher Holzrechte gegen die Gemeinde

---

[98] Abschied der Bundesversammlung v. 6. April 1505 (Mis. Dom.), HStA Stuttgart H 53 Bü 86 o. fol.

[99] Abschied der Bundesversammlung v. 7. Jan. 1509, HStA Stuttgart H 53 Bü 86 o. fol.

[100] BayHStA München KÄA 2017 fol. 12^r. In einer Instruktion an Dietrich v. Plieningen hält der Herzog von Bayern die Klage des Rietheimers vor den Räten des Bundes für unzulässig; wolle dieser klagen, so solle er es vor dem Gericht tun, BayHStA München KÄA 2017 fol. 11^v.

[101] Abschied v. 24. Juni 1502, HStA Stuttgart H 53 Bü 87 o. fol.; Krafft war ebenfalls als Richter beteiligt, s. Frey, S., Das Gericht S. 271 f.

[102] In BayHStA München RKG 4608/2 ist das Prozeßlibell mit etwa 100 Bll. vollständig überliefert. Die Klageschrift ist merkwürdigerweise undatiert, jedoch stammt die Antwort vom 11. August 1506 (Di. n. Laurentii); weil nach Bundesordnung nur drei Wochen zur Antwort eingeräumt wurden, ist die Klage etwa von Mitte Juli 1506.

[103] Kurze Biographie Strälers in Ludwig, W., Graf Eberhard im Bart S. 36 f.

[104] BayHStA München RKG 4608/2 o. fol.

[105] BayHStA München RKG 4608/2 o. fol., Türkheim wurde von Johannes Lupfdich als Anwalt vertreten.

Türkheim an der Wertach[106]. Doch schon beim ersten Rechtstag in Tübingen am 13. März 1511 wird die Klage von Heinrich Winkelhofer und seinen Beisitzern Konrad Krafft und Johannes Reuchlin kostenpflichtig abgewiesen, weil der Streit schon zuvor vom Bundesgericht anhängig gewesen sei, so daß der Türkheimer Anwalt Johannes Lupfdich sich mit seiner Exceptio rei iudicatae durchsetzen konnte[107].

Aber auch als Beklagte fand sich Konrad von Rietheim vor dem Bundesgericht. Abt und Konvent des Benediktinerklosters Irsee klagten am 13. November 1508 gegen Konrad von Rietheim[108], weil dieser durch ein an die Einwohner von Ellinghofen und Unterdießen erlassenes Verbot das Kloster beim Erheben des Zehnten gestört habe. Als die Wiedenmayer Hans Zindat und Konrad Nutzdorff dem Kloster helfen wollten, wurden sie von Konrad von Rietheim gefangengenommen und bestraft. Da in dieser Sache der Richter des Adels, Heinrich Winkelhofer, den Gerichtsstab zu führen hatte, waren Reuchlin und Konrad Krafft seine Beisitzer. Der Rietheimer Anwalt Johannes Hemminger brachte als Einrede vor, es handele sich um eine geistliche Sache, die nicht vor dem Schiedsgericht des Schwäbischen Bundes verhandelt werden dürfe. Damit konnte er die Richter freilich nicht überzeugen[109]. Reuchlin, Krafft und Winkelhofer entscheiden am 6. September 1511, daß Konrad von Rietheim widerrechtlich gehandelt habe und allen Schaden des Klosters ersetzen müsse[110].

Auch Martin Rinklin von Rotis und der Landvogt Jakob von Landau standen sich als Parteien vor dem Bundesgericht gegenüber[111]. Nachdem sich die Bun-

---

[106] Von diesem Prozeß ist das komplette Prozeßlibell von 25 Bll. erhalten, BayHStA München RKG 2646 No. 3.

[107] Rechtstag am Do. n. Invocavit, Urteilsverkündung: 3. Juni 1511 (Di. n. Exaudi); Egloff von Rietheim wurde anwaltlich von Johannes Hemminger vertreten, der geltend machte, daß die Sache zwar schon anhängig war, jedoch mit Türkheim als Kläger, so daß doch zwei Corpora gegeben seien. Beim Gericht des Schwäbischen Bundes hießen die Parteivertreter durchweg Anwälte, obwohl sie auch auf dem Gebiet der Prokuratoren tätig waren. Zur Unterscheidung zwischen Prokurator und Anwalt neuerdings Weitzel, Jürgen, Anwälte S. 256 f., zu Johannes Lupfdich Finke, K. K., Die Tübinger Juristenfakultät S. 149 ff.

[108] BayHStA München RKG 10774 enthält das gesamte Prozeßlibell von etwa 200 Bll. Nach Pötzel, W., Geschichte S. 15 ist das Archiv des Klosters größtenteils 1633 und 1704 verbrannt; in BayStaBi Clm 28319 findet sich zwar eine Geschichte des Klosters Irsee, diese enthält aber keine Hinweise auf den Prozeß vor dem Bundesgericht.

[109] Eine kurze Biographie des Legisten Johannes Hemminger, der ab 1512 Professor in Tübingen war, bei Finke, K. K., Die Tübinger Juristenfakultät S. 180 f.

[110] Anwalt für das Kloster Irsee war Johannes Lupfdich; Konrad v. Rietheim appellierte auf das Urteil an das Reichskammergericht. Die Angelegeheit beschäftigte auch die Bundesversammlung v. 7. Januar 1509, Klüpfel, K., Urkunden, zweiter Theil S. 26 f.

[111] BayHStA München KÄA 2018 fol. 100^r, 102^r-106^r (Brief von Martin Rinklin von Rothis an Herzog Wilhelm v. Bayern v. 23. Juli 1511 (Mi. n. Maria Magdalena)) u.

desversammlungen mehrmals mit der Streitigkeit befaßt hatten, wurde sie bald darauf am Bundesgericht anhängig[112]. In diesem Prozeß gab es abermals Unsicherheit über die Zuständigkeit des Gerichtes, aber nachdem die Bundesversammlung den Richtern befohlen hatte, die Sache anzunehmen, erklärten sich die drei Bundesrichter mit einem Beiurteil vom 18. Mai 1511 für zuständig[113]. Auf dieses Beiurteil appellierte der Landvogt an das Reichskammergericht, wo die Appellation zugelassen wurde[114]. Während der König schon zuvor in das Verfahren eingegriffen und dem Bundesgericht untersagt hatte, die Streitsache anzunehmen, befahl nun die Bundesversammlung dem Landvogt, seine Appellation wieder fallen zu lassen[115].

Einen weiteren Prozeß, mit dem Reuchlin als Beisitzer befaßt war, führten Haug und Christoph von Werdenberg gegen die Reichsstadt Ravensburg[116]. Am 8. September 1502 hatten sich Haug und Christoph von Werdenberg mit einer Klagschrift an den Richter der Städte Ulrich Krafft gewandt[117]. In dieser Sache ging es um Störungen der hohen und niederen Gerichtsbarkeit, mit denen der Ravensburger Vogt Lienhard Reiser den Grafen von Werdenberg angeblich Schaden zugefügt habe. Beide Parteien verständigten sich darauf, die Bundesrichter Heinrich Winkelhofer und Johannes Reuchlin als Beisitzer zuzulassen[118]. Nach zahlreichen Rechtstagen[119] und Zeugenvernehmungen hat

---

116^{r}-^{v} (Brief von Dietrich v. Plieningen an den Statthalter v. Herzog Wilhelm v. Bayern v. 30. August 1510 (Fr. n. Augusti)) ; mit dem Streit hatte sich die Bundesversammlung v. 9. Okt. 1508 beschäftigt, Klüpfel, K., Urkunden, zweiter Theil S. 24 f., s. auch Carl, H., Triumvir Sueviae S. 75. Martin Rinklin hatte schon 1501 einen Prozeß vor den Richtern des Schwäbischen Bundes geführt, s. Schneider, E., Die Rinklin S. 354 f. u. Finke, K. K., Die Tübinger Juristenfakultät S. 103 Fn. 185.

112 Abschiede der Bundesversammlungen v. 9 Okt. 1508 (Mo. n. Franz) u. v. 25. Juli 1510 (St. Jakob), beide in HStA Stuttgart H 53 Bü 87 o. fol.

113 Das Urteil vom Di. n. Exaudi als Anlage zum Brief von Martin Rinklin in BayHStA München KÄA 2018 fol. 105^{r}.

114 BayHStA München KÄA 2018 fol. 102^{r}.

115 Verbot des Königs erwähnt in dem Brief v. Plieningens in BayHStA München KÄA 2018 fol. 116^{r}-^{v}; das Schreiben an Jakob von Landau v. 18. Sept. 1511 in HStA Stuttgart B 515 Bd. 67 fol. 452^{r}-^{v}.

116 Das komlette Prozeßlibell mit 431 fol. Bll. ist überliefert in HStA Stuttgart C 3 Bü W2046 b. Material in bezug auf die Appellation am Reichskammergericht in HStA Stuttgart C 3 Bü W2046 a; zudem Überlieferungen in StadtA Ravensburg, Reichsstädtische Archivalien, Bü 16c, 1-4 u. U 151 (Dort werden jedoch nur Konrad Krafft und Heinrich Winkelhofer namentlich genannt). In Dreher, A., Geschichte S. 393 heißt es fälschlich, der Prozeß habe erst 1509 begonnen.

117 Abschrift der Klageschrift in HStA Stuttgart C 3 Bü W2046 b fol. 1^{v}-4^{r}, datiert auf Maria Geburt 1502.

118 HStA Stuttgart C 3 Bü W2046 b fol 1^{r}-^{v}. Ob Heinrich Winkelhofer von Anbeginn Beisitzer war, geht aus dem Libell nicht hervor. Er war es wohl nicht, weil er noch 1503 einen Ratschlag an eine Prozeßpartei gab, s. o. Rietheimer Prozesse bei Fn. 90.

schließlich Konrad Krafft, auf den die Sache über Johannes Sträler gekommen war, den 14. Mai 1510 als Tag zur Urteilsverkündung bestimmt. Bei dieser Gerichtssitzung erkannte Konrad Krafft zusammen mit seinen Beisitzern Heinrich Winkelhofer und Johannes Reuchlin für Recht, daß die Reichsstadt Ravensburg den Grafen von Werdenberg nichts schuldig sei[120].

Wegen einer schon lange schwelenden Streitsache mit der Stadt Heilbronn wandte sich der Kommentur des Deutschen Ordens am 6. April 1503 an das Bundesgericht[121]. Die freie Reichsstadt hatte im Neckar, in dem der Deutsche Orden Fischereirechte behauptete, einen Zaun bauen lassen, so daß der Deutsche Orden zu Heilbronn sich in seinen Rechten beeinträchtigt fühlte[122]. Als Richter der Städte war Johannes Sträler zur Verhandlungsführung berufen, und wiederum sind die beiden anderen Bundesrichter Winkelhofer und Reuchlin als Beisitzer tätig[123]. Nachdem die Richter Johannes Sträler und Heinrich Winkelhofer zusammen mit Reuchlin am 16. Juni 1505 einen Augenschein in Heilbronn vorgenommen hatten, wurde die Klage des Deutschen Ordens am 17. Februar 1506 abgewiesen und dieser zur Tragung der Kosten verurteilt[124]. Wiederum entschied sich die unterlegene Partei zur Appellation an das Reichskammergericht[125], ließ diese aber zugunsten eines gütlichen Vergleiches von 1508 wieder fallen[126].

Im Jahr 1505 erging unter Vorsitz von Johannes Sträler das Urteil in einem Rechtsstreit von Abt und Konvent des Benediktinerklosters St. Johannes zu Blaubeuren gegen die Reichsstadt Eßlingen am Neckar[127]. Diese hatten sich unter anderem wegen eines von der Reichsstadt Eßlingen geforderten Zolls für Wein, den das Kloster ausführte, gestritten. Wenige Monate später verwies die

---

[119] Als Anwälte traten u. a. auf Johannes Lupfdich für Ravensburg und Johannes Hemminger für die Gegenpartei. Die Bundesversammlung beschäftigte sich mit der Angelegenheit am 29. März 1506 (So. Judica), S. HStA Stuttgart H 53 Bü 87 o. fol.

[120] HStA Stuttgart C 3 Bü W 2046 b fol. 427^{v}.

[121] Urkundenbuch der Stadt Heilbronn, Bd. 3, S. 28 f. Die Archivalien aus dem StadtA Heilbronn sind leider beim Bombenangriff am 4. Dez. 1944 verbrannt.

[122] Urkundenbuch der Stadt Heilbronn, Bd. 3, S. 28 Z. 5 ff. In einem Vergleich von 1508 heißt es: *wegenn ains bauws im neckher*, HStA Stuttgart H 14 Bd. 57 fol. 17^{r}.

[123] Urkundenbuch der Stadt Heilbronn, Bd. 3 S. 28 passim.

[124] Urkundenbuch der Stadt Heilbronn, Bd. 3 S. 28 Z. 29 ff. Das Prozeßlibell war fertiggestellt am 15. Mai 1506 (Fr. n. So. Cantate), S. HStA Stuttgart H 14 Bd. 57 fol. 17^{v}.

[125] Urkundenbuch der Stadt Heilbronn, Bd. 3 S. 28 Z. 35 ff.

[126] Urkundenbuch der Stadt Heilbronn, Bd. 3 S. 29 Z. 1 ff. Der Vergleich ist vollständig überliefert in HStA Stuttgart H 14 Bd. 57 fol. 17^{r}-19^{r}. Reichskammergerichtliche Überlieferungen existieren nicht.

[127] Urteilsbrief v. 7. Mai 1505 (Mittw. n. hl. Kr. Invent.) u. dazu weitere 28 Schreiben aus dem Zeitraum 1499-1505 in StadtA Eßlingen Reichsstadt F 384, vom Urteil eine Abschrift in HStA Stuttgart B 515 Bd. 67 fol. 209^{r}-210^{r}.

Bundesversammlung einen Streit zwischen Württemberg und Ravensburg an das Bundesgericht, über den nichts weiteres bekannt ist[128].

1506 reichte Bischof Heinrich von Augsburg eine Klage gegen die Reichsstadt Kaufbeuren beim Bundesgericht ein[129]. Darin beschwerte er sich über eine Bestrafung seines Leibeigenen Ambrosius Trettner, der von der Stadt gefangengenommen wurde und neben einer Strafe auch einen Eid leisten mußte[130]. Bischof Heinrich von Augsburg beantragte vor den Richtern, ihm die dadurch entstandenen Kosten sowie Schadenersatz zuzusprechen. Johannes Sträler, als Richter der Städte zuständig für die Leitung des Verfahrens, setzte einen ersten Rechtstag nach Tübingen auf den 4. Dezember 1506 fest, bei dem vor ihm und den Beisitzern Reuchlin und Winkelhofer die Kaufbeurer Prozeßvertreter geltend machten, daß das Gericht unzuständig sei, denn es handele sich um eine strafrechtliche Angelegenheit, die vor dem Gericht nicht verhandelt werden dürfe. Da die drei Richter unsicher in bezug auf die Zuständigkeit waren, legten sie die Frage den Bundesräten vor, die dem Gericht schließlich aufgaben, die Sache anzunehmen[131]. Gegen das Beiurteil, mit dem die Streitsache von dem Richtern angenommen wurde, wollte die Stadt Kaufbeuren an das Reichskammergericht appellieren, was jedoch mit weiterem Urteil von Sträler, Reuchlin und Winkelhofer nicht zugelassen wurde[132]. Nach zahlreichen Rechtstagen im Tübinger Rathaus und Zeugenverhören entschieden die drei Bundesrichter endlich, daß das Verhalten der Kaufbeurer gegen die Ordnung des Schwäbischen Bundes verstoßen habe[133]. In einem Brief an Bürgermeister und Rat der Stadt Kaufbeuren verlangten Reuchlin, Winkelhofer und Konrad Krafft von Bürgermeister und Rat der Stadt Kaufbeuren nach Abschluß des Verfahrens die

---

[128] Am 10. Dez. 1505, Klüpfel, K., Urkunden, erster Theil S. 544.

[129] In BayHStA München RKG 7430 ist das Prozeßlibell mit etwa 100 Bll. enthalten; im StadtA Kaufbeuren und im StA Augsburg sind keine Archivalien zu diesem Fall vorhanden. Die Klagschrift wurde von Johannes Lupfdich verfaßt und ist datiert auf 31 Juli 1506 (Fr. n. Jakobi). Den Fall ist aufgenommen in Harpprecht, J. H., Staats=Archiv § 66 (S. 74 f. und Auszüge aus dem Libell ebenda unter Nr. CLXXXI (S. 234-237)) abgedruckt.

[130] Dieser war in Kaufbeuren 25 Tage lang im Gefängnis festgehalten worden, s. BayHStA München RKG 7430 o. fol.

[131] Mit Schreiben v. 22. Jan. 1507 (Fr. n. Sebastian), Abschrift in BayHStA München RKG 7430 o. fol.

[132] Als Gründe werden angegeben: *Uß ob erzelten unnd anderen ursachen*, wobei der Verweis wohl auf das Schreiben der Bundesräte Bezug nimmt, BayHStA München RKG 7430 o. fol.

[133] Das Urteil vom 14. Dezember 1508 ist auch abgedruckt bei Harpprecht, J. H., Staats=Archiv S. 235 f. Die Appellation von Kaufbeuren wurde am 16. Jänner 1509 von den Richtern zugelassen.

Gerichtsgebühr in Höhe von 15 fl. für das Prozeßlibell sowie für den Gerichtsschreiber ein Trinkgeld[134].

1507 war ein Prozeß der Reichsstadt Dinkelsbühl gegen die Grafen von Oettingen anhängig. Der verhandlungsführende Richter war Heinrich Winkelhofer, Reuchlin und Konrad Krafft amteten als Beisitzer[135]. Der Prozeß, von dem keine weiteren Quellen bekannt sind, wurde frühestens 1512 entschieden[136].

Bei all diesen hier aufgeführten und nur kurz geschilderten Fällen lassen regelmäßig wiederkehrende Fragen erkennen, in welchem Spannungsfeld sich die Richter des Schwäbischen Bundes zu bewegen hatten. Unsicherheiten bezüglich der Zuständigkeit, Appellationen auf Beiurteile, Eingriffe des Königs in anhängige Verfahren weisen sich als Grundprobleme aus, mit denen das Gericht ständig konfrontiert war. Deutlich zeigt sich auch, daß der Schwerpunkt der vor das Gericht gebrachten Streitigkeiten im schwäbischen Kernland liegt, wo die große Zahl dicht gedrängter kleiner Herrschaften manchen Streit begünstigte. Dabei ist auffällig, daß oft die nämlichen Parteien auftauchen, die hartnäckig auch mehrere Prozesse führen.

C. Reuchlin als verhandlungsführender Richter

Nicht so oft wie als Beisitzer ist Reuchlin als verhandlungsführender Richter des Schwäbischen Bundesgerichtes nachweisbar. Die Gründe dafür sind nicht eindeutig feststellbar. Es könnte zum einen sein, daß die Fürsten des Bundes insgesamt weniger oft in Rechtsstreitigkeiten vor dem Bundesgericht verwikkelt waren, weil Konflikte auf anderem Weg ausgetragen und beigelegt wur-

---

[134] Dieser Brief ist ebenfalls erhalten in BayHStA München RKG 7430; er ist datiert auf 12. April 1509 (Do. n. Osterso.). Die Richter werden in der angegebenen Reihenfolge benannt. Am Brief sind noch die drei Siegel der Richter zu erkennen, bei Reuchlins Siegel ist der Altar des Wappens deutlich sichtbar, die Umschrift jedoch kaum lesbar. In bezug auf den Gerichstschreiber heißt es: *Unnd des Gerichtsschrybers Substituten ain drinckgelt nach Ewern gutten willen.* Zu den Gerichtskosten kamen noch 1 fl. 18 Botenlohn und sonstige Kosten.

[135] Dazu sind nur fragmentarische Überlieferungen gegeben, s. zum einen StadtA Dinkelsbühl, Aktenbestand D (Prozesse mit Benachbarten/Oettingen): Dort ein Schreiben Winkelhofers, in dem er einen Rechtstag auf den 23. Juli 1507 festsetzt, sowie Material zum Prozeß von 1511-12; in FÖWA Harburg VI.5.5-1 ein Konzept eines Schreibens an Winkelhofer s. d. (etwa 1508). Die Exkeptionsschrift v. Oettingen ist erwähnt in einem Schreiben v. 30. Okt. 1509 (Aftermo. n. Sim u. Jud.) in BayHStA München RKG 1481 II o. fol.

[136] S. StadtA Dinkelsbühl, Aktenbestand D (Prozesse mit Benachbarten/Oettingen). Mit Klagschrift v. 1. Dez. 1514 wurde ein weiterer Prozeß vor dem Bundesgericht zwischen Oettingen und Dinkelsbühl anhängig, von dem das Prozeßlibell erhalten ist in BayHStA München RKG 9769/1.

den. Zum anderen kann dies an der Überlieferungssituation liegen. Letztlich ist auch zu beachten, daß die Streitigkeiten, bei denen Reuchlin als Beisitzer fungierte, von wenigen, immer wieder das Gericht in Anspruch nehmenden Parteien geführt werden. Unter den städtischen und adeligen Mitgliedern gibt es viele, die niemals vor dem Gericht nachweisbar sind. Vielleicht liegt in der deutlich geringeren Zahl der Fürsten der Grund für die wenigen Gerichtsverfahren unter Vorsitz von Reuchlin.

I. Rietheim vs. Türkheim wegender Holzhauung im Angelberger Wald

Schon 1502 hatte die Bundesversammlung einen Streit zwischen Egloff von Rietheim und dem Herzog von Bayern wegen Türkheim an das Bundesgericht verwiesen[137]. Die Türkheimer haben als bayerische Landgemeinde offensichtlich Hilfe und Unterstützung vom Herzog erhalten, so daß Egloff von Rietheim die Klage gegen den bayerischen Herzog richtete, womit Reuchlin als Richter den Stab zu führen hatte. Gegenüber dem Bundesgericht behauptete Egloff v. Rietheim, daß die Türkheimer seine Holzmarken beim Angelberger Wald abgehauen hätten[138]. Zunächst weigerten sich die Türkheimer, sich überhaupt auf die Vorbringungen Egloff von Rietheims einzulassen, und -wie dieser berichtet- mißachteten sogar Beiurteile von Reuchlin[139]. Auf diese Ereignisse nimmt wohl das Schreiben der Hauptleute und Stände des Bundes an Maximilian I. Bezug, in welchem ebenfalls eine Weigerung der Türkheimer, ein Urteil Reuchlins zu befolgen, erwähnt wird[140]. Der Bundesrichter habe daraufhin die Türkheimer mit Androhung einer Geldstrafe zur Beachtung des Urteils zu bewegen versucht; die Türkheimer bemühten sich im Gegenzug aber um ein kaiserliches Mandat, das die Exekution des bundesgerichtlichen Urteils untersagte. Die mittlerweile in den Konflikt einbezogene Bundesversammlung setzte sich nun dafür ein, daß das Urteil Reuchlins doch noch vollstreckt wurde. Da es sich nur um ein Teil- oder Beiurteil handelte, war der Streit Egloffs von Rietheim mit Türkheim nicht vollständig beigelegt, sondern es mußten noch Zeugen ver-

[137] StadtA Schwäbisch Hall 4/27 fol. 174^{v} u. StA Bamberg C 3 Nr. 624 fol. 385^{r}, Datum: 24. Juni (Johannstag). Ebenfalls wurde die Sache Konrad v. Riethiem vs. Türkheim an das Gericht verwiesen, s. ibid. Auf diesen Verweis nimmt Egloff v. Rietheim in einem Brief v. 5. Mai 1506 Bezug, s. StA Bamberg C 3 Nr. 625 fol. 44^{r}-45^{r}, 44^{r}, dazu nun Carl, H., Triumvir Sueviae S. 79 ff.

[138] StA Bamberg C 3 Nr. 625 fol. 44^{r}.

[139] Dies alles schildert Egloff v. Rietheim in seinem Brief StA Bamberg C 3 Nr. 625 fol. 44^{r}: Die Türkheimer *haben mir zu meinen clagen nit wöllen antwurten auch von den gesprochen urtailen des gemainen Richters nit wöllen hallten.* Erst mit Hilfe der Bundesversammlung fügten sich die Türkheimer.

[140] HHStA Wien Maximiliana 14 fol. 89^{r}-^{v}, Brief v. 2. März (Letare 1505).

hört werden. Reuchlin bestimmte deshalb den Bundesschreiber Ulrich Maier als Kommissar zur Zeugenvernehmung[141]. Dieser wurde aber der Parteilichkeit bezichtigt, so daß Reuchlin Ulrich Maier befahl, die Zeugenvernehmung einzustellen[142]. Deshalb schrieb Egloff von Rietheim 1506 an Adam von Fruntsberg, mit der Bitte um Hilfe[143]. Da weitere Quellen zu diesem Fall nicht erhalten sind, ist der Fortgang des Streites nicht mehr nachvollziehbar.

II. Rietheim vs. Türkheim wegen der Herrschaft Schwabeck

In einer abermals nur sehr fragmentarisch dokumentierten Streitsache Egloffs v. Rietheim gegen Türkheim an der Wertach ist wiederum Reuchlin als verhandlungsführender Richter zuständig gewesen. In einem Schreiben an die Anwälte Türkheims Johannes Lupfdich und Konrad Lutz erinnert Reuchlin die Parteien an den von ihm festgesetzten Rechtstag am 9. November 1508 auf das Rathaus in Tübingen[144]. Aus dem gleichen Jahr ist noch ein Konzept für die Niederschrift des Protokolls einer mündlichen Verhandlung erhalten[145]. Aus dieser ist ersichtlich, daß der Streitgegenstand die Herrschaft Schwabeck war[146]. Der Prozeß wurde an diesem Tag jedoch noch nicht entschieden, sondern war noch einige Jahre anhängig. Jedenfalls hat Reuchlin 1510 die Parteien nochmals zu einem Rechtstag nach Tübingen geladen, diesmal auf den 18. März 1510[147]. Wohl auch auf diesen Prozeß nimmt eine Vollmacht von Egloff v. Rietheim bezug, mit der er 1511 Dr. Johann Hecht nach dem Urteil des Bundesrichters Reuchlin zur Verfolgung der Appellation am Reichskammergericht ausstattete[148].

---

[141] StA Bamberg C 3 Nr. 625 fol. 44^{v}.

[142] StA Bamberg C 3 Nr. 625 fol. 44^{v}.

[143] Am 5. Mai (Aftermo. n. Jubilate), StA Bamberg C 3 Nr. 625 fol. 44^{r}-45^{r}; die Bitte um Hilfe ist der Anlaß für den Brief. Die Tatsachenerzählung dient nur dazu, Adam v. Fruntsberg in Kenntnis zu setzen.

[144] StadtA Augsburg Literalien Nov. 1508. Brief-Datum: Di. n. undecim milium virgines (=24 Okt.). Auf diesen Prozeß nimmt auch Bezug ein Schreiben von Johann Neuhauser an Ulrich Arzt, StadtA Augsburg Literalien 1. Nov. 1508. Von diesen beiden Briefen habe ich durch die freundliche Mitteilung von Dr. G. Dörner (Reuchlin-Forschungsstelle) erfahren.

[145] StadtA Augsburg Literalien 1508.

[146] S. das Konzept in StadtA Augsburg Literalien 1508 passim.

[147] StadtA Augsburg Schwäbischer Bund II/16 o. fol.

[148] BayHStA München RKG 15469; in diesem Bestand ist nur diese eine Pergamenturkunde erhalten, sie ist datiert auf 1. Februar 1511 (Sa. vor Maria Lichtmeß). Johann Hecht war der Pfarrer zu Angelberg.

III. Oettingen vs. Bayern wegen Wemding[149]

Richter war Reuchlin ebenfalls in einem Prozeß, in dem der Herzog von Bayern verklagt wurde[150]. Gegen diesen hatte sich Graf Wolfgang von Oettingen mit einer Klagschrift vom 27. August 1506 gewandt[151]; in dieser behauptete der Graf, daß er vom bayerischen Herzog die Stadt Wemding gekauft habe, dieser jedoch den Vertrag nicht erfülle, obwohl schon ein Teil des Kaufpreises von 20.000 fl. geleistet worden sei[152]. Nun wollte er mit Hilfe des Bundesgerichtes die Vertragserfüllung erzwingen und den Verzugsschaden geltend machen.

Die Klageschrift, welche die Grafen von Oettingen gemäß Tit. 22 der Bundesordnung in doppelter Ausfertigung bei Reuchlin eingereicht hatten, wurde von Reuchlin an den bayerischen Herzog weitergeleitet mit der Aufforderung, alle dilatorischen Einreden gegen diese Klage innerhalb von drei Wochen geltend zu machen, woraufhin Reuchlin am 5. Oktober 1506 die bayerischen Einreden in Tübingen erhielt[153]. Doch *des selben tags abents* erschienen Vertreter der Gemeinde Wemding bei Reuchlin und baten ihn, in dem sie unmittelbar betreffenden Rechtsstreit als dritte Partei zugelassen zu werden. Eine solche akzessorische Teilnahme Dritter in einem Zivilprozeß war durchaus nichts Ungewöhnliches. Mit der Intervention wurde insbesondere demjenigen, der durch ein Gerichtsurteil in seinen Interessen berührt wurde, die Möglichkeit eröffnet, den Prozeßausgang zu beeinflussen. Schon das römische und das kanonische Recht hatten Dritte in solchen Fällen zugelassen, und von da aus fand die Intervention Eingang in den gemeinen Prozeß, der auch am Bundesgericht Anwen-

---

[149] Die Schilderung dieses Rechtsstreites stützt sich im wesentlichen auf das Prozeßlibell BayHStA München RKG 1481/II, das nicht foliiert ist. Die im folgenden angeführten Zitate, die nicht eigens belegt sind, wurden diesem Libell entnommen.

[150] Dazu Carl, H., Triumvir Sueviae S. 75 ff., der das Prozeßlibell in FÖWA Harburg VI.4.6-2 aufgefunden hat; ein zweites Exemplar des Libells in BayHStA München RKG 1481/II; weiteres Material in FÖWA Harburg VI.4.5-2, VI.4.6-1 u. VI.4.7-1, BayHStA München RKG 1481/I und StA Augsburg Reichsstadt Nördlingen/MÜB 1050.

[151] Do. n. Bartholomäus; Abschriften der Klageschrift in dem Prozeßlibell.

[152] Eine gedruckte Fassung des Kaufvertrages befindet sich in FÖWAH Harburg VI.4.5-2; bei den Vertragsverhandlungen war für die bayerische Seite Dietrich von Plieningen herangezogen worden.

[153] Am Mo. n. Remigius; das Datum bei Carl, H., Triumvir Sueviae S. 76 (2. Oktober) ist falsch. In bezug auf die Klage heißt es in Tit. 22 der Bundesordnung, der Kläger solle *zwu copeien darvon dem richter überantwurten, der die einen copey dem anttwurter zusenden soll*, s. Datt, J. P., Volumen S. 354. Die von Reuchlin hier angewandte Eventualmaxime war am Bundesgericht wohl schon üblich, s. a. HStA Stuttgart C 3 Bü W2046b fol. 4^r; sie wurde erst mit der Bundeserstreckung 1512 in die Bundesordnung aufgenommen, s. Laufs, A., Der Schwäbische Kreis S. 129.

dung fand[154]. Deshalb war Wemding als Partei auch bei einem Schiedsgericht, das mit einem Mandat von Maximilian I. zuvor in dieser Sache eingesetzt worden war, zugelassen worden, auf welches sich die Vertreter Wemdings nun gegenüber Reuchlin beriefen[155]. Des weiteren wiesen die Wemdingschen Vertreter Reuchlin auf ihre Freiheiten hin, die nicht erlaubten, daß Wemding vom Herzogtum Bayern getrennt oder veräußert würde. Reuchlin forderte die Vertreter Wemdings daraufhin auf, ihr Begehren schriftlich einzureichen, so daß er die streitenden Parteien von ihrem Anliegen unterrichten könne. Jedenfalls wolle er Wemding die Termine der Rechtstage zu Tübingen bekanntgeben. Wemding überschickte Reuchlin auf diese Forderung die Artikel, die sie in diesem Prozeß als dritte Partei geltend machen wollten; Reuchlin leitete diese den Parteien zu.

Während der bayerische Herzog auf die Wemdinger Artikel antwortete, ging Oettingen auf diese nicht ein, so daß Reuchlin feststellen mußte: *Aber mein gnädiger Herr Graue Wolfgang von Öttingen hatt uff der von Wemdingen geschrifft khein antwurt oder ychtzit schrifftlichs überschickt.* Die Grafen von Oettingen glaubten nämlich, eine Antwort nicht schuldig zu sein, weil sie es für nicht rechtmäßig hielten, wenn Wemding als dritte Partei zugelassen würde.

Laut den verfahrensrechtlichen Bestimmungen in Tit. 22 der Bundesordnung sollten nach Austausch von Klage, Antwort, Gegenrede und Widerrede keine weiteren Schriftsätze an den Richter überschickt werden, sondern dieser einen Tag zur mündlichen Verhandlung festsetzen. Gemäß dieser Bestimmung setzte Reuchlin den ersten Rechtstag in diesem Prozeß auf den 21. Januar 1507[156] fest, bei welchem auf dem Rathaus zu Tübingen die Sache mündlich verhandelt wurde. Während Graf Wolfgang v. Oettingen persönlich vor dem Bundesgericht erschien, traten für den bayerischen Herzog als Anwälte Dr. Johannes Lupfdich und Dr. Dietrich Reischach auf; die Interessen von Wemding wurden vor Reuchlin und seinen Beisitzern bei diesem Rechtstag von fünf Anwälten vertreten[157].

---

[154] S. Wetzell, G. F., System S. 47 ff. Für das Römische Recht s. D. 49, 1, 4, 2, D. 49, 4, 2, 1, D. 49, 5, 1, pr. u. im kanonischen Recht VI, 1, 19, 2.

[155] Abschrift des Mandates v. 11. Mai 1506 im Prozeßlibell. Als Schiedsrichter wurde der Bischof Georg v. Trient eingesetzt. Das Schiedsgericht verhandelte die Sache am 16. Nov. 1506 (Mo. v. Martin), also zu einem Zeitpunkt, als der Streit schon beim Bundesgericht anhängig war.

[156] Do. n. Sebastian.

[157] Die Anwälte waren Konrad Seifried, Konrad Öffelin, Hans Dentener, Hans Aicheler und Jörg Fischer. Sebastian Ilsungen und Johannes Rehlinger (*Reuchlinger)* waren entgegen Carl, H., Triumvir Sueviae S. 76 f. bei dem Rechtstag nicht anwesend; sie werden im Prozeßlibell jedoch als Anwälte des Herzogs von Bayern im Zusammenhang mit dem Schiedsgericht vor dem Richter Bischof Georg v. Trient erwähnt.

Das erste Problem bei der mündlichen Verhandlung, die sich zunächst über drei Tage erstreckte, bestand in der Prozeßvollmacht der bayerischen Anwälte. Obwohl Graf Wolfgang von Oettingen den Streit schnell entschieden wissen und die Vollmacht von Johannes Lupfdich und Dietrich Reischach nicht anfechten wollte, machte er nach der Verlesung des Vollmachtbriefes geltend, daß in dieser Vollmacht nicht enthalten sei, daß *sich sein gnädiger herr Hertzog Albrecht als der antwurtter erbütte voltziehung zuthon des Ihenen so rechtlich erkenntt würde* und daß in der Vollmacht die *Satisdatio de Iudicato solviendo* fehle. Diese war deshalb wichtig, weil mit der Litiskontestation der Prozeßvertreter den Verklagten als Passivlegitimierter ablöste; damit der Kläger sicher war, daß er keinen Titel gegen einen leistungsunfähigen Prozeßvertreter bekam, mußte der Beklagte durch Kaution Prozeßsicherheit leisten[158]. Nachdem die bayerischen Anwälte gegen Wolfgang von Oettingen vorgebracht hatten, daß die Satisdation zwar nicht ausdrücklich, jedoch mit *etlichen gemeinen wortten* zugesagt sei, drängten Reuchlin und seine Beisitzer die Anwälte, beim nächsten Rechtstag die unklare Situation zu beenden und eine zweifelsfrei formulierte Vollmacht vorzulegen[159].

Daraufhin wurde von den Parteien über die Sache verhandelt. Dabei wurden die Positionen, die bereits in den vorangehenden Schriftsätzen eingenommen wurden, erneut vorgetragen und weiter ausgeführt. Bayern, das in der Exkeptionsschrift noch Rückzahlung des bereits geleisteten Kaufpreises angeboten hatte, gab freimütig zu, einen Kaufvertrag mit Graf Wolfgang geschlossen zu haben. Auch der Erhalt eines Teils des Kaufpreises wurde nicht bestritten. Zudem versicherte Herzog Albrecht, daß er den Kauf gerne erfüllt hätte, was ihm aber nicht ohne Zutun der Stadt Wemding möglich sei. Denn diese habe von ihm die Freiheit erhalten, nur mit ihrer Zustimmung verkauft zu werden. Er habe sich auch redlich bemüht, die Stadt Wemding zu einer Zustimmung zu bewegen und mehrfach Räte in diese geschickt[160]; für die standhafte Weigerung Wemdings könne er nichts. Der Kaufvertrag sei insofern bedingt gewesen, und da die Bedingung nicht eingetreten sei, habe auch Graf Wolfgang keine Forderung gegen den bayerischen Herzog erworben.

Des weiteren wird geltend gemacht, daß Wemding ein Afterlehen vom Stift Regensburg sei, das weder dem Verkauf zugestimmt, noch in diesen eingewil-

---

[158] Wetzell, G. W., System, S. 71 m. Belegen aus dem Römischen Recht, dort insbes. C. 2, 56, 1, 3 u. C. 3, 40, 2.

[159] *Uff yetz gethan stritt Reden und unser Richter und zusätz ansüchen haben die benantten anwäld verspruch gethon uff den nechstkunfftigen Rechtag ain gnügsamen gewaltt wie Inen der angezeigt und auch von unserm gnädigen herren Grave Wolffgangen zugelassen ist mit Inen zubringen und in Recht darzulegen.* Das war durchaus noch möglich, denn erst beim nächsten sollte Rechtstag der Streit mit der Litiskontestation befestigt werden.

[160] U. a. wurde als bayerischer Rat dazu Dietrich von Plieningen herangezogen.

ligt habe. Da ein Lehen aber nur mit der Zustimmung des Lehensherrn verkauft werden könne, ermangele es dem Vertrag auch aus diesem Grund an Gültigkeit.

Dagegen wandte sich die Oettingische Seite mit der Behauptung, es sei ein unbedingter Kauf vereinbart worden. Dieser sei auch vom römischen König als obersten Lehensherrn bestätigt worden, so daß eine Zustimmung vom Stift Regensburg entbehrlich sei[161]. Zudem widerspreche es dem Brauch in Deutschland und dem heiligen Römischen Reiche, eine Übereignung eines Dorfes von der Zustimmung der Untertanen abhängig zu machen, *denn täglichs sehen wir mynders und merers verändert werde und durch die underthanen nicht verhindert werden mochte.* Die bayerische Seite behauptete darauf, daß die Zustimmung des Königs unerheblich sei, weil das Stift Regensburg das Lehen zwar vom König habe, aber in bezug auf Bayern das Stift Regensburg der Lehensherr sei und Bayern nur ein Afterlehen habe.

Neben diesen Ausführungen zum Streitgegenstand wurde diskutiert, ob Wemding als dritte Partei zugelassen werden solle. Auch in diesem Punkt waren sich Oettingen und Bayern nicht einig, und die drei Bundesrichter waren sich nicht sicher, welcher Position sie recht geben sollten. Da schon 1503 die Bundesversammlung den Bundesrichtern befohlen hatte, bei Unsicherheiten in Fragen der Zuständigkeit Rückfrage bei ihr zu halten, entschieden sich Reuchlin und seine Beisitzer, mit dieser Frage an die Bundesversammlung heranzutreten.

Nachdem sich die Bundesversammlung mit der Sache befaßt hatte, wurde mit einem Schreiben der Bundesräte vom 24. April 1507 Reuchlin als zuständiger Richter für alle drei Parteien erachtet[162]. Demgemäß verkündete Reuchlin zusammen mit Konrad Krafft und Heinrich Winkelhofer bei weiteren mündlichen Verhandlungen auf dem Tübinger Rathaus am 26. Juli 1507 folgendes Beiurteil: *So hab ich der Richter diser sach sampt minen zugeordneten bysitzern mit urteill zu recht erkennt das unangesehen unnsers gnädigen herrn Graue Wolffganngs nechst gethonen ußzug Ich gepürlicher Richter dieser sach were unnd fürtter wie sich gebürte Im handell procediert werden solte*[163]. Und einen Tag später erkannte das Bundesgericht unter Leitung von Reuchlin mit

[161] Die königliche Urkunde ist im Prozeßlibell in Abschrift enthalten, sie datiert vom 18. Sept. 1505.

[162] Brief der Bundesräte an Reuchlin im Prozeßlibell, datiert Sa. v. Jubilate 1507. Das Datum 20. März (Sa. v. Judica) bei Carl, H., Triumvir Sueviae S. 77 ist falsch.

[163] Datum: Mo. n. Maria Magd.; in einem Brief v. 26. Juli 1507 (Mo. n. Jakob) berichtet Hieronymus v. Croaria an Herzog Albrecht von Bayern über diesen Rechtstag, StA Augsburg Reichsstadt Nördlingen/MÜB 1050 Nr. 58. Croaria wurde mehrfach vom Herzog befohlen, als Anwalt Wemdings tätig zu sein, s. die Briefe an Croaria StA Augsburg Reichsstadt Nördlingen/MÜB 1050 Nr. 59.

einem weiteren Beiurteil, *das die anwäld der vonn wembdingen als die dritt parthy für Ir Interesse In diser Rechtuertigung Zu gelaussen sein sölten fürter inn Inen zu procedieren wie sich gepürte unnd umb die expenß von Beiden parthyen eruordert behielten wir Richter unnd bysitzer unns beuor zuend der sach deshalben zusprechen*[164]. Damit war Wemding gleichberechtigte Partei in dem Prozeß mit der Befugnis, selbständig Anträge zu stellen[165]. Nachdem nun das Gericht des Schwäbischen Bundes zuständig war, konnten die Parteien den Streit befestigen und den Kalumnieneid leisten, was nach Reuchlins Bericht am folgenden Mittwoch geschah: *haben die anwäld zu allen Theilen Iuramentum Calumnie uff des artickels und Inhalt verlesung mit uffgehapten fingern unnd gelerten worten etc. wie sich das alles zu thun gepürt gethan und geschworen.* Mit diesem promissorischen Eid, der als iuramentum calumniae generale stets nach der Streitbefestigung abgelegt wurde, versprachen die Parteien, sich im Prozeß nicht arglistig zu verhalten[166].

Nach erfolgter Litiskontestation war nun die Voraussetzung geschaffen, in den Beweisabschnitt des Prozesses einzutreten[167]. Aber zuvor war infolge der Zulassung Wemdings als dritte Prozeßpartei Graf Wolfgang von Oettingen gezwungen, zu deren Artikel Stellung zu nehmen, was er mit einer ausführlichen Rede seines Anwaltes tat. Da die Wemdinger nicht gleich antworten konnten, baten sie Reuchlin, er möge einen neuen Rechtstag festsetzten, damit sie bis dann eine Antwort ausarbeiten könnten.

Somit wurden die Parteien von Reuchlin zur Fortsetzung der mündlichen Verhandlung nach Tübingen geladen, wo am 23. September 1507 weiter über die Sache gestritten wurde[168]. Nachdem jede Partei nochmals ihre Position vortragen konnte, entschied Reuchlin, daß endlich Beweis in bezug auf die Wemdinger Artikel erhoben werden sollte. Dazu wollte Reuchlin den Uracher Stadtschreiber Andreas Horn als Kommissar die Zeugen in Nördlingen am 13. Dezember 1507 verhören lassen[169]. Allerdings konnte dieser Termin nicht eingehalten werden, so daß Reuchlin die Zeugenvernehmung auf den 27.-29. März 1508 verlegte[170]. Sollten die Zeugen bei diesem Verhör nicht erscheinen, so

---

[164] Beiurteil v. Di. n. Maria Magd.

[165] Die Befugnis leitet sich ab aus D. 49, 1, 14, pr. (et hodie...).

[166] Sellert, W., Kalumnieneid Sp. 567. Sedes materie ist dafür C. 2, 58 u. X 2,7.

[167] Dazu Nörr, K. W., Reihenfolgenprinzip S. 160 f.

[168] Do. n. Mauritius; bei diesem Rechtstag trat Hieronymus von Croaria für Wemding auf, was diesem vom bayerischen Herzog befohlen wurde. Um jedoch zu verdekken, daß Croaria von Bayern dazu gedrängt worden war, wurde vorgespiegelt, die bayerische Landschaft habe bei einer Versammlung Croaria um Unterstützung von Wemding gebeten, s. StA Augsburg Reichsstadt Nördlingen/MÜB 1050 Nr. 57 o. fol.

[169] Auch Bartholomäus Sträler, der jedoch verhindert war, wurde als Kommissar zur Verhörung vorgeschlagen.

[170] Mo., Di. u. Mi. n. Oculi.

hatte Reuchlin Andreas Horn befohlen, dieser möge persönlich zu jedem einzelnen Zeugen reiten, um diesen zu vernehmen[171]. Freilich trat Wemding am 20. März 1508 erneut mit der Bitte an Reuchlin heran, den Termin zu verlegen: Es sei der Herzog von Bayern gestorben, und in diese Situation sei es den Zeugen unmöglich, verhört zu werden[172]. Unter Berücksichtigung dieser Bitte verlegte Reuchlin abermals die Zeugenvernehmung und setzte dafür nun den Zeitraum 8.-10. Mai 1508 fest[173].

Die an diesen Tagen protokollierten Zeugenaussagen schickte der Uracher Stadtschreiber Andreas Horn am 10. Mai 1508 an Reuchlin, der diese den Parteien zukommen ließ[174]. Auf dieses Protokoll erfolgten wiederum umfangreiche Stellungnahmen der Parteien. Reuchlin schlug dabei vor, zur Kostenvermeidung schriftlich zu prozedieren: *So dann E. fg. gnaden und dero annwälden angeregt Expenß zuverhuten oder zu veringern gefällig sein wölte inn dem Hanndell auch schriftlich zu procedieren.* Und weiter: *das alles achten ich unnd mine zugeordneten bysitzer am bequemlichesten unnd wenigsten Costen von uch parthyen zu allen teilen zugeschehen.* Damit erklären sich die Parteien einverstanden. Zahlreiche Anträge auf Fristverlängerungen insbesondere der bayerischen Partei verschleppten den Prozeß; erst etwa zwei Jahre später, am 17. April 1510, konnte wieder in Tübingen mündlich verhandelt werden[175]. Bei diesem Rechtstag haben Reuchlin, Winkelhofer und Konrad Krafft die Sache zur Entscheidung angenommen, allerdings mit dem Vorbehalt, nochmals in die Beweisaufnahme einzutreten[176].

Am 22. Oktober 1510 fand die nächste Verhandlung in Tübingen statt[177]. Bei dieser zeigt sich, daß für eine endgültige Entscheidung immer noch nicht hinreichen Beweis erhoben worden war. Hatte bislang die Frage im Vordergrund gestanden, ob die Stadt Wemding eine Freiheit besaß, nach der sie nicht gezwungen werden konnte, den Grafen von Oettingen zu huldigen, geriet bei diesem Rechtstag das Problem in den Blick, ob das Stift Regensburg als Lehensherr und die Agnaten des bayerischen Herzogs dem Verkauf und der Übergabe Wemdings zugestimmt hatten. Nun wurde deshalb von Reuchlin und seinen Beisitzern zugelassen, daß die von Wolfgang von Oettingen angebote-

---

[171] Daß kommissionierte Richter Zeugen an ihrem Wohnsitz verhörten, war nicht ungewöhnlich, S. Budischin, H. J., Der gelehrte Zivilprozeß S. 192.

[172] Herzog Albrecht v. Bayern starb am 18. März 1508. Die Bitte Wemdings ist v. Mo. n. Reminiscere.

[173] Mo., Di. u. Mi. n. Mis. Dom.

[174] Schreiben Horns v. Mo. n. Judica.

[175] Zur Fristverlängerung als prozeßtaktisches Mittel der Prozeßverschleppung s. Wesener, G., Prozeßverschleppung Sp. 69. Auch Wemding beantragte bisweilen Fristverlängerungen.

[176] Zu diesem Vorbehalt Budischin, H. J., Der gelehrte Zivilprozeß S. 224 ff.

[177] Di. n. Ursula.

nen Zeugen verhört werden sollten. Dazu wurde diesmal der Schreiber und Notar Lienhard Jung aus Ulm bestimmt, der die benannten Zeugen am 20. Januar 1511 in Regensburg vernehmen sollte[178]. Wiederum erbitten die Parteien eine Verlegung des Termins, so daß das Protokoll der Verhörung erst am 21. Mai 1511 an Reuchlin überschickt werden kann[179].

Die Zeugenaussagen aus Regensburg wurden bei einem Rechtstag vor dem Bundesgericht in Tübingen am 5. Juli 1511 von den Parteien ausgiebig diskutiert. Daraufhin wollten die Bundesrichter die Sache überdenken, und schließlich wurde auf den 29. Jänner 1512 ein Termin zur Verkündung des Endurteils festgesetzt[180].

Nachdem bei diesem *zu allen teillen all sache unico actu reproduciert* wurde[181], schlossen Reuchlin als Richter mit seinen Beisitzern erneut die Verhandlung und entschied mit einem Grundurteil, daß der bayerische Herzog Wemding nicht gegen dessen Willen verkaufen dürfe, aber Graf Wolfgang von Oettingen das gesamte Interesse zu erstatten habe[182]. Zur Bestimmung der Höhe des Interesses solle noch weiter verhandelt und dann mit Urteil dieses festgesetzt werden.

Nach der Urteilsverkündung erklärte die Oettinger Seite spontan, daß sie zwar nicht das bekommen habe, was sie begehrte, jedoch sei sie bereit, das Urteil anzunehmen; das Interesse berechnete sie auf 82.000 fl., das neben der Rückzahlung des bereits geleisteten Kaufpreises verlangt wurde.

Im Gegensatz dazu war Johannes Lupfdich als bayerischer Anwalt mit dem ergangenen Urteil Reuchlins und dessen Beisitzer nicht einverstanden. Er begrüßte es insofern[183], als Wemding bei Bayern blieb, jedoch die Verurteilung in das Interesse wollte er nicht anerkennen, sondern dagegen *viva voce* an das Reichskammergericht appellieren. Dies hielt Graf Wolfgang von Oettingen jedoch für unzulässig, da es nicht möglich sei, nur gegen einzelne Teile eines

---

178 Sebastianstag.

179 Mi. n. Cantate.

180 In der Ladung zu diesem Rechtstag v. 5. Jan. 1512 (Mo. n. Circ. Dom.) führt Reuchlin aus: *Unnd nach dem ich sampt mein zugeordneten beysitzern vor unnd seyther die hanndlung mit höchstem und villgebruchtem vleis mü unnd arbait besichtiget und erweget [...].*

181 Anwälte waren bei diesem Rechtstag Johannes Lupfdich für sowohl Bayern als auch Wemding und Johannes Hemminger und Christoph Gugell für Graf Wolfgang von Oettingen, der auch persönlich anwesend war.

182 *[...] das unnser gnädiger herr Hertzog Wilhälm [...] unnserm gnädigen herren Graue Wolffgangen umb seiner gnanden fürgewendte Clag wytter nichtzit dann all seiner gnaden Interesse uff sein Grave Wolffgangs darlegen unnßer gnädigen herren hertzog Wilhälms ynred unnd unnser der Richter mäßigung abzulegen zubezalen unnd zugeben pflichtig sein soll [...].*

183 *[...] Unnd bedanncketen sich gegen unns Richtern güts Rechtes [...].*

Urteils zu appellieren; eine Appellation richte sich stets gegen das ganze Urteil. Und wenn Bayern an das Reichskammergericht appelliere, so wolle er es auch tun. Am 4. März 1512 wurde die Appellation nach Eidesleistung und Kautionszahlung, wie es nach Tit. 25 der Bundesordnung vorgeschrieben war, zugelassen[184]. Allerdings dauerte es noch fast ein Jahr bis das Prozeßlibell fertig geschrieben war und an die Parteien übergeben werden konnte[185], was wohl nur auf den beträchtlichen Umfang der Akte zurückzuführen ist.

Doch bereits am 11. Februar 1512 hatte sich der bayerische Herzog wegen der Appellation an das Reichskammergericht an seinen Rat Hieronymus von Croaria gewandt[186]. Da auf bayerischer Seite Unsicherheit herrschte, ob man wirklich gegen das kurz zuvor gesprochene Urteil an das Reichskammergericht appellieren sollte, bat der Herzog Hieronymus von Croaria, daß dieser *mit allem vleis darüber einen Ratschlag* verfasse[187]. Da das Prozeßlibell jedoch noch nicht gefertigt sei, könne Croaria beim Kanzler Johannes Neunhauser Abschriften der Schriftsätze und der Protokolle erhalten. Croaria reiste daraufhin nach München, um mit den herzoglichen Räten darüber zu sprechen[188]. Allerdings überschickte Croaria nicht schnell genug sein Gutachten, so daß er am 22. Oktober 1512 von Herzog Wilhelm gemahnt und erneut aufgefordert wurde, den Ratschlag unverzüglich zu überschicken[189]. In einem darauf Bezug nehmenden Schreiben vom 27. Oktober 1512 wies dann Hieronymus von Croaria darauf hin, daß er im Rechtsstreit vor Reuchlin und dessen Beisitzern die Interessen von Wemding auf Befehl des Herzogs von Bayern vertreten habe[190]. Das Ziel von Wemding sei der Verbleib bei Bayern gewesen, was Croaria erreicht habe. Nun komme es ihm aber unnötig vor, daß er gegen ein Urteil, das genau seinen Anträgen entspreche, ein Gutachten verfassen solle[191].

Demungeachtet hat Hieronymus von Croaria ein Gutachten über das Endurteil im Streit um Wemding verfaßt, welches zeigt, was ein zeitgenössischer

---

184 Am Do. n. Invocavit; das Datum bei Carl, H., Triumvir Sueviae S. 78 (4. April) ist falsch; anstatt von Johannes Lupfdich erscheint als Afteranwalt dessen Schwager Meister Konrad Lutz. Zu Eid und Kaution S. Datt, J. P., Volumen S. 355 u. S. 464 Rnn. 9 ff.

185 So der Gerichtsschreiber Johannes Zweifel, das Libell wurde fertig am 12. Febr. 1513 (Sa. v. Invocavit).

186 Mi. n. Dorothee, StA Augsburg Reichsstadt Nördlingen/MÜB 1050 Nr. 55.

187 StA Augsburg Reichsstadt Nördlingen/MÜB 1050 Nr. 55.

188 StA Augsburg Reichsstadt Nördlingen/MÜB 1050 Nr. 57.

189 Brief v. Fr. n. Galli, StA Augsburg Reichsstadt Nördlingen/MÜB 1050 Nr. 56.

190 Brief v. Mi. v. Simon und Judas, StA Augsburg Reichsstadt Nördlingen/MÜB 1050 Nr. 57.

191 StA Augsburg Reichsstadt Nördlingen/MÜB 1050 Nr. 57: *[...] gedüngkt mich etwas überflüssig sein zu ratschlagen wider solhs urtail das doch denn von wembdingen dinstlich ist [...].*

Rechtsgelehrter von dem unter Vorsitz von Reuchlin gefällten Urteil hielt[192]. In diesem Gutachten geht Croaria im wesentlichen darauf ein, ob das Urteil von Reuchlin und dessen Beisitzer wohl richtig sei. Da das Bundesgerichtsurteil, wie damals üblich, ohne Angabe der Gründe erging, bekommt man mit diesem Gutachten einen Einblick, auf welcher Grundlage Reuchlin und die beiden Beisitzer ihre Entscheidung gestützt haben könnten. Dazu stellt Croaria anfangs drei Fragen, die er dann jeweils ausführlich beantworten möchte. Die zentrale Frage, ob Herzog Wilhelm das Interesse zu bezahlen habe, stellt Croaria gleich zu Beginn. Dann erörtert er, wie hoch das Interesse wohl sein sollte, um schließlich Lösungsmöglichkeiten anzudenken, die zu außergerichtlicher Einigung führen könnten[193].

In den gutachterlichen Überlegungen zu der ersten Frage stellt Croaria zunächst fest, daß ein jeder Verkäufer die verkaufte Sache dem Käufer zu übereignen habe, und tue er dies nicht, so müsse er dem Vertragspartner das Interesse erlegen. Gestützt werden diese Ausführungen von Croaria mit zahlreichen Hinweisen auf Digestenfragmente, den iustinianischen Kodex und auf Ausführungen von Bartolus zu diesen Stellen[194]. Daran anschließend überlegt Croaria, ob der Herzog mit der Erfüllung seiner kaufvertraglichen Pflicht etwa im Verzug war; er kommt jedoch zu dem Ergebnis, daß wegen der gewährten Freiheiten der Stadt Wemding eine Vertragserfüllung *de iure* unmöglich war, womit mangels Verzug der Herzog nicht auf das Interesse hafte[195]. Wiederum zieht Croaria hierzu das römische Recht heran und belegt seine Meinung mit Hinweisen auf die Digesten[196]. Allerdings sei es dem bayerischen Herzog durchaus bekannt gewesen, daß er die Stadt Wemding nicht verkaufen durfte, woraus Croaria schließt, daß dem Herzog die *bona fides* gefehlt habe. Dagegen habe Graf Wolfgang von Oettingen durchaus mit gutem Glauben den Vertrag geschlossen, so daß aus diesem Umstand ein Anspruch des Grafen auf das Interesse gegeben sei. Zur Unterstützung dieses Ergebnisses verweist Croaria nochmals auf Regeln des römischen Rechtes; aber auch im Liber Extra findet er Belege für seine Position, die er nicht weiter ausführt[197].

---

[192] Fragmentarisches Konzept erhalten in StA Augsburg Reichsstadt Nördlingen/MÜB 1050 Nr. 28. Ob Croaria das Gutachten an den Auftraggeber übergab, ist nicht zu ersehen.

[193] Die Antwort auf die dritte Frage ist nicht erhalten.

[194] D. 19, 1, 1, pr.; D. 45, 1, 28, unius; D. 45, 1, 52; D. 45, 1, 72, pr.; D. 18, 1, 19 und C. 4, 45, 2.

[195] *[...] quia de iure non potuit tradere obstante plurima promissione et sic de iure impossibile fuit*, StA Augsburg Reichsstadt Nördlingen/MÜB 1050 Nr. 28.

[196] D. 28, 7, 9 u. 14; D. 50, 16, 125; D. 50, 17, 185; D. 50, 17, 88 und D. 12, 1, 40 a. E.

[197] D. 12, 5, 2; D. 19, 1, 1; D. 18, 1, 28, unius; C. 2, 4, 30; X 3, 8, 8 und X 3, 24, 8.

In bezug auf die Höhe des zu zahlenden Interesses weiß Hieronymus von Croaria allerdings keine genauen Angaben zu machen. Immerhin führt er aus, daß der bereits gezahlte Kaufpreis mit 5% Zinsen an Graf Wolfgang von Oettingen zurückgezahlt werden müsse, zu dem noch die Erstattung des entgangenen Nutzen käme[198].

Somit kommt der Ingolstädter Ordinarius in der rechtlichen Bewertung des Falles zum gleichen Ergebnis wie Reuchlin und dessen Beisitzer. Die von Croaria angeführten Rechtssätze des römischen und des kanonischen Rechtes waren während des Prozesses auch vor den Bundesrichtern mehrfach angeführt worden, so daß sie desgleichen bei der Urteilsfindung der Bundesrichter eine tragende Rolle gehabt haben dürften.

Da Hieronymus v. Croaria zum gleichen Ergebnis wie das Bundesgericht kam, konnte er in seinem Schreiben v. 27. Oktober 1512 dem bayerischen Fürsten mitteilen, daß er keinen Grund wisse, *warumb doch des pundtsrichter urtail ungerecht sein solte*[199]. Jedoch glaubt Croaria, daß das Verhalten der Bayern im Prozeß die Bundesrichter etwas für den Grafen von Oettingen eingenommen habe. Dadurch, daß ein Anwalt mehrmals sowohl Bayern als auch Wemding vertreten habe[200], sei nicht nur Graf Wolfgang von Oettingen argwöhnisch geworden[201].

Zur Frage, ob eine Appellation an das Reichskammergericht sinnvoll sei, äußert sich Hieronymus v. Croaria sehr zurückhaltend. Allein die Höhe des Interesses und daß die Richter dieses mit einem weiteren Urteil bestimmen wollten, könnte nach seiner Meinung ein Appellationsgrund sein[202]. Allerdings sei das Urteil noch gar nicht ergangen, so daß Croaria die mittlerweile betriebene Appellation für voreilig hält[203]. Zudem würden üblicherweise nur 1/10 bis 1/4 des geforderten Interesses zugesprochen werden, so daß der Herzog vielleicht ein gar nicht so ungünstiges Urteil zu erwarten gehabt habe. Des weiteren befürchtet Croaria, daß das Reichskammergericht das Interesse womöglich viel

---

198 Das *interesse singulare vel assertione*.

199 StA Augsburg Reichsstadt Nördlingen/MÜB 1050 Nr. 57.

200 Croaria gab seine anwaltliche Vertretung auf, als er das Fiskalamt zu Regensburg übernahm, woraufhin Dietrich Reischach Bayern und Wemding vertrat. Später war Johannes Lupfdich Anwalt der beiden Parteien, StA Augsburg Reichsstadt Nördlingen/MÜB 1050 Nr. 57.

201 StA Augsburg Reichsstadt Nördlingen/MÜB 1050 Nr. 57; Croaria schreibt, daß ihm das *ungeschigkt düngket und die grafen auch ander etwas argkwöniger macht*.

202 Dies und das im Absatz Folgende n. dem Brief in StA Augsburg Reichsstadt Nördlingen/MÜB 1050 Nr. 57. Daß das Interesse nach Mäßigung der Richter nach Erlaß eines Grundurteiles festgesetzt wurde, ist nicht außergewöhnliches.

203 Dazu auch ein Text Croarias in StA Augsburg Reichsstadt Nördlingen/MÜB 1050 Nr. 31.

höher taxieren werde, als es Reuchlin und dessen Beisitzer getan hätten, seien doch am Reichskammergericht *ettlich Jung unerfaren urtailer* beschäftigt.

Somit läßt sich sagen, daß das Urteil von Reuchlin und seinen zugeordneten Beisitzern von einem berühmten zeitgenössischen Juristen durchaus als richtig aufgefaßt wurde. Die Appellation an das Reichskammergericht, die letztlich durch einen 1516 geschlossenen Vergleich erledigt wurde, ist folglich kein Beleg dafür, daß das Urteil gemeinhin als unbillig empfunden wurde[204].

IV. Oettingen vs. Brandenburg wegen der elf Klagpunkte

In einem weiteren Fall waren es wieder die Grafen von Oettingen, die sich an Reuchlin als Bundesrichter wandten[205]. Schon lange zuvor war das Verhältnis der Grafen v. Oettingen mit dem Brandenburgischen Fürsten schlechter geworden. Etwa gegen 1508 kam es zu einem Höhepunkt in den Auseinandersetzungen, als mehrere Amtleute des Markgrafen von Brandenburg drei Untertanen der Grafen von Oettingen in Wassertrüdingen gefangennahmen[206]. Reuchlin forderte auf dringendes Bitten des Grafen von Oettingen den Markgrafen auf, diese unverzüglich wieder freizulassen[207]. Der Markgraf mißachtete jedoch diese Aufforderung Reuchlins, so daß Wolfgang von Oettingen den Fürstenrichter nochmals um Hilfe bat und Reuchlin dem Markgrafen *bey ainer gelltpen* befahl, die *gefangen ledig zulassen*[208].

Mit der Klage vom 23. Oktober 1508 hat sich der Graf von Oettingen an Reuchlin gewandt, mit welcher er mannigfaltige Eingriffe in Herrschaftsrechte durch die Brandenburger geltend machte[209]. Gemäß Tit. 22 der Bundesordnung von 1500 hatte Oettingen die von Johannes Lupfdich verfaßte Klagschrift in doppelter Ausfertigung an Reuchlin zu übersenden, woraufhin es diesem oblag,

---

204 Eine gedruckte Fassung des Vergleiches in FÖWA Harburg VI.4.5-2; Bayern verpflichtete sich in diesem Vergleich, jährlich fl. 600 Interesse sowie fl. 2000 Dienerschaftsgelder zu bezahlen.

205 Dieser Fall aufgenommen in Harpprecht, J. H., Staats=Archiv § 132 (=S. 127 f. u. Auszüge abgedruckt unter Nr. CCXII (=S. 307-315); zu diesem Prozeß S. Finke, K. K., Ein Urteil und idem, Johann Reuchlin. Das Prozeßlibell ist erhalten in einer als *Acta Prioris Instantiae* bezeichneten Abschrift in FÖWA Harburg VI.5.5-2.

206 Dies geht hervor aus einem Brief von Wolfgang von Oettingen an Adam von Fruntsberg v. 9. Dezember (Sa. n. Marie Empfängnis) 1508 in BayHStA München KÄA 2017 fol. 444^{r}-^{v}; dazu Carl, H., Triumvir Sueviae S. 79.

207 Reuchlin handelte somit nicht ex officio, wie Carl, H., Triumvir Sueviae S. 79 schreibt.

208 BayHStA München KÄA 2017 fol. 444^{r}.

209 Mo. n. 11 000 Jungfrauen; Abschriften in FÖWA Harburg VI.5.5-1 o. fol. und im Prozeßlibell FÖWA Harburg VI.5.5-2 o. fol. Der Streit wurde nicht erst ab 1509 vor Reuchlin verhandelt, wie Harpprecht, J. H., Staats=Archiv S. 307 behauptet.

die Kopie der Klagschrift an Markgraf Friedrich weiterzuleiten[210]. Er setzte dem Markgrafen von Brandenburg eine Frist zur Beantwortung der Klage, wobei er diesen aufforderte, alle in Frage kommenden Einreden in seiner Antwort zu nennen[211].

Brandenburg brachte zahlreiche Einreden vor, auf die jede Partei nochmals Stellungnahmen an Reuchlin übersandte. Daraufhin setzte Reuchlin einen ersten Tag zur mündlichen Verhandlung fest auf den 16. Februar 1509[212]. Bei diesem erschienen als Anwälte von Oettingen Johannes Hemminger und Christoph Gugell, für Brandenburg Johannes Lupfdich[213]. Bei diesem Rechtstag stand die Diskussion der Zuständigkeit des Gerichtes des Schwäbischen Bundes im Vordergrund. Die markgräflichen Vertreter lehnten Reuchlin als unzuständig ab, denn die Streitigkeiten mit Oettingen hätten vor der Einrichtung des Bundesgerichtes begonnen, so daß nach der Bundesordnung das Gericht nicht angerufen werden dürfe. Schon in einem Brief vom 26. Mai 1509 hatte Johannes Lupfdich dies an Reuchlin geschrieben, wobei er auf einen Prozeß des Klosters Weingarten gegen den Landvogt zu Schwaben verwies. In diesem Verfahren, das ebenfalls am Bundesgericht anhängig war, sei die Klage des Klosters abgewiesen worden, weil der Streit schon vor 1500 entstand[214]. Johannes Lupfdich, der das Kloster anwaltlich vertreten hatte, forderte nun von Reuchlin, der als Beisitzer das Urteil im Streit mit dem Landvogt gefällt hatte, daß *in gleichen sachen gleich urtail gesprochen* werde[215]. Nach ausgiebigem streitigem Verhandeln der Parteienvertreter beschlossen die Richter freilich, *längerung der reden zu verhüten* und die Frage der Bundesversammlung zu Eßlingen vorzulegen[216], die am 23. April 1509 in Eßlingen entschied, daß sie in der Sache gütlich vermitteln wolle; dazu solle aber vor dem Gericht stillgestanden werden[217]. Daraufhin wurde auf Bundesversammlungen im Juli und August die Sache erneut überdacht, jedoch kam man zum Ergebnis, daß die Hauptsache doch vor dem Bundesgericht ausgetragen werden solle[218], ein Teil

---

[210] Finke, K. K., Ein Urteil S. 28 f.

[211] Zur Eventualmaxime s. bei Fn. 153.

[212] Fr. n. Valentin, FÖWA Harburg VI.5.5-2 u. Harpprecht, J. H., Staats=Archiv S. 309.

[213] FÖWA Harburg VI.5.5-2 o. fol.; Lupfdich bestellte später Conrad Lutz als Afteranwalt.

[214] Gemeint ist wohl der Prozeß in HStA Stuttgart B 59 U 84; S. dazu bei Fn. 70.

[215] Der Brief ist datiert auf Samstag nach Erhard 1509; S. FÖWA Harburg VI.5.5-2 o. fol., Abschrift in ebenda VI.5.5-1.

[216] FÖWA Harburg VI.5.5-2 o. fol.; Auszüge bei Harpprecht, J. H., Staats=Archiv S. 309.

[217] Abschied v. St. Jörgentag der Ritter, HStA Stuttgart H 53 Bü 8 o. fol.

[218] Abschiede v. 14. Juli 1509 (Sa. v. Zwölfbotenteilung) und 22. August 1509 (Mi. v. Bartolomäus), beide in HStA Stuttgart H 53 Bü 8 o. fol. Am 22. August wurde auch

des Streites wurde allerdings weiter vor der Bundesversammlung verhandelt bis September 1509[219]. Bei einem Rechtstag am 25. Mai 1509 erklärten Reuchlin und seine Beisitzer mit einem Beiurteil das Gericht des Schwäbischen Bundes für zuständig, was die Versammlung der Bundesmitglieder angeordnet hatte. Einen Klagepunkt nahmen die Richter dabei jedoch aus und erklärten das Gericht des Schwäbischen Bundes diesbezüglich für unzuständig. Gegen dieses Beiurteil wollen die Brandenburger an das Reichskammergericht appellieren. Jedoch wird nach weiterer Diskussion um die Appellation bei einem Rechtstag am 16. Juli 1509 die Appellationsmöglichkeit mit einem Beiurteil abgelehnt[220].

Dies erschütterte die Brandenburger Seite so sehr, daß der Brandenburger Anwalt Johannes Lupfdich gebeten wurde, am fürstlichen Hof zu Onolsbach zu Beratungen zu erscheinen[221]. Schließlich ließ sich der brandenburgische Markgraf darauf ein, vor dem Bundesgericht zur Sache zu verhandeln. Gelegentliche Prozeßverschleppung durch Markgraf Friedrich von Brandenburg bewirkte, daß *abermals stillstandt geschach*, auf den Reuchlin *zu fürderung der sach* jeweils einen neuen Termin bestimmte. Rasch konnten sich die Parteien darauf einigen, daß zum Beweis ihrer Positionen Zeugen vernommen werden sollten[222]. Zum Beweis der Oettinger Position wurden darauf 80 Zeugen verhört, Brandenburg bot zu seiner Verteidigung 500 Zeugen an[223]. Gegen dieses Übermaß wandte sich jedoch die Oettingische Seite und beantragte eine Begrenzung der Zeugenzahl.

Mit einem weiteren Beiurteil erkannte Reuchlin deshalb, daß für jedes Klagstück nicht mehr als 35 Zeugen vom Markgrafen aufgeboten werden dürften. Damit war die Brandenburger Seite zunächst einverstanden, wie sich jedoch später herausstellte nur, weil sie durch ein Mißverständnis davon ausging, daß sie für jeden Artikel 35 Zeugen stellen dürfte. Nachdem Reuchlin und seine Beisitzer dieses Mißverständnis aufgeklärt hatten, wollten die Brandenburger gegen dieses Beiurteil an das Reichskammergericht appellieren. Dagegen wandten sich die Oettinger mit den Argumenten, daß die Appellation *nit in*

---

die Sache eines Todschlägers aus Uffkirch erörtert, der von Brandenburger Amtleuten den Grafen von Oettingen weggenommen wurde.

[219] Abschied v. 21. Sept. 1509 (Samst. v. Mauritius) HStA Stuttgart H 53 Bü 88 o. fol.

[220] Mo. n. Margarete; Ladung Reuchlins mit Brief v. 21. Juni 1509 (Do. v. Joh. Bapt.) in FÖWA Harburg VI.5.5-1 o. fol.

[221] Brief an Lupfdich v. 11. Aug. 1509 (Sa. n. Oswald), StA Bamberg C 3 Nr. 625 fol. 177^r-178^r; darin heißt es, es sei dem Markgrafen *mercklich an diser sach gelegen.*

[222] Der Streit um Lienhard Weber als Kommissar der Zeugenverhörung, den Carl, H., Triumvir Sueviae S. 80 andeutet, entstand nicht anläßlich dieses Prozesses, sondern während einem Streit, bei dem das Kloster von Sulz als dritte Partei beteiligt war, s. bei Fn. 870.

[223] Zahlen nach *Unnderricht [...]* in FÖWA Harburg VI.5.5-1 o. fol.

gepürlicher Zeit gescheehen und es sich zudem nur um ein Beiurteil handele[224]. Reuchlin und seine Beisitzer schlossen sich der erstgenannten Argumentation an und sie verweigerten Markgraf Friedrich von Brandenburg die Appellation. Dieser wandte sich dessenungeachtet an das Reichskammergericht, und dort wurde die Appellation angenommen.

Obwohl das Reichskammergericht mit einem Kompulsorialbrief von Reuchlin die Gerichtsakten herausverlangte, behielt dieser die Akten zunächst in Tübingen, weil er mit der Bundesversammlung Rücksprache halten wollte. Diese konnte keine schnelle Entscheidung treffen, so daß Reuchlin bei einem Bundestag zu Augsburg sein Anliegen selbst mündlich vorbrachte. Dort wurde ihm geraten, sich dem Mandat des Reichskammergerichtes zu beugen, so daß er nach Androhung von Strafe die Akten doch an das Reichskammergericht übergab.

Daß Brandenburg mit seiner Appellation auf ein Beiurteil gegen die Bundesordnung handelte, ist nicht richtig. Auch das Reichskammergericht verstieß mit der Annahme der Appellation nicht gegen die Bundesordnung, denn nach Tit. 25 der Bundeseinung war den Parteien eines Rechtsstreites vor dem Gericht des Schwäbischen Bundes ausdrücklich erlaubt, schon gegen Beiurteile zu appellieren. Dies kam am Bundesgericht bisweilen vor, so daß in diesem Verfahren nicht unzulässig eingegriffen wurde[225]. Damit war der Prozeß vor Reuchlin beendet; eine Zurückverweisung vom Reichskammergericht an das Bundesgericht erfolgte nicht.

V. Oettingen vs Brandenburg wegen des Klosters Sulz

Die Grafen von Oettingen haben gleichzeitig zu dem zuvor geschilderten Prozeß noch einen zweiten Rechtsstreit mit dem Markgrafen von Brandenburg und dem Kloster zu Sulz vor dem Bundesgericht unter Leitung von Reuchlin ausgetragen. Dazu sind jedoch nur ganz wenige Hinweise in den überlieferten Archivbeständen zu finden. Aus einem Brief Reuchlins am Graf Joachim von Oettingen geht jedoch hervor, daß die mündlichen Verhandlungen in diesem Streit an den gleichen Tagen stattfanden, wie in dem Streit wegen der elf Klagpunkten[226]. An einen auf den 7. November 1511 festgesetzten Termin erinnerte Reuchlin am 25. Oktober 1511 die Grafen von Oettingen[227]. Die brandenburgische Partei versuchte wohl auch diesen Prozeß durch die Benennung sehr vieler

[224] Erzählung gestützt auf *Unnderricht [...]* in FÖWA Harburg VI.5.5-1 o. fol..

[225] Carl, H., Triumvir Sueviae S. 80 geht -mit Rückgriff auf K. K. Finke- bei seiner abweichenden Einschätzung fälschlich davon aus, daß gegen Beiurteile die Appellation unzulässig war.

[226] Undatierter Brief in FÖWA Harburg VI.5.5-1 o. fol.

[227] Brief v. Sa. n. elftausend Jungfrauen 1509 in FÖWA Harburg VI.5.5-1 o. fol.

Zeugen zu verschleppen. Zur Vernehmung der Zeugen bestimmte Reuchlin den Ulmer Stadtschreiber Lienhard Weber gen. Jung, den der Markgraf wegen Befangenheit ablehnte[228]. Nachdem Reuchlin bei dem Ulmer Stadtschreiber nachgefragt und dieser seine Unbefangenheit versichert hatte, bat Reuchlin jedoch Markgraf Friedrich von Brandenburg, mit der Einsetzung des kommissarischen Richters einverstanden zu sein[229]. Weitere Archivalien ließen sich zu diesem Prozeß nicht ermitteln, sodaß die Schilderung fragmentarisch bleiben muß.

D. Die Aufgabe des Richteramtes

Aus einer Instruktion für bayerische Räte von 1513 erfährt man, daß Reuchlin nach elfjähriger Richtertätigkeit sein Amt auf eigenen Wunsch aufgab[230]. Welche Gründe Reuchlin bewogen, diese angesehene und hochdotierte Stellung aufzugeben, läßt sich nicht mehr ermitteln. Da bereits im Februar 1512 der württembergische Herzog der Bundeserstreckung nicht beigetreten war, könnte es sein, daß auch für einen Richter, der als Rat eine enge Beziehung zum Württembergischen Hof gepflegt hatte und noch bisweilen für diesen tätig wurde, kein Platz mehr am Bundesgericht war[231]. Vielleicht hat auch die Verlegung des Tagungsortes des Gerichtes von Tübingen nach Augsburg eine Rolle bei Reuchlins Entscheidung gespielt[232]. Die vom Bund geforderte Präsenzpflicht der Richter hätte Reuchlin gezwungen, nach Augsburg umzuziehen, was dieser wohl ablehnte. Jedenfalls stellt Wilhelm Güß in einem Schreiben an den Mark-

---

[228] Brief von Weber an Reuchlin v. 9. April (Di. n. Quasimodogeniti) 1510 in StA Bamberg C 3 Nr. 625 fol. 213^{r} f.

[229] Brief Reuchlins und der beiden anderen Bundesrichter v. 20. April (Sa. vor Jubilate) 1510 in StA Bamberg C 3 Nr. 625 fol. 214^{r}; Weber bringt Reuchlin gegenüber vor, er sei *mein herrn von Ötingen mein leben lanng mit dheinen pflichten noch dienstbarkaiten nie verwanndt auch in Iren geschäfften nit gebraucht und zu dhainem ampt gefurdert* gewesen, s. d. Brief Webers an Reuchlin. Der Entwurf des Antwortschreibens an Reuchlin und die anderen Bundesrichter in StA Bamberg C 3 Nr. 625 fol. 215^{r}.

[230] Carl, H., Triumvir Sueviae S. 83; die Instruktion ist für den Bundestag zu Augsburg am 23. Jan. 1513 (So. n. Antonius); in ihr heißt es, daß *Doctor Johann Reuchlin Pundtsrichter sein ambt aufgesagt hab*, BayHStA München KÄA 2019 fol. 16^{r}; ob Reuchlins Amtsaufgabe freiwillig war, wie Carl, H., ebenda behauptet, läßt sich somit daraus nicht eindeutig ersehen; zu Carls These s. den Bericht v. Reiling, E., Reuchlin und die politischen Kräfte seiner Zeit S. 737. Reuchlins zunächst auf drei Jahre befristete Amtszeit wurde nahtlos verlängert, s. De Accentibvs, et orthographia fol. A 3^{r}: *[...] ad summam Triumviratus Sueviae dignitatem electus quem undecim annos continuos gessi [...].*

[231] Zur württembergischen Haltung zur Bundeserstreckung 1512 s. Knapp, T., Vom Gericht S. 523.

[232] So Carl, H., Triumvir Sueviae S. 83; am 14. Okt. 1512 wurde als Gerichtsort ab dem 1. Feb. 1513 für zehn Jahre Augsburg bestimmt, dazu Knapp, T., Vom Gericht S. 523.

grafen Friedrich von Brandenburg einen Zusammenhang zwischen der Veränderung des Gerichtsortes und Reuchlins Amtsaufgabe dar[233].

Zusammen mit Reuchlin gaben auch die beiden anderen Richter Heinrich Winkelhofer und Konrad Krafft ihr Amt auf[234], und das Gericht blieb aufgrund von Besetzungsproblemen einige Zeit unbesetzt. So mußten beispielsweise Dechant und Stift zu Ellwangen eine Klage gegen die Grafen von Oettingen noch am 4. Februar 1513 vor dem Bundeshauptmann Adam v. Fruntsberg einbringen, *dann das Gericht vermelts Bundts mit iren Richtern und Beysitzern nach der Ordnung nit besetzt gewesen ist*[235]. Und erst am 24. Februar 1513 konnte Wilhelm Güß den Fürsten des Bundes endlich mitteilen, daß als Nachfolger für Reuchlin der Ingolstädter Ordinarius für kanonisches Recht Hieronymus von Croaria gefunden worden sei[236].

Den Bundesrichtern und Gerichtsschreibern war vom Schwäbischen Bund jeweils ein hoher Sold versprochen worden[237]. Auch Reuchlin wurde mit der Amtsübernahme 1502 eine Bezahlung von 200 fl. jährlich zugesagt[238], womit er etwa das doppelte Gehalt eines Tübinger Universitätsprofessors bezog[239]. Bezahlt werden sollte das Gerichtspersonal jeweils auf Quatember[240], was aber wohl selten pünktlich geschah.

So erhielt Reuchlin zu Beginn seiner Richtertätigkeit nicht seinen versprochenen Sold. Deshalb wandte er sich 1503 mit der Beschwerde an Herzog Albrecht in München, es sei schon die *sechsten quattembre das man mir noch*

---

233 Brief v. 24. Febr. 1513 (hl. Matth.), StA Bamberg C 3 Nr. 627 fol. 30^{r}.

234 Carl, H., Triumvir Sueviae S. 83.

235 Das Prozeßlibell erhalten in BayHStA München RKG 4931, das Zitat dort fol. 1^{r}. Es wurde dann der Lizentiat Silvester Schleicher Richter des Adels, auf den Hieronymus Locher im Amt folgte (beide nicht genannt bei Frey, S., Das Gericht. Locher ist als Richter nachweisbar bei dem Streit zwischen der Reichsstadt Isny und Wilhelm Truchseß zu Waldburg, S. HStA Stuttgart C 3 Bü 2241).

236 Brief datiert auf hl. Matth. in StA Bamberg C 3 Nr. 627 fol. 30^{r}; zur Richtertätigkeit Croarias Solleder, F., Herzog Ottheinrichs Frage, S. 317. Die Universität zu Ingolstadt hatte zuvor den bayerischen Herzog gebeten, sich für Croaria oder einen anderen ingolstädter Rechtsprofessor einzusetzen, S. BayHStA München KÄA 2019 fol. 16^{r}. Hieronymus v. Croaria sollte als Nachfolger Reuchlins erstmals bei einem Rechtstag in Augsburg am 24. Mai 1513 (Aftermo. n. Trinitatis) als Beisitzer mitwirken, konnte jedoch wegen Krankheit nicht erscheinen, BayHStA München RKG 4931 fol. 13^{r}. Als Croarias Nachfolger wird für den 19. Aug. 1515 (Mo. n. Ass. Marie) Sebastian Ilsungen genannt, s. HStA Stuttgart C 3 Bü 2241 o. fol.

237 Bisweilen wurde die Besoldung als zu hoch angesehen, Frey, S., Das Gericht S. 256.

238 S. den Abschied in StA Bamberg C 3 Nr. 624 fol. 303^{r} u. Datt, J. P., Volumen S. 454 Rn. 26.

239 Finke, K. K., Ein Urteil S. 27 Fn. 23; Reuchlins Vorgänger erhielt nur 100 fl.

240 StA Bamberg C 3 Nr. 624 fol. 303^{r}; bei Datt, J. P., Volumen S. 454 Rn. 26 heißt es irrtümlich, Reuchlin solle seinen Sold jeweils zur vierten Quatember erhalten.

weder heller noch pfennig nye gegeben hat, darumb ich dann vil nach reyttens unnd bottenlons hab müssen lyden[241]. Da sein *vermögen so wyt nit raicht*, um den Sold so lange zu entbehren, bat er den Herzog, er möge sich auf dem folgenden Bundestag zu Augsburg dafür einsetzen, daß er seine 300 fl. erhalte[242]. Wie man allerdings aus einer Rechnungsaufstellung erfährt, standen am 13. Juni 1503 weiterhin Soldzahlungen aus[243]. Und noch ein halbes Jahr später wurden dem Fürstenrichter 133 fl. und 37 Kreuzer an ausstehendem Sold übergeben[244].

Derartige Schwierigkeiten bei der Bezahlung gab es während der Richtertätigkeit Reuchlins wohl mehrfach. Als gegen Ende der zwölfjährigen Einung eine Liste der noch ausstehenden Ausgaben des Schwäbischen Bundes erstellt wurde, wurde unter anderem darauf hingewiesen, daß sowohl der Gerichtsschreiber, als auch der Richter der Fürsten noch nicht bezahlt seien[245]. Obwohl schon mit der Bekanntgabe dieser Liste an die Bundesmitglieder die Kurfürsten und Fürsten aufgefordert wurden, den Richter zu bezahlen, damit sich dieser nicht beklagen könne, erhielt Reuchlin bis zu seiner Amtsniederlegung nicht seinen bereits zwei Jahre ausstehenden Sold[246].

Deshalb bediente sich Reuchlin im Februar 1513 eines Druckmittels, das er wohl schon aus einem während seiner Amtszeit ausgetragenen Streit der Erben des ehemaligen Gerichtsschreibers Matthias Horn mit dem Schwäbischen Bund kannte: Dieser hatte sich bereits 1501 beklagt, daß er lange Zeit seinen zugesagten Sold nicht erhalten habe[247]. Und bis zu dessen Tod am 6. April 1505 blieb der Bund dem Gerichtsschreiber Soldzahlungen schuldig[248]. Um den Bund doch noch zur Zahlung zu zwingen, übten die Erben von Matthias Horn auf den Schwäbischen Bund und dessen Gericht damit Druck aus, daß sie die Gerichtsakten, die sich im Besitz des Bundesschreibers befanden, behielten, womit der Gerichtsbetrieb in Tübingen zumindest teilweise lahmgelegt wur-

---

241 BayHStA München KÄA 2017 fol. 42^{r}; der Brief, der auch kurz bei Carl, H., Triumvir Sueviae S. 83 f. erwähnt wird, ist datiert auf 5. April 1503 (Mi. n. Judica).

242 BayHStA München KÄA 2017 fol. 42^{r}.

243 StA Bamberg C 3 Nr. 625 fol. 7^{r}.

244 Auflistung der Bundesausgaben v. 8. Dez. 1503 in HStA Stuttgart H 53 Bü 7 o. fol.

245 BayHStA München KÄA 2018 fol. 310^{v}-311^{r}; die Aufstellung ist datiert auf 3. Juni 1512 (Do. n. Pfingsten).

246 Eine Rechnung vom 12. Okt. 1512 (Aftermo. n. Dionysius) hatte zuvor nochmals auf die Schulden des Bundes bei Reuchlin hingewiesen, BayHStA München KÄA 2018 fol. 343^{r-v}.

247 StadtA Ulm A 1132 fol. 31^{r}.

248 Zur Vita Horns S. Schuler, P.-J., Notare S. 199.

de[249]. Erst im darauffolgenden Oktober konnten sich die Erben und der Bund gütlich einigen, aber es dauerte noch einen weiteren Monat, bis die Richter Konrad Krafft, Heinrich Winkelhofer und Johannes Reuchlin ihre Arbeit wieder aufnehmen konnten[250].

In gleicher Weise wollte Reuchlin den Schwäbischen Bund dazu bewegen, die Ausstände zu begleichen. Darum behielt er zusammen mit den beiden anderen Richtern, die ebenfalls ihr Amt aufgaben, die Gerichtsakten und die Kasse mit dem Gerichtsgeld zurück. Er war nur bereit, diese gegen Zahlung des ausstehenden Soldes der vergangenen zwei Jahre herauszugeben[251]. Wie einst im Streit um den Gerichtschreibersold wurde mit diesem Zurückhalten der Akten der Gerichtsbetrieb stark behindert, was in einem Schreiben an den brandenburgischen Markgrafen als besonders schwerwiegende Folge hervorgehoben wird[252]. Da gerade Markgraf Friedrich von Brandenburg stets hohe Schulden beim Bund hatte, wurde insbesondere dieser von der Bundesversammlung zur Zahlung der Bundesabgaben aufgefordert, damit der Bundeshauptmann Wilhelm Güß *gemelt PundsRichter und gerichtsschreiber Irs solds verrichten und dardurch die acta und capsen redimiren und erlösen Auf das auch die anhangigen sachen und das gericht wie das verlassen widerumb in übung kumen und gebraucht werden*[253]. Freilich konnte mit dieser Mahnung der ständige Schuldner des Bundes nicht zur Beitragsleistung bewegt werden, so daß in einem weiteren Schreiben der Markgraf von Wilhelm Güß im Februar 1513 nochmals gemahnt und ihm die Dringlichkeit erneut dargestellt wurde[254]. Als Ursache für die Weigerung der drei scheidenden Bundesrichter verweist der Bundeshauptmann dabei darauf, daß *der fürsten Richter doctor Reuchlin seins Solds und*

---

[249] S. den Bericht in HStA Stuttgart C 3 Bü W2046 b fol. 41^{v}-42^{r}, wo es heißt, es sei den Richtern *nit muglich gewest im hanndell zu procedieren dieweil sie die vorgenden acta diser handlung nit byhannden hetten.*

[250] Die Vereinbarung des Bundes mit den Erben v. 11. Okt. 1505 (Sa. v. Gallus) in HStA Stuttgart H 53 Bü 87 o. fol., unvollst. Regest bei Klüpfel, K., Urkunden, erster Teil S. 540; Andreas Horn, Sohn des Matthias Horn und Stadtschreiber zu Urach, half dem Gericht bei der Wiederaufnahme des Gerichtsbetriebes am 21. Nov. 1505 (Fr. n. Othmar), s. HStA Stuttgart C 3 Bü W2046 b fol. 423^{r-v}.

[251] Die ist mitgeteilt in einem Brief von einer Versammlung der Botschafter, Hauptleute u. Räte an Markgraf Friedrich von Brandenburg v. 6. Feb. 1513 (Sa. n. Pur. Marie), StA Bamberg C 3 Nr. 627 fol. 28^{r-v}. Auch der Gerichtsschreiber war noch nicht bezahlt worden, s. ibid. fol. 28^{r}. Dieser gab entgegen Carl, H., Triumvir Sueviae S. 83 sein Amt mit dem Wechsel nach Augsburg nicht auf, Beleg als Gerichtsschreiber für 1511 s. HStA Stuttgart C 3 Bü W 2046b fol. 431^{r}, für den 12. Febr. 1513, als das Gericht bereits in Augsburg war, s. FÖWA Harburg VI.4.6-2 fol. 680^{r}.

[252] StA Bamberg C 3 Nr. 627 fol. 28^{r-v} u. 30^{r}.

[253] StA Bamberg C 3 Nr. 627 fol. 28^{v}. Ausstehende Beitragszahlungen Brandenburgs waren auf der Bundesversammlung v. 11. Okt. 1505 (Sa. v. Gallus) bereits Verhandlungsgegenstand, HStA Stuttgart H 53 Bü 87 o. fol.

[254] Brief v. 24. Febr. 1513, StA Bamberg C 3 Nr. 627 fol. 30^{r-v}.

Lidlons noch unbetzallt ist[255]. Allerdings mußte der Markgraf noch mehrfach gemahnt werden[256]. Und obwohl Brandenburg nicht alsbald bezahlte, wurden Reuchlin die letzten noch ausstehenden 205 fl. am 1. Mai 1513 im Auftrag des Schwäbischen Bundes von Konrad Peutinger übergeben[257].

E. Schlußbemerkung

Nachdem der Schwäbische Bund ein ständiges Bundesgericht eingerichtet hatte, wurde dieses schnell von den Bundesmitgliedern bei Streitigkeiten angerufen. Auffällig ist jedoch, daß verglichen mit der Gesamtzahl der Mitglieder des Schwäbischen Bundes nur wenige Mitglieder und diese meist mehrfach das Gericht in Anspruch nahmen. Auch die Zahl der vor dem Gericht auftretenden Prozeßvertreter ist gering, in vielen Verfahren standen sich Johannes Lupfdich und Johannes Hemminger als die am häufigsten nachweisbaren Anwälte gegenüber. Reuchlin war als Bundesrichter bisweilen stark gefordert. Die vor ihm geführten Prozesse gehörten dadurch, daß stets Fürsten als Beklagte beteiligt waren, die sich hartnäckig verteidigten, zu den umfangreichsten Verfahren, die zu Beginn des 16. Jahrhunderts vor das Gericht gebracht wurden.

Da er nach seiner Rückkehr nach Württemberg keine Ratsstellung am Hofe Ulrichs von Württemberg annahm, konnte sich Reuchlin auf seine gut bezahlte Richtertätigkeit konzentrieren, die ihm hohes Ansehen einbrachte. Die Richter führten die Ehrenbezeichnung *triumvires sueviae*, die auch Reuchlin in sein Richterwappen aufnahm[258].

Den Richtern des Schwäbischen Bundes widmete der Tübinger Gelehrte Michael Köchlin sein 1506 erschienenes Werk *De imperii a Grecis ad Germanos translatione*[259]. In dem an Reuchlin, Streler und Winckelhofer adressierten Widmungsbrief schildert Köchlin, daß die Richter mit Heinrich Bebel und ihm selbst gelegentlich im geselligen Kreis historisch-politische Fragen erörter-

---

[255] StA Bamberg C 3 Nr. 627 fol. 30r; Lidlohn bezeichnet den Lohn, den man bei Beendigung einer Dienstzeit erhält.

[256] S. die Schreiben an Markgraf Friedrich StA Bamberg C 3 Nr. 627 fol. 32r (20. Febr. 1513), fol. 35r-v (o. Datum) und fol. 173r (1. August 1513).

[257] Die Quittung Reuchlins in StadtA Augsburg Literalien 1.5.1514, s. dazu auch Carl, H., Triumvir Sueviae S. 84. Herr Dr. Gerald Dörner (Reuchlin-Forschungsstelle) wies mich freundlicherweise darauf hin, daß sich eine Abschrift dieser Quittung im nämlichen Archiv befindet, Signatur: Peutinger 1490-1569.

[258] Dies ist noch erkennbar auf dem Papiersiegel auf einem Schreiben Reuchlins an Wolfgang von Oettingen v. Do. v. Johannes d. Täufer 1509 in FÖWA Harburg VI.5.5-1.

[259] Hinweis darauf bei Datt, J. P., Volumen S. 454 Rn. 34.

ten[260]. Die Anwälte, die nach Ulm und Tübingen kamen, um vor dem Bundesgericht die Interessen ihrer Auftraggeber zu vertreten, gehörten obendrein zu den einflußreichsten Juristen und auch Humanisten, so daß Reuchlin durch das Bundesgericht häufigen Kontakt nicht nur mit den Juristen der Universität Tübingen wie beispielsweise Johannes Lupfdich und Johannes Hemmiger bekam, sondern auch mit dem bayerischen Rat und Ingolstädter Professor Hieronymus von Croaria. Reuchlins Engagement als Richter des Schwäbischen Bundes brachte ihm ein so hohes Maß an Ansehen, daß der Umstand, nicht als Rat unter Ulrich von Württemberg angenommen worden zu sein, nicht als Abschiebung oder Verzicht gedeutet werden kann[261].

---

[260] Köchlin, M., De imperii fol. A iii^{r} ff.; erörtert wurde beispielsweise das Verhältnis von Straßburg und dem Elsaß zu Frankreich und zu Deutschland, ob durch die translatio imperii das Reich von den Griechen auf die Franzosen oder die Deutschen übergegangen sei etc. pp.

[261] So aber Angermeier, H., Reuchlin S. 392.

Kapitel 5

Reuchlin als Gutachter

A. Reuchlins Gutachten im Fischereistreit

Als Jurist ist Reuchlin auch gelegentlich als Gutachter tätig gewesen. So erstellte Reuchlin 1488 für Heinrich von Liebenstein ein Gutachten den Streit der Reichsstadt Heilbronn mit dem Deutschen Orden betreffend, das jedoch nicht erhalten ist[1]. Dieser Streit sollte später am Gericht des Schwäbischen Bundes anhängig sein. Reuchlin benachrichtigte Heinrich von Liebenstein im Mai 1488, daß das Gutachten fertig sei und daß es bei seiner Frau abgeholt werden könne. Darüberhinaus erbat Reuchlin eine Entlohnung für das Gutachten. Weitere Informationen haben sich zu diesem Gutachten nicht erhalten[2].

B. Reuchlin als Gutachter über die Judenbücher für Maximilian I.

I. Vorgeschichte

Eine der bekanntesten Schriften Reuchlins ist ein Gutachten, das er 1510 für Kaiser Maximilian I. über die hebräischen Schriften der Juden erstellte. Das Reichsoberhaupt war durch das Betreiben von Johannes Pfefferkorn auf das jüdische Schrifttum verstärkt aufmerksam geworden. Der 1499 aus Nürnberg ausgewiesene Jude Josef Pfefferkorn war 1504 konvertiert, woraufhin er sich als Johannes Pfefferkorn unter anderem vehement für eine Konfiskation und Verbrennung der jüdischen Bücher einsetzte[3].

Am 19. August 1509 gelang es dem Proselyten mittels einer Empfehlung der Schwester von Kaiser Maximilian I. ein kaiserliches Mandat zu erlangen, das

[1] Das Gutachten ist erwähnt in einem Brief v. 8. Mai 1488, der allerdings am 4. Dez. 1944 verbrannte, Urkundenbuch der Stadt Heilbronn, Bd. 2 S. 180. Im dortigen Regest auch die im Text folgenden Aussagen.

[2] Es konnte bei Recherchen in Archiven nichts weiter gefunden werden.

[3] Zur Biographie Pfefferkorns neuerdings Kirn, H.-M., Das Bild S. 9 ff.; aus der älteren Literatur s. Geiger, L., Johannes Pfefferkorn S. 294 u. idem, Maximilian I. S. 207 ff.

ihm erlaubte, einen Teil der Bücher der Juden einzuziehen[4]. Zudem wurde Pfefferkorn ein Spezialmandat zur Beschlagnahme der Bücher in Worms ausgestellt, wo dieser den Juden 304 hebräische Bücher wegnahm[5]. Am 28. September 1509 verbrachte Pfefferkorn zudem in Frankfurt am Main 168 Bücher aus der dortigen Synagoge in das St. Martha Spital[6]. Wie Reuchlin später schilderte, wurde er von Pfefferkorn bei der Ausführung des kaiserlichen Mandates um Hilfe gebeten, da er doch des Hebräischen mächtig sei, was allerdings Reuchlin *aigner gescheff halb abgeschlagen* habe[7]. Bei einem Besuch Pfefferkorns wies Reuchlin diesen immerhin darauf hin, daß das kaiserliche Mandat in manchen Punkten fehlerhaft sei, welche er auf Wunsch Pfefferkorns diesem schriftlich niederlegte[8].

Aufgrund des Eingreifens des Mainzer Erzbischofs Uriel von Gemmingen mußte Pfefferkorn seine begonnenen Beschlagnahmen allerdings wieder einstellen. Jener zitierte Pfefferkorn in seine Aschaffenburger Residenz und bestritt vornehmlich die formelle Gültigkeit des kaiserlichen Mandates[9]. Deshalb befahl er dem Konvertiten, dieser möge sich vor weiteren Konfiskationen ein gültiges Mandat des Kaisers beschaffen. Mit diesem sollten ergänzend hebräischkundige Gutachter bestimmt werden, unter denen sich neben Victor von Karben auch Johannes Reuchlin befinden sollte.

Dieses neue Mandat stellte Kaiser Maximilian I. am 10. November 1509 aus. Den Mainzer Erzbischof forderte er hierdurch auf, einen Rat aus Sachverständigen zu bilden, dem neben Jacobus Hoogstraeten, Victor von Karben, Johannes Reuchlin und Johannes Pfefferkorn auch Gelehrte der Universitäten Köln, Mainz, Erfurt und Heidelberg angehören sollten[10]. In seinem sogenannten Augenspiegel schrieb Reuchlin später, Pfefferkorn habe ihn als hebräischkundig am kaiserlichen und am kurfürstlichen Hof ausdrücklich als Sachverständigen empfohlen[11]. Verschiedene Gründe verhinderten jedoch das Zusammentreten dieser Kommission, so daß Kaiser Maximilian I. am 6. Juli 1510 dem Mainzer Erzbischof befahl, von den genannten Universitäten und Gelehr-

---

[4] Trusen, W., Johannes Reuchlin S. 120 f. u. Kirn, H.-M., Das Bild S. 100 f.

[5] StadtA Worms Urkunde I/676, gedruckt bei Freudenthal, M., Dokumente S. 231 f. Eine Liste der beschlagnahmten Bücher in StadtA Worms Urkunden I/677 Beilage, gedruckt bei Freudenthal, M., Beiträge S. 232. Das Datum 18. Dez. (Di. n. Lucie) 1509 ist freilich nicht das Datum der Beschlagnahme, sondern eines Nachtrags Pfefferkorns.

[6] Kirn, H.-M., Das Bild S. 101; insgesamt beschlagnahmte Pfefferkorn in Frankfurt etwa 1500 Schriften, s. Trusen, W., Johannes Reuchlin S. 121; zu Pfefferkorns Beschlagnahme in Frankfurt am Main s. Kracauer, I., Geschichte S. 249 ff.

[7] Augenspiegel fol. A i^{v}.

[8] Augenspiegel fol. A i^{v}.

[9] Trusen, W., Johannes Reuchlin S. 121.

[10] Trusen, W., Johannes Reuchlin S. 122.

[11] Augenspiegel fol. XXXV^{v}.

ten Gutachten einzuholen[12]. Am 12. August 1510 erging deshalb an Reuchlin die Aufforderung des Erzbischofes, die *sachen gruntlichen und nach notturfft bewegen und ratschlagen/wie unn welcher masß/sollichs anzufahen und zu handeln sei/und sunderlichen ob sollicher bücher so die iuden über die bücher der zehen gebott und gesetz Moysi der propheten und psalters des alten testaments abzuthun göttlich loblich/unnd dem hailigen cristglauben nützlich sei/und zu meerung gots dienst/und guttem kommen möge*[13]. Nach etwa zwei Monaten, am 6. Oktober 1510, hatte Reuchlin sein Gutachten fertiggestellt.

II. Die Struktur des Gutachtens

Die Aufforderung, ein Gutachten zu verfassen, war in deutscher Sprache ergangen, weshalb es Reuchlin für angemessen hielt, seinen Ratschlag ebenfalls in dieser Sprache zu verfassen[14]. Dabei wird Reuchlin freilich auch bedacht haben, daß der Adressat seines Gutachtens der Kaiser war, der zwar Latein verstand, aber mehr Verständnis für ein Gutachten in seiner Muttersprache aufgebracht haben dürfte. Im 15. Jahrhundert sind namentlich Konsilien für Landesherrn in Deutsch verfaßt worden, so daß auch Reuchlin unbedenklich von der Gelehrtensprache Latein in seinem Gutachten Abstand nehmen konnte[15].

Daß das Gutachten für Kaiser Maximilian I. bestimmt ist, berücksichtigt Reuchlin in einfühlsamer Weise. Seine Gedanken verdeutlicht er mittels Vergleichen und Anspielungen aus den Bereichen der Jagd, des Zweikampfes, der Alchemie und der Mathematik, für die Maximilian I. großes Interesse besaß[16]. Mit einem betont höfischen Ton und lobender Erwähnung Kaiser Friedrichs III. wollte Reuchlin den Kaiser wohl ebenfalls eigens ansprechen.

Der mos italicus hatte im Mittelalter für die juristische Problemerörterung eine Art Aufbauschema entwickelt[17]. Bei diesem wird von einem genau bestimmten Problem ausgegangen, und es werden zunächst die Argumente aufge-

---

12 Trusen, W., Johannes Reuchlin S. 122 f.

13 Das Mandat v. Mo. n. Laurentius gedruckt im Augenspiegel fol. A iii^r.

14 *[...] vernacula lingua germanorum qua me conformiter ad mandatum commissionem & praeceptum uti oportebat*, Defensio S. 55; insofern ist die Deutung von Klaiber, J., Johannes Reuchlin's Beziehungen S. 132, Reuchlin habe die deutsche Sprache gewählt, um die Frage in lutherischer „Kraft und Herzhaftigkeit" vor „das Forum der Nation" zu stellen, abwegig.

15 So verfaßte beispielsweise Martin Prenninger viele deutschsprachigen Gutachten für Eberhard im Bart, s. Stievermann, D., Der Jurist S. 28 ff. Insgesamt setzte sich Deutsch als Gutachtensprache erst ab der Mitte des 16. Jahrhunderts durch, Mayer, H.-J., Die Bedeutung der Rechtsgutachten S. 115.

16 Leinz-v. Dessauer, A. in der Einleitung ihrer Editon d. Augenspiegels S. 19 f.

17 Grundlegend Viehweg, Th., Topik S. 62 ff. insb. S. 70 ff.

zählt, die für eine positive Beantwortung der gestellten Frage sprechen. Dann werden die widersprechenden Gründe genannt, um mit der Problemlösung das Gutachten abzuschließen[18]. Nach diesem im Mittelalter herausgebildeten Schema sind noch zu Beginn der Neuzeit üblicherweise Gutachten aufgebaut, wobei das zunächst bindende Aufbauprinzip mehr und mehr zu einem lockeren Gliederungsmuster abgeschwächt wird[19]. Einige der Vertreter der humanistischen Jurisprudenz wichen zu Beginn des 16. Jahrhunderts jedoch bewußt von diesem Schema ab, und sie verfaßten unter Anlehnung an die Juristen des klassischen römischen Rechtes sehr kurze Gutachten[20]. Freilich konnten diese sich damit in der Rechtspraxis nicht durchsetzen, so daß der aus dem Mittelalter stammende Aufbau für die Gutachten bestimmend blieb.

Auch das Gutachten Reuchlins über das jüdische Schrifttum folgt in etwa diesem traditionellen Gliederungsmuster. Nach der Anrede des Auftraggebers Kaiser Maximilian I. wiederholt Reuchlin als Ausgangspunkt seiner Überlegungen die ihm gestellte Frage und fixiert damit das Problem[21]. Dem Aufbauschema des mos italicus folgend nennt Reuchlin daraufhin vier Gründe für die Verbrennung jüdischer Bücher, denen er sechs Argumente gegenüberstellt[22]. Mit dem derart abgesteckten Untersuchungsfeld beginnt dann Reuchlin die Diskussion und die Beantwortung der Frage.

Für die Erörterung der Argumente gegen eine Bücherverbrennung nimmt Reuchlin eine Einteilung der Bücher in folgende sieben Kategorien vor: die 24 Bücher der jüdischen Bibel, den Talmud, die Kabbala, die Glossen und Kommentare zur Bibel, die Reden und Predigtbücher, die philosophischen und gelehrten Werke so wie schließlich Fabeln, Geschichten, Gedichte und andere kleine Schriften. Die Untersuchung der Bücher erfolgt jeweils getrennt nach dieser Einteilung. Dann setzt sich Reuchlin mit den vier Argumenten auseinander, die er für eine Schriftenverbrennung zu Beginn des Gutachtens angeführt hatte. Abschließend fügt Reuchlin Überlegungen an zu der Frage der Nützlichkeit der Erhaltung der hebräischen Bücher.

---

18 Viehweg, Th., Topik S. 70.

19 Zeller, W., Der Jurist S. 136 f.

20 Dazu ausführlich Mayer, H.-J., Die Bedeutung der Rechtsgutachten S. 117 ff., insbesondere S. 121 mit bezug auf Andreas Alciato.

21 Augenspiegel fol. I^r; ein neuer Abdruck des Gutachtens findet sich nun in dem Reuchlin-Lesebuch, S. 131 ff., das H.-R. Schwab soeben herausgegeben hat.

22 Augenspiegel fol. I^r ff.

III. Reuchlins Argumentation im Gutachten

1. Die Bücher nach einzelnen Kategorien

Die Ausgangsfrage zerfällt in zwei Teilfragen, die untrennbar miteinander verknüpft sind[23]. Laut dem kaiserlichen Mandat hatte Reuchlin als *lerer der recht* eine gutachterliche Stellungnahme abzugeben zum einen zu der Frage, ob es der christlichen Kirche nutze, wenn die jüdischen Bücher verbrannt würden, und zum anderen, ob es *von rechts wegen* zulässig sei, den Juden ihre Bücher wegzunehmen[24].

Reuchlin macht seine Rechtsauffassung gleich eingangs im Zusammenhang mit den sechs Thesen deutlich, die er für eine Erhaltung der jüdischen Literatur anführt: Erstens seien die Juden Untertanen des Reiches, so daß der Schutz des kaiserlichen Rechtes ihnen zugute komme[25]. Zudem könne ohne Zustimmung das Eigentum eines anderen nicht weggenommen werden, was auch durch kaiserliches und königliches Recht sowie durch fürstliche Satzungen garantiert sei;[26]. Selbst Räuber genössen Schutz ihres Besitzes[27]. Weiter besäßen die Juden die Erlaubnis, ihre Religion frei auszuüben[28]. Und schließlich seien die Judenbücher bislang weder von der weltlichen, noch von der geistlichen Gewalt verworfen worden[29].

Der argumentative Kern bei Reuchlins Untersuchung der einzelnen Kategorien bildet die Annahme, daß die Juden Mitbürger der Christen seien. Damit begründet Reuchlin die Anwendbarkeit des römischen Rechts auch auf die Juden, und er schließt daraus, daß deren Bücher an den auch für christliche Bücher geltenden Maßstäben gemessen werden müssen.

Nicht bei allen Bücherkategorien kommt Reuchlin bei der rechtlichen Prüfung zum gleichen Ergebnis. Für die siebte Kategorie, die nach Reuchlins Einteilung erfundene und fiktive Literatur umfaßt, befürwortet Reuchlin eine Vernichtung der Bücher, sofern sie Jesus Christus, Maria oder das Christentum an sich beleidigten. Gerechtfertigt wird ein solches Vorgehen von ihm mit Hinweisen auf ein Ulpianfragment und eine Kodexstelle, die Reuchlin in einer von

---

[23] Laufs, A., Johannes Reuchlin S. 304 f.

[24] Augenspiegel fol. I^{r}.

[25] Reuchlin verweist auf C. 1, 9, 8.

[26] Reuchlin bietet hier eine Übersetzung von D. 50, 17, 11 u. verweist zudem auf D. 43, 16, 1, 2; eine falsche Auflösung der Allegationen bei Kisch, G., Zasius und Reuchlin S. 25.

[27] X 2, 13, 5.

[28] X 5, 6, 3.

[29] Statt eines Beleges schreibt Reuchlin: *Patet per omnia corpora iuris et patrum decreta.*

ihm angefertigten Übersetzung in seinem Gutachten zitiert und aus denen das allgemeine Verbot von beleidigenden Büchern hervorgeht[30]. Ausdrücklich weist Reuchlin in diesem Zusammenhang darauf hin, daß diese Rechtsregeln nicht allein für Juden Geltung beanspruche, sondern daß diesen gegenüber verfahren werden müsse wie *mit ainem yeden cristen in der gleichen sach*[31]. Zudem leitet Reuchlin aus einer weiteren Digestenstelle ab, daß nur mit einem Gerichtsurteil die beleidigenden Bücher eingezogen werden dürften[32]. Namentlich führt Reuchlin nur die Bücher Nizzachon und Tolduth Jeschu ha nozri an, deren Vernichtung er für rechtlich zulässig erachtet.

Ähnlich beurteilt Reuchlin die philosophischen Werke und andere Bücher jüdischer Gelehrter[33]. Diese seien nur, insofern sie Lehren enthielten, die den Menschen schaden könnten, ebenso wie gleichartige lateinische oder griechische Bücher zu beseitigen. Wiederum verweist er auf die Digesten, wobei die Argumente zur Erhaltung der den Menschen nützlichen Bücher aus der Glosse von Azo und Bartolus' Kodexkommentar entnommen werden[34]. Eine Ausnahme bilden nach Reuchlin die Bücher, die als Schatz gefunden würden und damit unter dem Schutz des kaiserlichen Rechtes stünden[35].

Die von den Juden zur Ausübung ihrer Religion benötigten Bücher seien ebenfalls nur dann zu vernichten, wenn sie das Christentum beleidigten oder verbotene Künste beinhalteten. Ansonsten sei aus den Bestimmungen des Liber Extra und des Kodex Justinians, die den Juden die Religionsausübung erlauben, auch zu schließen, daß sie die dafür bestimmten Bücher verwenden dürften[36].

In bezug auf die Bibel weist Reuchlin nur kurz darauf hin, daß nach dem an ihn ergangenen Mandat diese zurecht ausgenommen wurde[37]. Zu den Glossen und den Kommentaren, die die Juden zur Bibel verfaßten, stellt Reuchlin aber umfangreichere Überlegungen an. Nach Reuchlins Auffassung sind sie für das Verständnis der Bibel von grundlegender Wichtigkeit, wofür er Unterstützung im kanonischen Recht findet[38]. Mit Hilfe dieser Kommentare könne die Bibel besser verstanden werden, denn diese jüdischen Kommentare seien oftmals

---

[30] D. 47, 10, 5, 9 u. C. 9, 36, 2; Augenspiegel fol. II^{r} f.

[31] Augenspiegel fol. II^{v}.

[32] D. 48, 20, 2; Augenspiegel fol. II^{v}.

[33] Augenspiegel fol. XIV^{v}.

[34] Für die Vernichtung D. 10, 2, 4, pr., dagegen Azos Glosse und der Kommentar von Bartolus zu C. 9, 18.

[35] C. 10, 15, 1.

[36] X 5, 6, 5. u. 5, 6, 7, C. 1, 9, 11, Augenspiegel fol. XIV^{r}.

[37] Augenspiegel fol. III^{r}.

[38] Decr. I, 9, 6 u. Decr. I, 76, 7, Augenspiegel fol. XIII^{v} f.

besser als die von Christen verfaßten[39]. Insofern seien sie *von rechtswegen* nicht zu vernichten[40].

Die Stellungnahme zur Kabbala leitet Reuchlin mit dem Hinweis ein, daß sich Pico von Mirandola schon 20 Jahre zuvor für diese eingesetzt habe und dafür angegriffen worden sei[41]. Nach einigem Streit habe schließlich Papst Alexander VI. das Buch Apologia von Pico von Mirandola approbiert. Schon zuvor sei allerdings von Papst Sixtus IV. befohlen worden, die Kabbala in das Lateinische zu übersetzten. Aus der Approbation und der Anordnung der Übersetzung schließt Reuchlin, daß eine Vernichtung der Kabbala nicht zum Vorteil des Christentums sei und sie somit nicht verbrannt werden dürfe.

Den größten Teil der Diskussion der jüdischen Bücher nimmt bei Reuchlin die Betrachtung des Talmud ein[42]. Diese beginnt Reuchlin mit Bemerkungen zum Alter und der Gliederung des Werkes, wobei er ausdrücklich darauf hinweist, daß er den Talmud nicht selbst gelesen habe und daß er deshalb seine Beurteilung auf Inhaltsangaben Dritter stützen müsse[43]. Seine Überlegungen zum Talmud gliedert Reuchlin in drei Kapitel, in denen er die nach seinem Dafürhalten einer Verbrennung entgegenstehenden Gründe erläutert.

Im ersten Teil bildet die Grundlage seiner Argumentation ein Zitat aus dem ersten Brief an die Korinther des Apostels Paulus, in dem behauptet wird, daß es auch Irrtum und Aberglauben geben müsse[44]. Nach dem kanonischen Recht diene die Beschäftigung mit nichtchristlichen Texten als Ansporn zur Überwindung der Faulheit derjenigen, welche die Bibel zu studieren haben[45]. Damit könne die Technik der Widerlegung von Lehren, die vom Christentum abweichen, erlernt werden, was Reuchlin mit einem weiteren Zitat des Apostels und der Anführung eines Hinweises auf Aristoteles weiter untermauert[46].

Überdies weist Reuchlin darauf hin, daß der Talmud aufgrund der vielen darin verwendeten Sprachen von kaum jemandem verstanden werde. Zum Beleg, welche Fehler bei der Auslegung des Talmud gemacht wurden, wendet sich Reuchlin ausführlich der Schrift „Der Judenfeind“ von Johannes Pfefferkorn zu, in welcher er zum Beleg der schweren Verständlichkeit des Talmud

---

[39] Reuchlin weist in diesem Zusammenhang auch auf die in seinem Buch *De Rudimentis Hebraicis* nachgewiesenen Fehler in christlichen Schriften hin, Augenspiegel fol. XIV^{r}.

[40] Augenspiegel fol. XIII^{r}.

[41] Augenspiegel fol. XII^{v} f.

[42] Augenspiegel fol. III^{r} ff.

[43] Augenspiegel fol. III^{r} f.

[44] 1 Kor 11, 19; Augenspiegel fol. IV^{r}.

[45] Decr. II, 24, 3, 40.

[46] Augenspiegel fol. IV^{v}, Verweis auf die Zweite Analytik des Aristoteles und den Titusbrief von Paulus, Tit 1, 9.

zahlreiche Fehler aufdeckt[47]. Aus einer Bestimmung im Dekret Gratians, nach der ein unverständlicher Gegenstand nicht wegen seiner Unverständlichkeit verworfen werden dürfen, folgt für Reuchlin, daß auch der selbst für viele Juden unverständliche Talmud nicht angetastet werden dürfe[48]. Den vielfach geäußerten Einwand, der Talmud enthalte dem Christentum widersprechende Lehren, weist Reuchlin mit dem Hinweis ab, daß nach den kirchenrechtlichen Bestimmungen auch die Gegenseite eine Gelegenheit zur Verteidigung eingeräumt bekommen müsse, was indes noch nicht geschah[49]. Wollten die Juden sich nicht selbst verteidigen, so folge aus einer Konstitution im justinianschen Kodex, daß deren Position vom Richter der Sache ermittelt werden müsse[50]. Zum Abschluß gibt Reuchlin noch zu bedenken, daß der Talmud, wenn er denn wirklich so schlecht und verwerflich sei, leicht zu widerlegen sei. Ein weiteres Mal kann Reuchlin daraus mit Hilfe des kanonischen Rechts ein Argument für die Erhaltung des Talmuds gewinnen, denn nach dem Kirchenrecht soll die Gelegenheit einer möglichst einfachen Widerlegung nichtchristlicher Lehren erhalten bleiben[51].

Im zweiten Teil der Überlegungen zum Talmud stützt sich Reuchlin auf eine Stelle aus dem Johannesevangelium, die er als *grundfeste* seines Gutachtens bezeichnet[52]. Die zunächst in deutscher Übersetzung wiedergegebene Bibelstelle legt Reuchlin in diesen Teil seiner Beweisführung eingehend mit sprachlichen Betrachtungen aus. Nachdem er damit zum Ergebnis gekommen ist, daß dieses Wort des Evangeliums sich auch auf die jüdischen Schriften beziehe, behauptet Reuchlin mit einem Beispiel, daß mit dem Talmud die Richtigkeit der christlichen Lehren bewiesen werden könne. Daraus schließt er, daß der Talmud im Grunde mit der christlichen Lehre übereinstimme, so daß die Juden damit die Richtigkeit des Christentums bestätigten. Von diesem Überlegungen kehrt Reuchlin zurück zur ihm vom Kaiser aufgetragenen rechtlichen Begutachtung. Die teilweise Übereinstimmung des Talmud mit der christlichen Lehre wertet Reuchlin als eine Vermutung für die Richtigkeit des Talmud, die ähnlich wie eine Vermutung in einem Prozeß, die aus den Akten hervorgehe, keines weiteren Beweises bedürfe[53].

---

[47] Genaue bibliographische Angaben zu dem 1509 gedruckten *Ich bin ein buchlin der Juden veindt ist mein namen* von Pfefferkorn bei Böcking, E., Ulrichi Hutteni S. 66.

[48] Decr. I, 37, 11; Augenspiegel fol. V^{v}.

[49] Decr. II, 23, 8, 14 u. I, 15, 6, 1, a. E.; Augenspiegel fol. VI^{r}.

[50] C. 2, 1, 2; Augenspiegel fol. VI^{r}.

[51] Decr. I, 13, 2; Augenspiegel fol. VI^{v}.

[52] Joh 5, 39, Augenspiegel fol. VII^{r}.

[53] Gestützt auf den Text, die Glosse und die Kommentierung des Baldus von C. 4, 29, 23, 1; Augenspiegel fol. VIII^{r}.

Mit einem dritten Teil schließt Reuchlin die Erörterungen zum Talmud ab. Ähnlich wie zu Beginn seiner Ausführungen zu diesem Werk behautet er nochmals, daß auch aus schlechten und bösen Schriften Erkenntnisse gewonnen werden könnten, was er wiederum mit dem Dekret Gratians belegt[54]. In einer umfangreichen Darlegung gesteht Reuchlin, daß der Talmud auch unsinnige und törichte Aussagen enthalte; allerdings reiche es aus, diese zu widerlegen. Das Recht erlaube die Vernichtung von Bücher, die im Ganzen dem Christentum widersprächen[55]. Schriften, die aber auch Gutes und Richtiges enthielten, seien freilich nicht zu vernichten, denn mit dem Unkraut dürfe nicht auch der Weizen ausgerissen werden[56]. Dies sei auch eigens im kanonischen Recht so bestimmt[57]. Somit kann Reuchlin zum Schluß kommen, daß der Talmud nicht verbrannt werden dürfe.

2. *Die Widerlegung der vier Gründe für eine Verbrennung*

Nach dieser eingehenden Betrachtung der jüdischen Bücher kommt Reuchlin zur Widerlegung der vier möglichen Gründe, die er eingangs für eine Vernichtung der Bücher anführte. Einige dieser Argumente greift Reuchlin bereits in seiner Erörterung der sieben Bücherkategorien auf, so daß seine Argumentation Wiederholungen aufweist.

Der erste Grund, der möglicherweise eine Büchervernichtung rechtfertigen könne, sei die Behauptung, die Juden hätten ihre Bücher gegen die Christen verfaßt. Reuchlin vertritt die Ansicht, die Juden hätten das aber nur zu ihrer Verteidigung gegen die Christen getan, und selbst das kanonische Recht ginge davon aus, daß die Juden grundsätzlich bereit seien, den Christen zu dienen[58]. Und dies könne den Christen zwar unbillig vorkommen, aber solange die Juden nur mit Verteidigungsschriften ihre Interessen verträten, könne dies nach dem römischen Recht nicht zu einem Einschreiten und einer gerechtfertigten Bücherkonfiskation führen[59].

Zum anderen könnte eine Bücherverbrennung damit begründet werden, daß die Bücher der Juden das Christentum lächerlich machten und beleidigten. Zu dieser Frage hat Reuchlin bereits umfangreich Stellung genommen, so daß er sich hier kurz faßt. Er erörtert lediglich die abweichende Lehre der Juden, die

---

[54] Decr. I, 37, 11 u. I, 37, 8; Augenspiegel fol. VIII^{v}, nochmals widerholt in Augenspiegel fol. XI^{v}, dort gestützt auf Decr. I, 37, 9.

[55] C. 1, 5, 8, 9 u. 1, 5, 6; Augenspiegel fol. XII^{v}.

[56] Matt 13, 29; Augenspiegel fol. XII^{r}.

[57] Decr. I, 15, 3; Augenspiegel fol. XII^{r}.

[58] Decr. II, 23, 8, 11; Augenspiegel fol. XV^{r}.

[59] D. 39, 3, 1, 12; Augenspiegel fol. XV^{r}.

Jesus nicht als den Erlöser ansehe. Ob dies eine Beleidigung sei, möchte Reuchlin nicht beurteilen, sondern den Kommentatoren des römischen und kanonischen Rechtes überlassen[60]. Jedoch gibt er mit einem weiteren kirchenrechtlichen Beleg zu bedenken, daß die Christen schon über 1400 Jahre lang die Schriften geduldet hätten[61]. Dies will Reuchlin offenbar als eine Vermutung zugunsten der Juden und deren Bücher verstanden wissen.

Der dritte mögliche Einwand gegen eine Erhaltung der Bücher sieht Reuchlin in der Behauptung, die jüdischen Bücher seien falsch. Dazu schreibt er, er könne diesen *nit recht verston, dann „falsch" wirt genennt in manicherlai gestalt*[62]. Reuchlin unterscheidet daraufhin drei Bedeutungsmöglichkeiten des Wortes falsch. So werde der Begriff falsch oft im Sinn von „falsch geschrieben" verwendet; solche Texte müßten aber nicht verbrannt, sondern lediglich korrigiert werden[63]. Zum zweiten sei das Wort falsch oft gleichbedeutend mit der Bezeichnung „nicht wahr". Mit einem Verweis auf die Rechtssprache, die Bezeichnungen wie beispielsweise *falsa demonstratio* enthalte, erläutert Reuchlin, daß dabei das für eine Bestrafung notwendige Merkmal einer Täuschung fehle, so daß die Bücher nicht verbrannt werden dürften[64]; nebstdem könnten nach Baldus nur Zeugen für falsche Aussagen gestraft werden[65]. Eine Vernichtung der jüdischen Bücher aus solcher Falschheit lehnt Reuchlin mit Hinweis auf zwei weitere Quellen ab[66]. Schließlich habe falsch aber ebenfalls die Bedeutung einer absichtlichen Fälschung, was Reuchlin zu der Überlegung Anlaß gibt, ob die Juden ihre Bücher zur Täuschung der Christen selbst verfälschten. Mit dem Hinweis, daß er kein Volk kenne, das mehr darauf achte, die Texte der Bibel richtig zu schreiben, lehnt er diesen Gedanken jedoch ab. Außerdem macht er darauf aufmerksam, daß selbst das Kirchenrecht bei theologischen Zweifelsfragen ein Zurückgehen auf den Urtext befehle, so daß zu schließen sei, daß aus kirchlicher Sicht die Juden die Bibel nicht verfälschten[67]. Den Werken eines Gelehrten müsse darüberhinaus niemand Glauben schenken, weshalb mit diesen kein Betrug ausgeübt werden könne[68].

Als letztes Argument diskutiert Reuchlin die Behauptung, die hebräischen Bücher seien der Grund für den Unglauben der Juden. Obwohl er dies grundle-

---

60 Zu den Stellen D. 47, 10, 15, 15 u. X 5, 39, 25; Augenspiegel fol. XV^{v}.

61 X 5, 6, 7; Augenspiegel fol. XV^{v}.

62 Augenspiegel fol. XV^{v}.

63 Augenspiegel fol. XV^{v}.

64 D. 48, 10, 23; Augenspiegel fol. XVI^{r}, wo Reuchlin noch mehr Belege aus der Rechtssprache anführt.

65 Balduskommentar zu C. 6, 1, 4; Augenspiegel fol. XVI^{r}.

66 Er zitiert noch C. 1, 9, 4 u. die Glosse zu Decr. II, 28, 1, 11.

67 Decr. I, 9, 6.

68 D. 48, 10, 14 u. Glosse zu C. 6, 37; Augenspiegel fol. XVII^{r}.

gend bestreitet, hält er für den Fall, daß die Behauptung richtig sei, daran fest, daß daraus keine Erlaubnis der Bücherverbrennung folge, denn den Menschen stünde über den Unglauben der anderen kein Urteil zu. Wenn die Obrigkeit den Juden ihre Bücher beließe, stimme sie den nichtchristlichen Lehren auch nicht zu, sondern lasse sie nur bestehen, was nach dem Kirchenrecht nicht verwerflich sei[69].

Mit diesen Überlegungen schließt Reuchlin seine Widerlegung der vier Argumente ab und erläutert noch, welcher Schaden aus der Vernichtung der jüdischen Bücher entstehen könne. Der Schutz des jüdischen Eigentums wird nochmals unter Heranziehung des kanonischen Rechts und des iustinianischen Kodex' hervorgehoben, wobei ergänzend auch der erste Brief an die Thessalonicher als Rechtsquelle genannt wird[70]. Zudem fügt er unter anderem auch praktische Erwägungen an wie beispielsweise das Bedenken, daß die Juden, denen die Bücher weggenommen würden, sich in der Türkei oder in Italien diese problemlos wieder beschaffen könnten[71].

Abschließend faßt Reuchlin seine Ergebnisse zusammen, wobei er nochmals mit Nachdruck darauf verweist, daß den Juden ihr Eigentum nach dem römischen Recht, das die Kaiser übernommen hätten, nicht weggenommen werden dürfe[72]. Auch die Empfehlung, an deutschen Universitäten Lehrstühle für Hebräisch einzurichten, spricht Reuchlin am Schluß seines Gutachtens aus.

In Reuchlins Gutachten kommt dem Argument der Mitbürgerschaft der Juden zentrale Bedeutung zu. Aus dem Bürgerstatus der Juden folgt für Reuchlin die Bewertung des jüdischen Schrifttums nach dem römischen Recht. Danach sind lediglich diejenigen jüdischen Bücher, die zur Beleidigung des Christentums verfaßt wurden, zu vernichten. Der Talmud, den Reuchlin nicht selbst gelesen hat, enthalte möglicherweise Falsches und Törichtes, was aber nicht ausreiche, diesen zu konfiszieren und zu vernichten.

---

[69] X 5, 6, 7; Augenspiegel fol. XVIII^{r}.

[70] Allegiert werden X 5, 6, 9; Decr. II, 1, 3, 6, Decr. II, 11, 3, 41 (nicht Decr. II, 11, 3, 31, wie Lotter, F., Der Rechtsstatus S. 77 Fn. 57 angibt) u. Decr. II, 11, 1, 12; C. 1, 11, 6, 1 u. 1 Thess 4, 10, Augenspiegel fol. XIX^{v} f.

[71] Augenspiegel fol. XIX^{r}.

[72] X 5, 6, 9, Decr. II, 1, 3, 6, C. 1, 11, 6 u. a., Augenspiegel fol. XIX^{v}.

IV. Das Gutachten im rechtshistorischen Zusammenhang

1. Juristische Argumentation und Bibelzitat: Zur Frage nach dem juristischen Gehalt des Gutachtens

Bei der Zusammenfassung von Reuchlins Gedankenführung in seinem Gutachten wird deutlich, daß die Argumentation aus dem Corpus Iuris Civilis und dem kanonischen Recht dessen hauptsächliche Grundlage bildet. Daneben verweist Reuchlin bisweilen auf die Glosse und die Kommentare des Bartolus und Baldus sowie vereinzelt auf Schriften anderer Juristen. Indes sind nicht alle Argumente diesen Büchern entnommen. Hauptsächlich im Zusammenhang mit dem Talmud führt er auch zahlreiche Bibelstellen für seine Ansicht an. Eine Stelle des Johannesevangeliums bezeichnet er sogar als *grundfeste* seiner Argumentation[73].

Namentlich Friedrich Lotter hat deshalb jüngst die Frage nach dem theologischen Gehalt von Reuchlins Gutachten gestellt[74]. Dabei kommt er unter Hinweis auf die Bibel- und Kirchenväterzitate zum Ergebnis, daß Reuchlin im wesentlichen ein theologisches Gutachten verfaßt habe, in dem den juristischen Belegen, welche nach seiner Ansicht die biblischen Zitate nur umrahmten, allein eine „stützende Funktion" zukomme[75]. Eine weitere Bekräftigung für seine These findet Friedrich Lotter bei einer Betrachtung des sogenannten Augenspiegels und der *Defensio* Reuchlins, bei denen er eine immer stärker werdende Rolle der theologischen Ausrichtung von Reuchlins Position ausmacht. Daraus schließt Friedrich Lotter zurück auf das Gutachten, dessen theologischen Charakter er damit bestätigt sieht.

Dagegen ist jedoch zweierlei einzuwenden: Zum einen sind der Bibel entnommene Belege in juristischen Gutachten des Spätmittelalters keine Seltenheit. In mittelalterlichen und spätmittelalterlichen Konzilien werden oft Bibel- und Kirchenväterzitate gleichwertig zu den Rechtstexten als Rechtsquelle verwendet. Auch andere Juristen haben in ihren Gutachten durchaus gleichwertig neben die Hinweise auf juristische Texte Bibelstellen gesetzt[76]. Dies ist bei Fragen, die einen Bereich berühren, wo gerade aus einem religiösen Unterschied das Rechtsproblem erwächst, sogar häufig der Fall. So hat beispielsweise Martin Prenninger, dessen Gutachten wegen ihrer ebenfalls oft kirchliche

---

[73] Augenspiegel fol. VII^{r}; gemeint ist Joh 5, 39: *Scrutamini scripturas quia vos putatis in ipsis vitam aeternam habere et illae sunt quae testimonium perhibent de me.*

[74] Lotter, F., Der Rechtsstatus S. 65 ff.

[75] Lotter, F., Der Rechtsstatus S. 83 f.

[76] Neben den im Text Genannten sei noch auf Oldradus de Ponte hingewiesen, der mehrfach die Bibel als Rechtsquelle heranzieht, u. a. auch zur Begründung der Rechtsstellung der Juden in seinem Consilium Nr. 264, Oldradus de Ponte, Consilia fol. 152^{V}.

Belange berührenden Fragen ganz besonders zum Vergleich mit Reuchlins Ratschlag geeignet sind, je und je Psalmen und andere Bibelstellen, sowie die Kirchenväter und antike Autoren ergänzend zur juristischen Argumentation herangezogen[77]. Der Baseler Jurist Claudius Cantiuncula führt in einem erbrechtliche Fragen betreffenden Gutachten ebenfalls die Bibel zur juristischen Argumentation an[78], und auch vor den Gerichten wurden bisweilen von Prokuratoren und Advokaten die Argumente der Heiligen Schrift entnommen[79]. Dies ist unter anderem Ausdruck des Fehlens einer strikten Trennung der Bereiche Religion, Ethik und Recht des mittelalterlichen Europas[80]. Die Frage, ob Reuchlins Gutachten ein juristisches oder ein theologisches ist, kann somit nicht anhand einer statistischen Beurteilung der Herkunft der Belege Reuchlins beantwortet werden[81]. Allein der Verwendungszweck der Zitate kann das Kriterium zur Bestimmung sein, so daß gefragt werden muß, ob Reuchlin eine theologische oder eine juristische Frage erörtern wollte. Schon bei der Problemfixierung zu Beginn des Ratschlages formuliert Reuchlin die Frage, ob den Juden *von rechts wegen* die Bücher weggenommen werden dürfen[82]. Daraus wird deutlich, daß er als Jurist die jüdischen Bücher betrachtet. Dabei interpretiert und argumentiert er als Christ in einer christlichen Welt, jedoch ohne theologische Fragen zu zentralen Problemen seines Gutachtens zu machen. Darum verwendet er die Belege, die er der Bibel und den Kirchenvätern entnimmt, als juristische Argumente. Eine Unterscheidung der Belege in Rechtsquellen und Hinweise auf die Bibel läßt sich in Reuchlins Gutachten nicht finden[83]. Für ihn sind auch die Bibel und die Kirchenväterliteratur Rechtsquellen. Nebstdem hat Reuchlin nach seiner Vorgehensweise zu untersuchen, ob die jüdischen Bücher das Christentum beleidigen, was neben juristischen Überlegungen allein zu der Frage des Verhältnisses der jüdischen Bücher zum Christentum führt, die zu theologi-

[77] Zeller, W., Der Jurist S. 138; ein weiteres markantes Beispiel für die Heranziehung der Bibel zur Begründung rechtlicher Forderungen, sind die sog. Zwölf Artikel der Bauern v. 1525, s. Dye Gruntlichen und rechten haupt Artickel passim.

[78] Das Gutachten ist ediert in Bremer, F. P., Franz von Sickingens Fehde S. 1 ff. Zu den Quellen der Gutachten Cantiunculas Kisch, G., Claudius Cantiuncula S. 108 ff., zur Bibel insbesondere S. 114.

[79] So z. B. in Mechelen vor dem Großen Rat, S. Kerckhoffs-De Heij, A. J. M., De Grote Raad S. 62 f.

[80] Zu diesem Aspekt und den methodischen Problemen Dilcher, G., Die Stellung S. 17 f. Umgekehrt konnte das Römische Recht auch zur Lösung theologischer Fragen herangezogen werden, wie sich in dem Gutachten Reuchlins zur unbefleckten Empfängnis Mariens zeigt, s. S. 225 f.

[81] Eine Auflistung der Zitate Reuchlins bei Lotter, F., Der Rechtsstatus S. 69 f.

[82] Augenspiegel fol. I^{r}.

[83] Lotter, F., Der Rechtsstatus S. 69 ff. projiziert diese Unterscheidung allerdings in das Gutachten hinein.

schen Stellungnahmen herausfordert. Diese dienen bei Reuchlin aber allein zur Klärung seines juristischen Problems.

Zum anderen ist zu bedenken, daß sowohl der „Augenspiegel“, als auch die *Defensio* Reuchlins einige Zeit nach seinem Gutachten verfaßt wurden. Zu diesem Zeitpunkt hatte sich schon ein heftiger Streit um die von Reuchlin vertretene Position entzündet[84]. In diesem wurde Reuchlin bezüglich seiner Auslegungen der biblischen Belege von theologischer Seite angegriffen, so daß er sich entsprechend mit theologischen Argumenten verteidigen mußte. Reuchlin hat bezüglich des Augenspiegels im Prozeß vor dem Bischof von Speyer daher darauf hingewiesen, dieses Buch sei ein *libellum excusatorium*, verfaßt *ad defensionem honoris & famae suae*[85]. Der Augenspiegel und die *Defensio* Reuchlins stehen somit in einem ganz anderen Kontext als das Gutachten über das jüdische Schrifttum, weshalb Rückschlüsse auf den theologischen Gehalt von Reuchlins Werk von 1510 nicht möglich sind. Reuchlins Gutachten ist aus diesen Gründen ein Rechtsgutachten[86].

2. Reuchlins juristische Argumentation im Vergleich mit Aussagen zeitgenössischer Juristen

Der Ausgangspunkt und die zentrale These von Reuchlins juristischer Überlegung ist, daß aufgrund der Rechtsstellung der Juden als Bürger und Mitbürger der Christen das römische Recht auch für die Beantwortung der Frage nach der Vernichtung der Judenbücher Grundlage sein müsse[87]. Dafür zieht Reuchlin hauptsächlich das römische und das kanonische Recht heran.

Insbesondere Wilhelm Maurer hat zu bedenken gegeben, daß das spätantike Judenrecht des Corpus Iuris Civilis’ zu Reuchlins Zeit keine Geltung mehr beansprucht haben dürfte[88]. Denn seit Innozenz III. sei eine Judenfeindschaft in Europa entstanden, welche die Juden als Sklaven in ihrem Rechtsstatus schlechter stelle. Insofern treffe Reuchlins Gutachten nicht die spätmittelalterliche Rechtslage; vielmehr habe Reuchlin versucht, dem vormittelalterlichen Recht zur Geltung zu verhelfen, um einem selbstgesetzten Gerechtigkeitsideal zu folgen. Winfried Trusen weist darauf hin, daß Reuchlin nur wenig auf die mittelalterlichen juristischen Kommentare zurückgreift. Darin erkennt er eine

---

[84] Der Augenspiegel erschien im August oder September 1511, die Defensio im Frühjahr 1513, Benzing, J., Bibliographie Nrr. 93 u. 96.

[85] Acta Judiciorum S. 107.

[86] Gleicher Ansicht ist Kisch, G., Zasius S. 32.

[87] Kisch, G., Zasius S. 25.

[88] Maurer, W., Reuchlin S. 272; Maurers Ansicht neigt zu Trusen, W., Johannes Reuchlin S. 132.

bewußte Methode, mit der Reuchlin einer Diskussion der tatsächlichen Rechtslage der Juden im Spätmittelalter ausweiche[89]. Zudem schließt Trusen aus Reuchlins Beschäftigung mit der Kabbala, daß Reuchlin aus ganz persönlichen Motiven für eine Erhaltung der jüdischen Bücher gewesen sei, und daß er in seinem Gutachten lediglich wie ein Anwalt nach juristischen Begründungen zur Durchsetzung dieser Position gesucht habe[90].

Das letztgenannte Argument, daß Reuchlin in der Art und Weise eines Anwaltes argumentiert habe, geht auf eine Stelle im Augenspiegel und einen Brief Reuchlins an Arnold von Tungern zurück[91]. Hierbei ist wiederum zu beachten, daß der Augenspiegel nach dem Gutachten verfaßt wurde, als Reuchlin sich bereits für dieses verteidigen mußte. Die Behauptung Reuchlins, er habe *more consultorum* argumentiert, ist bei Beachtung des Entstehungszusammenhangs als eine Verteidigung zu werten und nicht als eine Beschreibung seiner juristischen Methode bei der Verfassung des Gutachtens[92]. Mit seinem Brief an Arnold von Tungern versuchte Reuchlin, ein Ketzerverfahren gegen den Augenspiegel abzuwenden[93]. Dem Kölner Theologieprofessor Arnold von Tungern gegenüber nimmt Reuchlin in großem Umfang seine zuvor geäußerten Behauptungen zurück, so daß auch bei diesem Reuchlins Aussage mehr der Beschwichtigung als der Beschreibung seiner Methode gedient haben dürfte. Insofern kann aus den nach dem Gutachten entstandenen Zitaten nicht abgeleitet werden, daß Reuchlin schon in seinem Ratschlag wie ein Anwalt als Interessenvertreter argumentiert.

Bei der Einordnung der Position Reuchlins in den Zeitzusammenhang ist zu beachten, daß bis in das 16. Jahrhundert hinein in Deutschland wenig juristische Literatur entstand, welche die Frage nach der Rechtsstellung der Juden

[89] Trusen, W., Johannes Reuchlin S. 132 f.

[90] Trusen, W., Johannes Reuchlin S. 128 ff., insb. 131 f. u. 137 f., zum Advokatenargument auch Maurer, W., Reuchlin S. 273.

[91] Augenspiegel fol. XXII^{v}: *[...] more consultorum ut faciant causam dubiam & viam parent pro intelligentia dicendorum que ex his clarior apparebit, prout etiam doctores in alijs materijs faciunt*, Trusen, W., Johannes Reuchlin S. 137; in dem Brief v. 28. Okt. 1511 schreibt Reuchlin: *[...] ut cum de cremandis Judaeorum libris nullam legem, nullum canonem, nullum decretum publicum, nullam universalis ecclesiae determinationem particulari modo specifice latam vidissem, tum ego rem omnem tanquam dubitabilem tractare topico rhetorum more ad persuadendum apto instituissem*, Briefwechsel S. 138 f., Trusen ibid. S. 138. Ähnlich äußert sich Reuchlin zu seinem Vorgehen im Gutachten in einem Brief v. 28. Okt. 1511 an Konrad Kollin, Briefwechsel S. 142 f.

[92] Reuchlin schreibt im Augenspiegel fol. A 1^{v}, er wolle darin seine Unschuld darlegen: *[...] ich all unnd yeden undertenigs dienstlichs unnd freuntlichs flisß bit mein unschuld nahuolgender mainung / mit gedult und müssigklich zu vernemen*, s. a. die Selbsteinschätzung des Augenspiegels im Prozeß in Speyer o. bei Fn. 85.

[93] Zum Zweck des Briefes Trusen, W., Johannes Reuchlin S. 138.

aufgegriffen hat[94]. Großen Einfluß in Deutschland hatte jedoch die seit dem Mittelalter in Italien entstandene juristische Literatur, die nördlich der Alpen rasch Verbreitung fand.

Eines der verbreitetsten Werke spätmittelalterlicher Jurisprudenz aus Italien, das auch nach Deutschland gelangte, war die Practica singularis des aus Parma stammenden Johannes Petrus de Ferrariis[95]. Als Lehrer an der Universität zu Pavia schloß er gegen 1414 dieses Werk ab, in dem die Rechtsstellung der Juden anhand der Frage, ob die Juden mit Christen wirksam Verträge schließen könnten, thematisiert wird. Mit Verweis auf die auch von Reuchlin herangezogene Kodexstelle hält dies Johannes Petrus de Ferrariis für grundsätzlich möglich, womit er ohne Begründung die Geltung des römische Recht auch für Juden bejaht[96].

Mit dieser Ansicht stand dieser italienische Jurist freilich nicht alleine. Schon im 14. Jahrhundert hatte Baldus in einem nur handschriftlichen Gutachten gleichfalls mit bezug auf das römische Recht die Meinung vertreten, daß zwischen Juden und Christen Handel erlaubt und möglich sei[97]. Weitere italienische Juristen äußerten sich ähnlich zur Rechtsstellung der Juden. So hatte beispielsweise der 1477 verstorbene Bartholomäus Cepolla mehrfach in Gutachten zur Rechtsstellung der Juden Auskunft zu geben[98]. Bei Konflikten zwischen Juden und Christen wendet er stets das römische Recht an und er hält es ähnlich wie Baldus und Johannes Petrus de Ferrariis für zulässig, daß Juden und Christen miteinander Umgang haben sowie Geschäfte abschließen[99]. Gleicher Ansicht ist der ebenfalls im 15. Jahrhundert lebende Alexander Tartagnus von Imola, der zeitweise mit Bartholomäus Cepolla in persönlichem Kontakt stand[100]. Auch er betont in einem seiner zahlreichen Gutachten, daß die Juden

---

[94] Güde, W., Die rechtliche Stellung S. 16 f.

[95] Benutzt wurde die Ausgabe Singularis practica conspicui domini Joannis Petri de Ferariis, Mailand 1507; zu diesem Werk und zu seinem Autor Savigny, F. C. v., Geschichte S. 486.

[96] In der benutzten Ausgabe finden sich die Erörterungen auf fol. 9[v].

[97] Dazu Quaglioni, D., <Inter Iudaeos et Christianos commertia sunt permissa> S. 273 ff.; das Gutachten von Baldus ist dort ediert auf S. 303 ff.

[98] Zu Cepolla Savigny, F. C. v., Geschichte S. 320 f.; zur Rechtsstellung der Juden in den Gutachten Cepollas Quaglioni, D., Gli ebrei S. 196 ff.

[99] So in seinen Cons. Nrr. 74, 69 u. 21 in Consilia Criminalia celeberrimi ac praestantissimi iuris utriusque Domini Bartholomaei Caepollae Veronensis, Buch 3, Frankfurt am Main 1599; in letztgenannten Gutachten wird en passant ein Jude auch als *cives* bezeichnet; zu diesen Consilien Quaglioni, D., Gli ebrei S. 196 ff. Zu der Frage des Handels zwischen Juden und Christen Cons. 31 in Consiliorum sive Responsorum D. Bartholomaei Caepollae Veronensis, Buch 2, Frankfurt am Main 1599.

[100] Zu diesem Juristen Savigny, F. C. v., Geschichte S. 313 f. u. neuerdings Weimar, P., Alexander de Tartagnis S. 29 f. m. w. Nw.

nach römischem Recht lebten[101]. Darüber hinaus bezeichnet er die Juden als *cives*, wie es Bartolus bereits im 14. Jahrhundert in seinem Kodexkommentar getan hatte[102].

Diese Beispiele von bedeutenden italienischen Juristen zeigen, daß die Anwendung des römischen Rechtes auf Juden im Mittelalter und im Spätmittelalter für die am römischen Recht ausgebildeten Legisten durchaus gängig war[103]. Freilich ist in diesem Zusammenhang auch die Position der Kanonisten zu beachten, denn seit der Spätantike gab es in der Kirche eine Lehre, welche die Juden im Status der Knechtschaft sah[104]. Insbesondere unter Papst Innozenz III. wurde zu Beginn des 13. Jahrhunderts diese Vorstellung der *Servitus Iudaeorum* innerhalb der Kirche durch das Dekret *Etsi Iudaeos* etabliert[105]. Zunächst war diese Betrachtung der Juden als Sklaven lediglich von kirchenpolitisch-theologischer Bedeutung[106], aber Thomas von Aquin schloß aus diesem Dekret in seiner Summe der Theologie, daß es den Christen erlaubt sei, nach Belieben über die Habe der Juden zu disponieren[107]. Da Reuchlin eine Rechtsfrage als Jurist beantwortet, kommt es aber darauf an, ob auch auf dem Gebiet des Rechts die Lehre von der *Servitus Iudaeorum* Geltung erlangen konnte, und ob seit Innozenz III. die Juden auch als Sklaven im Rechtssinn angesehen wurden. Diese Frage hat insofern praktische Bedeutung, als an den Sklavenstatus der Juden eine völlige Rechtlosigkeit geknüpft und ihnen der Schutz des römischen Rechtes versagt worden wäre.

Das schon vor Bartolus in die kirchenrechtliche Sammlung aufgenommene Dekret *Etsi Judaeos* und die damit zusammenhängende kirchliche Sklavenstellung der Juden spielte bei den bereits vorgestellten Juristen keine große Rolle. Bartholomäus Cepolla wägt zwar in einem Gutachten, das judenrechtliche Probleme erörtert, das kanonische und das römische Recht gegeneinander ab, kommt aber zum Ergebnis, daß auch dann das römische Recht für Juden gelte,

---

[101] Cons. 71 in Consiliorum sive Responsorum Alexandri Tartagni Imolensis, Buch 2, Venedig 1597, Cons. 99 in ebenda Buch 6 u. Cons 13 in ebenda Buch 7.

[102] In dem Cons. 71 in Buch 2 schreibt er: *Iudaei [...] vivant iure Romano [...] nam omnes qui nati sunt ex iustis nuptiis sunt in patria potestate quod ius patriae potestatis est proprie civium Romanorum.*

[103] Zur Rechtsstellung der Juden und ihrem Bürgerstatus insbesondere in den Schriften der italienischen Juristen Colorni, V., Gli ebrei S. 15 f. u. Quaglioni, D., Gli ebrei S. 189 ff., der noch auf weitere, jedoch unbedeutendere Juristen eingeht. Ebenso idem, I giuristi medioevali S. 7 ff. u. Angiolini, H., Polemica antiusuraria S. 311 ff.

[104] Güde, W., Die rechtliche Stellung S. 34 f.

[105] Peterse, H., Jacobus Hoogstraeten S. 109 f., Güde, W., Die rechtliche Stellung S. 35, zur Entwicklung Battenberg, F., Das europäische Zeitalter S. 100 ff. Das Dekret in X 5, 6, 13.

[106] Güde, W., Die rechtliche Stellung S. 34.

[107] Peterse, H., Jacobus Hoogstraeten S. 110.

wenn es für diese eine Position begründe, die für Juden vorteilhaft sein könne[108]. Alexander Tartagnus von Imola lehnt ebenfalls eine rechtliche Sklavenstellung der Juden ab. Mit Hinweisen darauf, daß die Juden nicht wie Sklaven auf dem Markt gehandelt würden, meint er, daß die Juden trotz des *Servitus Iudaeorum* in einer gewissen Freiheit lebten, die Anwendung des römischen Rechtes erlaube[109]. Dieser Gedanke läßt sich schon bei Nikolaus de Tudeschi gen. Panormitanus, dem bedeutendsten Kanonisten de 15. Jahrhunderts, finden. In seinem Kommentar zum Dekret *Etsi Judaeos* betont er, daß die Juden trotz der Sklavenstellung *ex pietate* in Freiheit gelassen würden[110]. Ähnlich hatte schon der Kanonist Oldradus de Ponte etwa ein Jahrhundert zuvor in einem Rechtsgutachten die Verpflichtung der Duldung der Juden aus Nächstenliebe hervorgehoben[111].

Der Blick in die Bücher und Gutachten der italienischen Juristen zeigt, daß die Rechtsstellung der Juden im wesentlichen durch das römische Recht bestimmt war. Die Sklaveneigenschaft, die Kirche den Juden zusprach, beeinflußte nicht maßgeblich die juristische Diskussion. Die Bezeichnung der Juden als *cives* und die Anwendung des römischen Rechtes durch Reuchlin stellt insofern keine Neubestimmung der Rechtsstellung der Juden dar.

Es gibt keine Quellen, aus welchen mit Sicherheit hervorginge, daß Reuchlin diese Werke der italienischen Juristen kannte. Freilich gilt es zu bedenken, daß diese Texte insbesondere von Studenten, die in Italien studiert hatten, bereits seit dem Mittelalter über die Alpen gebracht wurden. Verstärkt wurde die Verbreitung durch das Interesse der Humanisten an italienischen Büchern[112]. In Deutschland wurden deshalb im Spätmittelalter die Werke der Glossatoren gelesen, und seit Ende des 14. Jahrhunderts waren hier auch die Werke von Bartolus und Baldus weit verbreitet[113]. Die Practica Singularis wurde noch im 15. Jahrhundert in Nürnberg gedruckt und ist in zahlreichen Bibliotheken des 15. Jahrhunderts nachweisbar[114]. Auch die Sammlungen der Gutachten bedeuten-

---

108 Consilia Criminalia, Buch 3, Cons. 74.

109 Consiliorum sive Responsorum, Buch 2, Cons. 71.

110 Abbatis Panormitani commentaria in Quartum et Quintum Decretalium Librum, Venedig 1578: *Judeos posse esse servos Christianorum propter eorum delictum, sed ex pietate substinentur in libertate [...].*

111 Cons. 264 in Consilia domini Oldradi de Ponte de Laude, Mailand 1515; mit bezug auf Oldradus ähnlich Alexander Tartagnus von Imola in Cons. 99 in Buch 6 seiner Gutachtensammlung, dazu Güde, W., Die rechtliche Stellung S. 28.

112 Für Reuchlin kaufte beispielsweise Petrus Jacobi Ausgaben antiker Geographen in Italien, s. den Brief v. 1. Jan. 1488 in Clarorum Virorum Epistolae fol. 5^V f., dazu Herkenhoff, M., Die Darstellung S. 82.

113 Coing, H., Römisches Recht in Deutschland S. 143 u. 154.

114 Coing, H., Römisches Recht in Deutschland S. 158; zum Nürnberger Druck Bethmann-Hollweg, M. A., Der Civilprozeß S. 256.

der Juristen wurden in Deutschland aufgenommen und verarbeitet[115]. So zitiert beispielsweise der Tübinger Kanonist Martin Prenninger in seinen Gutachten häufig aus den Konsiliensammlungen von Alexander Tartagnus von Imola, Nikolaus von Tudeschis und Oldradus de Ponte[116]. Die gesammelten Rechtsgutachten von Bartholomäus Cepolla wurden schon 1499 in Frankfurt am Main gedruckt[117]. Dies zeigt, daß die italienische Literatur, die zur Bestimmung der Rechtsstellung der Juden herangezogen wurde, durchaus dem juristisch ausgebildeten Publikum in Deutschland zugänglich war. Aus dem Briefwechsel Reuchlins ist zudem ersichtlich, daß auch er in Italien juristische Literatur für seine eigene Fachbibliothek erwarb. Bisweilen beauftragte er auch Bekannte mit dem Kauf von Fachliteratur, aber am 22. April 1503 ließ Konrad Peutinger Reuchlin wissen, daß es nicht möglich gewesen sei, für Reuchlin juristische Literatur in Italien zu besorgen, denn es gäbe ja kaum etwas, was er nicht schon in seiner Bibliothek habe[118].

Insofern ist es wahrscheinlich, daß Reuchlin mit den Argumenten und Diskussionen der italienischen Juristen vertraut war, auch wenn er nicht auf sie hinweist. In seinem Gutachten zitiert Reuchlin zur Begründung der Anwendung des römischen Rechtes allein Bartolus. Guido Kisch hat in einer rechtshistorischen Studie nachdrücklich auf die große Bedeutung von Bartolus für die Argumentation Reuchlins hingewiesen, auf dessen Kommentierungen dieser mehrfach Bezug nimmt[119]. Sogar markante Formulierungen von Bartolus werden von Reuchlin in deutscher Sprache in das Gutachten aufgenommen, das insgesamt eine starke Abhängigkeit in der Terminologie von Bartolus aufweist[120].

Aber auch die anderen deutschen Juristen des 16. Jahrhunderts wichen von der Position der italienischen Juristen nur wenig ab[121]. So vertrat zum Beispiel der Tübinger Kanonist und Briefpartner Reuchlins Martin Prenninger die An-

---

[115] Die erste gedruckte Ausgabe der Konsiliensammlung von Bartholomäus Cepolla erschien 1490 in Brixen, die von Alexander Tartagnus von Imola 1498 in Venedig und die von Oldradus de Ponte 1481 S. l., s. Kisch, G., Consilia S. 49, 80 u. 69.

[116] Zeller, W., Der Jurist S. 166 ff.

[117] Savigny, F. C. v., Geschichte S. 322.

[118] Brief Peutingers an Reuchlin v. 22. April 1503 in Briefwechsel S. 82 f.; Preisendanz, K., Die Bibliothek S. 40 u. Brambach, W., Reuchlins Bibliothek S. 313 ff.

[119] Kisch, G., Zasius und Reuchlin S. 26 u. 33; eine Zusammenfassung der Thesen bietet idem, Toleranz S. 39 ff.; Reuchlin verweist auf Bartolus in Augenspiegel fol. XII^{v}, XIV^{v} u. XVII^{r}.

[120] Kisch, G., Zasius und Reuchlin S. 34: Die Formulierung *Haec est bona lex* von Bartolus wird rezipiert bei Reuchlin mit: *Des hon wir in unßern rechten ain gutte glos*, Augenspiegel fol. V^{r}; zur Terminologie auch ebenda S. 31 u. 76.

[121] Güde, W., Die rechtliche Stellung S. 35 f.

sicht, daß für die Juden das römische Recht gelte[122]. In württembergischen Schutzbriefen für Juden aus dem 15. Jahrhundert findet sich zudem für Juden die Bezeichnung *burger*, woraus ersichtlich ist, daß die Juden im spätmittelalterlichen Deutschland durchaus als *cives* angesehen wurden[123]. Die Juden bezeichneten sich selbst bisweilen untereinander als *cives Romani*[124] und sogar das Reichskammergericht bezeichnete die Juden als Bürger[125].

Der wohl erste Jurist in Deutschland, welcher der in der Theologie entwikkelten Sklavenstellung der Juden rechtliche Bedeutung zumaß, war Ulrich Zasius[126]. Zwar erkannte er an, daß die Juden am Rechtsverkehr teilnehmen, gleichwohl trat er vehement für eine Betrachtung der Juden als Sklaven ein. Den Standpunkt Reuchlins, den er wohl kannte, wird er abgelehnt haben[127].

Der Ansicht von Ulrich Zasius wurde nur sehr vereinzelt von anderen Juristen gefolgt[128]. Somit ist aber auch deutlich, daß Reuchlin mit seiner Einschätzung der Rechtslage der Juden nicht von den meisten anderen Juristen seiner Zeit abweicht. Insofern war Reuchlin nicht der einzige Jurist des 16. Jahrhunderts, der die Ansicht vertrat, die Juden hätten den Status des Bürgers. Die Lehre des *Servitus Iudaeorum* hatte sich auf dem Gebiet des Rechts nicht durchgesetzt, Zasius blieb mit seiner Ansicht ein Außenseiter[129]. Reuchlin kehrte somit mit seiner im Gutachten vertretenen Ansicht auch nicht zu einem längst untergegangenen Standpunkt der Antike zurück.

Der Kölner Dominikanerprior und Inquisitor der Kirchenprovinzen Köln, Mainz und Trier Jacobus Hoogstraeten äußerte sich in einer 1518 gegen Reuchlin und Georg Benignus verfaßten theologischen Schrift ebenfalls zum Problem

---

[122] Güde, W., Die rechtliche Stellung S. 49.

[123] Hinweise bei Kisch, G., Zasius und Reuchlin S. 35.

[124] So nannte beispielsweise Josel von Rosheim sich und andere Juden, Frey, S., Rechtsschutz S. 143 f. Zu Josel von Rosheim Opitz, E., Johannes Reuchlin S. 89 ff.

[125] Frey, S., Rechtsschutz S. 144.

[126] Güde, W., Die rechtliche Stellung S. 36 f.; zu der Schrift von Zasius über die Zwangstaufe der Juden neuerdings Rowan, S., Ulrich Zasius S. 44 ff.

[127] Kisch, G., Zasius und Reuchlin S. 32 u. 54 schließt dies aus einer Stelle bei Zasius, der im Rahmen der Ablehnung des Bürgerstatus der Juden schreibt: *Licet nuper ex doctis quispiam aliter scripsit, sed non vere*, zitiert ebenda S. 95 f. Diese abweichende Ansicht scheint auf dieses Problem begrenzt gewesen zu sein, denn Zasius erwähnt Reuchlin in seinen Schriften einmal durchaus lobend, s. Zeller, W., Der Jurist S. 28 u. S. 230 Fn. 45.

[128] Güde, W., Die rechtliche Stellung S. 65 f. Auch Andreas Alciato vertrat die Ansicht, daß die Juden keine *cives* seien, denn das *populus Romanus* bestehe nur aus Christen, s. Colorni, V., Gli ebrei S. 16.

[129] In der Literatur wird jedoch oft behauptet, Reuchlin sei mit seinem Standpunkt von der h. M. abgewichen, statt aller S. Erdmann-Pandzic, E. v. u. Pandzic, B., Juraj Dragisic S. 38.

der Sklavenstellung der Juden[130]. Während Hoogstraeten in einigen Punkten bezüglich der Juden mit Reuchlin übereinstimmt, vertrat er hingegen die Ansicht, daß die Juden keine Bürger seien, sondern Sklaven[131]. Hierbei ist indes zu beachten, daß die Apologie Hoogstraetens eine theologisch gedachte Arbeit ist, die nicht aus juristischer Perspektive den Rechtsstatus der Juden reflektiert. Johannes Pfefferkorn hatte schon 1507 bei seinem Plädoyer für eine Konfiskation der jüdischen Bücher in seinem Buch *Der Joeden spiegel* erkannt, daß mit einer gewaltsamen Beschlagnahme der Bücher den Juden Unrecht zugefügt werden könnte; auch er ging somit offensichtlich davon aus, daß die Juden keine rechtlosen Sklaven seien. Im Wege einer Abwägung behauptet Pfefferkorn jedoch, daß das Unrecht, das die Juden durch Zinsforderungen den Christen zufügten, noch schwerer wiege, als die Wegnahme ihrer Bücher. Daher sei es zulässig, den Juden das Unrecht einer Bücherkonfiskation zuzufügen[132].

Unter Berücksichtigung des geschilderten rechtshistorischen Zusammenhangs ist es unwahrscheinlich, daß Reuchlin nur zur Rettung der Kabbala bewußt auf das für Juden günstige spätantikes Recht zurückgegriffen hat. Auch Juristen, die in ihrer Einstellung als grundsätzlich judenfeindlich gelten müssen, versagten gleichwohl den Juden nicht den Schutz des römischen Rechtes und stuften sie rechtlich als Bürger ein[133]. Daraus ist ersichtlich, daß Reuchlin unabhängig von einer positiven Einstellung zur Kabbala und zum jüdischen Schrifttum zu seinem Ergebnis kommen konnte. Daß das Ergebnis mit seinen Vorlieben für die Kabbala korrespondierte, widerspricht dieser Deutung nicht[134].

---

[130] In seiner sog. Apologie, bibliographische Angaben bei Peterse, H., Jacobus Hoogstraeten S. 153; zum Inhalt ebenda S. 84 ff.

[131] Peterse, H., Jacobus Hoogstraeten S. 110; Übereinstimmung Hoogstraetens mit Reuchlin gab es beispielsweise in bezug auf das Verbot der Zwangstaufe der Juden, sowie der Unterscheidung von Juden und Ketzern, Peterse, H., Jacobus Hoogstraeten S. 108.

[132] Pfefferkorn, J., Der Joeden spiegel fol. d^{r}; in d. Edition bei Kirn, H.-M., Das Bild S. 225.

[133] Zahlreiche Belege bei Güde, W., Die rechtliche Stellung S. 47 ff.; ein weiterer Fall sachlich juristischer Begutachtung trotz grundsätzlicher Judenfeindschaft von Johannes Sichard ist geschildert bei Kisch, G., Studien S. 107 ff.

[134] Ebenso Kisch, G., Zasius S. 31; der Position Kischs neigt zu Laufs, A., Johannes Reuchlin S. 305. G. Kisch weist darauf hin, daß Bartolus ebenso wie Reuchlin Hebräisch gelernt habe, was er als Hinweis auf eine Erklärung der Übereinstimmung zu deuten scheint, s. ebenda S. 36. Neuere Forschungen bezweifeln die Hebräischkenntnisse von Bartolus, s. Cavallar, O. et al., A Grammar S. 26 ff.

V. Zur Methode Reuchlins: Der Umgang mit den Rechtsquellen

Die überwältigende Autorität der Rechtstexte und mittelalterlichen Kommentierungen hatte im ausgehenden Mittelalter dazu geführt, daß umfangreiche Allegationen die Rechtsgutachten prägten[135]. Sogar Selbstverständliches wurde oftmals mit Zitaten belegt[136] und unter den vielen Zitaten finden sich üblicherweise viele falsche oder unbrauchbare Hinweise, die nichts zur jeweiligen Argumentation beitragen[137].

Reuchlin ist dagegen sehr zurückhaltend mit seinen Belegen[138]. Alle seine Zitate passen zu dem jeweils erörterten Problem, kein Hinweis ist aufgrund der Behandlung eines anderen Problemes oder wegen zu großer Allgemeinheit unbrauchbar[139]. Auffällig ist allerdings, daß er nur ganz selten andere Juristen bei seiner Argumentation heranzieht, meist zieht er die spätantiken und mittelalterlichen Rechtstexte direkt heran[140]. Diese Verfahrensweise erinnert an die Methode der Vertreter der humanistischen Jurisprudenz.

Die Neuorientierung des Denkens im spätmittelalterlichen Europa wurde auch in der Jurisprudenz aufgegriffen und hauptsächlich die methodische Konzeption der mittelalterlichen, von der Scholastik geprägten Rechtswissenschaft wurde kritisiert[141]. Erste kritische Ansätze zeigten sich schon bei Giovanni Boccaccio und bei Francesco Petrarca, die im 15. Jahrhundert namentlich durch

---

[135] Nicht selten sind 75 % eines Gutachtens nur Quellenzusammenstellungen, Zeller, W., Der Jurist S. 138.

[136] Zur Zitierweise in spätmittelalterlichen Gutachten Mayer, H.-J., Die Bedeutung S. 124 ff. Im Laufe der Zeit wurde ein eigenes System der Zitierweise entwickelt, s. ebenda S. 125 f.

[137] Oft sind nur 40 % einschlägige Quellen angeführt, freilich ist zu beachten, daß es große Unterschiede gibt; bei Martin Prenninger sind wohl 70 % der Zitate passend zu der jeweils erörterten Rechtsfrage, die Zahlen finden sich bei Zeller, W., Der Jurist S. 140. Die pleonastische Zitierweise wird kritisiert bei Oldendorp, J., Wat byllick und recht ys S. 46: „Als nu von erkündinge der byllicheyt vorhandelt / so ys ock warlick eyn groth unlydtlick erdom ynn erkündinghe beschreuener rechte. Denn de velen geswetze unde allegaten / so men dartho ghebruket / kamen offtmals gar nichtes by de sake."

[138] Laufs, A., Johannes Reuchlin S. 304.

[139] Kisch, G., Zasius S. 32 f., der freilich nicht alle Allegationen richtig auflöst.

[140] Reuchlin stützt sich in seinem Gutachten gelegentlich auf die Glosse (Augenspiegel fol. IV^{r}, VIII^{r}, XII^{v}, XVI^{r}, XVII^{r}, XVIII^{v} u. XX^{r}), Azo (ebenda fol. XIV^{v}), Bartolus (ebenda fol. XII^{v}, XIV^{v}, XVII^{r}), Baldus (ebenda fol. VIII^{r}, XVI^{r}) und auf Nikolaus de Tudeschi (ebenda fol. XV^{r}).

[141] Grundlegend dazu Maffei, D., Gli inizi dell'umanesimo giuridico, Mailand 1956; die Forschungsansätze Maffeis wurden aufgegriffen und weiterentwickelt in zahlreichen Arbeiten von H. E. Troje, die neuerdings gesammelt unter dem Titel Humanistische Jurisprudenz, Goldbach 1993, zugänglich sind. Eine Wissenschaftsgeschichte zum Thema Humanismus und Rechtswissenschaft bietet Kisch, G., Studien S. 17 ff.

die Kritik von Lorenzo Valla an Tribonian stärker und polemischer wurden[142]. Mit Angelo Poliziano und Pietro Ricci schließlich bekam dieser manchmal heftige Antitribonianismus eine andere Wendung, und die Irrtümer der mittelalterlichen Juristen wurden als zeitbedingt und unvermeidlich entschuldigt[143].

Mit der Kritik an Tribonian, dem bewußte Textfälschung und juristische Unfähigkeit vorgeworfen wurden, ging der Wunsch einher, den Originaltext des Corpus Iuris Civilis mittels historischer und philologischer Kritik wiederherzustellen. Gereinigt von allen Fehlern und Verfälschungen sollte der Text in neuem Glanze strahlen[144].

Die Bedeutung der philologischen Textstudien hat in Florenz namentlich Angelo Poliziano in seiner Antrittsvorlesung für das 1492 beginnende Studienjahr hervorgehoben. Er forderte in dieser später unter dem Titel *Lamia* publizierten Rede, die Bedeutung der Wörter aus ihrem jeweiligen historischen Kontext zu erkennen[145]. Die dazu notwendige Textauslegung als *Grammaticus* müsse auch von Juristen bei ihrer Arbeit vorgenommen werden[146]. Poliziano wandte sich selbst auch den Digesten zu, und durch seine guten Beziehungen zu Lorenzo von Medici hatte er die Möglichkeit, die 1409 von Pisa nach Florenz gebrachte Pandektenhandschrift einzusehen und eine textkritische Ausgabe vorzubereiten[147]. In einem Brief kündigte er 1493 an, er wolle die Handschrift mit der *littera Vulgata* vergleichen und mittels Textkritik als *Grammaticus* den spätantiken Text wiederherstellen[148]. Mit großem Interesse wurden daraufhin auch von anderen Juristen die byzantinischen, in Griechisch verfaßten Texte beachtet, womit sich die Quellenbasis der Juristen sowohl erweiterte als auch erneuerte.

Ihren Höhepunkt erreichte diese neue Methode allerdings erst im 16. Jahrhundert, zu dessen Beginn das Triumvirat Andreas Alciato, Guillaume Budé und Ulrich Zasius diese mit bedeutenden Werken verbreiteten[149]. Bonifacius Amerbach bezeichnete die neue Art der Textinterpretation in seiner *Defensio*

---

142 Maffei, D., Gli inizi S. 33 ff. Zur Kritik von Lorenzo Valla auch Troje, H. E., „Verwissenschaftlichung" S. 40 f.

143 Troje, H. E., „Verwissenschaftlichung" S. 40 f.; Maffei, D., Gli inizi S. 45 ff.

144 *Veterem nitorem restituere*, dazu Troje, H. E., „Verwissenschaftlichung" S. 65 f., s. a. idem, Die europäische Rechtsliteratur S. 39 ff. u. mit Bezug auf Cujas idem, Arbeitshypothesen S. 538.

145 Zur *Lamia* Polizianos Grassi, E., Einführung S. 43 ff., s. insbesondere Poliziano, A., Lamia S. 16.

146 Poliziano, A., Lamia S. 16, dazu Grassi, E., Einführung S. 50 u. Savigny, F. C. v., Geschichte S. 437.

147 Stintzing, R., Geschichte S. 176 f., Maffei, D., Gli inizi S. 88 ff.

148 Troje, H. E., Graeca leguntur S. 18 ff., Maffei, D., Gli inizi S. 88 f.

149 Ausführlich dazu Maffei, D., Gli inizi S. 126 ff., eine Zusammenfassung bei Troje, H. E., „Verwissenschaftlichung" S. 48.

interpretum iuris civilis als *mos grammaticus*, und der spanische Humanist Juan Luis Vives konnte mit einem Blick auf die zeitgenössische Rechtswissenschaft feststellen: *Alciatus, Zasius, Cantiuncula grammatici sunt, cum de iure disputant*[150].

Auch Reuchlin war philologisch-grammatische Arbeit an Texten nicht fremd. In seinem 1506 erstmals gedruckten Lehrbuch der Hebräischen Sprache betont Reuchlin: *Sed ego non de sententia ut theologus, sed de vocabulis ut grammaticus disputo*[151]. Mittels dieser neuen methodischen Konzeption untersuchte Reuchlin in seinem eben erwähnten Werk zahlreiche Bibelstellen und kam dabei zum Ergebnis, daß oft der Vulgatatext den Sinn des hebräischen Urtextes nicht erfasse[152].

Auch in seinem Rechtsgutachten über das jüdische Schrifttum für Kaiser Maximilian I. interpretiert Reuchlin wie ein *Grammaticus*. So wird von ihm die Stelle aus dem Johannesevangelium, die er selbst als Hauptargument seines Gutachten bezeichnet, von ihm direkt aus dem Griechischen übersetzt, so daß sie bei ihm lautet: *Erfragent suchent oder erforschent die schrifften so viel ir wenden in den selben das ewig leben zu haben / und die seligen synd von mir zeugknus gebende*[153]. Durch eine Untersuchung der *aigenschaft der wörter* leitet Reuchlin ausgehend von den jeweiligen griechischen Begriffen diese Übersetzung her. Dabei kommt er zum Ergebnis, daß im Gegensatz zu der mittelalterlich-scholastischen Auslegung dieser Bibelstelle von dieser nicht nur die Texte des Alten Testamentes, sondern auch die jüdisch-rabinnische Überlieferung gemeint seien[154].

Ebenfalls den Griechischen Originaltext legt Reuchlin bei der Heranziehung des ersten Korintherbriefes seiner juristischen Argumentation zugrunde. Hatte die Vulgata behauptet *oportet [...] haereses esse*, übersetzte Reuchlin statt Ketzer den griechischen Ausdruck mit Parteiungen, womit er auf die Glaubensunterschiede zwischen Juden und Christen hinwies. Beide Glaubensrichtungen

---

150 Zur Defensio von Amerbach Kisch, G., Humanismus S. 87, dort auch das Zitat von J. L. Vives S. 14; wenn Erasmus von Rotterdam in seinem Brief an Johannes Amerbach v. 31. Aug. 1518 den positiv konnotierten Begriff *philosophus* dem *grammaticus* gegenüberstellt, hat er offensichtlich eine andere Bedeutung des Wortes *grammaticus* vor Augen: Dieses entwickelte sich zu Beginn des 16. Jh. zu einem Schimpfwort, s. dazu Troje, H. E., Zur humanistischen Jurisprudenz S. 115 Fn. 19. Für Poliziano, der kein Philosoph im herkömmlichen Sinne sein wollte, sondern *interpres*, war die Bezeichnung *grammaticus* freilich nicht herabsetzend, s. Poliziano, A., Lamia S. 16 f.

151 Geiger, L., Johann Reuchlin S. 146.

152 Geiger, L., Johann Reuchlin S. 121 ff.

153 Augenspiegel fol. VII^{r}; zur Bedeutung der Stelle Lotter, F., Der Rechtsstatus S. 73.

154 Dazu ausführlich Peterse, H., Jacobus Hoogstraeten S. 45 f. u. S. 102 ff.

seien gleichermaßen *secta*[155]. Mit dieser neuen Übersetzung schloß Reuchlin zum einen an die Interpretation dieser Textstelle durch Paulus von Burgos an, zum anderen fand er mit der Bezeichnung *secta* statt *haereses* einen Ausdruck, den später Erasmus von Rotterdam in seinem *Novum Instrumentum* ebenfalls in diesem Zusammenhang verwenden sollte[156].

Mit den beiden Auslegungen, die Reuchlin in erster Linie durch ein Zurückgehen auf die griechischen Urtexte findet, weicht er von der das Mittelalter beherrschenden kirchlichen Interpretation der Textstellen ab. Mit der neuen philologischen Methode kommt er zu einer neuen Interpretation und einem neuen Verständnis der Quellen, welches das Ergebnis seiner gutachterlichen Überlegungen entscheidend beeinflußte.

VI. Das Gutachten im Vergleich mit den anderen Gutachten über das jüdische Schrifttum

Neben Reuchlin forderte Maximilian I. auch von den Universitäten Köln, Mainz, Erfurt und Heidelberg sowie von Jacobus Hoogstraeten, Victor von Karben und weiteren Hebräischkundigen jeweils ein Gutachten über das jüdische Schrifttum an[157]. Ebenso wie Reuchlin wurde diese Aufforderung an die namentlich Genannten vom Mainzer Erzbischof weitergeleitet[158].

---

[155] Zu den Begriffen Sekte u. secta im Gutachten Augenspiegel fol. II^{v} u. im Augenspiegel ebenda fol. XXII^{r}.

[156] Peterse, H., Jacobus Hoogstraeten S. 47. Hierbei ist beachtenswert, daß die griechische Bibelhandschrift mit goldenen Buchstaben aus dem 12. Jahrhundert, die Reuchlin von den Baseler Dominikanern auf Lebenszeit ausgeliehen hatte, von dem Drucker des Erasmus zum Druck des *Novum Instrumentum* ausgeliehen wurde, Preisendanz, K., Die Bibliothek S. 66 f. u. den Brief Erasmus' an Reuchlin in Briefwechsel S. 225. Über Erasmus' Methode in dieser Edition äußerte Melanchthon: *theologiam ad fontes revocavit*, s. Scheible, H., Reuchlins Einfluß S. 127; dazu neuerdings Nauert, C. G., Humanism as Method S. 434 f.

[157] *[...] so empfelhen wir deiner lieb ernstlich unnd wöllen / das du den vniuersiteten Cöln / Mentz / Erdtfurdt unnd Haidelberg / des gleichen Jacoben hochstraß ketzermaister zu Cöln lerer der hailigenn schrifft / Johann Reüchlin lerer der recht / Victor von korb priester / und andern der hebraischen schrifft und gesetz verstendigen und gelerten die nit iüden sind / fürderlich schreibest / unnser fürgenommen handlung anzaigest / und von unser wegen beuelhest die sachen grunttlichen nach notturfft zu erwegen und zu beratschlagen / welcher masßen und uff was grundt und weg das alles anzufahen und zu thon sy [...]*, Augenspiegel fol. A ii^{r}.

[158] Die Gutachten sind mit Ausnahme des Erfurter überliefert in Pfefferkorn, J., Beschyrmung fol. D iii^{r} ff. u. Pfefferkorn, J., Defensio S. 94 ff.

Die Universität Köln kam dieser Aufforderung mit einem auf den 9. November 1510 datierten Gutachten nach[159]. Für die dortige theologische Fakultät war es offensichtlich, daß der Talmud gegen das Christentum gerichtet sei, so daß er als häretisch zu verurteilen sei. Was das sonstige jüdische Schrifttum anging, so schlugen die Kölner Gelehrten vor, dieses solle konfisziert und von Sachverständigen überprüft werden. Sollten sich die Schriften bei der Prüfung als ketzerisch erweisen, so seien sie im Wege eines Zensurverfahrens zu verurteilen. Als rechtliche Grundlage ziehen die Kölner ausdrücklich ein Fragment aus Ulpians Ediktenkommentar heran, das nach Ansicht der Kölner Theologen eine Verbrennung der gegen das Christentum gerichteten Bücher ermögliche[160].

In seinem Gutachten vom 9. Oktober 1510 vertritt Jacobus Hoogstraeten die gleiche Meinung wie die Kölner Universität[161]. Den Talmud stuft er als häretisch ein, weshalb er zu vernichten sei. Die Vernichtung weiterer jüdischer Bücher macht er von einer Begutachtung von Sachverständigen abhängig, wobei er in gleicher Weise wie die Kölner Theologen die Rechtsgrundlage für die Beseitigung von unchristlichen Büchern im römischen Recht findet[162]. Victor von Karbens Gutachten wich ebenfalls kaum von der Stellungnahme der Kölner Theologen ab[163].

Auch in Mainz gab die theologische Fakultät ihre Stellungnahme zum jüdischen Schrifttum ab[164]. Die Mainzer Theologen empfahlen eine Begutachtung des jüdischen Schrifttums durch Christen, welche die hebräische Sprache beherrschten. Allerdings vermuteten sie bereits, daß die Bücher der Juden ein Hindernis für deren Bekehrung seien. Zur Klärung der juristischen Fragen wandten sich allerdings die Theologen an die juristische Fakultät in Mainz, die ebenfalls ein Gutachten erstellte. In diesem wird zunächst mit Verweis auf das kanonische Recht die ausschließliche Gerichtsbarkeit der Kirche in Ketzerangelegenheiten betont, wobei die weltliche Macht freilich zur Unterstützung der Kirche verpflichtet sei[165]. Aus diesem Grund habe der Kaiser auch die Macht,

---

[159] Datiert auf 5. Tag vor den Iden des Nov., gedruckt in Pfefferkorn, J., Defensio S. 94 f. Vermutlich ist das Datum falsch, denn schon am 28. Okt. wurde es vom Mainzer Erzbischof an Maximilian übersandt. Es könnte sich um den 9. Okt. 1510 handeln, Geiger, L., Johann Reuchlin S. 235, insb. Fn. 2.

[160] D. 10, 2, 4, pr. f., Pfefferkorn, J., Defensio S. 94.

[161] Pfefferkorn, J., Defensio S. 100. Hoogstraeten hat sein Gutachten vermutlich am selben Tag wie die Kölner Universität angefertigt, s. Geiger, L., Johann Reuchlin S. 235 u. Fn. 1064.

[162] D. 10, 2, 4, pr. f., Pfefferkorn, J., Defensio S. 100.

[163] Geiger, L., Johann Reuchlin S. 234.

[164] Datiert auf 31. Okt. 1510 (pridie Cal. Nov.), gedr. in Pfefferkorn, J., Defensio S. 95 ff.

[165] VI 5, 2, 18 u. Clem. 5, 3, 1; Pfefferkorn, J., Defensio S. 96 f.

den Juden die Herausgabe ihrer Bücher zur Prüfung zu befehlen. In dem Verfahren müßten jedoch die jüdischen Bücher auf jeden Fall von Sachverständigen geprüft werden. Eine Vernichtung sei nur möglich, wenn sie gegen die christliche Kirche gerichtete Aussagen enthielten, wobei sich die juristische Fakultät auf dieselbe Digestenstelle berief, wie die Kölner Theologen. Ergänzend verwiesen sie noch auf eine Stelle im kanonischen Recht[166].

Aus Heidelberg erhielt Maximilian I. von der Universität den Vorschlag, daß die Bücher von Gelehrten der Universitäten Köln, Mainz, Erfurt und Heidelberg zusammen mit Hoogstraeten, Victor von Karben und Reuchlin untersucht werden sollten[167]. Damit wurde auf das Mandat Bezug genommen, mit dem Maximilian I. bereits vergeblich eine Sachverständigenkommission berufen wollte.

Das Gutachten der Erfurter Universität ist nicht überliefert. Johannes Pfefferkorn druckt es in seiner *Beschyrmung* und seiner *Defensio* nicht ab, weil es in Übereinstimmung mit dem Mainzer Urteil sei[168]. Der würzburger Rechtshistoriker Winfried Trusen vermutet, daß Pfefferkorn die Erfurter Stellungnahme nicht abdruckte, weil diese wahrscheinlich Aussagen enthielt, die Pfefferkorns Ansicht zu sehr widersprachen[169]. Freilich muß beachtet werden, daß die beiden Universitäten Erfurt und Mainz die zwei Landesuniversitäten des Kurfürstentums Mainz waren. Insofern liegt es nahe, daß die Ergebnisse aus Erfurt und Mainz sehr ähnlich waren und Pfefferkorn nicht aus böswilliger Taktik das Gutachten unterdrückte[170].

Beim Vergleich dieser Gutachten mit dem Ratschlag Reuchlins fällt auf, daß in allen eine Begutachtung der jüdischen Bücher befürwortet wird. Allein bezüglich des Talmud wird aus der mit päpstlichem Willen geschehene Verbrennung dieses Buches zu Beginn des 13. Jahrhunderts in Paris geschlossen, daß er zu vernichten sei[171]. Nur wenn die jüdischen Bücher wider die Christen verfaßt seien, dürfen sie nach diesen Gutachten verbrannt werden, wobei dies in einem formellen Verfahren festgestellt werden müsse. Einhellig wird zur rechtlichen Begründung von diesem Ergebnis jeweils das römische Recht herangezogen[172].

---

[166] X 1, 2, 1; Pfefferkorn, J., Defensio S. 97.

[167] Pfefferkorn, J., Bschyrmung fol. D iii^{r} f. Das Heidelberger Gutachten ist nur kurz erwähnt in Pfefferkorn, J., Defensio S. 99.

[168] Pfefferkorn, J., Defensio S. 99: *[...] consultatio cum consiliis predictarum universitatum conformis est.*

[169] Trusen, W., Johannes Reuchlin S. 123.

[170] Ohne Kenntnis des Wortlautes des Erfurter Gutachtens muß dies freilich Spekulation bleiben.

[171] Dieses Ereignis ist kurz geschildert bei Geiger, L., Johann Reuchlin S. 235 Fn. 3, neuerdings auch bei Peterse, H., Jacobus Hoogstraeten S. 112 ff.

[172] D. 10, 2, 4, pr.

Im Unterschied zu Reuchlin begründen die Universitäten und die beiden anderen Gutachter nicht diese Anwendung des römischen Rechtes auf die Juden. Das bei Reuchlin genannte Argument der Stellung der Juden als Mitbürger findet sich dort ebensowenig, wie der später von seinen Gegnern vorgebrachte *Servitus Iudaeorum*.

VII. Schlußbemerkung

Reuchlins Gutachten für Kaiser Maximilian I. ist ein Rechtsgutachten. In diesem spricht Reuchlin den Juden einen Bürgerstatus zu, womit er ihnen ein Mindestmaß an rechtlichem Schutz zuerkennt. Daß eine tolerante Einstellung gegenüber den Juden sein Ergebnis vorbestimmte, ist nicht erkennbar. Bedenkt man, daß Reuchlin mit seiner Meinung durchaus nicht von zahlreichen anderen Juristen abwich, liegt die Vermutung nahe, daß er als Jurist ein Gutachten verfaßte, dessen Ergebnis nicht seiner möglicherweise gegebenen Toleranz entsprang, sondern einer sorgfältigen juristischen Begutachtung. Eine Neubestimmung der Rechtsstellung der Juden ist in dem Reuchlinschen Ratschlag nicht zu finden.

Die weiteren zu diesem Problem eingeholten Gutachten stützten sich in der Begründung der Zulässigkeit einer Büchervernichtung auf das römische Recht. Außer in bezug auf den Talmud plädieren alle Gutachter dafür, von Sachverständigen die jüdischen Bücher untersuchen zu lassen. Insofern stand Reuchlin auch nur bezüglich des Talmuds im Gegensatz zu den anderen Gutachtern. Er zog nicht allein aus der Verbrennung in Paris die Vernichtungserlaubnis, sondern empfahl eine erneute Prüfung, die er teilweise als Hebräischkundiger selbst vornahm. Verglichen mit den anderen Gutachten ist diesbezüglich Reuchlins das längste und sorgfältigste.

Reuchlin geriet mit seiner Stellungnahme in einen heftigen Streit mit dem Konvertiten Pfefferkorn. Wenn seine Rechtsauffassung im Gutachten aber gar nicht allzu sehr von den übrigen abwich, stellt sich die Frage, warum Pfefferkorn sich gerade gegen Reuchlin wandte.

Reuchlin, der mit seinem Gutachten insofern am weitesten ging, als er die von den anderen Gutachtern in ihren Stellungnahmen nur geforderten Prüfung der jüdischen Bücher aufgrund seiner Hebräischkenntnisse selbst vornahm, bezog sich in seinem Ratschlag direkt auf das Buch *Der Juden veindt* von Johannes Pfefferkorn, in dem er zahlreiche Fehler nachwies[173]. Insofern konnte sich Pfefferkorn durch das Reuchlinsche Gutachten durchaus angesprochen und angegriffen fühlen. Daß er dies tat, kommt in seinem als Gegenangriff konzipier-

---

[173] S. o. bei Fn. 47.

ten *HAnd Spiegel* von 1511 deutlich zum Ausdruck[174]. Die anderen Gutachten, die allein auf eine künftig vorzunehmende Prüfung der Bücher verwiesen, boten Pfefferkorn nicht eine solche Angriffsfläche wie der Reuchlinsche Ratschlag. Der Streit wurde schließlich nach dem *HAnd Spiegel* Pfefferkorns von Reuchlin verschärft, als dieser mit seinem Augenspiegel antwortete und darin nicht nur Pfefferkorn beleidigend herabsetzte, sondern neben Angriffen auf die Kölner Theologen auch die Forderung erhob, Pfefferkorn möge von einem Femegericht abgeurteilt werden. Daß er von Pfefferkorn als sein Gegner erkannt wurde, dürfte in diesem Geschehen begründet sein[175]. Darüber hinaus ist Reuchlin mit seiner philologischen, grammatischen Methode bei der Interpretation biblischer Stellen zu Ergebnissen gekommen, die von der mittelalterlichen Tradition der Bibelauslegung abwichen. Gerade dieses Abweichen in der Interpretationsmethode war von Seiten Jacobus Hoogstraetens der Angriffspunkt auf Reuchlins Gutachten, so daß die Kontroverse, die sich an das Gutachten anschloß auch einen Methodenstreit darstellt[176].

[174] Dazu s. u. das folgende Kapitel 6.

[175] Eine gleichartige Einschätzung bei Rupprich, H., Johannes Reuchlin S. 26.

[176] Dies hat Peterse, H., Jacobus Hoogstraeten S. 45 ff. u. S. 102 ff. ausführlich herausgearbeitet.

Kapitel 6

Der Streit um den Augenspiegel

Das unter der Bezeichnung „Augenspiegel“ berühmt und umstritten gewordene Buch veröffentlichte Reuchlin im Herbst 1511. Die sich daran anschließende Kontroverse ist bereits aus verschiedenen Perspektiven von zahlreichen Autoren beleuchtet worden. Die Biographie Reuchlins aus der Feder von Ludwig Geiger beschäftigt sich auf über 200 Seiten mit dieser Auseinandersetzung[1]. Hans-Martin Kirn hat anhand des Judenbildes von Johannes Pfefferkorn den Streit hauptsächlich ausgehend von den Schriften Pfefferkorns verfolgt[2]. Der Theologe Hans Peterse untersucht in einer 1995 veröffentlichten theologischen Dissertation die Vorstellungen Jacobus Hoogstraetens von Judentum und Humanismus, wobei der Streit um den Augenspiegel ebenfalls Beachtung findet[3]. Unter besonderer Berücksichtigung der gerichtlichen Auseinandersetzung wird im folgenden der Rechtsstreit dargestellt und untersucht.

A. Die Vorgeschichte des Augenspiegels

Das Gutachten, das Reuchlin im kaiserlichen Auftrag zur Frage der Vernichtung des jüdischen Schrifttums verfaßte, sandte er an Uriel von Gemmingen. Dieser leitete es mit den weiteren angeforderten Stellungnahmen an das Reichsoberhaupt weiter, wobei er Maximilian I. wissen ließ, daß er das Gutachten der Kölner Universität unterstütze[4].

Die Ergebnisse der Gutachten erlaubten es dem Kaiser nicht, eine schnelle Entscheidung bezüglich der Judenbücher zu fällen, weshalb er die Angelegenheit auf den kommenden Reichstag verschob[5]. Johannes Pfefferkorn, dessen Judenfeindschaft der Auslöser der Diskussion war, behauptete in seinem zur Frühjahrsmesse in Frankfurt am Main 1511 veröffentlichten Handspiegel, daß

---

[1] Geiger, L., Johann Reuchlin S. 205 ff.

[2] Kirn, H.-M., Das Bild S. 121 ff.

[3] Peterse, H., Jacobus Hoogstraeten S. 35 ff.

[4] Peterse, H., Jacobus Hoogstraeten S. 28; Trusen, W., Johannes Reuchlin S. 125.

[5] Trusen, W., Johannes Reuchlin S. 126.

genau Reuchlins Stellungnahme das Zögern Maximilian I. und damit auch das Scheitern der Bücherkonfiskation bewirkt habe[6].

Mit dem Handspiegel versuchte Pfefferkorn jedoch in erster Linie, die Ergebnisse von Reuchlins Gutachten zu widerlegen, wobei er sich in beleidigender Weise über Reuchlin äußerte[7]. Insbesondere Reuchlins Hebräischkenntnisse und damit seine Fähigkeit, ein Urteil über das jüdische Schrifttum zu fällen, sind Gegenstand von Pfefferkorns Herabsetzungen. Als Antwort auf diese Angriffe von Seiten Pfefferkorns verfaßte Reuchlin das Buch *Doctor Johannsen Reuchlins der K. M. als Ertzhertzogen zu Osterreich auch Churfürsten und fürsten gemainen bundtrichters inn Schwaben warhafftige entschuldigung gegen vnd wider ains getaufften iuden genant Pfefferkorn vormals getruckt vßgangen vnwarhaftigs schmachbüchlin Augenspiegel*[8].

B. Inhalt und Form des Augenspiegels

Reuchlin beginnt den Augenspiegel mit einer Schilderung der Geschehnisse, die dazu führten, daß er als Gutachter vom Kaiser herangezogen wurde und die ihn veranlaßten, nun den Augenspiegel herauszugeben. Johannes Pfefferkorn beschuldigt er, einen Streit mit ihm angezettelt zu haben *on ainich anvordrung wider got eer unn recht durch ain offen getrucktes schmachbüchlin unn lasterschrifft dz er nent handtspiegel*[9]. Für diese Beleidigungen forderte er eine Bestrafung Pfefferkorns durch ein Femegericht[10]. Dann gibt Reuchlin zunächst die Mandate wieder, mit denen er zum Gutachter bestellt wurde, an die er anschließend das für Maximilian I. verfaßte Gutachten im Wortlaut abdruckt. In 52 Anmerkungen zum Ratschlag nimmt Reuchlin in lateinischer Sprache Behauptungen Pfefferkorns auf, um sie *scholastice* zu widerlegen[11]. Mit dem Rückgriff auf die Gelehrtensprache möchte Reuchlin zum einen zeigen, daß er den Streit von nun an als eine Auseinandersetzung unter Gelehrten auffaßt, und zum anderen will er damit wahrscheinlich auch vorgeben, daß ihn nicht persönliche Motive zur Erwiderung treiben[12]. Zum Abschluß zitiert Reuchlin 34

---

6 Peterse, H., Jacobus Hoogstraeten S. 29; genaue Angaben zum Handspiegel bei Böcking, E., Ulrichi Hutteni, Bd. 2 S. 75.

7 Trusen, W., Johannes Reuchlin S. 126 f., Kirn, H.-M., Das Bild S. 124 ff.

8 Gedruckt bei Thomas Anshelm in Tübingen etwa Aug./Sept. 1511, S. Benzing, J., Bibliographie S. 26 Nr. 93.

9 Augenspiegel fol. A 1^r.

10 Augenspiegel fol. A 5^r, Trusen, W., Johannes Reuchlin S. 136.

11 Augenspiegel foll. XXI^r ff.

12 Reuchlin schreibt in seinem Augenspiegel fol. XXXII^V, die lateinischen Widerlegungen seien eine *disputation so man wol möcht inn der schul under den gelerten in latin dar von halten [...].*

vnwarhaiten aus dem Handspiegel Pfefferkorns, gegen die er Stellung bezieht[13].

Die 52 Anmerkungen weisen Behauptungen Pfefferkorns zurück, die dieser in seinem Handspiegel gegen das Reuchlinsche Gutachten aufgestellt hat. Fast ausschließlich beziehen sie sich auf das Problem der Bewertung des Talmuds, die von Seiten Pfefferkorns am heftigsten attackiert wurde. Da die Argumentation des Handspiegels nicht im Wege juristischer, sondern mittels theologischer Betrachtungen die Vernichtung des Talmuds zu begründen versuchte, sind auch die erwidernden Anmerkungen Reuchlins nicht mehr auf eine juristische Begründung gerichtet. Die rechtlichen Erwägungen des Gutachtens Reuchlins sind freilich dennoch ständig als Grundlage Reuchlins in seinen Ausführungen im Augenspiegel vorhanden. Seine gutachterliche, juristische Argumentation ergänzt Reuchlin mit den 52 Anmerkungen sogar ein wenig[14]; meist wiederholt er aber lediglich seinen Standpunkt aus dem Gutachten[15].

Die Rechtsstellung der Juden ist Gegenstand von Reuchlins dritter Anmerkung, in welcher er sich mit der Einstufung der Juden als Sklaven auf Grundlage des kanonischen Rechtes auseinandersetzt[16]. Er weist darauf hin, daß in dem Dekret *Etsi Judaeos* auch ein gewisses Mitleid für die Juden zum Ausdruck komme, und daß die Kirche deshalb die Juden in ihre Familie aufgenommen hätten[17]. Auch wenn sie eigentlich Sklavenstatus besäßen, sei es ihnen doch erlaubt worden, nach dem römischen Recht in Freiheit zu leben[18]. Mit der Zuschreibung der daraus folgenden Bürgerstellung wolle er aber nicht den Juden irgendwelche Ehre zusprechen[19]. Dieser Standpunkt entsprach nahezu der Kommentierung des Nikolaus de Tudeschis in seinem Kommentar zum dem betreffenden Dekret[20]. Insofern lehnte sich Reuchlin hier erneut dicht an die auch in Deutschland bekannte und verbreitete Meinung des bedeutendsten Kanonisten des 15. Jahrhunderts an.

---

[13] Augenspiegel foll. XXXII^{v} ff.

[14] Zu den 52 Anmerkungen und den neuen Gedanken Lotter, F., Der Rechtsstatus S. 78 f.

[15] Bisweilen mit wörtlichen Widerholungen, s. Augenspiegel fol. V^{r}, wiederholt auf fol. XXXV^{r}.

[16] X 5, 6, 13, s. S. 165 f.

[17] *Ecclesia [...] iudaeos ex quadam misericordia in nostram familiaritatem receperit*, Augenspiegel fol. XXII^{r}. familiaris ist ein Ausdruck, der im klassichen Latein den Haussklaven mit umfaßt.

[18] *Quamvis enim esse deberent servi, tamen eos patimur nobiscum communi romano iure uti in libertate [...]*, Augenspiegel fol. XXII^{r}.

[19] Augenspiegel fol. XXII^{r}, dazu Lotter, F., Der Rechtsstatus S. 78 f.

[20] S. das Zitat von Nikolaus de Tudeschis S. 166 Fn. 110.

Nochmals kommt Reuchlin in der achten Unwahrheit auf die Rechtsstellung der Juden zu sprechen, indem er die Pfefferkornsche Behauptung aufnimmt, die Christen dürften mit den Juden keinerlei Kontakte pflegen[21]. Dagegen wendet sich Reuchlin mit einer Aufzählung der Fälle, in denen der Umgang mit Juden den Christen erlaubt sei[22]: So dürfe ein Christ vor Gericht mit einem Juden streiten, Christen könnten mit Juden Kauf- und Tauschgeschäfte abschließen, Geld wechseln, Verträge schließen, Schenkungen vornehmen sowie den Zehnten einfordern. Darüberhinaus verweist Reuchlin auf die Möglichkeit der gemeinsamen Erbschaft von einem Christen und einem Juden sowie auf die Erlaubnis, mit Juden zu sprechen und über deren Bücher zu disputieren. Zur Begründung zieht er das Gebot der Nächstenliebe heran, das für ihn eine Rechtspflicht darstellt, denn er schreibt: *Und zu letst so sol ain cristen mensch den iuden lieb haben als seinen nechsten / das alles ist inn den rechtenn gegrünndt*[23]. Diese Pflicht zur Nächstenliebe ist im 16. Jahrhundert neben dem Bürgerstatus nach römischen Recht der zweite Rechtsgrund zur Begründung einer Duldung der Juden[24]. Abgeleitet aus dem kanonischen Recht hat die Nächstenliebe schon im 13. Jahrhundert fallweise den Charakter einer Rechtspflicht[25]. Im 14. und 15. Jahrhundert haben insbesondere Oldradus de Ponte und Alexander von Imola *charitas* und *misericordia* in ihren Konsilien als Rechtsgrund zur Duldung der Juden herangezogen[26]. Bei der Widerlegung der achten Unwahrheit führt Reuchlin keinerlei Belege an, die er bei diesen italienischen Juristen hätte finden können und deren Position er sehr wahrscheinlich kannte. Die Einschätzung der Nächstenliebe als Rechtspflicht in Reuchlins Ergänzungen zu seinem Gutachten zeigt somit erneut, wie sehr Reuchlins Auffassung von der Rechtsstellung der Juden den mittelalterlichen italienischen Vorläufern verhaftet war[27].

Die 34 unwahren Behauptungen, mit denen nach Reuchlins Ansicht der *taufft jud Pfefferkorn* ihn *wider got eer unn recht uß geschriben und unzimlich alßo gegen mengklichem verunglimpfft* habe[28], versucht Reuchlin mit polemi-

---

[21] Augenspiegel fol. XXXVI^{V}.

[22] Augenspiegel fol. XXXVI^{V}.

[23] Augenspiegel fol. XXXVI^{V}.

[24] Güde, W., Die rechtliche Stellung S. 26 f.

[25] Güde, W., Die rechtliche Stellung S. 27; die Pflicht wird zurückgeführt auf eine Stelle im Tractatus de Poenitentia, Decr. II, 33, 3, 2, 5.

[26] Güde, W., Die rechtliche Stellung S. 28; dort auch Hinweise, daß die Nächstenliebe bei italienischen Juristen noch im 16. Jahrhundert zur Begründung der Duldung der Juden herangezogen wurde.

[27] Die meisten italienischen Juristen des Mittelalters hielten geschäftlichen Kontakt mit Juden für zulässig, s. S. 164 ff., insbesondere die Verweise bei Johannes Petrus de Ferrariis, Baldus und Bartholomäus Cepolla.

[28] Augenspiegel fol. XXXII^{V}.

schen Erwiderungen zu widerlegen. Insbesondere wirft Reuchlin dem Verfasser des Handspiegels vor, dieser könne keinerlei Hebräisch und verfüge somit nicht über die Fähigkeit, die Bücher sachlich zu beurteilen[29]. Auch vor persönlichen Schmähungen, die nicht hinter den Beleidigungen Pfefferkorns zurückstehen, schreckt Reuchlin nicht zurück. So greift er beispielsweise die Behauptung Pfefferkorns auf, der Jude habe eine teuflische Natur, um mit einem Hinweis auf Pfefferkorns jüdischer Herkunft festzustellen, *solt aber das war sein / so müßt mich nit verwundern das Pfefferkorn so vil unwarhait gedar sagen / die wyl er von tüwfelscher natur empfangen und geboren were / und tüwfelsche millch gesogen hett*[30]. Theologische Auslegungs- und Wertungsfragen herrschen ansonsten bei den 34 Unwahrheiten vor.

In vielen Punkten stellen die Ausführungen Reuchlins im Augenspiegel ein Zurückweichen von seiner bisherigen Position dar[31]. So nimmt er beispielsweise die Behauptung, der Papst habe das Buch von Pico von Mirandola über die Kabbala approbiert, zurück, indem er nun darauf verweist, daß Papst Alexander VI. die Kabbala zumindest nicht als verboten bezeichnet habe[32]. Auch in bezug auf den Talmud führt Reuchlin aus, daß er niemals vollständig gegen eine Wegnahme dessen gewesen sei[33]. Seine Ausführungen im Gutachten versucht er damit zu relativieren, indem er behauptet, er habe dort in der Art eines Anwaltes das Für und Wider abgewogen, um die Sache klarer darzustellen[34].

C. Der Prozeß gegen den Augenspiegel in Mainz

Der Augenspiegel wurde im Rahmen der Herbstmesse 1511 in Frankfurt am Main verkauft. Johannes Pfefferkorn war zu diesem Ereignis nach Frankfurt gekommen, wo er auch Kenntnis vom Augenspiegel erlangte[35]. Der Frankfurter Stadtpfarrer Peter Mayer, der im Streit um die Unbefleckte Empfängnis Mariens auf Seiten der Dominikaner gegen die Humanisten und Franziskaner stand,

---

29 Gleichzeitig rühmt Reuchlin seine eigenen Hebräischkenntnisse in sehr prahlerischer Weise: Alle Fehler in den Pfefferkornschriften würde er finden, denn für Pfefferkorn sei Reuchlin *vil zu gelert*, Augenspiegel fol. XXXVI^r.

30 29. Unwahrheit, Augenspiegel fol. XLI^r, dazu auch Geiger, L., Johann Reuchlin S. 252; diese Schmähungen mißfielen Erasmus von Rotterdam, der Reuchlin in einem Brief v. Aug. 1514 auffordert, derartige Beschimpfungen zu unterlassen, Briefwechsel S. 224 f.; darauf nimmt Erasmus nochmals Bezug in einem Brief an Thomas Wolsey, Allen, P. S., Opus Epistolarum S. 589 Z. 71 ff.

31 Dazu sehr ausführlich Geiger, L., Johann Reuchlin S. 249 ff.

32 In seiner 39. Anmerkung, Augenspiegel fol. XXIX^r, dazu Geiger, L., Johann Reuchlin S. 249 f.

33 Augenspiegel fol. XXV^v, Geiger, L., Johann Reuchlin S. 251.

34 Geiger, L., Johann Reuchlin S. 250.

35 Geiger, L., Johann Reuchlin S. 255.

erlaubte es Pfefferkorn, vor der Bartholomäuskirche eine Predigt gegen die Juden und gegen Reuchlin zu halten[36]. Zudem schickte er ein Exemplar des Augenspiegels an die Kölner theologische Fakultät[37].

Am 18. Oktober 1511 wandte sich Reuchlin, der von der Übersendung seines jüngsten Buches erfuhr und die Gefahr erkannte, in einem Schreiben an Zyprian von Sernstein[38]. In diesem beklagt sich Reuchlin, er habe für seinen Ratschlag außer Schmach und Schande von Seiten Pfefferkorns nichts erhalten. Er bat um ein Mandat von Maximilian I., mit dem Pfefferkorn Stillschweigen bei Strafe befohlen werde. In einem lateinischen Brief trat er am gleichen Tag mit gleicher Bitte an Bischof Matthias Lang von Gurk heran[39]. Zudem äußert Reuchlin den Wunsch, daß wenn Pfefferkorn etwas gegen ihn habe, er diesen Streit rechtlich austrage[40]. Maximilian I. entsprach der Bitte Reuchlins und erließ ein Mandat, mit dem Pfefferkorn und Reuchlin gleichermaßen Stillschweigen befohlen wurde und aus dem hervorgeht, daß der Streit bereits vor Maximilian I. als Richter gebracht wurde[41].

Zudem wandte Reuchlin sich mit einem Brief am 28. Oktober 1511 an Arnold von Tungern von der Kölner Universität. In diesem versuchte er durch abermalige Abschwächung seiner Behauptungen aus dem Augenspiegel, das Wohlwollen der theologischen Fakultät zu erlangen[42]. Nach einigem Hin und Her verlangte die Fakultät indes am 29. Februar 1512 von Reuchlin, dieser möge die restlichen Exemplare des Augenspiegels vernichten und seine Behauptungen ausdrücklich widerrufen[43]. Diese Forderung veranlaßte Reuchlin unter anderem dazu, die lateinischen Anmerkungen des Augenspiegels in einer eigenständigen Schrift zur Ostermesse in Frankfurt im März 1512 herauszugeben[44]. Auf weitere Angriffe aus Köln und von Pfefferkorn veröffentlichte Reuchlin am 1. März 1513 mit seiner sogenannten *Defensio contra calumniato-*

---

[36] Geiger, L., Johann Reuchlin S. 255.

[37] In seiner selbstbehaupteten und von Reuchlin bestrittenen Funktion als erzbischöflicher Bücherkommisar, Geiger, L., Johann Reuchlin S. 256 f.

[38] Datiert 15. Kal. Sept. 1511, HHStA Wien Maximiliana 25 fol. 92^{r}.

[39] HHStA Wien Maximiliana 25 fol. 94^{r}; dies ist wahrscheinlich einer der Briefe, die Geiger, L., Johann Reuchlin S. 278 Fn. 3 für verschollen hielt.

[40] HHStA Wien Maximiliana 25 fol. 94^{r}: *[...] si habeat adversum me ullam controversiam utatur Iure communi & desistat ab iniuria. Cognitio iudicis esto.*

[41] HHStA Wien Maximiliana 25 fol. 93^{r}.

[42] Briefwechsel S. 137 ff., eine Übersetzung neuerdings in Schwab, H.-R., Johannes Reuchlin S. 177 ff; Trusen, W., Johannes Reuchlin S. 138, Geiger, L., Johann Reuchlin S. 259.

[43] Geiger, L., Johann Reuchlin S. 262.

[44] Bibliographische Angaben in Benzing, J., Bibliographie Nr. 95 (S. 27); der Text wurde gedruckt bei Thomas Anshelm am 22. März 1511.

res suos colonienses eine an Kaiser Maximilian I. adressierte Rechtfertigung und Klage gegen die Kölner[45].

Die theologische Fakultät der Universität zu Köln wollte daraufhin gegen Reuchlin mit einer Klage wegen Beleidigung vorgehen, wozu sie die juristische Fakultät um Hilfe und Rat bat[46]. Mit dem Vorschlag, es sollten in der Praxis erfahrene Juristen befragt werden, lehnte es diese am 10. Mai 1513 ab, den Kölner Theologen zu helfen[47].

Noch am gleichen Tag verfaßte Jacobus Hoogstraeten einen kurzen Ratschlag, wie sich die theologische Fakultät weiter verhalten solle[48]. Darin riet er zum ersten, daß vor einem Notar die Beleidigung der Kölner beurkundet werde. Zum zweiten solle der Mainzer Erzbischof gebeten werden, die Schriften mit dem beleidigenden Inhalt beschlagnahmt zu halten. Obendrein sollte an denselben Erzbischof die Bitte ergehen, dem Inquisitor ein Vorgehen gegen den Augenspiegel *in utraque causa tam fidei quam iniuriarum* zu gestatten[49]. Demnach wollte Jacobus Hoogstraeten zu diesem Zeitpunkt nicht nur gegen die Beleidigung, sondern auch gegen Glaubensverstöße vorgehen.

Die theologische Fakultät, die weiter gegen Reuchlin und dessen Schriften vorging, erreichte am 9. Juli 1513, daß Kaiser Maximilian I. die *Defensio* Reuchlins verbat[50]. Schon kurz zuvor hatten die Kölner mit Hilfe des Rates der Stadt Köln beim Reichsoberhaupt bewirkt, daß die Universitäten Löwen, Mainz und Erfurt den Augenspiegel beurteilen sollten. Nachdem die Löwener Theologen am 28. Juli 1513 die Reuchlinsche Schrift als verwerflich eingestuft hatten, schloß sich am 16. August des selben Jahres die Kölner theologische Fakultät diesem Urteil an[51]. Am 2. September 1513 beschloß diese Fakultät mit Bezug auf einen kaiserlichen Befehl, daß der Augenspiegel durch Jacobus Hoogstraeten verbrannt werden solle[52]. Eine Verbrennung war hingegen durch den kaiserlichen Befehl nicht gedeckt, so daß der Inquisitor der Teutonia nun versuchte, im Wege eines Inquisitionsverfahrens den Augenspiegel zu beseitigen.

---

45 Bibliographische Angaben zur Defensio bei Benzing, J., Bibliographie Nrr. 96 u. 97 (S. 27), zum Inhalt Geiger, L., Johann Reuchlin S. 272 ff.

46 Keussen, H., Regesten S. 354.

47 *[...] viros doctos et in practica expertos in iure bene et diligenter experiri [...]*, Kober, A., Urkundliche Beiträge S. 118.

48 Keussen, H., Regesten S. 354, gedruckt bei Peterse, H., Jacobus Hoogstraeten S. 33 Fn. 83 nach der Widergabe bei Kober, A., Urkundliche Beiträge S. 119.

49 Peterse, H., Jacobus Hoogstraeten S. 33 Fn. 83; im Text ebenda bezieht sich H. Peterse nur auf die Beleidigungsklage.

50 Keussen, H., Regesten S. 355.

51 Keussen, H., Regesten S. 355; die Mainzer Universität urteilte am 13. Okt. 1513 ähnlich, die Erfurter wich mit ihrer Stellungnahme v. 3. Sept. 1513 ab, s. ebenda.

52 Keussen, H., Regesten S. 355; Der Beschluß ist gedruckt bei Kober, A., Urkundliche Beiträge S. 115.

Hoogstraeten wollte, daß der Prozeß in der Mainzer Kirchenprovinz durchgeführt werde, denn in dieser sei der Augenspiegel erstmals öffentlich angeboten worden[53].

Bereits im 15. Jahrhundert hatte der Dominikanerprovinzial der Teutonia das Amt des Inquisitors für dieses Gebiet erhalten, so daß Hoogstraeten in Mainz als Richter tätig werden konnte[54]. Dort strengte der Inquisitor einen Prozeß zunächst sowohl gegen den Augenspiegel, als auch gegen Reuchlin an[55]. Tatsächlich wurde aber ausschließlich gegen den Augenspiegel prozessiert. Reuchlin hatte in seiner Defensio sowie in Briefen seine Bereitschaft, sich der Kirche zu unterwerfen, erklärt, so daß es in seiner Person an der für Ketzerprozesse wichtigen subjektiven Voraussetzung der *incorrigibilitas* und der *pertinacia* fehlte[56]. Ein Prozeß gegen die Person Reuchlins wäre somit offensichtlich schnell gescheitert[57].

Reuchlin wurde am 9. September 1513 auf den sechsten Tag nach Übergabe der gerichtlichen Ladung vor das Gericht in Mainz zitiert[58]. Als Beisitzer waren dem Inquisitor fünf erzbischöfliche Kommissarien zugeteilt, unter denen sich der Rektor der Mainzer Universität und der Mainzer Weihbischof befanden[59]. Aufgrund seines Alters und einer körperlichen Schwächung konnte Reuchlin jedoch nicht so schnell von Stuttgart nach Mainz reisen, so daß er als seinen Vertreter Petrus Staffel aus Nürtingen sandte[60].

Die Anklageschrift des Inquisitors umfaßte 16 Artikel, mit denen der Standpunkt Reuchlins als ketzerisch erwiesen werden sollte[61]. Gemäß dem seit dem späten 13. Jahrhundert herausgebildeten Grundsatz der Beurteilung von Schriften als ketzerisch *prout verba sonant* wandte sich die Klage nicht gegen den gesamten Augenspiegel, sondern allein gegen die aus dem Zusammenhang herausgelösten verdächtigen Stellen[62]. Dadurch ergab sich eine objektivierte

---

53 Peterse, H., Jacobus Hoogstraeten S. 35.

54 Dazu wurde 1486 ein Directorium in negocio Inquisitionis erstellt, s. BayStaBi München Clm 3684 foll. 105^r ff.

55 *Jacobus Hochstraten [...] volens jurisdictionem suam contra quendam libellum, qui nominatur Oculare Speculum, & eius autorem Joannem Reuchlin Phorcensem LL. doctorem [...] in Moguntina provincia exercere [...]*, Acta Judiciorum S. 94.

56 Zu diesen Voraussetzungen für einen Haeresieprozeß Trusen, W., Von den Anfängen S. 66 u. idem, Der Prozeß S. 166.

57 Peterse, H., Jacobus Hoogstraeten S. 36.

58 Acta Judiciorum S. 94.

59 Peterse, H., Jacobus Hoogstraeten S. 36.

60 Acta Judiciorum S. 94.

61 Eine eingehende Analyse der 16 Artikel bei Peterse, H., Jacobus Hoogstraeten S. 42 ff.

62 Zum Grundsatz *prout verba sonant* Trusen, W., Johannes Reuchlin S. 146 u. idem, Der Prozeß S. 178.

Betrachtung der Textstellen, bei welcher deren Bedeutung im Gesamttext sowie die Intention des Autors im Ketzerverfahren keine Rolle spielten[63]. In der Anklageschrift Hoogstraetens steht die Frage des Verhältnisses der Juden zu den Christen im Vordergrund, das anhand der Interpretation von Bibelstellen von Reuchlin und Hoogstraeten jeweils unterschiedlich bestimmt wird. Auffällig ist, daß Reuchlins Methode der Bibelexegese ein wichtiger Kritikpunkt ist[64]. Reuchlins Versuch, mittels exegetischem Vorgehen und philologischen Studien zu einem neuen Bibelverständnis zu gelangen, wurde als Herabsetzung der kirchlichen Autoren des Mittelalters gesehen. Freilich stellte Reuchlin mit seiner neuen Lektüre der Bibel die das gesamte Mittelalter gültige Textfassung in Frage, die Hoogstraeten zu verteidigen versuchte. Insofern greift Hoogstraeten in seiner Anklageschrift im wesentlichen die Interpretationsmethode Reuchlins an[65]. Die Ansicht Reuchlins, daß die Juden Mitbürger der Christen seien, wird von Hoogstraeten am Rand ebenfalls zurückgewiesen[66].

In seiner Antwort auf die Klageschrift geht der Prokurator Reuchlins nicht auf deren Inhalt ein, sondern bringt zwölf Einreden gegen die Zuständigkeit Hoogstraetens als Richter vor. Als erstes verweist er darauf, daß Hoogstraeten Mitverursacher der Auseinandersetzung sei, und daß er deshalb vom Kaiser den Auftrag erhalten habe, ein Gutachten zu verfassen[67]. Zudem habe Hoogstraeten neben seinem eigenen Gutachten noch andere Stellungnahmen gegen den Augenspiegel unterschrieben[68]. Dabei sei zu beachten, daß Hoogstraeten in seinem Gutachten zu einem anderen Ergebnis als Reuchlin gekommen sei, was den Verdacht nähre, daß er auch in diesem Prozeß allein seine Ansicht gegen Reuchlin durchsetzten wolle[69]. Nebstdem habe Hoogstraeten in einem Schreiben an Reuchlin mit größter Sorgfalt jeglichen Gruß vermieden[70]. Obgleich Reuchlin und Hoogstraeten zuvor keinerlei Kontakt gehabt hätten, habe der Inquisitor im übrigen Reuchlin in diesem Brief geduzt, in dem Haß und Feindschaft gegenüber Reuchlin zum Ausdruck käme[71]. Außerdem habe er sowohl privat als auch in seiner Funktion als Fakultätsdekan Reuchlin zum Widerruf bewegen wollen, was ihm nicht erlaubt gewesen sei. Der Inquisitor sei oben-

---

[63] Trusen, W., Johannes Reuchlin S. 146.

[64] Zur grammatischen Methode Reuchlins s. S. 170 ff.

[65] Hoogstraeten äußert sich über Reuchlins Methode ebenfalls herablassend in seiner Destructio Cabale fol. mm ii^{V} ff., wo er in einer Ausführung über die Aristotelischen Erkenntniskriterien in der Nikomachischen Ethik VI 1139b (*ars, scientia, prudentia, sapientia* und *intellectus*) auf die *Improbatio Grammatici* zu Sprechen kommt.

[66] Peterse, H., Jacobus Hoogstraeten S. 42 f.

[67] Acta Judiciorum S. 96.

[68] Acta Judiciorum S. 96.

[69] Acta Judiciorum S. 96 f.

[70] Acta Judiciorum S. 97.

[71] Acta Judiciorum S. 97.

drein einer der herausragendsten Gegner Reuchlins, der es gegen Recht und Billigkeit einem rangniedrigeren Bruder aus seinem Predigerkonvent gestattet habe, Reuchlin in einem ehrenrührigen Gedicht herabzusetzen[72]. Auch Sprachschwierigkeiten werden für Reuchlin von Petrus Staffel behauptet, denn Hoogstraeten verstehe als Niederdeutscher nicht Schwäbisch oder Oberdeutsch, so daß eine gerechte Beurteilung von Reuchlins Gutachten dem Inquisitor unmöglich sei. Abschließend wird die kurze gerichtliche Ladungsfrist, die nicht üblich sei, als weiteres Zeichen der Abneigung gegen Reuchlin gewertet. Aus all diesen Gründen sei Hoogstraeten als Richter befangen und werde deshalb abgelehnt[73]. Gleichzeitig wurde angeboten, vor einem Schiedsgericht den Beweis für diese Behauptungen anzutreten. Für Reuchlin solle dabei Dr. iur. utr. Johannes Wacker dem Schiedsgericht angehören.

Mit einem Beiurteil bestimmte Hoogstraeten, daß das Gericht ohne ihn als Richter die Sache weiter verhandeln solle. Mit Verweisen auf das kanonische Prozeßrecht widersprach der Prokurator Reuchlins hingegen dieser Entscheidung. Über den behaupteten Verdacht der Befangenheit des Richters sei vom kanonischen Recht eine Entscheidung eines Schiedsgerichtes vorgeschrieben[74]. Zudem dürfe ein vom Papst bestimmter Richter nach Vorbringung des Befangenheitsverdachtes von einer Partei nur mit deren Zustimmung den neuen Richter bestimmen[75]. Deshalb appellierte Petrus Staffel noch vor Hoogstraeten formgültig an das päpstliche Gericht[76]. Dies wollte Hoogstraeten freilich nicht zulassen und so lehnte er die Appellation ab. Er wandte ein, die erzbischöflichen Kommissarien seien schon als Richter bestellt worden, insofern sei die Entscheidung nicht an andere Richter übergeben worden.

In Mainz wurde in Abwesenheit von Reuchlin und seines Prokurators deshalb von Hoogstraeten weiter prozessiert, der Augenspiegel untersucht und Zeugen verhört[77]. Kurz bevor das Endurteil ergehen sollte, bewirkten der Dekan und das Kapitel im Mainz eine Frist von 15 Tagen, in der eine friedliche Beilegung des Konfliktes versucht werden sollte[78]. Reuchlin, der davon durch das Mainzer Kapitel benachrichtigt wurde, reiste daher in Begleitung der württembergischen Räte Jakob Lemp und Heinrich Schilling nach Mainz, wo die drei am 9. Oktober 1513 eintrafen[79]. Am Tag zuvor hatte der Inquisitor eine Beschlagnahme des Augenspiegels angeordnet. Dies veranlaßte Reuchlin, von

[72] Acta Judiciorum S. 97.

[73] Acta Judiciorum S. 97.

[74] Verweis auf X 2, 28, 41, Acta Judiciorum S. 97.

[75] Verweis auf VI 1, 14, 5, Acta Judiciorum S. 97.

[76] Verweis auf X 1, 29, 27, 5, aus dem wörtlich zitiert wird, Acta Judiciorum S. 98.

[77] Zusammenfassung der Ereignisse in Acta Judiciorum S. 98.

[78] Geiger, L., Johann Reuchlin S. 294.

[79] Acta Judiciorum S. 98.

seiner Unterkunft vor Zeugen und einem Notar nochmals persönlich an den Papst zu appellieren[80].

Auch der in Aschaffenburg residierende Mainzer Erzbischof Uriel von Gemmingen wurde von den Geschehnissen in Mainz unterrichtet[81]. Umgehend befahl er Hoogstraeten, die Frist um einen Monat zu verlängern, andernfalls sollten seine Kommissare abberufen und das Verfahren eingestellt werden[82]. Noch am 17. November sandte die theologische Fakultät zu Köln Deputierte zum Erzbischof, was diesen jedoch nicht umstimmte[83]. Es kam zu keiner Einigung, so daß die Kommissarien abberufen wurden.

D. Die Fortsetzung des Prozesses in Speyer

Mit einem Breve vom 21. November 1513 reagierte Papst Leo X. auf die Appellation Reuchlins und er befahl den Bischöfen von Worms und Speyer, den Prozeß zu übernehmen[84]. Sie sollten in einem Parteiverfahren prüfen, ob das in Mainz gefällte Beiurteil und die Handlungen Hoogstraetens nichtig seien[85]. Mit dem Verbot, die Sache vor anderen Gerichten zu verhandeln, erhielt das Gericht, das schließlich allein vom Speyerer Bischof eingesetzt wurde, ausschließliche Kompetenz.

Der Speyerer Bischof delegierte die Sache weiter und bestimmte zur Leitung der Gerichtsverhandlungen die Kanoniker Dr. decr. Thomas Truchsess und den Kustos des Speyerer Doms Georg von Schwalbach, die von Franz von Sickingen, Philipp von Flersheim, Johannes Vigilius, Jodocus Gallus und Fabricius Capito bei ihrer Arbeit unterstützt wurden[86]. Obwohl den Parteien bei Androhung der Exkommunikation und kirchlicher Strafen persönliches Erscheinen vor Gericht befohlen wurde, kam Hoogstraeten, der in Mainz und Köln öffentlich geladen worden war, nicht zum ersten Gerichtstermin[87]. Der für ihn als Prokurator erschienene Johannes Horst war nicht mit ausreichender Prokuratorenvollmacht ausgestattet, auch die Kaution konnte er nicht leisten[88].

[80] Acta Judiciorum S. 98.

[81] Acta Judiciorum S. 99.

[82] Acta Judiciorum S. 99; Keussen, H., Regesten S. 356.

[83] Keussen, H., Regesten S. 356.

[84] Acta Judiciorum S. 99, Peterse, H., Jacobus Hoogstraeten S. 38.

[85] Acta Judiciorum S. 100.

[86] Acta Judiciorum S. 101, Stiefenhöfer, H., Philipp von Flersheim S. 38, unvollständige Aufzählung bei Peterse, H., Jacobus Hoogstraeten S. 39.

[87] Acta Judiciorum S. 102.

[88] Acta Judiciorum S. 102.

Für den nächsten Gerichtstag am 20. Februar 1514 wurde abermals öffentlich geladen. Bei diesem begründete der Magister Johannes Greiff, der Reuchlin als Prokurator unterstützte, die Appellation Reuchlins. Insbesondere die zu kurze Ladungsfrist und die Subdelegation der erzbischöflichen Kommissare seien prozessuale Verstöße gewesen, gegen die sich Reuchlin mit seiner Appellation gewandt habe[89]. Zudem seien die Kommissare zur Ausführung eines kaiserlichen Befehles bestimmt worden, mit dem freilich nicht der Augenspiegel, sondern *alius quidam libellus qui contra facultatem theologicam Coloniensem editus* verboten wurde[90]. In dieser den Glauben betreffende Frage habe der Kaiser jedoch keine Kompetenz gehabt, so daß den Kommissarien keine richterliche Gewalt in diesem Fall zugestanden habe[91].

Mit einem Beiurteil entschieden die Richter bei diesem Gerichtstermin, *causam & causas appellationis & appellationum pro parte egregii viri domini Jo. Reuchlin LL. doctoris appellantis principalis ad sanctam sedem apostolicam interpositae & interpositarum rite & legitime fore & esse devolutas. Et nobis praetextu apostolicarum in forma brevis, & subdelegationis literarum nobis praesentatarum, jurisdictionem competiisse & competere. Et in causa hujusmodi ad ulteriora prout de jure procendendum fore & esse*[92].

Gegen dieses Urteil wandte sich der Prokurator Hoogstraetens, der mittlerweile eine Urkunde vorlegen konnte, welche ihm die Befugnis zur Übernahme der Vertretung erteilte, mit einigen Einreden. Er verlangte zusammen mit einem inzwischen ebenfalls zum Prokurator ernannten Dominikaner aus Worms eine Rücknahme des Urteils. Als diese sich mit diesem Begehren nicht durchsetzen konnten, legten sie eine Appellation gegen das Interlokut ein[93].

Gleichzeitig zu dem Prozeß in Speyer hatte der Dominikaner Johannes von Colle in Köln ein Verdammungsurteil über den Augenspiegel gefällt, woraufhin der Augenspiegel vor der Kölner Dominikanerkirche verbrannt worden war[94]. Johannes Pfefferkorn, der mit den Dominikanermönchen aus Köln nach Speyer gekommen war, hängte während der Gerichtssitzung in Speyer im Gerichtssaal dieses Urteil aus Köln gegen den Augenspiegel öffentlich aus, was zu großer Aufregung führte. Der Reuchlinsche Prokurator verlangte daraufhin, daß Pfefferkorn umgehend mit einer Exkommunikation gestraft und das Kölner Urteil als rechtswidrig erkannt werde[95].

---

89 Acta Judiciorum S. 103.

90 Gemeint ist die *Defensio* Reuchlins, Acta Judiciorum S. 103.

91 Acta Judiciorum S. 103.

92 Acta Judiciorum S. 104.

93 Acta Judiciorum S. 104 f.

94 Acta Judiciorum S. 105.

95 Acta Judiciorum S. 105.

Nachdem die Appellation Reuchlins endgültig als zulässig beurteilt worden war, brachte bei einer weiteren Gerichtsverhandlung vom 13. März 1514 Johannes Greiff für Reuchlin die in dem Parteiprozeß gegen Hoogstraeten notwendige Klage vor[96]. Nach der Beteuerung, daß Reuchlin kein Buch wider die Kirche verfassen wollte, betont er in der Klage, daß der Augenspiegel allein als Verteidigung gegen die Angriffe Pfefferkorns und Hoogstraetens verfaßt worden sei. Den einzelnen Vorwürfen, die Hoogstraeten in Mainz gegen den Augenspiegel geäußert hatte, werden vom Prokurator Reuchlins meist mit wörtlichen Zitaten aus dem Augenspiegel und ohne darüber hinausgehende Argumente widersprochen. Gleichzeitig wird nachdrücklich darauf verwiesen, daß der Inquisitor die Sätze des Augenspiegels aus dem Zusammenhang gerissen habe, wodurch die Intention Reuchlins unberücksichtigt bleibe. Von Seiten Reuchlins wird deshalb gefordert, den gesamten Augenspiegel als Einheit zu betrachten, womit sich freilich ein von der herrschenden Ansicht abweichendes Ketzereiverständnis zeigt[97]. In bezug auf die Frage nach der Stellung der Juden als Bürger des Reiches weist der Procurator darauf hin, daß dies keine Frage der Theologie, sondern des Rechtes sei[98]. Das Parteiverfahren erforderte, daß die Parteien das von ihnen Gewünschte selbst beantragten, und so schloß die Klagschrift Reuchlins mit den Anträgen auf Feststellung, daß die Vorwürfe Hoogstraetens nicht zuträfen und daß der Augenspiegel keineswegs ketzerisch sei[99]. Ferner wurde beantragt, daß der Gegner Reuchlins die Kosten der Verfahren in Speyer und Mainz zu tragen habe.

Der Prokurator Hoogstraetens hatte schon nach der Appellation auf das Interlokut nicht weiters die Interessen Hoogstraetens vertreten, so daß es zu keiner Erwiderung der Klage kam. Der Bischof von Speyer konnte darum den Anträgen Reuchlins entsprechen, die er nahezu wörtlich in sein am 24. April 1514 verkündeten Endurteil aufnahm[100]. Daher entschied der Bischof, daß der Augenspiegel keine Irrtümer und ketzerischen Aussagen enthalte, die Juden nicht begünstige und auch die Kirche und ihre Lehrer nicht verächtlich mache. Der Inquisitor der Teutonia wurde darüberhinaus zu Stillschweigen verurteilt. Die Prozeßkosten wurden auf 111 fl. festgesetzt, die Hoogstraeten unter Androhung der Exkommunikation innerhalb eines Monates an Reuchlin bezahlen

---

[96] Acta Judiciorum S. 106 ff.

[97] Trusen, W., Johannes Reuchlin S. 146.

[98] *Nam esse civem vel non esse civem non est quaestio theologiae sed meri juris positivi*, Acta Judiciorum S. 108.

[99] Acta Judiciorum S. 111.

[100] Acta Judiciorum S. 114, Geiger, L., Johann Reuchlin S. 303 u. Peterse, H., Jacobus Hoogstraeten S. 41 geben fälschlich den 29. März 1514 als Datum der Urteilsverkündung an; vermutlich ist dies aber das Datum der Urteilsausfertigung. Das Verkündungsdatum des Urteils in Acta Judiciorum S. 116.

sollte[101]. Da die Gegenseite das Urteil nicht mit einer Appellation angriff, war das Urteil sofort rechtskräftig[102].

E. Der Prozeß vor dem Papst

Der Inquisitor der Teutonia wollte sich aber mit dem in seiner Abwesenheit ergangene Urteil aus Speyer doch nicht zufrieden geben, so daß er dagegen an den Apostolischen Stuhl appellierte[103].

Schon einen Tag nach der Urteilsverkündung in Speyer hatte Reuchlin Kaspar Wirt beauftragt, für ihn in Rom als Prokurator zu fungieren[104]. Auf Anregung Reuchlins wandte sich dieser an den Papst mit der Bitte, den mit Erasmus von Rotterdam in freundschaftlicher Verbindung stehenden Kardinal Domenico Grimani als Richter in dieser Sache zu beauftragen[105]. Leo X. entsprach diesem Wunsch und ernannte als zweiten Richter den Juristen und Kardinal Pietro Accolti[106]. Der erste Gerichtstermin, zu dem Hoogstraeten persönlich erscheinen sollte, wurde am 8. Juni 1514 auf den sechsten Tag nach Zugang der Ladung bestimmt[107]. Reuchlin, für den sich beim Papst neben dem Bischof von Gurk Kurfürst Friedrich von Sachsen, Herzog Ludwig von Bayern, Herzog Ulrich von Württemberg, der Badische Markgraf, der Deutschmeister, fünf Bischöfe und 13 bedeutende Äbte einsetzten, durfte sich durch einen Prokurator vertreten lassen[108].

Zur Unterstützung ihres Vorgehens gegen den Augenspiegel baten die Kölner Theologen die Pariser theologische Fakultät um ein theologisches Gutachten über den Augenspiegel, der in einer lateinischen Übersetzung der Kölner nach Paris übersandt wurde[109]. Als Reuchlin davon erfuhr, schickte er einen Brief mit der Bitte nach Paris, daß der ursprüngliche Text des Augenspiegels

---

[101] Acta Judiciorum S. 115.

[102] *Quae quidem sententio nostra diffinitiva dum nulla provocatione seu appellatione saltem legitima suspensa in rem transivisset judicatam*, Acta Judiciorum S. 114.

[103] Acta Judiciorum S. 117.

[104] Regest d. Briefes v. 25. Apr. 1514 in Briefwechsel S. 214; Wirt sollte nach Wunsch Reuchlins auch Matthäus Lang, Ägidius Viterbo, Jacob Questenberg und Christoph Welser als Helfer heranziehen.

[105] Geiger, L., Johann Reuchlin S. 307, Peterse, H., Jacobus Hoogstraeten S. 55.

[106] Acta Judiciorum S. 119 f., zu Accolti Peterse, H., Jacobus Hoogstraeten S. 55.

[107] Acta Judiciorum S. 120.

[108] Acta Judiciorum S. 117; in De Arte Cabalistica fol. LXXX^{r} zählt Reuchlin auf, wer ihn in Rom unterstützt hat, wobei er statt fünf Bischöfe nur die Bischöfe von Worms, Straßburg, Konstanz und Speyer nennt. Zudem behauptet Reuchlin ebenda, daß ihn 35 schwäbische Städte mit Empfehlungsschreiben beim Papst unterstützt hätten.

[109] Peterse, H., Jacobus Hoogstraeten S. 52.

zur Grundlage der Beurteilung gemacht werde. Dabei wurde er vom württembergischen Herzog Ulrich unterstützt, während der französische König Ludwig XII. das Urteil der Pariser zugunsten der Kölner Fakultät zu beeinflussen versuchte[110]. Am 2. August 1514 teilte die Pariser theologische Fakultät mit, daß sie der Ansicht sei, der Augenspiegel enthalte ketzerische Aussagen, so daß er verbrannt werden müsse[111].

Daß die Pariser Theologen sich im Sinne der Kölner über den Augenspiegel geäußert hatten, war ein bedeutender Erfolg für die Dominikaner und Hoogstraeten. Wegen des Prozesses vor dem Apostolischen Stuhl reiste dieser nach Rom, wo er sich schon ab April 1514 aufhielt[112]. Bei der ersten Verhandlung in Rom bat er, daß als weiterer Richter Bernardino López de Carvajal zu ernennen[113]. Dabei führte er als Begründung an, daß die Heranziehung der beiden Kardinäle durch das V. Laterankonzil zu sehr belastet seien, um sich hinreichend dem Prozeß gegen den Augenspiegel zu widmen. Von diesem Kardinal war Hoogstraeten, der die Prozeßkosten an Reuchlin nicht bezahlte, zuvor von der deshalb verhängten Exkommunikation befreit worden[114]. Dieser Vorschlag stieß freilich auf den Widerspruch der Vertreter Reuchlins, die eine Ablehnung des Gesuches bewirken konnten.

Am 13. Januar 1515 wurde wiederholt vor dem Gericht verhandelt. Die beiden Richter befahlen dabei, daß von den Parteien zwei lateinische Übersetzungen des Augenspiegels angefertigt werden sollten, was für Reuchlin der aus Bremen stammende Dr. iur. utr. Martin Gröning übernahm[115]. Diese Übersetzung, die im Gegensatz derjenigen von Seiten Hoogstraetens nur acht Fehler enthielt, wurde zur Grundlage bei der Begutachtung des Augenspiegels von einer Sachverständigenkommission genommen[116]. Hoogstraeten versuchte mit dem Einwand, es sei von dieser Glaubensangelegenheit die gesamte Kirche betroffen, die Einsetzung der Kommission zu verhindern und den Fall vor das Konzil zu bringen. Die Prokuratoren Reuchlins beharrten jedoch darauf, daß es

110 Eine detaillierte Schilderung anhand der später veröffentlichten Akten der Pariser theologischen Fakultät bei Geiger, L., Johann Reuchlin S. 285 ff.; kurz Peterse, H., Jacobus Hoogstraeten S. 52 f.

111 Geiger, L., Johann Reuchlin S. 288 f., Peterse, H., Jacobus Hoogstraeten S. 53.

112 Peterse, H., Jacobus Hoogstraeten S. 51; über Hoogstraetens Aufenthalt und Wirken in Rom wurde Reuchlin insbesondere von Martin Hummelberger informiert, s. Horawitz, A., Zur Biographie S. 125 ff.

113 Acta Judiciorum S. 120, Peterse, H., Jacobus Hoogstraeten S. 57.

114 Acta Judiciorum S. 120.

115 Acta Judiciorum S. 129.

116 Die Übersetzung der Gegenpartei enthielt etwa 200 Fehler, Acta Judiciorum S. 129.

sich nicht um eine Glaubensangelegenheit, sondern um einen Fall von Neid handele, womit sie sich vor Gericht durchsetzen konnten[117].

Von beiden Parteien wurden insgesamt 22 Mitglieder für die Kommission vorgeschlagen, wobei nur sieben von Reuchlin benannt wurden[118]. Zwei von Reuchlin vorgeschlagene, nicht namentlich bekannte Doktoren haben von selbst ihr Amt wieder aufgegeben, so daß schließlich fünf von Reuchlins Seite bestimmte Sachverständige der Kommission angehörten. Die restlichen Mitglieder der letztlich 18 Sachverständige umfassenden Kommission wurden von Hoogstraeten bestimmt[119]. Zu den von Hoogstraeten vorgeschlagenen Sachverständigen gehörten der Predigermönch Silvester Prierias, der in Rom als Zensor fungierte[120]. Auch Girolamo Aleandro wurde auf Wunsch Hoogstraetens in die Kommission aufgenommen[121]. Entgegen der Einschätzung Hoogstraetens zeigte sich jedoch nach und nach, daß dieser hebräisch- und griechischkundige Gelehrte auf Seiten Reuchlins stand[122].

In sechs Sitzungen berieten die Sachverständigen über den Augenspiegel[123]. Jedes Kommissionsmitglied sollte zum Abschluß in einer öffentlichen Sitzung ein schriftliches Urteil abgeben[124]. Hoogstraetens Parteigänger Silvester Prierias erhielt während der Sitzungen den Eindruck, daß die Kommission ein Urteil gegen Hoogstraeten fällen würde[125], und aus diesem Grund bat er im Interesse des Inquisitors Leo X., dies zu verhindern, weshalb der Papst den Prozeß mit einem Mandatum de supersedendo suspendierte[126]. Kardinal Castellesi konnte indessen bewirken, daß die Kommission ungeachtet des Mandats ihr ab-

---

117 *Non essent causa fidei sed causa invidiae*, Acta Judiciorum S. 129.

118 Acta Judiciorum S. 129: *Quare fuerunt ab utraque parte nominati doctores praestantissimi & clarissimi viri numero XXII. quorum septem ex parte Jo. Reuchlin adhibiti sunt, sed duo ex ipsis abierunt, relictis caeteris quinque pro hac parte.*

119 Acta Judiciorum S. 129: *Omnes vero reliqui pro parte Jacobitarum introducti sunt.* Dieses Mißverhältnis zwischen der Anzahl der von Reuchlin und Hoogstraeten bestimmten Sachverständigen ist unerklärlich. Eventuell gaben die Anhänger Reuchlins die Zahlen falsch wieder, um zu zeigen, daß Hoogstraetens Position trotz überwiegend von ihm bestellten Experten in der Kommission keine Mehrheit fand; Geiger, L., Johann Reuchlin S. 318 behauptet fälschlich, die Kommission habe aus 22 Mitgliedern bestanden, von denen sieben von Reuchlin vorgeschlagen wurden.

120 Zu Prierias Peterse, H., Jacobus Hoogstraeten S. 61.

121 Dies teilt Martin Grönig in einem Brief an Reuchlin v. 12. Sept. 1516 mit, gedr. bei Schlecht, J., Briefe S. 79; Peterse, H., Jacobus Hoogstraeten S. 61.

122 Peterse, H., Jacobus Hoogstraeten S. 61; in einem Brief v. 12. Sept. 1516 bezeichnet Martin Grönig Girolamo Aleandro als *pentaglósses* (fünfsprachig).

123 Peterse, H., Jacobus Hoogstraeten S. 62.

124 Acta Judiciorum S. 130.

125 Peterse, H., Jacobus Hoogstraeten S. 62.

126 Acta Judiciorum S. 130, Peterse, H., Jacobus Hoogstraeten S. 62.

schließendes Urteil abgeben durfte[127]. Bei der letzten Zusammenkunft der Sachverständigen gab als erster der Titularerzbischof von Nazareth Georgius Benignus seine Stellungnahme ab, in der er den Spruch der theologischen Fakultät von Paris verurteilte und für eine Approbation des Augenspiegels votierte[128]. Diesem Urteil schloß sich fast die gesamte Kommission an, wobei der Bischof von Melfi noch weitergehend eine Bestrafung Hoogstraetens forderte[129]. Allein der *magister palatii* Silvester Prierias wich von dieser Einschätzung des Augenspiegels zugunsten Hoogstraetens ab[130].

Mit dem päpstlichen Mandat und der Entscheidung der Sachverständigen hatte Reuchlin einen Sieg errungen, ohne den Prozeß zu gewinnen. Nach diesem Erfolg für Reuchlin erschienen zahlreiche Schriften, die auf den Streit und den Prozeß in Rom Bezug nahmen und damit die Kontroverse lebendig hielten[131]. Reuchlin widmete 1517 Papst Leo X. sein Buch *De Arte Cabalistica*, in welchem er zu Beginn des dritten Buches nochmals auf den Streit hinwies[132]. Zwei Sammlungen seines Briefwechsels mit berühmten Zeitgenossen gab Reuchlin als Hinweis auf seine Bedeutung und seine Kontakte heraus[133]. Mit den anonym erschienenen *Epistolae obscurorum virorum* ergriffen Crotus Rubeanus, Ulrich von Hutten und weitere Humanisten für Reuchlin ebenso Partei wie Georgius Benignus mit seiner Maximilian I. gewidmeten *Defensio praestantissimi viri Joannis Reuchlin LL. doctoris*[134]. In Hagenau druckte Thomas Anshelm 1518 einen Auszug aus den Gerichtsakten der Prozesse in Mainz und Speyer mit dem Titel *Acta Iudiciorum*, der wahrscheinlich von Freunden Reuchlins erstellt wurde[135]. In zwei Apologien wandte sich Hoogstraeten nochmals ausdrücklich gegen Reuchlin, dessen *De Arte Cabali-*

---

[127] Peterse, H., Jacobus Hoogstraeten S. 62; nach Acta Judiciorum S. 130 ist das päpstliche Mandat erst nach dem Urteil der Kommission ergangen, zur Widersprüchlichkeit der Quellen Peterse, H., Jacobus Hoogstraeten S. 63.

[128] Acta Judiciorum S. 130.

[129] Acta Judiciorum S. 130.

[130] Acta Judiciorum S. 130.

[131] Ein Verzeichnis der Schriften, die sich auf diese Kontroverse beziehen bei Böcking, E., Ulrichi Hutteni, Bd. 2 S. 87; eine sehr detaillierte Schilderung bei Geiger, L., Johann Reuchlin S. 321 ff.

[132] Reuchlin, J., De Arte Cabalistica fol. LI^r, dazu Geiger, L., Johann Reuchlin S. 102 f.

[133] Die Clarorum virorum epistolae von 1514, die 1518 in einer erweiterten Edition erschienen, sowie die Illustrium virorum epistolae von 1519, bibliographische Angaben bei Benzing, J., Bibliographie S. 42 f. (Nrr. 136-138).

[134] Zu den Verfassern der *Epistolae obscurorum virorum* v. 1515 u. 1517 Hahn, R., Huttens Anteil S. 79 ff., eine Analyse bei Becker, R. P., A War of Fools S. 69 ff.; zur Verteidigung Reuchlins durch Benignus v. 1516 Erdmann-Pandzic, E. v. u. Pandzic, B., Juraj Dragisic S. 98 ff., dort im Anhang ein Nachdruck des Buches v. Benignus.

[135] Alberts, H., Reuchlins Drucker S. 220.

stica er fernerhin mit seiner *Destructio Cabale* als falsch und gefährlich erweisen wollte; den Verfasser des Augenspiegels bezeichnete er in der *Destructio Cabale* zudem in herabsetzender Weise als *grammaticus*, woraus ersichtlich wird, daß der Streit weiterhin auch ein Methodenstreit war[136]. Auch Johannes Pfefferkorn nahm mit weiteren Schriften an der Auseinandersetzung teil, von denen insbesondere die *Beschyrmung* und das *Streydtpuechlyn* Bedeutung erlangten[137]. Darüber hinaus setzten sich einige Humanisten in Rom selbst für Reuchlin ein[138].

Die Auszüge aus den Gerichtsakten schlossen die Freunde Reuchlins mit der Bemerkung, daß die Geltung und Ehre des Speyerer Urteilsspruch ewig fortbestehen werde[139]. Demnach wurde mit einer endgültigen Entscheidung von diesen nicht mehr gerechnet. Im Februar 1520 wurde Reuchlin jedoch von seinen Prokuratoren in Rom mitgeteilt, daß die Dominikaner beim Papst eine Nichtigkeitserklärung des Speyerer Urteils erwirken wollten, was ihnen am 23. Juni 1520 gelang[140]. Im päpstlichen Endurteil, das während der Gerichtsferien in Abwesenheit der Prokuratoren und Anwälte Reuchlins erging, heißt es, daß der *Speculum Oculare nuncupatum, fuisse et esse scandalosum, ac piarum aurium Christi fidelium offensivum, ac non parum impiis Iudaeis favorabilem, et propterea ab usu et de manibus Christi fidelium tollendum usumque eius inhibendum etc. cum impositione perpetui silentii eidem Iohanni et condemnationem eiusdem in expensis in huiusmodi causa tam in partibus quam Romana Curia factis*[141]. Damit wurde neben der Nichtigkeitserklärung des Speyerer Urteils Reuchlin die weitere Verbreitung des Augenspiegels verboten und ihm Stillschweigen auferlegt. Obwohl der Augenspiegel als eine die Juden begün-

[136] Zu den Werken Hoogstraetens bibliographische Angaben bei Peterse, H., Jacobus Hoogstraeten S. 153; die Apologien sind v. 1518 u. 1519, die Destructio v. 1519; die Herabsetzung Reuchlins als *grammaticus* auf fol. mm ii^{v} ff.; zum Wandel der Bedeutung des Begriffes *grammaticus* s. S. 172 sowie neuerdings Rummel, E., The Humanist-Scholastic Debate S. 88 f.; Nauert, C. G., Humanism as Method S. 427 ff.

[137] Zur *Beschyrmung* v. 1516 Geiger, L., Johann Reuchlin S. 379 ff., zum *Streydtpuechlyn* aus dem selben Jahr ebenda S. 383 ff.; bibliographische Angaben zu beiden Büchern bei Böcking, E., Ulrichi Hutteni, Bd. 2 S. 89 f.

[138] Insbesondere ist Michael Hummelberger zu nennen, s. Kammerer, I., Die Stellung des Ravensburger Humanisten S. 29; Hummelberger korrespondierte häufig mit Reuchlin wegen des Prozesses in Rom, wobei er auch das Verhalten Hoogstraetens schildert, s. Horawitz, A., Zur Biographie S. 125 ff.

[139] *Et adhuc manet aeternumque manebit sententia Spirensis in vigore & honore*, Acta Judiciorum S. 130.

[140] Geiger, L., Johann Reuchlin S. 450.

[141] Böcking, E., Ulrichi Hutteni, Bd. 2 S. 152 f.; die Art, wie das Urteil erging schildert Reuchlin in einem Brief an Kurfürst Friedrich v. Sachsen v. 3. Jan. 1521, gedr. bei Ulmann, H., Franz von Sickingen S. 407, die entscheidende Stelle ist auch bei Peterse, H., Jacobus Hoogstraeten S. 139 Fn. 43 wiedergegeben.

stigende Schrift eingestuft wird, erfolgt keine Verurteilung dessen als ketzerisch.

Verschiedene Ursachen dürften zu diesem Urteil geführt haben: Zum einen wird ein Zusammenhang zwischen Martin Luther und dem päpstlichen Urteil bestehen[142]. In seiner *Destructio Cabale* vertrat Hoogstraeten die Ansicht, daß Martin Luther zu seinen Angriffen auf das Papsttum durch das nicht ausreichend streng Vorgehen gegen Reuchlins Augenspiegel ermutigt wurde[143]. Nur wenige Tage vor dem Urteil über den Augenspiegel erging die päpstliche Bulle gegen Luther, mit der er zur Unterwerfung unter die Katholische Kirche aufgefordert wurde, was als Hinweis gedeutet werden kann, daß am päpstlichen Hof ein Zusammenhang des Streites um den Augenspiegel und Martin Luther gesehen wurde[144]. Offensichtlich sahen zumindest zahlreiche Humanisten und Zeitgenossen Reuchlins diese Verbindung[145]. Ein Holzschnitt, der dem Buch *History von den fier ketzren Predigerordens* von 1521 beigegeben wurde, zeigt beispielsweise Reuchlin zusammen mit Martin Luther und Ulrich von Hutten als *Patroni Libertatis* und als Kämpfer für eine gemeinsame Sache[146]. Auch der spanische Humanist Juan Luis Vives sah die Auseinandersetzungen Luthers und Reuchlins mit dem Papst als einen einzigen Streit an[147] und Philipp Melanchthon betrachtete Luther und Reuchlin ebenfalls als gemeinsame Feinde der Scholastiker[148]. Erasmus von Rotterdam hatte schon zuvor befürchtet, daß der Augenspiegel und Martin Luther in Rom als ein Problem behandelt werden könnte und aus diesem Grunde in einem Brief an Papst Leo X. dafür geworben, die Aktivitäten des Augustinermönches und Reuchlin mit seinem Augenspiegel getrennt zu betrachten[149].

---

[142] Peterse, H., Jacobus Hoogstraeten S. 137 u. 143 f.

[143] Peterse, H., Jacobus Hoogstraeten S. 137.

[144] Peterse, H., Jacobus Hoogstraeten S. 138.

[145] Peterse, H., Jacobus Hoogstraeten S. 143; auch Luther glaubte vorübergehend, mit Reuchlin für eine gemeinsame Sache zu kämpfen, s. den Brief Luthers an Reuchlin v. 14. Dez. 1518, Regest in Briefwechsel S. 311, zum Verhältnis der beiden Preisendanz, K., Luther und Reuchlin S. 31 f.

[146] Der Holzschnitt ist wiedergegeben in Benzing, J., Bibliographie S. XIII; zu der Darstellung Treu, M., Johannes Reuchlin S. 133; das Bildnis Reuchlins fand Eingang in ein Rollenmuster, das Johannes Gerstenmaier als Verzierung für Buchdeckel verwandte, s. z. B. den Einband des Buches aus der Bibliothek von Martin Crusius v. 1603 auf dem Einband des Ausstellungskataloges Eine Stadt des Buches sowie ebenda S. 38; auch hier wird Reuchlin als Reformator abgebildet.

[147] Rhein, S., Reuchliniana III S. 321.

[148] Scheible, H., Reuchlins Einfluß S. 127.

[149] Stupperich, R., Vorgeschichte S. 465 f.; Erasmus war im Gegenzug zu seiner Einmischung in den Streit von Pfefferkorn in dessen Streydtpuechlyn gehässig angegriffen und herabgesetzt worden, s. Augustijn, C., Erasmus S. 28 f.

Zum anderen steht die päpstliche Entscheidung fünf Jahre nach dem *Mandatum de supersedendo* wohl im Zusammenhang mit den Aktivitäten Franz von Sickingens für Reuchlin[150]. Insbesondere Winfried Trusen hat neuerdings die Bedeutung Franz von Sickingens für das Urteil betont[151]. Diesem Ritter hatte Reuchlin unwiderruflich die Eintreibung der 111 fl. Gerichtskosten übertragen, die Hoogstraeten gemäß dem Speyerer Urteil an Reuchlin bezahlen mußte[152]. Von Hoogstraeten und den Dominikanern der Ordensprovinz Teutonia forderte daraufhin Franz von Sickingen *von wegen und namen des hochgelerten und weitberümbten hern Johann Reuchlins baider rechte doctor*[153] am 26. Juli 1519 unter Fehdeandrohung die Bezahlung der Gerichtskosten binnen Monatsfrist[154]. Mit einer weiteren Aufforderung gewährte der fehdeerfahrene Ritter Fristverlängerung bis zum 28. Dezember 1520[155]. Mit dem Provinzial der Teutonia Eberhard von Kleve, der daraufhin auf die Burg Sickingens nach Landstuhl reiste, vereinbarte Franz von Sickingen, daß zur Vermittlung ein Schiedsgericht eingesetzt werden solle[156]. Noch bevor dies am 6. Mai 1520 in Frankfurt am Main erstmals zusammentrat, erhielt Reuchlin die Nachricht aus Rom von der Wiederaufnahme des Prozesses gegen den Augenspiegel in Rom[157]. Dem dennoch zusammengekommenen Schiedsgericht gehörten neben Franz von Sickingen und dem Provinzial der Teutonia noch Philipp von Flersheim, der Speyerer Dekan Simon Ribisin und der berühmte Jurist und Humanist Johannes Wacker an[158]. Nach viertägigen Verhandlungen kamen die Schiedsrichter überein, daß Leo X. um eine Beilegung des bisherigen Streites mittels eines Stillschweigegebotes an die Parteien von den Dominikanern gebeten werden solle[159]. Einen Tag später teilte Reuchlin das Ergebnis der Frankfurter Verhandlung Jakob Questenberg in Rom mit und bat ihn, bei der Ausfertigung der dazu benötigten päpstlichen Urkunde behilflich zu sein[160]. Die Prozeßkosten, die

---

150 Geiger, L., Johann Reuchlin S. 450.

151 Trusen, W., Die Prozesse S. 122 f., davon Zusammenfassung bei Reiling, E., Reuchlin und die politischen Kräfte seiner Zeit S. 737.

152 Reuchlin schreibt in einem Brief an Willibald Pirckheimer v. 19. Jan. 1520 (14. Kalend. Febr.) in bezug auf Franz von Sickingen: *[...] procuratorem eum constituerim irrevocabilem in rem suam, cum libera, ut eam possit quoque in alteros transferre, quando libeat*, gedr. bei Böcking, E., Ulrichi Hutteni, Bd. 1 S. 441.

153 Reuchlin war nicht Doktor beider Rechte, s. Kapitel 2: Reuchlins Studienjahre.

154 Geiger, L., Johann Reuchlin S. 445. Die gedruckte Zahlungsaufforderung wiedergegeben bei Böcking, Eduard, Ulrichi Hutteni, Bd. 1 S. 438 ff.

155 Geiger, L., Johann Reuchlin S. 446.

156 Geiger, L., Johann Reuchlin S. 446.

157 Geiger, L., Johann Reuchlin S. 447.

158 Geiger, L., Johann Reuchlin S. 447 f.

159 Geiger, L., Johann Reuchlin S. 448.

160 Brief v. 11. Mai 1520, Regest in Briefwechsel S. 325 f. Das Verhandlungsergebnis ist abgedruckt bei Geiger, L., Ungedrucktes S. 223 ff.

Franz von Sickingen für Reuchlin eingefordert hatte, wurden nach der schiedsgerichtlichen Verhandlung in Frankfurt wahrscheinlich alsbald bezahlt[161].

Freilich scheinen die Kölner Dominikaner und Hoogstraeten mit der Vereinbarung vor dem Schiedsgericht nicht einverstanden gewesen sein[162]. Reuchlin schreibt in einem Brief an Kurfürst Friedrich von Sachsen, daß Hoogstraeten unter Mißachtung des Gehorsams entgegen der Erklärung des Dominikanerordens die Aufhebung des Urteils von Speyer bewirkt habe[163]. Insofern hat die Drohung Franz von Sickingens gegenüber den Dominikanern nicht direkt zur Aufhebung des Speyerer Urteils geführt[164]; ohne Hoogstraetens neuerlichen Aktivitäten wäre der Fall in Rom wahrscheinlich nicht wieder aufgenommen worden. Dennoch belebte dieses Eingreifen Sickingens den Streit und bewegte möglicherweise Hoogstraeten zu einem entschlossenerem Vorgehen gegen den Augenspiegel.

F. Schlußbemerkung

Reuchlin konnte sich in dem Streit um dem Augenspiegel, in welchem zunächst auch gegen Reuchlin persönlich vorgegangen werden sollte, vor dem päpstlichen Gericht nicht durchsetzten. Der Streit um seine Position, der auch außerforensisch eine heftige Kontroverse hervorrief, konzentrierte sich dabei im wesentlichen auf die theologische Frage, wie der Talmud zu bewerten sei. Die juristische Argumentation Reuchlins in bezug auf die Rechtsstellung der Juden spielte nur eine geringe Rolle in dieser gerichtlichen Auseinandersetzung, in welcher er seine im Augenspiegel vertretenen Positionen standhaft verteidigte und keine Kosten scheute[165]. Trotz vielseitiger Unterstützung

[161] Dies schreibt Reuchlin an Willibald Pirckheimer am 31. Mai 1520 (Prid. Kal. Iunias), gedr. bei Böcking, Eduard, Ulrichi Hutteni, Bd. 1 S. 448.

[162] Das deutet Reuchlin an in dem Brief an Kurfürst Friedrich v. Sachsen v. 3. Jan. 1521, gedr. bei Ulmann, H., Franz von Sickingen S. 406 ff.

[163] In seinem Brief an Kurfürst Friedrich v. Sachsen schreibt Reuchlin, daß nach dem Schiedsspruch von Frankfurt die Dominikaner *Hochstraten prior Zu Cöln von seinem Inquisitorampt abgesetzt und im gebotten den friden Zu hallten und den krieg wider mich nit mer zu füren, der genent bruder Jacob Hochstratt ist aber Trüwlos und gelübdbrüchig an sinem orden und sinen öbern worden und hat all obedientz veracht und in abweßen miner prcuratoren und anwellt Zu Rom Inn der Zyt der Vacantz so man sußt gewonlich nit gericht hallt hat er einen Römerspruch ußgebracht [...]*, gedr. bei Ulmann, H., Franz von Sickingen S. 407.

[164] Dies behauptet aber Trusen, W., Die Prozesse S. 122 f.; in der Zusammenfassung bei Reiling, E., Reuchlin und die politischen Kräfte seiner Zeit S. 737 heißt es in bezug auf die Nötigung des Ordens durch Sickingen: „Eine Nötigung dieser Art wollte man sich in Rom einfach nicht gefallen lassen".

[165] Reuchlin verkaufte 28 Morgen Land (=7 ha), um den Prozeß zu finanzieren, Brief Reuchlins v. 13. Nov. 1518, Briefwechsel S. 308 (Regest): *[...] agellos meos ad 28 ju-*

konnte nicht verhindert werden, daß eine Entscheidung gegen den Augenspiegel gefällt wurde, wobei eine Vermischung der Provokation Luthers mit der Affaire um den Augenspiegel am päpstlichen Hof eine wesentliche Ursache gewesen sein wird.

---

gera, quibus domesticos meos meque pavi, coactus sum vendere [...]; schon am 14. März 1516 hatte Michael Hummelberger Reuchlin um Geld für den Prozeß in Rom gebeten, Horawitz, A., Zur Biographie S. 154 f.

Kapitel 7

Der Vocabularius Breviloquus

A. Forschungsstand

Noch während Reuchlins Studienzeit erschien der Vocabularius Breviloquus, als dessen Verfasser Reuchlin in der Literatur genannt wird, im Druck. Dieser ist bislang nicht Gegenstand eigenständiger wissenschaftlicher Arbeiten gewesen; die Reuchlinforschung hat ebenso wie die Untersuchungen zur mittelalterlichen und frühneuzeitlichen Lexikographie diesem Wörterbuch nur wenig Aufmerksamkeit geschenkt. Eine der ausführlichsten Darstellungen und Analysen des Lexikons erfolgte 1871 durch den Reuchlin-Biographen Ludwig Geiger[1]. Nach einer kurzen Betrachtung der im Vocabularius Breviloquus zitierten Quellen kommt Geiger zu dem Ergebnis, daß der Vocabularius Breviloquus den zuvor gedruckten Wörterbüchern überlegen sei: „Im Allgemeinen läßt sich der wichtige durch dieses Lexikon bezeichnete Fortschritt dahin fassen, dass es statt eine Concordanz für Vulgata und Septuaginta zu sein, - denn auf diesem Standpunkte stehen die meisten mittelalterlichen Wörterbücher - als seine Aufgabe erkennt, den ganzen durch klassische Schriftsteller und die Quellen der römischen Jurisprudenz wesentlich bereicherten lateinischen Sprachschatz in sich aufzunehmen."[2]

Eine Einordnung und Bewertung des Vocabularius Breviloquus wird noch heute dadurch erschwert, daß die Geschichte der Lexikographie bis zum 14. Jh. große, unerforschte Lücken aufweist[3], womit der Bezugsrahmen für einen Vergleich des Vocabularius Breviloquus nur bruchstückhaft gegeben ist.

Der Vocabularius Breviloquus erschien erstmals 1478 anonym in Basel[4]. Daß Reuchlin der Verfasser sei, teilt Melanchthon in seiner Rede über Reuchlin

---

[1] Geiger, L., Johann Reuchlin S. 68-76; auf diese weist noch Benzing, J., Bibliographie S. 1 als die maßgeblich hin.

[2] Geiger, L., Johann Reuchlin S. 70.

[3] Es fehlen neben einer bibliographischen Verzeichnung der Wörterbücher auch Untersuchungen zu einzelnen Vocabularien; zu den Forschungslücken s. Smet, G. A. R. de, Wörterbücher S. 940.

[4] Rhein, S., Reuchliniana II S. 299; Rupprich, H., Johannes Reuchlin S. 12 datiert die Erstausgabe auf 1475, was aber sehr unwahrscheinlich ist, weil Reuchlin erst 1474 zum Studium nach Basel gekommen war und das Buch mit Sicherheit nicht in einem

mit: In der Mitte der siebziger Jahre des 15. Jahrhunderts richtete Johannes Amerbach, den Reuchlin während seines Studiums in Basel oder in Paris kennenlernte, in Basel seine Druckerei ein; Reuchlin stellte für diesen den Vocabularius Breviloquus zusammen[5]. Als Bearbeiter des Wörterbuches hatte sich Reuchlin schon selbst im Vorwort zum ersten Buch von *De Rudimentis Hebraicis*, das Reuchlin an seinen Bruder Dionysius adressiert, bezeichnet[6]. Möglicherweise hat Johann Amerbach ihn bei der Materialsammlung und beim Verfassen unterstützt[7]. Der Vocabularius wurde bei Amerbach in Basel viermal nachgedruckt und bis 1504 erschien er in 22 Ausgaben an verschiedenen Druckorten in Deutschland und Frankreich[8]. Der Vocabularius Breviloquus stellt das erste selbständig erschienene Werk Reuchlins dar[9].

B. Der Breviloquus und die spätmittelalterliche Lexikographie

I. Aufbau und System des Breviloquus

Der Vocabularius Breviloquus Reuchlins besteht neben dem eigentlichen Wörterbuch meist aus einer Vorrede, der *Ars Diphtongandi* des Guarino Veronese, dem *Dialogus de arte punctandi* von Heynlin von Stein und dem *Tracta-*

Jahr erstellt und gedruckt werden konnte. Jedenfalls stammt die erste datierte Ausgabe von 1478, Benzing, J., Bibliographie S. 1 Nr. 1.

5 Melanchthon, Ph., De Capnione Spp. 1002 f.: *Capnio librum collegit cui titulus est: Breviloquus, qui tunc, cum nondum meliores libri in hoc genere haberentur, et expetitus est et studiis profuit.* Zur Tätigkeit Reuchlins für Amerbach Hieronymus, F., Einbandschnipsel S. 78. Bei dem Lob Melanchthons ist zu beachten, daß die gesamte Rede Melanchthons eine Lobrede auf Reuchlin ist.

6 Briefwechsel S. 90. Es heißt: *Dictionarium collegi quem appellavi Breviloquum.* De Rudimentis Hebraicis erschien erstmals 1506, Benzing, J., Bibliographie S. 24 (Nr. 90). Melanchthons Erwähnung Reuchlins als Autor stimmt z. T. wörtlich mit Reuchlins Ausführungen in diesem Buch überein, so daß Melanchthon vielleicht seine Informationen aus diesem Buch bezog.

7 Krebs, M., Reuchlins Beziehungen S. 140. Diese Vermutung geht zurück auf einen Brief von Konrad Leontoris v. 21. Juni 1491 an Amerbach, S. Hartmann, A., Die Amerbachkorrespondenz S. 25 f., zu dem ebenda A. Hartmann anmerkt, daß der Arbeitsanteil von Amerbach nicht abschätzbar sei; die Beteiligung Amerbachs ist als Frage erwähnt bei Rhein, S., Reuchliniana II S. 299.

8 Eine genaue Erfassung der Ausgaben bei Benzing, J., Bibliographie S. 1-5 (Nrr. 1-22), der auch die bei Geiger, L., Johann Reuchlin S. 68 angegebene Zahl von 25 Ausgaben korrigiert. Die bei Seckel, E., Beiträge S. 476 nachgewiesene Ausgabe Hagenau 1518 beruht auf einem Fehler im alten, handschriftlichen Katalog der BayStabi München; tatsächlich handelt es sich um ein Exemplar aus Straßburg 1504. Bei Amerbach erschienen die erste und die dritte bis fünfte Auflage, der Erscheinungsort in Frankreich ist Lyon.

9 Rupprich, H., Johannes Reuchlin S. 12; Geiger, L., Johann Reuchlin S. 68.

tus utilis de accentu eines Anonymus[10]. Der folgende Wörterbuchteil wird von einem Vorwort eingeleitet. Das Wörterbuch selbst unterteilt den lateinischen Wortschatz in drei Teile: Der erste Teil behandelt deklinierbare Wörter, der zweite Teil verzeichnet die Verben und im letzten sind Indeclinabilia erläutert[11].

II. Die Abhängigkeit des Vocabularius Breviloquus vom Vocabularius Brevilogus

1. Der Vocabularius Brevilogus

Der Vocabularius Breviloquus von Reuchlin schließt in Inhalt und Methode an ein anderes spätmittelalterliches Wörterbuch an; dieses ist unter dem Titel Vocabularius Brevilogus in der Lexikographie bekannt, welches von einem unbekannten Verfasser etwa im letzten Viertel des 14. Jahrhunderts verfaßt worden war[12]. Sein hauptsächliches Verbreitungsgebiet war der Norden Deutschlands, aber auch im Süden waren vereinzelt Exemplare des Buches vorhanden[13]. Von dem nur handschriftlichen Brevilogus sind über 40 Exemplare überliefert[14]. Diese stimmen ebenso wie die verschiedenen Überlieferungen des bekannten Wörterbuches *Vocabularius Ex quo* freilich nicht Wort für Wort überein[15]. Beim Abschreiben wurden mannigfaltige Veränderungen in der Makro- und Mikrostruktur vorgenommen, so daß die gebuchten Einträge so wie die Interpretamente zwischen den Brevilogi voneinander abweichen[16]. Gleichwohl gestatten das nahezu gleichlautende Vorwort sowie die markante, eigenständige Gliederung, welche Deklinabilia, Verben und Indeklinabilia in drei getrennten und alphabetisch sortierten Gruppen einteilt, die Handschriften als ein Wörterbuch zu betrachten.

---

[10] In der Ausgabe von 1504 ist die Ars Diphtongandi von Guarino Veronese auf fol. A 2^r-A 3^v, Der Dialog Heynlins auf fol. A 3^v-A 4^r, Der Tractatus fol. A 4^r-A 7^v; in der nicht nach 1479 gedruckten Kölner Edition fehlt der Dialog, Benzing, J., Bibliographie S. 1 (Nr. 2).

[11] In der Auflage von 1504 erstreckt sich der erste Teil fol. a 1^r-m 1^v, der zweite fol. m 1^v-x 1^r, der dritte fol. x 1^r-y 7^v.

[12] Grubmüller, K., Brevilogus Sp. 1033.

[13] Z. B. die Handschrift UB Tübingen MC 57, Eine Beschreibung davon in Rökkelein, H., Die Lateinischen Handschriften S. 152 f. Nach Wasserzeichenbestimmung ist das Buch etwa 1418-24 geschrieben worden; ein Besitzvermerk weist auf den Abt Wighard von Hirsau hin.

[14] Eine exakte Liste bei Grubmüller, K., Vocabularius S. 36 ff.

[15] Zum Vocabularius Ex quo Grubmüller, K., Vocabularius S. 74.

[16] Ein Verleich bei Padberg, W., Der Vocabularius Breviloquus S. 21 ff.

Mit dem Vocabularius Brevilogus ist allerdings keineswegs ein vollständig neues Wörterbuch entstanden. Die diesem Buch vorangehenden Wörterbücher und Glossen werden ausgiebig als Grundlage herangezogen. Nach der Vorrede sind die Wörterbücher von Papias, Brito und Alanus ab Insulis sowie die Etymologie des Isidor von Sevilla die wesentlichen Quellen, aus denen für den Brevilogus geschöpft wurde[17].

Eine der am häufigsten zitierten Quellen ist das *Elementarium doctrinae erudimentum* des oberitalienischen Klerikers Papias[18], der sich mit diesem sicher vor 1045 fertiggestelltem Werk als ein beträchtlicher Neuerer auf dem Gebiet der Wörterbücher erwies[19]. Die schon aus der Spätantike bekannte, insbesondere in dem zehnten Buch der Etymologie des Isidor von Sevilla verwendete alphabetische Anordnung machte er als erster mittelalterlicher Verfasser zum grundlegenden Ordnungsprinzip seines *Elementarium*[20]. Von gleichfalls großer Bedeutung für die mittelalterliche Lexikographie sind die auch vom Kompilator des Brevilogus herangezogenen *Expositiones difficiliorum de Biblia*. Diese wurden etwa Mitte des 13. Jahrhunderts von dem Franziskanermönch Guilelmus Brito als alphabetisches Bibelvokabular verfaßt, das auf Erläuterung der literalen Wortbedeutungen zielte[21]. Ebenfalls ein Bibellexikon waren das Wörterbuch des Alanus ab Insulis, der in der zweiten Hälfte des 12. Jh. in Paris die artes liberales und Theologie lehrte[22]. Sein *Distinctiones* genanntes Werk ist eine wichtige Quelle des Vocabularius Brevilogus[23].

Eine der belangvollsten Grundlagen für alle mittelalterlichen Wörterbücher ist die je und je herangezogene Etymologie des Isidor von Sevilla[24]. Wohl um 560 geboren wurde Isidor Berater von König Sisebut und um 599/600 Nachfolger seines Bruders Leander auf dem Bischofsstuhl zu Sevilla[25]. Der König der Westgoten regte Isidor an, die zwanzig Bücher der Etymologie zusammenzustellen, in denen jener versuchte, das spätantike Wissen der verschiedensten

---

[17] Es heißt: *Licet vero Ysidorus Papias brito et alanus alijquequam plurimi et magistri satis dehijs tractauerunt*, s. z. B. UB Tübingen MC 57 fol. 1^{r}.

[18] Dazu gründlich Grubmüller, K., Vocabularius S. 20 f., Weijers, O., Lexicography S. 140 ff. u. Daly, L. W. u. Daly, B. A., Some Techniques S. 229-235.

[19] Kindermann, U., Papias Spp. 1663 f.

[20] Allerdings alphabetisierte er nur bis zum dritten Buchstaben, Kindermann, U., Papias Spp. 1663 f.

[21] Weijers, O., Lexicography S. 145 f. u. Grubmüller, K., Guilelmus Brito Spp. 300 f.

[22] Zu diesem mittelalterlichen schreibenden Theologen Hödl, L. u. Silagi, G., Alanus ab Insulis (v. Lille) Spp. 268 f.

[23] Grubmüller, K., Vocabularius S. 17.

[24] Isidori Hispalensis Episcopi Etymologiarum sive Originum Libri XX, ediert in 2. Bdd., Oxford 1911.

[25] Isidorus von Sevilla im Pauly Sp. 2069.

Sachgebiete zusammenzufassen und zu vermitteln[26]. Von Spanien aus verbreitete sich dieses Buch rasch über ganz Europa, wo es maßgeblichen Einfluß ausübte[27]. In den Vocabularius Brevilogus ist das Werk Isidors zum einen direkt, zum anderen indirekt über die schon oben erwähnten mittelalterlichen Wörterbücher und Bibellexika eingegangen.

Neben diesen namentlich genannten Vorbildern sind für den Brevilogus noch weitere, nicht erwähnte Bücher herangezogen worden, wovon das wichtigste die *Summa quae vocatur catholicon* des Dominikaners Johannes Balbis von Genua darstellt[28]. 1286 entstanden verbreitete es sich schnell und blieb bis zum Aufkommen des Humanismus eines der bedeutendsten Wörterbücher[29]. In Mainz wurde es 1460 als wahrscheinlich erstes profanes Buch gedruckt[30]. Für die Geschichte der Lexikographie ist der fünfte, letzte Teil des Werkes der wichtigste, weil dieser den lexikalischen Teil enthält[31]. Dieser bietet in streng alphabetischer Reihenfolge den Wortschatz[32], der mikrostrukturell mit ausführlichen morphosyntaktischen Erläuterungen und enzyklopädischen Bedeutungsbeschreibungen versehen wird[33].

Diese im Mittelalter verfaßten Glossen und Wörterbücher waren insbesondere zum Gebrauch im Unterricht oder beim Studium der Bibel gedacht. Durch die Erläuterung von schwierigen, unbekannten Wörtern sollte das Verständnis der Heiligen Schrift erleichtert und verbessert werden[34]. Dieses Ziel hat auch der Verfasser des Brevilogus vor Augen; allerdings werden die bisherigen Wörterbücher und Lexika als ungenügend empfunden. Insbesondere eine durchgehende Ordnung habe den Vorläufern ermangelt, so daß man nur mit mühevoller Suche die Werke habe benutzen können[35]. Nach dem Vorwort sol-

---

[26] Isidorus von Sevilla im Pauly Sp. 2071; Fontaine, J., Isidor v. Sevilla Sp. 678.

[27] Eingehend dazu Bischoff, B., Die europäische Verbreitung S. 171 ff.

[28] Zum Verhältnis des Catholicons zum Brevilogus Lindemann, M., Die französischen Wörterbücher S. 116 f. u. dies., Le Vocabularius Nebrissensis S. 61 u. 64, wo ein genauerer Vergleich mit dem Catholicon angestellt wird.

[29] Georg, G., Glossographie Sp. 1458 u. Grubmüller, K., Vocabularius S. 29.

[30] Lindemann, M., Die französischen Wörterbücher S. 113-116.

[31] Der fünfte Teil wird üblicherweise als D A S *Catholicon* bezeichnet; diese Konvention wird hier übernommen, s. dazu Lindemann, M., Die französischen Wörterbücher S. 114 Fn. 36.

[32] Zur Ordnung des Wortschatzes bei Balbus Daly, L. W. u. Daly, B. A., Some Techniques S. 236 f.

[33] Lindemann, M., Die französischen Wörterbücher S. 114 f.

[34] Goetz, G., Glossographie Sp. 1446 f.

[35] *[...] ut paucus in eis fructus carpi possit, nisi valde diligenter requiratur*, S. Grubmüller, K., Vocabularius S. 32. Zur alphabetischen Gliederung der mittelalterlichen Wörterbücher Weijers, O., Lexicography S. 149 f. u. Daly, L. W., Contributions S. 69 ff.

len hauptsächlich seltene und ungewöhnliche Wörter erläutert werden[36], wobei die genaue Ordnung der Einträge nach dem Alphabet dem Benutzer bei der Suche das Finden erleichtern soll. Zur Darlegung der Bedeutung seltener und ungewöhnlicher Wörter bot sich als einfaches Mittel an, die deutschen Übersetzungen der gebuchten Wörter anzugeben[37]. Und tatsächlich finden sich in den Handschriften des Brevilogus volkssprachliche Erklärungen, die schon von Anfang an in diesem Wörterbuch vorhanden gewesen sein könnten[38].

Abweichungen zeigen sich in den Vorworten der Brevilogi in bezug auf die Adressaten des Buches. Während in manchen Handschriften die Interessen der Kleriker als Abfassungsgrund genannt werden, sind bisweilen die Armen die genannte Zielgruppe[39].

Die Erläuterungen der Vorläufer werden oftmals nur in verkürzter Form in den Brevilogus eingeführt, wobei insbesondere die enzyklopädischen Erklärungen der Interpretamente häufig weggelassen werden[40]. Auch Ausführungen zu Etymologie, Prosodie und Orthographie sind seltener als in den mittelalterlichen Vorlagen[41]. Insgesamt sind die Interpretamente des Breviloguskompilatoren sehr kurz und allgemein gehalten, so daß keine weiteren Belege angeführt werden[42]. Systematische Zusammenhänge bleiben unberücksichtigt, und meist führen nur die Interpretamente von Appellativen Sacherläuterungen an[43]. Dabei ist allerdings stets zu beachten, daß innerhalb der Gruppe der Brevilogi zum

---

[36] Grubmüller, K., Vocabularius S. 32; es heißt im Brevilogus UB Tübingen MC 57: *Rara et inconsueta vocabula sicut ab aliis extracta sunt pro posse in unum fideliter colligam*; bei Grubmüller ist ein leicht abweichender Wortlaut aus einer Wolfenbütteler Handschrift zitiert.

[37] Zum volkssprachlichen Interpretament im Brevilogus Grubmüller, K., Vocabularius S. 34 ff.

[38] Lindemann, M., Die französischen Wörterbücher S. 116, in UB Tübingen MC 57 wird beispielsweise *iuniperum* mit *luckholderber* (Wachholderbeere) übersetzt.

[39] Zum Adressatenkreis „Kleriker" S. Grubmüller, K., Vocabularius S. 32, wohl ihm folgend Lindemann; in UB Tübingen MC 57 fol. 1r heißt es, das Buch sei verfaßt *ob necessatem pauperum*. Die gleiche Formulierung auch im zu den Brevilogi gehörenden Vocabularius fructuosus s. Padberg, W., Der Vocabularius Breviloquus S. 19. Ob die Anzahl der deutschsprachigen Interpretamente in den an Pauperes adressierten Handschriften größer ist, als in den an die möglicherweise lateinkundigeren Kleriker, ist bislang nicht untersucht worden.

[40] Grubmüller, K., Vocabularius S. 33; die dort gegenübergestellten abies-Einträge des Catholicons und des Brevilogus sind jedoch mitnichten von beispielhafter Aussagekraft: Die Erläuterung von abies in UB Tübingen MC 57 ist mindestens so umfangreich wie im Catholicon, das für diese offensichtlich nicht herangezogen wurde.

[41] Grubmüller, K., Vocabularius S. 33.

[42] Grubmüller, K., Vocabularius S. 33.

[43] Grubmüller, K., Brevilogus Spp. 1033 f.

Teil beträchtliche Abweichungen vorhanden sind[44]. Neu ist dafür, daß bei den Wörtern mittels eines Siglensystems Angaben über Konjugationsklassen und Genus angeführt werden[45]. Dieses System erlaubt die Vermutung, daß der Brevilogus als ein Lernwörterbuch konzipiert wurde, das einem breiteren Publikum bei der Erlernung der lateinischen Sprache dienlich sein sollte[46]. Der Brevilogus ist insofern kein enzyklopädisches Wörterbuch sondern sehr stark ein Sprachwörterbuch.

2. Die Übernahme des Brevilogus durch Reuchlin

Als Reuchlin in Basel den Vocabularius Breviloquus für den Druck in der Offizin Amerbachs vorbereitete, nahm er sich den Brevilogus zum Vorbild. Auffällig ist jedoch, daß Reuchlin den Titel in einer latinisierten Form wiedergibt. Diese war freilich neben der Bezeichnung Brevilogus schon vor Reuchlin vereinzelt dem Wörterbuch beigegeben worden, so daß es möglich ist, daß Reuchlin bei der Bearbeitung einen als Breviloquus bezeichneten Brevilogus als Vorlage benutzte[47]. Aber auch die von Reuchlin kompilierte Fassung wurde bisweilen als Brevilogus bezeichnet[48]. In dieser Untersuchung werden zur leichteren Unterscheidung die nur handschriftlichen Wörterbücher Brevilogi, die gedruckten, von Reuchlin bearbeiteten Fassungen Breviloquii genannt.

Das Vorwort des Breviloquus stimmt fast wörtlich mit den Vorworten der Brevilogi überein[49]. Schon in den Handschriften des Brevilogus gibt es kleine Abweichungen, die jedoch nicht von großem Belang sind[50]. Selbst die Hinwei-

---

[44] So sind die Interpretamente des Artikels Iuppiter in den BayStaBi München Clm 16 450 u. Clm 18 943 fast wortgleich, wohingegen derselbe Eintrag durch eine ausführliche Sacherläuterung in UB Tübingen MC 57 mehr als doppelt so lang ist.

[45] Ein Verzeichnis der Abkürzungen ist angegeben in der Vorrede, Vocabularius 1504 fol. A 1^{V}; zur Neuheit dieses Systems Grubmüller, K., Vocabularius S. 33.

[46] Lindemann, M., Die französischen Wörterbücher S. 117 u. Grubmüller, K., Vocabularius S. 39 f.

[47] Zur Bezeichnung von Handschriften als Breviloquus s. Grubmüller, K., Vocabularius S. 31 Fn. 1 a. E. Wenn Geiger, L., Johann Reuchlin S. 74 Fn. 2 zu berichten weiß, daß der Vocabularius Ex Quo auf einen Brevilogus Bezug nehme, so ist daraus zu schließen, daß dem Verfasser vielleicht nicht Reuchlins Werk oder der im folgenden Text genannte Kölner Druck vorlag.

[48] So beispielsweise die vor 1479 gedr. Fassung aus Köln, Hartmann, A., Die Amerbachkorrespodenz S. 19. Konrad Leontorius bezeichnete die Drucke Amerbachs 1491 ebenfalls als Brevilogi, ebenda S. 26.

[49] Padberg, W., Der Vocabularius Breviloquus S. 18 ff. hat ein Brevilogus-Vorwort mit dem Reuchlinschen Proömium verglichen und einzelne kleine Abweichungen festgestellt.

[50] Das Vorwort von UB Tübingen MC 57 weicht von dem des Brevilogus bei Padberg, W., Der Vocabularius Breviloquus S. 18 ff. geringfügig ab; interessanterweise

se auf die Vorbilder übernimmt Reuchlin wörtlich in seine Bearbeitung[51]. Neben den genannten Vorlagen wird allerdings auch zumindest einmal ein Hinweis auf Cicero als Beleg angeführt, was sich in dem Brevilogus nicht finden läßt[52]. Als Zielgruppe werden die *Pauperes* genannt, für welche das Buch ausweislich des Explicit *ad latinum sermonem capessendum* gedacht ist[53].

3. Die Mikrostrukturen im Vergleich

Auch der Breviloquus Reuchlins soll wie die Brevilogi seltene und schwierige Wörter erklären, die streng alphabetisch gebucht werden. Bezüglich der deutschen Interpretamente orientiert sich Reuchlin wiederum an dem Vorbild, und gelegentlich führt er einen deutschen Begriff zur Erläuterung an[54]. Insofern ist Reuchlin in bezug auf die Mikrostruktur meist seiner Vorlage treu geblieben. Schon aufgrund der Abweichungen der Brevilogi untereinander ist es schwierig, hier genaue Aussagen zu machen[55], jedoch finden sich keine außergewöhnlich starke Abweichungen.

4. Die Makrostrukturen im Vergleich

Die für den Brevilogus typische Dreiteilung des Wortschatzes wird im Breviloquus übernommen, wobei Reuchlin meist bis zum jeweils letzten Buchstaben alphabetisiert[56]. In diesen Punkten hat Reuchlin somit keine wesentlichen Veränderung seiner Vorlage vorgenommen.

Eine Neuerung der Gesamtanlage des Buches nahm Reuchlin allerdings gegenüber dem Brevilogus vor, als er die schon erwähnten drei Abhandlungen in diesen aufnahm, wobei er unter anderem einen schon 1471 in Paris erstmals gedruckten *Dialogus de arte punctandi* seines Pariser und Baseler Lehrers Jo-

---

stellt es im wesentlichen eine Mischung der beiden bei Padberg abgedruckten Vorworte dar.

[51] Das Vorwort des Vocabularius Breviloquus ist abgedruckt bei Padberg, W., Der Vocabularius Breviloquus S. 18-21, Reuchlins Hinweis auf die Vorbilder S. 19.

[52] Bei dem Begriff Acredula; dieser ist ohne Hinweis auf Cicero zu finden in BayStaBi München Clm 16 450 u. BayStaBi München Clm 18 943.

[53] Ähnliche Angaben in der Vorrede, in der Ausgabe von 1504 auf fol. A 1^{V}.

[54] Darauf weist schon Geiger, L., Johann Reuchlin S. 72 hin.

[55] Das schon oben als Beispiel angeführte Lemma Juppiter weicht in seinem Interpretament nochmals von UB Tübingen MC 57 ab.

[56] Zu Abweichungen bei den juristischen Begriffen s. die unten wiedergegebene Wörterlisten.

hannes Heynlin von Stein seiner Edition einfügte[57]. Diese Ergänzungen erhöhten die Eignung des Buches zur Erlernung der lateinischen Sprache.

Reuchlin ist bei der Auswahl der Artikel in seinem Breviloquus wie seine Vorgänger frei vorgegangen, wobei indessen wieder zu beachten ist, daß auch die Brevilogi untereinander schon voneinander abgewichen sind[58]. Eine Regel in bezug auf die genannte Zielgruppe der Pauperes läßt sich bei Reuchlin nicht erkennen. Allerdings finden sich im Breviloquus zahlreiche Einträge, die in den Vorläufer nicht gebucht sind. Dabei ist auffällig, daß die meisten neu aufgenommenen Artikel dem juristischen Sprachbereich zuzuordnen sind. Zur Verdeutlichung des Umfangs seien vergleichsweise die Einträge der Wortstrecke IU aus einem Brevilogus der Reuchlinschen Edition gegenübergestellt:

Brevilogus MC 57	Breviloquus
iubilus	Iuba
	Iubar
iubileus	iubileus
	iubilus
iudas	iuda
iudaismus	iudas iacobi
iudea	iudas scarioth
iudith	iudei
	iudeus
iudex	iudex
	iudex ordinarius
	iudex delegatus
	iudex competens
	iudex imcompetens
	iudex compromissarius
iudicatorum	
	iudices pedanei
	iudices cartularii

---

57 S. Sicherl, M., Neue Reuchliniana S. 80; s. a. Sander, F., Johannes Heynlin S. 73. Heynlins Dialogus wurde erstmals im Anhang der Heynlinschen Edition der Orthographia des G. Barzizza gedruckt, Scarpatetti, B. M. v., Heynlin Sp. 1216.

58 Ein Vergleich von Brevilogus mit Reuchlins Bearbeitung bei Padberg, W., Der Vocabularius Breviloquus S. 21 ff.

Brevilogus MC 57	Breviloquus
	iudices domestici
	iudicem delegare
	iudicium
	iudicium contradictorium
	iudicia capitalia
	iudicia publica
	iudicia privata
	iudith
	iugabilis
	iugalis
	iugerum
	iugis
	iugitas
	iuglans
	iugulus
	iugulum
iugum	iugum
iugereis	
iugalis	
iugosus	iulianus
iugis iulus	
iuge	iulos
iugulus	
iugulatio	
iugulum	
iugule stelle	
iuglans	
iulius	
iumentum	iumentum
iumentale	iuncata
iuncus	iuncus
iuno	
iunastis	iungibilis
iunitus	iunipyrus
iuniperus	iunius

Brevilogus MC 57	Breviloquus
iuniperum	iunix
	iuno
iupiter	iuppiter
iuria	iuramentum
iurgamen	iuramentum allertorium
iurisdictio	iuramentum calumnie
iuridicus	iuratus
iurista	iurgium
iuridicosus	iuridicialis
iuridus	iuridicus
	iurisconsultus
	iurisdicio
	iurisprudentia
ius	ius
iustitenax	iusiurandum
ius(!)	ius naturale
ius quiritum	ius civile
iusquianus	ius gentium
iusquilanus	ius aureorum anulorum
iuspelio	ius militare
	ius poscendi
	iuspatronatus
	iuspublicum
	ius puatum
	ius quasi naturale
	iusquiritum
	ius sibi facere
	ius pretorium
	ius succedendi
	ius versutum
	iuris auspicium
	iuris precepta
	ius canonicum
	ius vero civile
	iusta

Brevilogus MC 57	Breviloquus
	iusticia
	iusticium
	iustus
	iutus
iuvenis	iuvenalis
iuventa	iuvenculus
iuvenosus	iuvencus
iuvius	iuvenis
iuvipeta	iuventus

Aus dieser Auflistung geht deutlich hervor, daß, während der Brevilogus nur wenige Einträge aufweist, die dem juristischen Wortschatz zuzuordnen sind, der Breviloquus zahlreiches Material zu Iudex und ius mit deren jeweiligen Verbindungen bietet[59].

Diese Erweiterung des Wortschatzes um juristische Termini ist freilich keineswegs ein besonderes Spezifikum der Wortstrecke IU. Vielmehr finden sich beispielsweise auch in den Einträgen unter AC im Breviloquus zahlreiche Actiones erläutert, die im Brevilogus keine Aufnahme fanden[60]. Nämliches gilt für die Wortstrecke CO, die im Breviloquus dreizehn verschiedene Kondiktionen aufführt[61].

Die Aufnahme der juristischen Begriffe in einem so großen Umfang in den Breviloquus ist erstaunlich, wenn man sich vor Augen hält, daß Reuchlin ansonsten den Brevilogus bis hin zum Vorwort mit nur kleinen Abweichungen abschrieb. Auch unter dem Gesichtspunkt, daß Reuchlin zur Zeit der Abfassung noch nicht sein Rechtsstudium aufgenommen hatte, ist dieses Ergebnis bemerkenswert. Es stellt sich die Frage, ob Reuchlin die juristischen Artikel selbst ausarbeitete, oder ob er diese einem anderen Werk entnahm[62].

Einen Hinweis zur Beantwortung dieser Frage enthält das Explicit des Breviloquus, in dem es heißt: *Finit Vocabularius Breviloquus triplici alphabeto diversis ex autoribus nec non corpore utriusque iuris collectus ad latinum ser-*

[59] Weijers, O., Dictionnaires S. 195 bezeichnet deshalb den Breviloquus als ein Brevilogus mit juristischen Ergänzungen („[...] version du Voc. brevilogus dans lequel l'auteur a incorporé des termes juridiques".

[60] Die Einträge der Actiones im Breviloquus sind unten im Text aufgelistet. Das Wort Actio ist nicht gebucht in den Handschriften UB Tübingen MC 57, BayStaBi München Clm 16 450 u. Clm 18 943.

[61] Im UB Tübingen MC 57 und BayStaBi München Clm 18 943 ist allein das Wort Condicio zu finden, welches in BayStaBi München Clm 16 450 nicht gebucht wurde.

[62] Diese Frage stellt auch Geiger, L., Johann Reuchlin S. 70.

monem capessendum utilissimus[63]. Daraus ist ersichtlich, daß Reuchlin ausdrücklich Begriffe aus dem Bereich der beiden Rechte aufnehmen wollte. Die Bezeichnung Dictionarius statt Vocabularius, die Reuchlin in der Vorrede zu De Rudimentis Hebraicis für den Breviloquus wählt, war im Spätmittelalter nicht nur für juristische Lexika geläufig, so daß man daraus nicht schließen kann, daß Reuchlin damit auf den juristischen Gehalt des Breviloquus' hinweisen wollte[64].

III. Das Verhältnis des Vocabularius Breviloquus zum Vocabularius Iuris Utriusque

1. Der Vocabularius Iuris Utriusque

Bereits Roderich Stintzing und Emil Seckel haben festgestellt, daß insbesondere der Vocabularius Iuris Utriusque wichtig für Reuchlins Arbeit an dem Wörterbuch war, denn dieser stellt die Grundlage der juristischen Einträge und Glossen im Breviloquus dar. Schon zuvor waren verschiedentlich Werke entstanden, die in Form alphabetischer Nachschlagewerke den Rechtsstoff anordneten, wie beispielsweise die Flores und die Margaritae[65]. Eines der verbreitetsten Wörterbücher war allerdings der Vocabularius Iuris Utriusque, der im 15. Jh. entstand und bis in das 17. Jh. nachgedruckt wurde[66].

Gedruckt wurde der Vocabularius Iuris Utriusque, der zudem in zahlreichen Handschriften überliefert ist, zunächst hauptsächlich in Deutschland, ab dem 16. Jahrhundert vermehrt auch in Frankreich[67]. Keine der Ausgaben benennt den Verfasser, das genaue Erscheinungsdatum ist unbekannt. Erst Emil Seckel hat in einer umfangreichen Untersuchung, die zum Teil auf Vorarbeiten Roderich Stintzings aufbaut, diese Fragen anhand eines Handschriftenvergleichs geklärt[68]. Danach ist der Verfasser Jodokus von Erfurt, der zur Zeit der Abfassung des Wörterbuches in Erfurt lehrte und doctor decretorum war[69]. Etwa um

---

[63] Breviloquus fol. y 7^{v}, zitiert bei Goetz, G., De Glossariorum Latinorum S. 242.

[64] Zur Bedeutung der Bezeichnung Dictionarius(-ium) Weijers, O., Dictionnaires S. 47 ff.

[65] Zu diesen Stintzing, R., Geschichte S. 121 ff., Kantorowicz, H., Studies S. 17.

[66] Dazu die immernoch grundlegende Untersuchung von Seckel, E., Beiträge S. 3-69. Die Ausgaben des Vocabularius Iuris Utriusque stimmen nicht wörtlich überein; für diese Studie wurde die Ausgabe Speyer 1477 benutzt, welche in der Bibliographie Seckels die Nr. 9 ist, Seckel, E., Beiträge S. 7.

[67] Seckel, E., Beiträge S. 10 f.

[68] Seckel, E., Beiträge S. 12 ff., Stintzing, R., Geschichte S. 129 ff. Seckels Arbeit über den Voc. Iur. Utr. ist noch heute maßgeblich, s. Coing, H., Römisches Recht S. 169 f.

[69] Seckel, E., Beiträge S. 17 ff.

1452 stellte er das Vokabular zusammen, welches er ausdrücklich als eine Kompilation aus anderen Schriften bezeichnet[70]. Ausgiebig herangezogen wurden dabei die Bücher des Corpus Iuris Civilis und des kanonischen Rechts samt den dazugehörigen Glossen. Zusammen mit weiterer Literatur wertete Jodocus von Erfurt etwa 100 Quellen aus[71]. Ein weiteres Wörterbuch, der Vocabularius Stuttgardiensis, ist zur Gänze wörtlich in den Vocabularius Iuris Utriusque aufgenommen worden[72], und Emil Seckel hat in einer umfangreichen Untersuchung die Traditionslinien der Vorbilder des Vocabularius Iuris Utriusqe bis in das zweite oder dritte Jahrzehnt des 14. Jh. nachgezeichnet[73]. Die Hauptmasse des Rechtsstoffes wurde jedoch aus italienischen und französischen Quellen geschöpft, allein die Kompilation wurde in Deutschland verfaßt[74].

Dieses Wörterbuch war zum Zeitpunkt der Zusammenstellung des Breviloquus durch etwa neun gedruckte Ausgaben schon weit verbreitet und sicherlich auch für Reuchlin zugänglich[75]. Zudem wurde im Rahmen des Grammatikstudiums des Triviums Vocabularien zur Einführung in das Recht benutzt, so daß möglicherweise auch Reuchlin bei seinem Trivialstudien auf das juristische Lexikon aufmerksam wurde[76].

Wie alle Vokabularien des römischen und kanonischen Rechts war auch der Vocabularius Iuris Utriusque ein für die Rezeption in Deutschland hochbedeutendes Werk, das zur Verbreitung beider Rechte beitrug[77]. Durch die Form als alphabetisches Nachschlagewerk bot sich der Vocabularius Iuris Utriusque insbesondere als Einführungsliteratur an, mit der Rechtskenntnisse in Grundzügen vermittelt werden sollten[78]. In seinem Vorwort betont der Verfasser, daß das Buch als Einführung in beide Rechte gedacht sei[79]. Deshalb erläutert er den sachlichen Inhalt der einzelnen Begriffe, woran er eine Darstellung der dogma-

---

[70] Am Ende des Buches heißt es, es sei *diversis ex autoribus collectus*, dazu und zur Datierung Seckel, E., Beiträge S. 26 u. 30 f. u. 61 f.

[71] Seckel, E., Beiträge S. 42; ibid. S. 49-59 eine Aufzählung der namentlich benannten Quellen, aus denen Jodocus schöpfte.

[72] S. den ausführlichen Vergleich bei Seckel, E., Beiträge S. 70-105.

[73] Seckel, E., Beiträge S. 70-471.

[74] Seckel, E., Beiträge S. 473, zu den vorangehenden Wörterbücher García-Gallo, A., Las Expositiones S. 21 ff.

[75] Zu den Drucken bis 1478 s. Seckel, E., Beiträge S. 6 f. Ob die beiden heute in Basel verwahrten Handschriften des Vocabularius schon zu Reuchlins Zeiten in Basel waren, konnte ich nicht ermitteln. (Dort Signatur: Basel C III 18 u. C III 19).

[76] Zur Verwendung iuristischer Vocabularien Munzel, D., Vokabularien Spp. 946 f.

[77] Dazu allgemein Horn, N., Die legistische Literatur S. 351 u. Munzel, D., Vokabularien Sp. 947, Seckel, E., Beiträge S. 59 ff.

[78] Horn, N., Die legistische Literatur S. 351 ff.

[79] Stintzing, R., S. 138 f. druckt das Vorwort ab, in welchem der Verfasser mitteilt, er habe es *propter juvenes maxime juris utriusque alumpnos* verfaßt, damit diese einen *accessum faciliorem habeant ad utriusque juris notitiam.*

tischen Einordnung des Problemes anschließt[80]. Zumeist schließt er sich bei Streitfragen jeweils der herrschenden Meinung seiner Zeit an[81]. Hinweise philologischer Art finden sich bei Jodocus von Erfurt nicht, welcher mit dieser Aufnahme der vorherrschenden Lehre ein Werk geschaffen, das keineswegs inhaltlich neu oder wegbereitend war[82].

2. Die Makrostrukturen im Vergleich

Hier soll nun an einigen Einträgen des Vocabularius Breviloquus untersucht werden, welche Begriffe Reuchlins Bearbeitung enthält, und welche Vorbilder sich daraus erkennen lassen; bei einer Arbeit über den Juristen Reuchlin sind insbesondere die juristischen Begriffe interessant. Hierbei ist zu beachten, daß der Wortschatz des Vocabularius Iuris Utriusque nicht streng alphabetisch angeordnet ist; zur besseren Übersicht werden bei dem folgenden Vergleich der Wortstrecken IU die in der rechten Spalte wiedergegebenen Einträge des Vocabularius Iuris Utriusque der Reihenfolge der Einträge bei Reuchlin angepaßt. Befindet sich ein Wort bei Jodocus von Erfurt an einer anderen Stelle, ist es hier mit ° gekennzeichnet.

Voc. Brev.	Voc. Iur. Utr.que
Iuba	
Iubar	
iubileus	
iubilus	
iuda	
iudas iacobi	
iudas scarioth	
iudei	iudei
iudeus	
iudex	iudex
iudex ordinarius	iudex ordinarius
iudex delegatus	iudex delegatus
iudex competens	iudex competens
iudex imcompetens	iudex incompetens

[80] Stintzing, R., Geschichte S. 139.
[81] Stintzing, R., Geschichte S. 142.
[82] Gleiche Einschätzung bei Stintzing, R., Geschichte S. 141.

Voc. Brev.	Voc. Iur. Utr.que
iudex compromissarius	iudex compromissarius
iudices pedanei	iudices pedaney
iudices cartularii	iudices cartularii
iudices domestici	iudices domestici
iudicem delegare	iudicem delegare
iudicium	iudicium
iudicium contradictorium	iudicium contra dictorium
iudicia capitalia	iudicia capitalia
iudicia publica	iudicia publica
iudicia privata	iudicia privata
iudith	
iugabilis	
iugalis	
iugerum	
iugis	
iugitas	
iuglans	
iugulus	
iugulum	
iugum	
iulianus	
iulus	
iulos	
iumentum	
iuncata	
iuncus	
iungibilis	
iunipyrus	
iunius	
iunix	
iuno	
iuppiter	
iuramentum	iuramentum
iuramentum assertorium	iuramentum assertorium
iuramentum calumnie	iuramentum calumpnie

Voc. Brev.	Voc. Iur. Utr.que
iuratus	
iurgium	iurgium°
iuridicialis	
iuridicus	
iurisconsultus	
iurisdicio	iurisdictio°
iurisprudentia	iurisprudencia°
ius	ius
iusiurandum	iusiurandum°
ius naturale	ius naturale
ius civile	ius civile
ius gentium	ius autem gentium
ius aureorum anulorum	ius aureorum anulorum
ius militare	ius militare
ius poscendi	ius poscendi
iuspatronatus	ius patronatus
iuspublicum	iuspublicum
ius priuatum	ius privatum
	ius rei publice
ius quasi naturale	ius quasi naturale
iusquiritum	ius quiritum
ius sibi facere	ius sibi facere
ius pretorium	ius pretorium
ius succedendi	ius succedendi
ius versutum	ius versutum
iuris auspicium	ius auspicium
iuris precepta	iuris precepta
ius canonicum	ius canonicum
ius vero civile	ius vero civile
iusta	
iusticia	iusticia°
iusticium	
iustus	iustus
iutus	
iuvenalis	

Voc. Brev.	Voc. Iur. Utr.que
iuvenculus	
iuvencus	
iuvenisiuventus	

Diese erste Gegenüberstellung zeigt, daß nahezu alle juristischen Begriffe des Breviloquus auch im Vocabularius Iuris Utriusque gebucht sind. Eine ergänzende Gegenüberstellung der Einträge der verschiedenen Klagearten zeigt jedoch, daß sich bisweilen im Breviloquus Begriffe finden lassen, die im Vocabularius Iuris Utriusque fehlen:

Voc. Brev.	Voc. Iur. Utr.
Ao.	
ad exhibendum	ad exhibendum
arborum	arborum furtim cesarum°
fauiana	fauiana et pauliana[83]
Ao.nes ciuiles[84]	A.es civiles
commodati dir.	commodati
commodati contr.	
commodati utilis	
confessoria	confessoria
comidiuidundo	comminidiuidundo
conducti	conducti
directa	directa
utilis	utilis
depositi dir.	depositi
depositi contr.	
de dolo	de dolo
de dolo & furto	de dolo et furto
de constituta pecunia	de constituta pecunia
in rem verso	in rem verso
in tigno iniuncto	de tigno iniuncto
de rebus eccles.	de rebus
de pauperie	de pauperie

[83] Dieser Eintrag ist doppelt, mit zwei sich unterscheidenden Glossen.
[84] o.es=obligationes, Ao.nes=actiones.

Voc. Brev.	Voc. Iur. Utr.
de appositio	de appositio
de effusis	de effusis
edilicia	edilicia
de superficie	de suspicie
empti	empti
ex stipulatu	ex stipulatu
Ao.es ex contractu	Ao.es ex cotractu
Ao.es ex quasi contractu	Ao.es ex quasi contractu
Ao.es vel o.es ex maleficio	Ao.es vel o.es ex maleficio
Ao.es vel o.es ex quasi maleficio	Ao.es vel o.es ex quasi maleficio
Ao.es exercitoria	exercitoria
estimatoria	estimatoria
ex testamento	ex testamento
familie hericiscunde	familie hericiscunde
finium regundorum	finium regundorum
funeraria	funeraria
furti manifesti	furti manifesti
furti non manifesti	furti non manifesti
Ao.es hereditarie	Ao.es hereditarie
in factum adversus iudicem	in factum adversus iudicem
in factum de eo	in factum de eo
in factum ex edicto pretoris	in factum ex edicto pretoris
in factum de dolo et furto	in factum de dolo et furto
in personam	in personam
in rem	in rem
iniuriarum	iniuriarum
institoria	institoria
legis aquile	legis aquilie
mandati directa	mandati directa
mandati contraria	mandati contraria
negociorum gestorum	necogiorum gestorum°
	negociorum duplex
	negociorum gestorum contraria
de peculio	de peculio

Voc. Brev.	Voc. Iur. Utr.
	de peculio et proiussu
noxalis	noxalis
pigneraticia dirrecta	pignoraticia directa
pigneraticia contraria	pignoraticia contraria
pigneraticia utilis	pignoraticia utilis
per quam queritur	per quam queritur
Ao.es preiudiciales	Ao.es preiudiciales
prescriptis verbis	Ao.es prescrpitis verbis
Ao.es pretorie	
pro socio	
publicana ex equitate	publiciana
publicana recisoria	publiciana recisoria
quanti minoris	quanti minoris
minoris quanti minoris	
quod iussu perpetuo	quod iussu perpetuo
quod metus causa	quod metus causa
	recissoria triplex
rei vendicationis	rei venditionis
redibitoria	redibitoria
rerum amotarum	rerum ammotarum
rei uxorie	rei uxorie
seruiana	serviana
quasi seruiana	quasi serviana
serui corrupti	servi corrupti
subsidiaria	subsidiaria
tutele subsidiaria	tutele subsidiaria
tutele directa	tutele directa
tutele contraria	tutele contraria
venditi	venditi
vi bonorum raptorum	vi bonorum raptorum
	ypotecaria

Anhand dieses Überblicks ist leicht ersichtlich, daß nicht das gesamte Material aus dem Vocabularius Iuris Utriusque übernommen wurde. Die Vorbilder der im Breviloquus zusätzlich aufgenommenen Klagen konnten jedoch nicht ermittelt werden.

Eine sehr große Zahl der Einträge des Vocabularius Iuris Utriusque lassen sich somit auch im Breviloquus finden[85]. Die Fehler in der alphabetischen Reihenfolge, die im Wörterbuch des Jodocus von Erfurt auftauchen, sind bisweilen auch im Breviloquus wiederzufinden, so daß möglicherweise ganze Wortstrekken en bloc übernommen wurden. Ein weitergehendes System wird aus der Übernahme nicht ersichtlich.

3. Die Mikrostrukturen im Vergleich

Bei den neu in den Breviloquus aufgenommenen Wörtern übernimmt Reuchlin meist auch das jeweilige Interpretament, das er freilich häufig kürzt. So sind beispielsweise die Interpretamente zu iurisprudentia wörtlich gleichlautend: *Iurisprudencia est diuinarum et humanarum rerum noticia iusti atque iniusti scientia. iusti sicut ad faciendum. iniusti ad euitandum quod non sufficit scire quod sit iustum aut iniustum, nisi et ipsarum rerum contrariarum vel corporalium habeat quis noticiam secundum quam secundum varias condiciones varia iura sunt statuenda insti. de iusti et iure in pn*[86].

Bei der wörtlichen Übernahme der Erläuterungen werden die philologischen Erläuterungen, für die der Brevilogus ein eigenes Siglensystem einführte, nicht ergänzt. Die Einträge werden lediglich übernommen. Diese direkte Übernahme von Begriffen findet sich freilich nur bei Wörtern, die zuvor nicht im Brevilogus gebucht waren, wie sich an dem Wort *condictio* zeigen läßt.

Dieser Begriff findet sich in einigen Handschriften des Brevilogus[87]. Im Breviloquus ist dieser Begriff dagegen zweimal gebucht. Die Erläuterung des ersten stimmt wörtlich überein mit dem Interpretament des Catholicons zu diesem Wort, der zweite Eintrag wörtlich mit der Erläuterung von Jodokus von Erfurt[88]. Hier hat Reuchlin beide Erläuterungen einfach aneinandergefügt. Dies kam wohl dadurch zustande, daß die Wortstrecke zu *condictio* und ihren Komposita des Jodocus von Erfurt nahezu wörtlich übernommen wurde, wobei die Verdoppelung entstand.

Wird nicht eine komplette Wortstrecke übernommen, wird manchmal die Erläuterung des Vocabularius Iuris Utriusque in die Erläuterung des Brevilogus

---

[85] Es konnte aufgrund des Umfangs des Vocabularius Iuris Utriusque freilich nicht jeder Eintrag geprüft werden.

[86] Zitiert nach dem Vocabularius Iuris Utriusque; Reuchlin schreibt iurisprudentia, quia statt quod und conditiones. Die Erläuterung in diesem Interpretament bezieht sich auf Inst. I, 1, 1, nicht auf das Principium, wie fälschlich angegeben wird.

[87] Im UB Tübingen MC 57 u. im BayStaBi München Clm 18 943.

[88] Der Erläuterung sehr nahe steht auch der Eintrag in BayStaBi München Clm 18 943, während UB Tübingen MC 57 vollkommen abweicht.

eingearbeitet. So hat Reuchlin das Interpretament des Wortes *actor* zusammengesetzt aus einer Erläuterung des Vocabularius Iuris Utriusque und dem Brevilogus[89]. Der aus dem Vocabularius Iuris Utriusque übernommene Text ist dabei nicht an den Anfang oder das Ende gestellt, sondern in der Mitte der Erläuterung des Brevilogus eingewoben.

Das Wort *ius* ist ebenfalls schon in die Brevilogi aufgenommen worden, das sich auch im Vocabularius Iuris Utriusque findet[90]. Während in dem juristischen Wörterbuch allein die juristische Bedeutung des Wortes erläutert wurde, liegt im Brevilogus das Gewicht auf der Bedeutung „Brühe". Im Breviloquus lautet es schließlich:

Ius iuris dicitur a iubeo bes. qui iubet. Et est ius lex diuina. fas lex humana. Transire autem per agrum alienum fas est: ius vero non est. Item ius dicitur esse lex scripta. Item leges humane sunt: iura diuina sunt. Item ius generale est: lex eius species. Et caret hoc nomen ius genitivo, dativo et ablativo pluribus secundum usum. Et nota quod ius reperitur in alijs signifiactionibus. unde. Ius aqua ius rectum: ius dicitur esse potestas. Item ius prophanum dicitur brodium vel aqua in qua coquuntur carnes porcine: qui prophane sunt iudeis. Et (ut dicunt quiddam) Ius iuris pro lege vel potestate vel ratione peris. Sed ius iuris per t. pro aqua vel brodio unde. Ius iuris mando: ius iuris in agmine pando.

Nahezu wörtlich identisch ist dieser Eintrag mit dem Text im Catholicon, das wiederum stark abhängig ist vom Lexikon Britos, der freilich die juristische Komponente ganz unberücksichtigt läßt[91]. Die Erklärungen zum Lexem Ius im Vocabularius Iuris Utriusque bleiben im Breviloquus gänzlich unbeachtet, obwohl die verschiedenen Komposita wie ius naturale, ius civile, ius gentium etc. aus diesem wörtlich abgeschrieben wurden.

Diese Beispiele zeigen, daß ein System oder ein einheitliches Vorgehen bei der Aufnahme juristischer Begriffe in das bei Amerbach gedruckte Wörterbuch nicht vorhanden ist. Die Übernahme von Einträgen und von Erläuterungen trägt willkürliche Züge.

---

[89] Actor gebucht in UB Tübingen MC 57, BayStaBi München Clm 18943 u. ebenda Clm 16450, die Erläuterung ist stark abhängig vom Catholicon, das in der 1460 gedruckten Fassung zum Vergleich herangezogen wurde.

[90] In allen drei untersuchten Handschriften mit jeweils leicht abweichenden Interpretamenten.

[91] Es heißt in der Summa Britonis Bd. 1 S. 360: *Ius aqua, ius regimen, ius dicitur esse potestas / Ius prophanum dicitur brodium vel aqua in qua coquuntur carnes porcine que prophane sunt Iudeis Isaie Lxv*; Brito bezieht sich auf Is 65, wo heidnische Bräuche aufgezählt werden und es in Is 65,4 heißt, daß die Heiden *comedunt carnem suillam et ius profanum in vasis eorum.* Die Stelle mit dem Schweinefleisch ist auch zu finden in UB Tübingen MC 57.

C. Schlußbemerkung

Es zeigt sich demnach, daß das Wörterbuch in der Edition Reuchlins wesentlich auf der alten Wörterbuchtradition aufbaut, ohne sie gedanklich zu ergänzen. Der Wortbestand des Brevilogus wird zwar aufgegriffen und mit juristischen Begriffen ergänzt. Dies geschieht jedoch nicht mittels eines erkennbaren Systems, sondern allein durch die reine Addition der Texte, die bisweilen gekürzt werden. Damit wird freilich auch das dem Brevilogus zugrundeliegende System der Worterläuterungen zerstört. Diese Art der Aufnahme zeigt, daß es im wesentlichen um das Verfassen eines Wörterbuches ging, das möglichst viele Begriffe enthält, was seinen Grund vielleicht in Verlegerinteressen hatte. Einen wissenschaftlich orientierten Charakter zeigt diese Arbeit jedoch nicht. Die Einschätzung R. Stintzings, daß der Breviloquus im Sinne des Humanismus auf Worterklärungen ziele, ist gerade für die von Jodocus von Erfurt übernommenen auf Sacherklärungen ausgerichteten Lexeme unzutreffend[92].

---

[92] Stintzing, R., Geschichte S. 143.

Kapitel 8

Schluß

Johannes Reuchlin wirkte nach seinem Rechtsstudium in Poitiers und Orléans in vielerlei juristischen Bereichen. Als Rat Eberhards i. B. ist er nachweisbar als Beisitzer am Württembergischen Hofgericht, als Beisitzer bei Schiedsgerichten, als Vertreter seines Herrn bei gerichtlichen Streitigkeiten. Zudem wurde der Rat Reuchlin vom württembergischen Landesherrn mehrfach für diplomatische Missionen wie beispielsweise zum Reichstag 1486 herangezogen. Neben der juristischen Ausbildung dürften auch Reuchlins Sprachkenntnisse hier hilfreich gewesen sein, insbesondere bei den Missionen in das linksrheinische Mömpelgard, das französischsprachig war. Neben diesen noch nachweisbaren Tätigkeiten wirkte Reuchlin auch bei der täglichen Ratstätigkeit am Stuttgarter Hof mit, und auch als Zeuge bei Urkunden ist Reuchlin nachweisbar[1].

Mit dem Regierungsantritt Eberhards d. J. verließ Reuchlin Württemberg und wandte sich nach Heidelberg, wo er wiederum als Rat vom Pfalzgrafen engagiert wurde. Nach seiner Rückkehr nach Württemberg wurde Reuchlin Richter des Schwäbischen Bundes in Ulm und Tübingen. In diese Zeit fällt auch die Entstehung seines Gutachtens über das jüdische Schrifttum, das er für Kaiser Maximilian I. verfaßte. Darüber hinaus war Reuchlin noch gelegentlich in Württembergischen Diensten tätig, wobei er sich bisweilen auch selbsttätig in die Politik einmischte[2].

Diese hier kurz zusammengefaßte Karriere Reuchlins als Jurist des 15. und 16. Jahrhunderts weist die typischen Merkmale einer Juristenlaufbahn der frühen Neuzeit auf. Insbesondere der Wechsel der Dienstherren und die Vielfalt der nach- und bisweilen nebeneinander ausgeübten Tätigkeiten als Richter,

---

[1] Das Ausmaß der Tätigkeit Reuchlins am Hof ist wahrscheinlich bedeutend größer gewesen, als es heute archivalisch noch erfaßbar ist; jedenfalls schreibt Reuchlin am 24. Juli 1488 an Jakob Lauber in Basel, er sei mit *innumerae ReiPublicae curae* beschäftigt, Briefwechsel S. 15 f.

[2] S. z. B. den Brief Reuchlins an Ulrich Neidhard v. 24. August 1519 (Bartholomäus), StA Nürnberg Hofrat Ansbach-Bayreuth C 3 Nr. 646 und das gleichlautende Schreiben an Willibald Pirckheimer vom selben Tag in Briefwechsel S. 316 ff. Auf den Brief in Nürnberg wurde ich von Dr. G. Dörner (Reuchlin-Forschungsstelle) hingewiesen, der mir eine Photokopie der Archivalie zukommen ließ.

Beisitzer, diplomatischer Vertreter und Anwalt sind typische Elemente einer Juristenkarriere der frühen Neuzeit[3].

Reuchlins Karriere erforderte eine große Beweglichkeit und gute Kontakte zu anderen Fürstenhöfen. Solche Kontakte unterhielt Reuchlin schon früh zum Hof in Pforzheim. Einige seiner späteren Kommilitonen und Studienfreunde wie beispielsweise Dietrich von Plieningen und Sebastian Brant erreichten später ebenfalls wichtige Positionen in Gesellschaft und am Hof. Von ebenfalls gesellschaftlicher Bedeutung war für Reuchlin der Eintritt in die Fraternitas Sancti Spiritus et Sanctae Mariae in Saxia de Urbe zu Rom am 15. Juni 1478[4]. Diese Heiliggeist-Bruderschaft wurde 1477 neu gegründet[5] und obwohl die Bruderschaft international ausgerichtet war, stammten die meisten ihrer Mitglieder aus Deutschland[6]. Um aufgenommen zu werden, mußten die Bewerber neben einer Aufnahmegebühr jährliche Beiträge entrichten[7]. Zwar wurde zunächst eine Aufnahme von einer Reise nach Rom abhängig gemacht, aber alsbald konnten neue Mitglieder in Abwesenheit allein durch Bezahlen der Beiträge der Bruderschaft beitreten[8]. Die theologisch wichtigste Motivation für einen Beitritt lag in dem Erwerb eines vollkommenen Ablasses[9]. Mitglieder dieser Bruderschaft waren überwiegend Adelige und Gelehrte, unter denen sich viele finden lassen, mit denen Reuchlin Kontakt hatte[10]. So traten zusammen mit Reuchlin der Jurist und Humanist Martin Prenninger und der spätere Hauptmann des Schwäbischen Bundes Wilhelm Besserer der Bruderschaft bei[11]. Drei Tage darauf kam der Jurist und künftige Richter des Schwäbischen Bundes Konrad Feßler in die Bruderschaft[12]. Auch Johannes Fergenhans und Matthias Horn traten der Heiliggeistbruderschaft bei[13], und der als Ehrenmitglied an der Tübinger Universität aufgenommene Dr. decr. Balthasar Meßnang ist ebenfalls im Verzeichnis der Mitglieder der Bruderschaft aufgeführt[14].

---

3 Jahns, S., Juristenkarrieren S. 122.

4 Schäfer, K. H., Die deutschen Mitglieder Nr. 102.

5 Schäfer, K. H., Die deutschen Mitglieder S. 1; erstmals wurde sie 1446 gründet, ohne große Akzeptanz zu erfahren.

6 Schäfer, K. H., Die deutschen Mitglieder S. 3.

7 Schäfer, K. H., Die deutschen Mitglieder S. 3.

8 Hier Verw. auf Absens der Mitglieder, die bei Zeller aufgezählt.

9 Schäfer, K. H., Die deutschen Mitglieder S. 3

10 Schäfer, K. H., Die deutschen Mitglieder S. 5.

11 Schäfer, K. H., Die deutschen Mitglieder Nr. 71 u. 79; s. a. Zeller, W., Der Jurist S. 22 f.

12 Schäfer, K. H., Die deutschen Mitglieder Nr. 142.

13 Gleichzeitig am 8. Jan. 1479, Schäfer, K. H., Die deutschen Mitglieder Nr. 324 u. 261.

14 Am 3. Jan. 1479, Schäfer, K. H., Die deutschen Mitglieder Nr. 231.

Mit den hier genannten Mitgliedern hatte Reuchlin als württembergischer Rat und insbesondere als Fürstenrichter des Schwäbischen Bundes Kontakt. Der Beitritt Reuchlins zur Bruderschaft bewirkte, daß er Aufnahme fand in das Netzwerk der Juristen und der politisch bestimmenden Personen in Württemberg. Aber auch durch seine humanistischen Studien und Interessen ergaben sich für Reuchlin bedeutsame Verbindungen, die er ebenfalls tüchtig pflegte. Die Humanisten schufen mit ihrer Briefkultur bisweilen planvoll Anlässe, um Verbindung untereinander zu halten. So schickte beispielsweise der mit Reuchlin befreundete Nikolaus Ellenbogen einen Brief an Reuchlin nicht direkt an den Empfänger, sondern bat Ambrosius Blaurer in Tübingen, ihn an diesen weiterzuleiten[15].

Die Integration in diese humanistischen Kreise ermöglichte Reuchlin nicht nur den Gedankenaustausch über humanistische Themen und Anliegen, sondern schuf ihm auch die Möglichkeit großer Mobilität. Nicht zuletzt seine guten Beziehungen zu den humanistischen Kreisen Heidelbergs dürften es Reuchlin erleichtert haben, 1496 von Württemberg nach Heidelberg zu kommen[16]. Die beginnende Vereinheitlichung von Recht und juristischer Methode in Deutschland am Ausgang des Mittelalters erleichterte dem Juristen Reuchlin zudem den Wechsel nach Heidelberg[17].

Die freundschaftlichen Beziehungen Reuchlins kamen überdies auch Eberhard i. B. zugute, der mit Reuchlin einen Rat hatte, der nicht nur repräsentieren konnte, sondern über freundschaftliche Verbindungen an anderen Höfen gerne aufgenommen wurde und über diese Wege Einfluß ausüben konnte. Reuchlins Beziehungen zum Humanismus am Hofe Maximilians I. konnten auch für württembergische Anliegen wertvoll genutzt werden. Insofern war Reuchlin durch das Eingebundensein in die Netzwerke der Juristen und der Humanisten als Rat in politischen Angelegenheiten besonders geeignet.

Wie bereits mehrfach betont wurde, war Reuchlin als Jurist Praktiker. Die juristische Tätigkeit ließ Reuchlin genügend Zeit, humanistische und philologische Studien zu betreiben und zahlreiche gelehrte Bücher zu schreiben; nicht nur in juristischen Fragen wurde er um seine Meinung oder um eine Kommentierung ersucht. So verfaßte Reuchlin beispielsweise auf Bitten von Johannes Wieland vom Heiligkreuz-Stift zu Stuttgart einen Kommentar zum Marienhymnus *Ave virginalis forma*, mit dem er auch Stellung bezog zur Frage der

[15] Brief Ellenbogens an Blaurer v. 12. Aug. 1517 in BN Paris Cod. lat. chart. 8643 fol. 35^{r}, Regest in Schieß, T., Briefwechsel S. 780 Nachtragsnummer 29; wahrscheinlich handelt es sich um den Brief Ellenbogens an Reuchlin v. 12. Aug. 1517, Briefwechsel S. 277 f.

[16] Stievermann, D., Landesherrschaft S. 229.

[17] Vogelgesang, G., Kanzlei- und Ratswesen S. 75.

unbefleckten Empfängnis Mariens[18]. Allerdings hat Reuchlin, der als Humanist den Immakulisten nahestand, sich nicht an dem Streit der Franziskaner mit den Dominikanern beteiligt, obwohl er auf einem Holzschnitt, der in einem Buch über die Verbrennung von Dominikanermönchen 1509 in Basel abgedruckt wurde, als Beschützer der Freiheit angeführt wird[19]. Die Verteidigung des Frankfurter Stadtpfarrers Konrad Hensel gegen die Dominikaner übernahm der mit Reuchlin befreundete Sebastian Brant[20]. Reuchlins Kommentar zu diesem Hymnus, der ausgehend von einzelnen Wörtern Erläuterungen ausführt, ist philologisch-grammatisch[21], und in den Digesten fand Reuchlin Belegstellen bei der Erörterung des Begriffes *virgo* Fragmente, die er zur Erläuterung der Bedeutung des Wortes heranzog[22].

Reuchlins Einstellung zur Rechtsgelehrtheit ist nicht eindeutig. Nicht selten hat er sich abfällig über die juristische Alltagsarbeit geäußert[23]. Für seine Abneigung gegen die Jurisprudenz mag auch sprechen, daß Reuchlin sich nicht mit juristischen Problemen beschäftigte, ohne ausdrücklich dazu aufgefordert worden zu sein. Als Gegenstand gelehrter Werke waren ihm die Philologie und die Hebraistik zweifellos wichtiger. Dabei ist jedoch zu bedenken, daß die Klage über die Jurisprudenz bei den humanistisch gebildeten Juristen zum guten Ton gehörte: Auch Aenea Silvio Piccolomini, der freilich sein Rechtsstudium abgebrochen hatte, äußerte sich geringschätzig über die Rechtswissenschaft[24]. Der italienische Humanist Lorenzo Valla schaute auf die Jurisprudenz herab, wobei seine Kritik hauptsächlich die Jurisprudenz des Bartolus meinte, eine Kritik, die von der humanistischen Jurisprudenz des 16. Jahrhunderts noch verstärkt wurde[25].

Der Blick auf die zeitgenössischen Juristen erweckte bei vielen Humanisten Ablehnung. Wie sie sich die Juristen des späten Mittelalters vorstellten, ist aus der Schrift von Johannes Jacobus Canis von 1476 zu ersehen, in welcher dieser, ausgehend von den Anforderungen an das Jurastudium, das Bild des Juristen

---

[18] Das Manuskript des Kommentars in ÖNB Wien Cod. Vindob. 3116 fol 79^v-85^r; dazu Rhein, S., Reuchliniana II. S. 297. Ich danke Herrn Dr. Rhein, daß er mich eine Kopie der Wiener Handschrift einsehen ließ.

[19] Steitz, G. E., Der Streit S. 1 ff. Der Holzschnitt ist abgebildet bei Benzing, J., Bibliographie S. XIII. Der Holzschnitt erschien freilich erst 1521, so wahrscheinlich daß daraus keine Aussage über die Beteiligung Reuchlins abgeleitet werden kann.

[20] Unterlagen dazu in StadtA Frankfurt/Main Dominikaner-Bücher Nr. 5 fol. 46^r ff. u. fol. 59^r ff. Steitz, G. E., Der Streit S. 11.

[21] So wie die Kommentare Spiegels zum Henno und Capitis Caput.

[22] D. 19, 1, 11, 5, D. 18, 1, 11, 1, D. 50, 16, 13, pr. und D. 9, 2, 5, 3.

[23] Dazu mit zahlreichen Belegen Geiger, L., Johann Reuchlin S. 62 f. s. a. Laufs, A., Johannes Reuchlin - Jurist S. 15.

[24] Kisch, G., Aenea Silvio Piccolomini S. 105 f.

[25] Kisch, G., Bartolus S. 42.

skizziert: Der Student an der juristischen Fakultät solle sich ganz auf die Gesetze konzentrieren und alle anderen Studien und Überlegungen unterlassen. Kenntnis der Poesie und der Dialektik müsse er nicht besitzen. Dieses Bild des Juristen ist Gegenstand des Spottes der Humanisten und auch der Vertreter der humanistischen Jurisprudenz[26]. Das humanistische Studien- und Unterrichtsprogramm, wie es beispielsweise bei Erasmus von Rotterdam 1519 niedergelegt wurde, zielte dagegen auf Veränderung des Menschen durch Offenheit und umfassende, breite Bildung[27]. Reuchlins abwertende Äußerungen über die Jurisprudenz sind auch vor diesem Hintergrund zu sehen; sie richteten sich wohl auch und insbesondere gegen die Tätigkeit und das Selbstverständnis der Juristen, wie sie Canis beschrieben hatte; ein derartiger Jurist wollte Reuchlin nicht sein. Diese These wird ergänzend dadurch gestützt, daß Reuchlin seine Bemerkungen über die Jurisprudenz stets in Briefen an befreundete Humanisten kundtat, denen gegenüber er seine Zugehörigkeit zu der Gruppe der Juristen relativieren mußte. Seine humanistisch gebildete Leserschaft ließ Reuchlin schließlich in der an seinen Bruder adressierten dritten Vorrede zu *De Rudimentis Hebraicis* wissen, er befürchte, daß das Rechtsstudium seinem literarischen Stil geschadet habe[28]. Zudem ist im Gedächtnis zu halten, daß Reuchlin mannigfaltig als Rat und Richter gefordert war, so daß gewiß manche Klage über das juristische Alltagsgeschäft allein sein Bedauern darüber zum Ausdruck brachte, nicht hinreichend Zeit für seine philologischen und hebraistischen Studien zu haben[29].

Reuchlins Abneigung gegen die Jurisprudenz ging nicht so weit, daß er sie vollkommen aufgegeben oder jegliche Berührung mit ihr vermieden hätte. Für gelehrte Anspielungen, die in der humanistischen Briefkultur ein wesentliches, charakteristisches Element darstellen, fand er nicht nur bei den antiken Schriftstellern, sondern auch in den Digesten Stellen: So findet sich beispielsweise in einem Brief Reuchlins an Johannes Amerbach eine Anspielung auf die *lex rhodia de jactu,* mit welcher er humanistische Gelehrsamkeit demonstrieren möchte[30].

---

[26] Troje, H. E., Zur humanistischen Jurisprudenz S. 120 f.

[27] Eine kurze Zusammenfassung der hier wichtigen Aspekte bei Troje, H. E., Zur humanistischen Jurisprudenz S. 120.

[28] Briefwechsel S. 95; Zeydel S. 124.

[29] Kisch, G., Zasius und Reuchlin S. 15 u. S. 72 Fn. 2; dieser Interpretation stimmt zu Laufs, A., Johannes Reuchlin S. 298.

[30] Brief v. 20. Nov. 1510 in Briefwechsel S. 128; D. 14, 2. Ein weiteres Mal findet sich eine juristische Anspielung in einem Brief Reuchlins vom 26. Sept. 1500 an Wakker, in dem er Job Vener als *vas legum* bezeichnet, wie dies zuvor Baldus in bezug auf Azo tat, Briefwechsel S. 66 (Baldus schreibt dies über Azo in seinem Kommentar zu C. 4, 21, 17 u. C. 6, 42, 14, s. dazu auch Diplovataccio in Pescatore, G., Thomae Diplovatatii S. 145).

Gleichwohl war Reuchlin wegen vielleicht einigem Mißfallen an seiner juristischen Tätigkeit kein humanistischer Gelehrter ohne Interesse an den Vorgängen und an der Politik seiner Zeit. Schon der Kontakt Reuchlins zu seinen humanistisch geprägten Briefpartnern und zu anderen Juristen war Ausdruck der humanistischen Idee einer Gesprächsgemeinschaft, in der die These vom Humanismus als politische Bewegung Bestätigung erfährt[31]. Dies verdeutlicht der Brief, den Reuchlin 1519 an Ulrich Neidhard und Willibald Pirckheimer sandte. Obwohl Reuchlin nicht mehr als Rat oder Funktionär des Schwäbischen Bundes in der Pflicht stand, versuchte er die politischen Ereignisse in Württemberg über seine humanistischen Kontakte mitzugestalten und Frieden herbeizuführen[32].

Für die Beantwortung der Frage, ob Reuchlin als ein Vertreter der humanistischen Jurisprudenz gelten kann, steht nur eine schmale Quellenbasis zur Verfügung. Allein sein Gutachten zum jüdischen Schrifttum kann unter diesem Gesichtspunkt untersucht werden, und es zeigt sich, daß Reuchlin seine humanistische Methode des *ad fontes* im Sinne des Polizianschen Humanismus in diesem Ratschlag verwendet. Zudem übernimmt Reuchlin die erweiterte Quellenbasis der juristischen Texte, die auch die Bibel als Rechtsquelle anerkennt. Dies läßt sich nach Reuchlin insbesondere bei Melanchthon und Oldendorp - freilich in bezug auf den Dekalog - finden, die mit der Heranziehung biblischer Ordnungsvorstellungen maßgeblich die Naturrechtsdiskussion des 16. Jahrhunderts beeinflußten. Insofern zeigt sich in Reuchlins Gutachten und in seinem Augenspiegel ansatzweise das juristische Programm der humanistischen Jurisprudenz, das im 16. Jh. seine Blüte erleben und die europäische Rechtswissenschaft nachhaltig beeinflussen sollte.

Nachdem Reuchlin sein Amt als Richter des Schwäbischen Bundes aufgegeben hatte, zog er sich weitgehend auf seinen Landsitz zurück, der möglicherweise in Richtung Cannstatt oder Ditzingen gelegen war[33]. An Nikolaus Ellenbogen schrieb er schon 1509, daß er mit dem Umbau seines Landgutes befaßt sei, nachdem ihm insbesondere Johannes Stocker, damals einer der berühmte-

[31] Zur humanistischen Gesprächsgemeinschaft Worstbrock, F. J., Die «Ars versificiandi et carminum» S. 468 u. zum politischen Charakter des juristischen Humanismus Troje, H. E., Die europäische Rechtsliteratur S. 55.

[32] In einem Brief an Michael Hummelberg v. 13. Aug. 1519 schreibt Reuchlin sorgenvoll über das nachlässige und langsame Handeln des Schwäbischen Bundes: *Hostes non timemus, creditores timemus et segnitiem atque socordiam confoederatorum*, Horawitz, A., Zur Biographie S. 171 f.; die Wirren in Württemberg sind mehrfach Thema der Korrespondenz Reuchlins mit Hummelberger, s. ebenda S. 167 ff.

[33] Reuchlin war Eigentümer eines Ackers im Amt Cannstatt, s. Kraus, D., Altwürttembergische Lagerbücher S. 20;in Ditzingen hatte Reuchlin auch ausgedehnten Grundbesitz, s. Irtenkauf, W., Reuchlin und Ditzingen S. 19 f. Soweit sich Irtenkauf auf einen Brief v. Basellius an Reuchlin stützt, könnte sich dieser jedoch auch auf Cannstatt beziehen, zu dem Brief Irtenkauf, W., Bausteine S. 390.

sten Ärzte, geraten hatte, die Stadtluft gegen Landluft zu tauschen[34]. Häufige Erkrankungen blieben aber dennoch nicht aus. Fieber, Ikterus und Husten hielten Reuchlin 1513 von der Korrektur eines Textes für Amerbach ab[35], und vielfach mußte Reuchlin zur Linderung seiner Beschwerden Heilbäder aufsuchen[36]. Seine Krankheit verbot es ihm, im September 1513 nach Mainz zu reisen, um sich und den Augenspiegel gegen die Vorwürfe der Dominikaner zu verteidigen. Eine Ladung vor ein Gericht in Speyer im Jahre 1516 lehnte Reuchlin, der vor diesem als Zeuge in einem Prozeß zwischen den Grafen von Sternenfels und Herzog Ulrich von Württemberg gehört werden sollte, zwar mit der Begründung ab, ihm sei Ersatz der Spesen und der Kosten der Reise nach Speyer nicht zugesichert worden und die Ladung kranke an formellen Gebrechen[37]. Gleichwohl wird Reuchlin auch aufgrund seines schlechten Gesundheitszustandes die beschwerliche Reise nach Speyer abgelehnt haben. Weinbau und die Zucht weißer Pfauen schufen etwas Abwechslung in dem nun fast ausschließlich den philologischen und kabbalistischen Studien gewidmeten Leben. 1520 übernahm Reuchlin eine Professur für Hebräisch in Ingolstadt, das er vermutlich wegen der Pest 1521 wieder Richtung Tübingen verließ[38]. Dort bekam er ebenfalls eine Anstellung an der Universität, wo er Griechisch und Hebräisch unterrichtete[39]. Nur sporadisch ist Reuchlin in dieser Zeit als Jurist oder Politiker in den Quellen greifbar. Am 30. Juni 1522 starb Reuchlin in Stuttgart.

Über Reuchlins juristische Tätigkeit haben sich seine Zeitgenossen wenig geäußert. In einem Brief vom 30. März 1495 lobte der Maulbronner Mönch Konrad Leontorius Reuchlins Fähigkeit, seine vielseitigen Studien mit der juristischen Alltagsarbeit zu verbinden[40], und 1504 bewunderte Jacob Questenberg eine Urkunde, die Reuchlin für ein Nonnenkloster aufgesetzt hatte[41]. Martin Prenninger hatte schon 1491 einen Brief an *Ioanni Reuchlin praeclaro tum*

---

[34] Briefwechsel S. 109; Klaiber, J., Johannes Reuchlin's Beziehungen S. 135.

[35] Briefwechsel S. 208; zu diesem Brief Klaiber, J., Johannes Reuchlin's Beziehungen S. 135.

[36] S. d. Brief an Michael Hummelberger v. 2. Juli 1518 gedr. bei Horawitz, A., Zur Biographie S. 167 u. d. Brief an Mutianus Rufus v. 22. Juni 1518 *ex thermis Harciniis Cellae Bacenarum* in Briefwechsel S. 300 f.

[37] Der Brief Reuchlins v. 11. Juni 1516 ist gedr. bei Becker, E., Ein ungedruckter Brief Reuchlins S. 30.

[38] Zur Rückkehr s. d. Brief Hummelbergers v. 19. Sept. 1521, Horawitz, A., Zur Biographie S. 185. Über die Pest in Ingolstadt schrieb Reuchlin an Hummelberger schon am 5. Februar 1520, ebenda S. 179 f. Bereits am 3. Jan. 1520 schrieb Reuchlin an Hummelberger: *Ego vero et gladium fugi et pestem*, ebenda S. 175.

[39] Zur Reuchlins Lehrtätigkeit in Tübingen ist aufschlußreich Reuchlins Brief an Hummelberger v. 20. Feb. 1520, Horawitz, A., Zur Biographie S. 187 f.

[40] Briefwechsel S. 42 f. (Regest).

[41] Briefwechsel S. 87.

philosopho tum iurisconsulto gesandt, womit er eine Formulierung aufgriff, die der italienische Humanist Marsilio Ficino bereits in bezug auf Martin Prenniger verwandt hatte[42]. Der Freiburger Jurist Ulrich Zasius äußerte sich über den Juristen Reuchlin in ähnlicher Weise: In seinen 1518 erstmals erschienenen Lucubrationes erläutert er in seiner Scholie zu dem Pomponiusfragment *De Origine Iuris* auch den Begriff *iurisperitus*[43]. Der in die Digesten aufgenommene Text des Pomponius erklärt die Bedeutung der praktisch tätigen Juristen für die Rechtspflege und -gelehrtheit. In diesem für die humanistische Jurisprudenz wichtigen Kommentar stellt Zasius immer wieder Bezüge zum 16. Jahrhundert her[44], und bei der Auflistung der bedeutenden *iurisperiti* des gegenwärtigen Deutschlands nennt der Freiburger Jurist neben dem Tübinger Kanonisten Martin Prenninger auch Reuchlin. Beide hätten Rechtsgelehrtheit und Philosophie miteinander verbunden[45]. Dabei ist unter dem Begriff Philosophie insbesondere die humanistische Methode des direkten Zugriffs auf die originalen Rechtstexte gemeint. Reuchlin hat in seinem Gutachten zum jüdischen Schrifttum ansatzweise mit dieser Methode gearbeitet. Insofern war er *grammaticus* im Sinne Polizians, der es ausdrücklich ablehnte, sich als Philosoph zu bekennen, und sich als *interpres* bezeichnete. Durch die Verbindung der grammatischen Methode als Philosophie mit der Rechtsgelehrtheit war Reuchlin im Zasiusschen Sinne ein *Iurisperitus*. Reuchlins philologische Studien fanden somit auch in seiner juristischen Tätigkeit Verwendung.

Als Johannes Gusubel die Einführungsrede auf Reuchlin in Ingolstadt hielt, stellte er Reuchlin allein als Philologen vor. Zur Erläuterung der Verwendungsmöglichkeit philologischer Studien weist Gusubel allerdings auch auf die Juristen hin, die unter Heranziehung der Philologie ihre Texte zu interpretieren hätten[46]. Daß Reuchlin dies sein Leben lang tat, war bereits vergessen, und bis heute erinnerte die Nachwelt hauptsächlich den Philologen Reuchlin.

---

[42] Der Brief v. 1. Dez. 1491 in Epp. Ill. Virr. fol. d ii^{r}, in Briefwechsel S. 32 ein Regest; dazu Zeller, W., Der Jurist S. 40.

[43] Das Fragment ist in D. 1, 2, 2, iurisperitus dort in lex 13.

[44] Zur Bedeutung der Lucubrationes Troje, H. E., Die europäische Rechtsliteratur S. 57 f. u. idem, „Verwissenschaftlichung" S. 48.

[45] Zasius, U., Lucubrationes S. 25: *Habuit porró nostra Germania Martinvm Vranium compatrem nostrum, uita nuper cum iactura literarum defunctum: habet hodie Ioannem Capnionem; qui ambo iuris cognitionem, in quo prominuerunt, cum omnia propé Philosophia, admirabili doctrina coniunxerunt.* Diese Passage fehlt in der Edition der Lucubrationes in den Opera Omnia, worauf erstmals Zeller, W., Der Jurist S. 7 Fn. 8 hinweist, zur Nennung Prennigers ebenda S. 28.

[46] *Similie de Iurisconsultis, qui propter graecitatis ignorantiam nequeunt proprios annales discipulos, & scholares tyrones iuxta legum suarum contenta, neque de alearum lusum pentathlum sive quinquertium ludosque permissos, suis vocabulis recensere, ac prope millia locorum (ut aiunt) quae iuris sunt, graecae linguae ignari pronunciare nesciunt*, Gusubel, J., Oratio fol. B ii^{V}.

Verzeichnis der ungedruckten Quellen

Stadtarchiv Augsburg:

Literalien 1.11.1508, 1.5.1514

Schwäbischer Bund II/16

Peutinger 1490-1569

Staatsarchiv Augsburg:

Reichsstadt Nördlingen/MÜB 906 I 8

Reichsstadt Nördlingen/MÜB 1050

Staatsarchiv Bamberg:

C 3 Nr. 621, 624, 625, 627

Stadtarchiv Dinkelsbühl:

Aktenbestand D (Prozesse mit Benachbarten/Oettingen)

Stadtarchiv Eßlingen:

Reichsstadt F 384

Stadtarchiv Frankfurt am Main:

Dominikaner-Bücher Nr. 5

Fürstlich Oettingisch-Wallersteinsches Archiv Harburg:

VI.4.5-2, VI.4.6-1, VI.4.6-2, VI.4.7-1, VI.5.5-1, VI.5.5-2

Tiroler Landesarchiv Innsbruck:

oö. Regierung/Kopialbuch ältere Serie/Band Bb (Nr. 29)

Generallandesarchiv Karlsruhe:

Kopialbücher 67 No. 818, 829, 908

Landeshauptarchiv Koblenz:

Best. 1 A Nr. 8808, 8809, 8813

Best. 1 C Nr. 884

Bayerisches Hauptstaatsarchiv München:

Abt. GHA HU 827

KÄA 1861, 2016, 2017, 2018, 2019

Kasten blau 14/2, 435/5
KU 1391, 1392, 1393
Pfalz Neuburg, Ausw. St. 2095
RKG 1481, 1751, 2646, 4608/2, 4931, 7430, 9769/1, 10774, 15469

Bayerische Staatsbibliothek München:
Clm 3684, 16450, 18943, 28319

Staatsarchiv Nürnberg:
Hofrat Ansbach-Bayreuth C 3 Nr. 646

Archives départementales du Loiret, Orléans:
ADL D 244

Bibliothèque Nationale, Paris:
cod. lat. chart. 8643

Stadtarchiv Ravensburg:
Reichsstädtische Archivalien, Bü 16c

Archivum Generale Ordinis Praedicatorum, Rom:
Regestum IV, 8, 12, 16

Stadtarchiv Schwäbisch Hall:
Kopialbücher 4/27, 4/48

Hauptstaatsarchiv Stuttgart:
A 157 Bd. 1
A 17 Bü 6a, 8a, 8b, 8c, 9, 9a, 10
A 256 Bdd. 1, 2, 3, 6, 7, 8, 10
A 34 Bü 1c
A 41 Bü 143
A 535 Bü 1
A 602 U 420, 504, 518, 519c, 4628, 4866, 4897, 4966, 6306, 4897, 10471, 11189
B 515 Bdd. 67, 122a
B 59 U 84
C 3 Bü 2241, W2046
H 14 Bd. 57
H 53 Bü 7, 8, 77a, 85, 86, 87, 88
H 66 Bü 1a

Württembergische Landesbibliothek Stuttgart:
Cod. Hist. 2 Nr. 52

Universitätsbibliothek Tübingen:
Handschrift MC 57

Stadtarchiv Ulm:
A 1131, 1132

Haus-, Hof- und Staatsarchiv Wien:
Friedericiana 5, 7, 8
Maximiliana 10/2, 14, 25
Reichsregister W

Österreichische Nationalbibliothek Wien:
Cod. Vindob. 3116

Stadtarchiv Worms:
Urkunde I/676

Verzeichnis der gedruckten Quellen

A. Schriften Reuchlins

De Accentibvs, et orthographia, lingvae hebraicæ, à Iohanne Reuchlin Phorcensi LL. Doctore libri tres Cardinali Adriano dicati, Hagenau 1518.

Ad Alexandrum VI. pontificem maximum pro Philippo Bauariae duce Palatino Rheni, Sacri Romani Imperii electore Johannis Reuchlin phorcensis LL. doctoris Oratio, VII. Idus Sextiles Anno Salutis MIID Romae, in: Illustrium Virorum Epistolae, Hebraicae, Graecae et Latinae, ad Ioannem Reuchlin Phorcensem virum nostra aetate doctissimum diversis temporibus missae [...], Hagenau 1519, fol. n 3^{v}-o 4^{r} (auszugsweise in deutscher Übersetzung in Schwab, H.-R., Johannes Reuchlin S. 105-110).

[De Arte Cabalistica]: Ioannis Revchlin Phorcensis LL. Doc. De Arte Cabalistica libri tres Leoni X. Dicati, Hagenau 1517.

[Augenspiegel]: Doctor Johannsen Reuchlins [...] warhafftige entschuldigung gegen vnd wider ains getaufften iuden genant Pfefferkorn vormals getruckt vßgangen vnwarhaftigs schmachbüchlin Augenspiegel, Tübingen 1511. [Das darin enthaltene Gutachten Reuchlins ist ediert und übersetzt in Leinz-v. Dessauer, Antonie, Johannes Reuchlin: Gutachten über das jüdische Schrifttum, Stuttgart 1965, auf dieser Grundlage s. neuerdings auch: Knellessen, Wolfgang, Johannes Reuchlin: Gutachten über das jüdische Schrifttum (1510), Böblingen 1995/96 (=Texte von der Hulb Heft 3) u. Schwab, H.-R., Johann Reuchlin S. 131-174].

[Briefwechsel] Johann Reuchlins Briefwechsel, gesammelt und herausgegeben von Ludwig Geiger, Tübingen 1875.

Clarorum virorum epistolæ latinæ græcæ & hebraicæ uariis temporibus missæ ad Ioannem Reuchlin Phorcensem LL. doctorem, Tübingen 1514.

Defensio Joannis Reuchlin Phorcensis LL. Doctoris Contra caluminatores suos colonienses summarium libri [...], Tübingen 1513. Zitiert wird der erneute Abdruck bei Hardt, Hermann von der, Historia literaria reformationis in honorem jubilaei anno MDCCXVII, Frankfurt und Leipzig 1742, S. 53-93.

[Deutsche Missive] Doctor iohanns Reuchlins tütsch missiue. warumb die Juden so lang im ellend sind, Pforzheim 1505.

Illvstrium Virorvm epistolæ graecae et latinæ, ad Ioannem Reuchlin Phorcensem, virum nostra aetate doctissimum diuersis temporibus missæ, quibus iam pridem additus est LIBER SECVNDUS, nunquàm antea editus. [...], Hagenau 1519.

De rudimentis hebraicis libri III, Pforzheim 1506.

B. Sonstige Quellen

1495 - Kaiser, Reich, Reformen: Der Reichstag zu Worms. Katalog zur Ausstellung des Landeshauptarchivs Koblenz i. V. m. der Stadt Worms, Koblenz 1995.

1495: Württemberg wird Herzogtum. Dokumente aus dem Hauptstaatsarchiv Stuttgart zu einem epochalen Ereignis, Stuttgart 1995.

Acta Judiciorum inter F. Jacobum Hochstraten Inquisitorem Coloniensium & Johannem Reuchlin LL. Doc. ex Registro Publico, autentico & sigillato, Hagenau 1518, zit. wird der Abdruck in: Hardt, Hermann von der, Historia literaria reformationis in honorem jubilaei anno MDCCXVII, Frankfurt und Leipzig 1742, S. 94-130.

Adam, Melchior: Joannes Capnio in: Vitae Germanorum Philosophorum qui seculo superiori et quod excurrit, philosophicis ac Humanioribus literis claris florescuerunt, Editio tertia, Frankfurt am Main 1706, abgedruckt in: Dignorum laude virorum, Quos misa vetat mori, immortalitas, seu vitae theologorum, jure-consultorum, & politicorum, medicorum atque philosophorum maximam parte Germanorum nonnullam quoque exterorum, editio tertia (accuratè recensita), Frankfurt am Main 1706 als letzter Teil mit eigener Paginierung, S. 17-21.

Adelmann, Franziska Gräfin: Dietrich von Plieningen. Humanist und Staatsmann, München 1981.

Alberts, Hildegard: Reuchlins Drucker, Thomas Anshelm. Mit besonderer Berücksichtigung seiner Pforzheimer Presse, in: Kling, Hermann u. Rhein, Stefan (Hrsg.), Johannes Reuchlin (1455-1522), Nachdruck der 1955 von Manfred Krebs hrsg. Festgabe, Sigmaringen 1994, 205-265.

Alexander de Tartagnis: Consiliorum sive Responsorum Alexandri Tartagni Imolensis, Venedig 1597.

Allen, P. S.: Opus Epistolarum Des. Erasmi Roterdami, Bd. 3 (1517-1519), Oxford 1913.

Altwürttembergische Lagerbücher aus der österreichischen Zeit 1520-1534, Bd. III: Stuttgart Stadt, Stuttgart 1972.

Amelung, Peter: Wann starb Herzog Eberhard im Bart von Württemberg?, in: ZWLG 45 (1986), S. 319-326.

Andreä, Johann Valentin: Lesbare und lesenswerthe Bemerkungen über das Land Ukkbar in Klein-Asien, Ulm 1614.

Angermeier, Heinz: Reuchlin, Württemberg und das Reich, in: Historisches Jahrbuch 1994, S. 381-395.

– Reuchlin als Politiker, in: Rhein, Stefan (Hrsg.), Reuchlin und die politischen Kräfte seiner Zeit, Sigmaringen 1998, S. 53-63.

Angiolini, Hélène: Polemica antiusuraria e propaganda antiebraica nel quattrocento, in: Il Pensiero politico 19 (1986) S. 311-318.

Arndt, Jürgen: Das Notarernennungsrecht der kaiserlichen Hofpfalzgrafen, in: Schuler, Peter-Johannes (Hrsg.), Tradition und Gegenwart. Festschrift zum 175jährigen Bestehen eines badischen Notarstandes, Karlsruhe 1981, S. 110-123.

– Zur Entwicklung des kaiserlichen Hofpfalzgrafenamtes von 1355-1806, in: Hofpfalzgrafen-Register, Bd. 1, Neustadt a. d. Aisch 1964, S. V-XXIV.

Audinet, Eugène: Les Origines de la faculté de droit de l'Université de Poitiers, in: Bulletin de la Société des Antiquaires de l'Ouest, 3. Serie Bd. 6 (1922-1924), S. 17-46.

Augustijn, C.: Erasmus und die Juden, Nederlands archief voor kerkgeschiedenis, N. F. 60 (1980), S. 22-38.

Barham, Francis: The Life and Times of John Reuchlin, or Capnion, the Father of the German Reformation, London 1843.

Bartolus von Saxoferrato: Omnium Iuris Interpretum Antesignandi, Commentaria, nunc recens, praeter omnes alias ad hanc diem in lucem editas, Bd. 7, Venedig 1615.

Battenberg, Friedrich: Das europäische Zeitalter der Juden: zur Entwicklung einer Minderheit in der nichtjüdischen Umwelt Europas, Bd. I: Von den Anfängen bis 1650, Darmstadt 1990.

Baum, Wilhelm: Kaiser Friedrich III. und die Grafen von Württemberg, in: Heinig, Paul-Joachim (Hrsg.), Kaiser Friedrich III. (1440-1493) in seiner Zeit. Studien anläßlich des 500. Todestags am 19. August 1493/1993, Köln/Weimar/Wien 1993, S. 103-138.

– Politische und literarische Beziehungen des Hofes Herzog Sigmunds von Tirol zum Rottenburger Hof und den Grafen von Württemberg, in: Maurer, Hans-Martin (Hrsg.), Eberhard und Mechthild. Untersuchungen zu Politik und Kultur im ausgehenden Mittelalter, Stuttgart 1994, S. 95-109.

Beck, Paul: Ein Brief Reuchlins in seinem litterarischen Handel gegen Pfefferkorn, Hoogstragen u. Gen., in: Diözesanarchiv von Schwaben, 8 (1891), S. 43-44.

Becker, Eduard: Ein ungedruckter Brief Reuchlins, in: Quartalblätter des Historischen Vereins für das Großherzogtum Hessen, N. F. Bd. 3 (1912), S. 29-30.

Becker, Reinhard Paul: A War of Fools: The Letters of Obscure Men. A Study of the Satire and the Satirized, Bern/Frankfurt am Main/Las Vegas 1981.

Benzing, Josef: Bibliographie der Schriften Johannes Reuchlins im 15. und 16. Jahrhundert, Bad Bocklet/Wien/Zürich/Florenz 1955.

Bethmann-Hollweg, M. A.: Der Civilprozeß des gemeinen Rechts in geschichtlicher Entwicklung, Bd. 6, Bonn 1874.

Binder, Helmut: Descriptio Sueviae. Die älteste Landesbeschreibung Schwabens, in: Zeitschrift für württembergische Landesgeschichte, 45 (1986), S. 179-196.

Bischoff, Bernhard: Die europäische Verbreitung der Werke Isidors von Sevilla, in: Mittelalterliche Studien. Ausgewählte Aufsätze zu Schriftkunde und Literaturgeschichte, Bd. 1, Stuttgart 1966, S. 171-194.

– The Study of Foreign Languages in the Middle Ages, in: Mittelalterliche Studien. Ausgewählte Aufsätze zu Schriftkunde und Literaturgeschichte, Bd. 2, Stuttgart 1967, S. 227-245.

Bock, Ernst: Der Schwäbische Bund und seine Verfassungen 1488-1534. Ein Beitrag zur Geschichte der Zeit der Reichsreform, Breslau 1927 (ND Aalen 1968).

Böcking, Eduard: Vlrichi Hutteni equitis operum supplementum, Bd. 1, Leipzig 1864 u. Bd. 2, Leipzig 1869.

Boissonade, Prosper Benjamin: Histoire de l'Université de Poitiers passé et présent (1432-1932), Poitiers 1932.

Bonjour, Edgar: Die Universität Basel von den Anfängen bis zur Gegenwart 1460-1960, 2. Aufl., Basel 1971.

Boos, Heinrich: Geschichte der rheinischen Städtekultur von den Anfaengen bis zur Gegenwart mit besonderer Berücksichtigung von Worms, Bd. 4, Berlin 1901.

Borst, Otto: Stuttgart. Die Geschichte der Stadt, Stuttgart/Aalen 1973.

Brambach, Wilhelm: Reuchlins Bibliothek, in: ZGO N. F. 37 (1922), S. 313-321.

Bremer, F. P., Franz von Sickingens Fehde gegen Trier und ein Gutachten Claudius Cantiunculas über die Rechtsansprüche der sickingenschen Erben, Straßburg 1885.

Buchda, G.: Beweisinterlokut, in: HRG, Bd. 1, Spp. 408-411.

– Gelehrte Richter, in: HRG, Bd. 1, Spp. 1477-1481.

– Gerichtsverfassung, in: HRG, Bd. 1, Spp. 1551-1563.

Bucher, Caspar: Mercurius sive oratio in qua, occasione fabulae de Mercurio et statuatio, prodigiosi philantiae mercatoes, Tübingen 1615.

Buchwald, Georg: Konrad Stürtzel von Buchheim aus Kitzingen, Doktor des kanonischen Rechts, Kanzler Kaiser Maximilian I., Erbschenk der Landgrafschaft Elsass. Eine Schilderung s. Lebens und Wirkens nach archival. Quellen, Leipzig 1900.

Budischin, Hans Jörg: Der gelehrte Zivilprozeß in der Praxis geistlicher Gerichte des 13. und 14. Jahrhunderts im deutschen Raum, Bonn 1974.

Burmeister, Karl Heinz: Das Studium der Rechte im Zeitalter des Humanismus im deutschen Rechtsbereich, Wiesbaden 1974.

Camerarius, Philipp: Operae horarum subcisivarum, Frankfurt 1609.

Carl, Horst: Triumvir Sueviae - Reuchlin als Bundesrichter, in: Rhein, Stefan (Hrsg.), Reuchlin und die politischen Kräfte seiner Zeit, Sigmaringen 1998, S. 65-86.

Carlen, Louis: Stab, in: HRG, Bd. 4, Spp. 1838-1843.

Cavallar, Osvaldo: Degenring, Susanne u. Kirshner, Julius, A Grammar of Signs. Bartolo da Sassoferrato's *Tract on Insignia and Coats of Arms*, Berkeley 1994.

Cepolla, Bartholomäus: Consilia Criminalia Celeberrimi ac praestantissimi iuris utriusque interpres Domini Bartholomaei Caepollae Veronensis, Buch 3, Frankfurt 1599.

Chmel, Joseph: Regesta Chronologico-Diplomatica Friderici III. Romanorum Imperatoris (Regis IV.), Wien 1859.

Cohen, H. J.: The Government of the Rhine Palatinate in the 15th and 16th Century, Oxford 1965.

Cohn, Henry J.: The Early Renaissance Court in Heidelberg, in: European Studies Review 4 (1971), S. 295-322.

Coing, Helmut: Die Anwendung des Corpus Iuris in den Consilien des Bartolus, in: L'Europa e il Diritto Romano. Studie in memoria di Paolo Koschaker, Bd. 1, Mailand 1954, S. 71-97, Nachdruck in: ders., Gesammelte Aufsätze zu Rechtsgeschichte, Rechtsphilosophie und Zivilrecht 1947-1975, Bd. 1, Frankfurt am Main 1982.

– Die juristische Fakultät und ihr Lehrprogramm, in: idem (Hrsg.), Handbuch der Quellen und Literatur der neueren europäischen Privatrechtsgeschichte, Bd. 1: Mittelalter (1100-1500). Die gelehrten Rechte und die Gesetzgebung, München 1973, S. 39-128.

– Römisches Recht in Deutschland, in: Ius Romanum Medii Aevi Pars V,6, Mailand 1964.

Colorni, Vittore: Gli ebrei nel sistema del diritto comune fino alla prima emancipazione, Mailand 1956.

Copelston, Frederick C.: Geschichte der Philosophie im Mittelalter, München 1976.

Cornides, Elisabeth: Rose und Schwert im päpstlichen Zeremoniell von den Anfängen bis zum Ponitfikat Gregors XIII., Wien 1967.

Daly, Lloyd W.: Contributions to a History of Alphabetization in Antiquity and the Middle Ages, Brüssel 1967.

Daly, Lloyd W./*Daly,* B. A.: Some Techniques in Mediaeval Latin Lexicography, in: Speculum 39 (1964), S. 229-239.

Datt, Johann Philipp: Volumen Rerum Germanicarum Novum sive de Pace Imperii Publica libri V, Ulm 1648.

Decker-Hauff, Hansmartin: Bausteine zur Reuchlin-Biographie, in: Krebs, Manfred (Hrsg.), Johannes Reuchlin (1455-1522). Festgabe seiner Vaterstadt Pforzheim zur 500. Wiederkehr seines Geburtstages, Pforzheim 1955, S. 83-107.

Denifle, Heinrich: Die Entstehung der Universitäten des Mittelalters bis 1400, Berlin 1885.

Deutsche Reichstagsakten, Mittlere Reihe (unter Maximilian I.), Bd. 1 in zwei Teilen, bearb. v. Heinz Angermeier, Göttingen 1989, Bd. 5 in zwei Bdd., bearbeitet v. Heinz Angermeier, Göttingen 1981.

Dick, Bettina: Die Entwicklung des Kameralprozesses nach den Ordnungen von 1495 bis 1555, Köln/Wien 1981.

Dilcher, Gerhard: Die Stellung der Juden in Recht und Verfassung der mittelalterlichen Stadt, in: Grözinger, Karl E. (Hrsg.), Judentum im deutschen Sprachraum, Frankfurt am Main 1991, S. 17-35.

– libri feudorum, in: HRG, Bd. 2, Spp. 1995-2001.

Dobler, Eberhard: Das kaiserliche Hofpfalzgrafenamt und der Briefadel im alten Deutschen Reich vor 1806 in rechtshistorischer und soziologischer Sicht, Diss. masch. Freiburg i. Br. 1950.

Dolezalek, G.: Hofpfalzgraf, in: HRG, Bd. 2,Spp. 212-213.

Dreher, Alfons: Geschichte der Reichsstadt Ravensburg und ihrer Landschaft von den Anfängen bis zur Mediatisierung 1802, 2 Bdd., Weißenhorn 1972.

du Cange, Charles de Fresne Sieur: Glossarium mediae et infimae latinitatis, bearb. v. Carpentier, D. P., Henschel, G. A. L. u. Favre, L., Bd. 1, Niort 1883.

Dye Gruntlichen Und rechten haupt Artickel / aller Baurschafft unnd Hyndersessen der Gaistlichen unn Weltlichen oberkayten / von wölchen sy sich beschwert vermainen, Photomechanische Reproduktion Hrsg. v. Hans Maier, München 1994.

Eine Stadt des Buches. Tübingen 1498-1998. Katalog zur Ausstellung im Stadtmuseum v. 29. März bis 14. Juni 1998, Tübingen 1998.

Eisenhardt, Ulrich: Die kaiserlichen privilegia de non appellando, Köln/Wien 1980.

Erdmann-Pandzic, Elisabeth v./*Pandzic,* Basilius: Juraj Dragisic und Johannes Reuchlin, Bamberg 1989.

Ernst, Fritz: Eberhard im Bart. Die Politik eines deutschen Landesherrn am Ende des Mittelalters, Stuttgart 1933.

Evans, G. R.: The Ars Praedicandi of Johannes Reuchlin, in: Rhetorica 3 (1985), S. 99-104.

Fasolt, Constantin: Visions of Order in the Canonists and Civilians, in: Brady Jr., Thomas A., Oberman, Heiko A. u. Tracy, James D., Handbook of European History 1400-1600. Late Middle Ages, Renaissance and Reformation, Bd. 2: Visions, Programs and Outcomes, Leiden/New York/Köln 1995, S. 31-59.

Favreau, Robert: Aspects de l'Université de Poitiers au XVe siècle, in: Bulletin de la Société des Antiquaires de l'Ouest, 4. Serie Bd. 5 (1959-1960), S. 31-68.

– L'Université de Poitiers et la Société Poitevine à la fin du moyen âge, in: Paquet, Jacques u. Ijsewijn, Jozef (Hrsg.), Les Universités a la fin du moyen âge. Actes du Congrès international de Louvain, Louvain 1978, S. 549-583.

– La ville de Poitiers à la fin du moyen âge, 1978 (=Mémoires de la Société des Antiquaires de l'Ouest, 4. Folge, Bd. 14 u. 15).

Feenstra, Robert: „Legum Doctor", „Legum Professor" et „Magister" comme termes pour designer des juristes au moyen age, in: Weijers, Olga (Hrsg.), Actes du colloque Termimologie de la vie intellectuelle au moyen âge, Brepols 1988, S. 72-77.

Ferrariis, Johannes Petrus de: Singularis practica conspicui domini Joannis Petri de Ferariis, Mailand 1507.

Finke, Karl Konrad: Die Tübinger Juristenfakultät 1477-1534. Rechtslehrer und Rechtsunterricht von der Gründung der Universität bis zur Einführung der Reformation, Tübingen 1972.

– Ein Urteil Johann Reuchlins als Richter des Schwäbischen Bundes, in: Ferdinandina, Festschrift für Ferdinand Elsener, Hrsg. von Friedrich Ebel, 2. Aufl., Tübingen 1973, S. 21-33.

– Johann Reuchlin als Richter des Schwäbischen Bundes, in: Schwäbische Heimat, 23. Jg. (1972), S. 152-159.

Fischer, Hermann: Hechinger Latein, in: Württembergische Vierteljahreshefte für Landesgeschichte, VIII (1885), S. 229-236 und ein Nachtrag dazu in: Württembergische Vierteljahreshefte für Landesgeschichte, X (1887), S. 45-47.

Fischer, Joachim: Das Testament der Erzherzogin Mechthild von Österreich vom 1. Oktober 1481, in: Maurer, Hans-Martin (Hrsg.), Eberhard und Mechthild. Untersuchungen zu Politik und Kultur im ausgehenden Mittelalter, Stuttgart 1994, S. 111-163.

Fontaine, J.: Sevilla, Isidor v., in: LexMA V, München/Zürich 1991, Spp. 677-680.

Forderer, Josef, Die kirchlichen Gebräuche bei den früheren Tübinger Promotionen, in: Tübinger Blätter, Jg. 46 (1959), S. 15-21.

Fouquet, Gerhard: Das Speyerer Domkapitel im späten Mittelalter (ca. 1350-1540). Adlige Freundschaft, fürstliche Patronage und päpstliche Klientel, Teil II, Mainz 1987.

Fournier, Marcel: Historie de la science du droit en France. Bd. 3: Les Universités françaises et l'enseignement du droit en France au moyen-âge, Paris 1892 (ND Aalen 1970). [nur Band 3 erschienen].

– La Nation Allemande a l'université d'Orléans au XIVe siècle, in: Nouvelle revue historique de droit français et étranger, Bd. 12 (1888), S. 386-431.

– Les Statuts et privilèges des universités Françaises depuis leur fondation jusqu'en 1789, Tome I, 1. Teil: Moyen-Age, Paris 1890.

Freudenthal, Max: Dokumente zur Schriftenverfolgung durch Pfefferkorn, in: Zeitschrift für die Geschichte der Juden in Deutschland, 3. Jg. (1931) S. 227-232.

Frey, Sabine: Rechtsschutz der Juden gegen Ausweisungen im 16. Jahrhundert, Frankfurt a. M./Bern/New York 1983.

Frey, Siegfried: Das Gericht des Schwäbischen Bundes und seine Richter 1488-1534, in: Engel, Josef (Hrsg.), Mittel und Wege früher Verfassungspolitik, Stuttgart 1979, S. 224-281.

– Das württembergische Hofgericht (1460-1618), Stuttgart 1989.

Friedhuber, Ingeborg: König Maximilian I., die Erbländer, das Reich und Europa im Jahre 1500, Diss. phil. masch. Graz 1963.

Friedman, Jerome: The Most Ancient Testimony. Sixteenth-Century Christian-Hebraica in the Age of Renaissance Nostalgia, Athens (Ohio) 1983.

Friedrich, Udo: Johannes Reuchlin am Heidelberger Hof: poeta - orator - paedagogus, in: Rhein, Stefan (Hrsg.), Reuchlin und die politischen Kräfte seiner Zeit, Sigmaringen 1998, S. 163-185.

Funk, F. X. von: Reuchlins Aufenthalt im Kloster Denkendorf, in: Historischen Jahrbuch, Bd. 17 (1896), S. 559-560.

García y García, Antonio: Die Rechtsfakultäten, in: Rüegg, Walter (Hrsg.), Geschichte der Universität in Europa, München 1993, S. 343-358.

García-Gallo, Alfonso: Las Expositiones Nominum Legalium y los vocabularios jurídicos medievales, Madrid 1974.

Geiger, Ludwig: Der Kampf gegen die Bücher der Juden am Anfange des 16. Jahrhunderts in seiner Beziehung auf Frankfurt, in: Archiv für Frankfurts Geschichte und Kunst, N. F. Bd. 4 (1869), S. 208-217.

– Ein ungedruckter Brief Reuchlins, in: Zeitschrift für vergleichende Litteraturgeschichte und Renaissance-Litteratur, N. F. Bd. 4 (1891), S. 154-157.

– Fünf Briefe Reuchlins, in: Vierteljahresschrift für Kultur und Litteratur der Renaissance, Jg. 1 (1886), S. 116-121.

– Johann Reuchlin. Sein Leben und seine Werke, Leipzig 1871.

– Johannes Pfefferkorn. Ein Beitrag zur Geschichte der Juden und zur Charakteristik des Reuchlin'schen Streites, in: Jüdische Zeitschrift für Wissenschaft und Leben, Bd. 7 (1869), S. 293-309.

– Maximilian I. in seinem Verhältnisse zum Reuchlinschen Streite, in: Forschungen zur deutschen Geschichte, Bd. 9 (1869), S. 205-216.

– Ueber Melanthons Oratio continens historiam Capnionis. Eine Quellenuntersuchung, Göttingen 1868.

– Ungedrucktes von und über Reuchlin, in: Zeitschrift für vergleichende Litteraturgeschichte und Renaissance-Litteratur, N. F. Bd. 4 (1891), S. 217-226.

Genzmer, Erich: Kleriker als Berufsjuristen im späten Mittelalter, in: Etudes d'histoire du droit canonique dédiés a Gabriel Le Bras, Band 2, Paris 1965, S. 1207-1236.

Georgii-Georgenau, Eberhard Emil v.: Fürstlich Württembergisches Dienerbuch von IX. bis zum XIX. Jahrhundert, Stuttgart 1877.

„Gerechtigkeit erhöht ein Volk". Recht und Rechtspflege in Bayern im Wandel der Geschichte, Ausstellungskatalog der Staatlichen Archive Bayerns, Nr. 28, München 1990.

Goetz, Georg: De Glossariorum Latinorum Origine et Fatis, Leipzig/Berlin 1873.

– Glossographie, in: Paulys Real-Encyclopädie der classischen Altertumswissenschaft, Bd. 7, Stuttgart 1912, Spp. 1433-1466.

Gönner, Eberhard: Der Münsinger Vertrag, in: Münsingen. Geschichte-Landschaft-Kultur, Sigmaringen 1982, S. 13-23.

Gradmann, Christoph: Geschichte, Fiktion und Erfahrung - kritische Anmerkungen zur neuerlichen Aktualität der historischen Biographie, in: Internationales Archiv für Sozialgeschichte der deutschen Literatur, Bd. 17 (1992), S. 1-16.

Graf, Klaus: Eberhard im Bart und die Herzogserhebung 1495, in: 1495: Württemberg wird Herzogtum. Dokumente aus dem Hauptstaatsarchiv Stuttgart zu einem epochalen Ereignis, Stuttgart 1995, S. 9-43.

Grassi, Ernesto: Einführung in die humanistische Philosophie: Vorrang des Wortes, 2. Aufl., Darmstadt 1991.

Grimm, Heinrich: Ulrich von Hutten und die Pfefferkorn-Drucke, in: Zeitschrift für Religions- und Geistesgeschichte, 8. Jg. (1956), S. 241-250.

Grimm, Jacob: Deutsche Rechtsaltertümer, Bd. 1, 4. Aufl. 1899 (ND Darmstadt 1989).

Grotefend, H.: Taschenbuch der Zeitrechnung, 13. Aufl., Hannover 1989.

Grube, Walter: Der Stuttgarter Landtag 1457-1957. Von den Landständen zum demokratischen Parlament, Stuttgart 1957.

Grubmüller, Klaus: Brevilogus, in: Die deutsche Literatur des Mittelalters: Verfasserlexikon, Bd. 1, Berlin/New York 1983, Spp. 1003 f.

– Der Lehrgang des Triviums und die Rolle der Volkssprache im späten Mittelalter, in: Moeller, Bernd, Patze, Hans u. Stackmann, Karl (Hrsg.), Studien zum städtischen Bildungswesen des späten Mittelalters und der frühen Neuzeit. Bericht über Kolloquien der Kommission zur Erforschung der Kultur des Spätmittelalters 1978 bis 1981, Göttingen 1983, S. 371-397.

– Guilelmus Brito, in: Die deutsche Literatur des Mittelalters: Verfasserlexikon, Bd. 3, Berlin/New York 1981, Spp. 300-302.

– Vocabularius Ex quo. Untersuchungen zu lateinisch-deutschen Vokabularen des Spätmittelalters, München 1967.

Güde, Wilhelm: Die rechtliche Stellung der Juden in den Schriften deutscher Juristen des 16. und 17. Jahrhunderts, Sigmaringen 1981.

Gusubel, Johannes: Oratio a Ioanne Gussubelio Longicampiano coram Vniversitate Ingolstatensis habita pro D. Io. Capnione Phorcensi cum in lingua Hebraica et Graeca ludum literarium ex conducto aperiret. III. Nonas Martias, Augsburg 1520.

Hahn, Reinhard: Huttens Anteil an den *Epistolae obscurorum virorum*, in: Pirckheimer-Jahrbuch, Bd. 4 (1988), S. 79-111.

Haller, Johannes: Die Anfänge der Universität Tübingen 1477-1537 zur Feier des 450jährigen Bestehens der Universität im Auftrag ihres großen Senats dargestellt, Teil 1, Stuttgart 1927; Teil 2: Nachweise und Erläuterungen, Stuttgart 1929.

Hardt, Hermann von der: Historia literaria reformationis in honorem jubilaei anno MDCCXVII, Frankfurt/Leipzig 1742.

Harpprecht, Johann Heinrich Freiherr von: Staats=Archiv des Kayserl. und des h. Röm. Reichs Cammer=Gerichts oder Sammlung von gedruckten und mehrenteils ungedruckten Actis Publicis, Archival=Urkunden, Kayserl. Rescripten, Verordnungen, Praesentations- und Visitations-Handlungen, etc. etc. zu einer historischen Einleitung und pragmatischen Erläuterung derer Geschichten, Verfassung, Gesetzen und Unterhaltungs=Wercks des kays. und Reichs Cammer=Gerichts zusammen getragen von einem Mitglied desselben, Theil 3, Ulm 1759.

Hartmann, Alfred: Die Amerbachkorrespodenz, Bd. 1, Basel 1942.

Hasslinger, Halmo: Die Anfänge des Schwäbischen Bundes, Ulm 1970.

Herkenhoff, Michael: Die Darstellung aussereuropäischer Welten in Drucken deutscher Offizine des 15. Jahrhunderts, Berlin 1996.

Hermelink, Heinrich: Die Matrikeln der Universität Tübingen, Bd. 1: 1477-1600, Stuttgart 1906.

Heyd, L. F.: Melanchthon und Tübingen 1512-18. Ein Beitrag zu der Gelehrten- und Reformations-Geschichte des sechszehenten Jahrhunderts, in: Tübinger Zeitschrift für Theologie, Jg. 1839, S. 1-104.

Heyd, Ludwig Friedrich: Der wirtembergische Canzler Ambrosius Volland. Ein Beitrag zur Geschichte der Herzoge Ulrich und Christoph zu Wirtemberg, großen Theils nach ungedruckten Quellen, Stuttgart 1828.

– Dr. Peter Jacobi, Probst zu Backnang, in: Studien der evangelischen Geistlichkeit Württembergs, Bd. 3 (1831), S. 180-187.

– Ulrich Herzog zu Württemberg. Ein Beitrag zur Geschichte Württembergs und des deutschen Reichs im Zeitalter der Reformation, Band 1, Tübingen 1841.

– Feierlicher Empfang des Grafen Eberhard des Aeltern am päpstlichen Hofe im Jahr 1482, in: Württembergische Jahrbücher für vaterländische Geschichte, Geographie, Statistik und Topographie, Jg. 1839 (1840), S. 445-452.

Hieronymus, Frank: Einbandschnipsel, in: Totum me libris dedo. Festschrift für Adolf Seebass zum 80. Geburtstag, Basel 1979, S. 65-107.

Hirsch, Hans: Über die Bedeutung des Ausdruckes Kastvogt, in: ders., Aufsätze zur mittelalterlichen Urkundenforschung, Darmstadt 1965, S. 197-205.

Historischer Atlas von Baden-Württemberg, Hrsg. von der Kommission für geschichtliche Landeskunde in Baden-Württemberg in Verbindung mit dem Landesvermessungsamt Baden-Württemberg unter Mitwirkung zahlreicher Fachgelehrter, Stuttgart 1972-1988.

Hödl, L./*Silagi,* G.: Alanus ab Insulis (v. Lille), in: LexMA I, München/Zürich 1980, Spp. 268 f.

Hofacker, Heidrun: Kanzlei und Regiment in Württemberg im späten Mittelalter, Diss. phil. masch. Tübingen 1989.

Hoffmann, F.: Nominalismus, in: Ritter, Joachim u. Gründer, Karlfried (Hrsg.), Historisches Wörterbuch der Philosophie, Bd. 6, Basel/Stuttgart 1984, Spp. 874-888.

Höfler, Constantin: Fränkische Studien IV, in: Archiv für Kunde österreichischer Geschichts-Quellen, Bd. 7 (1851), S. 1-146.

Hoogstraeten, Jacobus: Destructio Cabale seu Cabalistice perfidie ab Ioanne Reuchlin Capnione iampridem in lucem edite, Köln 1519.

Horawitz, Adalbert: Zur Biographie und Correspondenz Johannes Reuchlin's, in: Sitzungsberichte der kaiserlichen Akademie der Wissenschaften, philosophisch-historische Classe, Bd. 85, Wien 1877, S. 117-190.

Horn, Norbert: Die legistische Literatur der Kommentatorenzeit und der Ausbreitung des gelehrten Rechts, in: Coing, Helmut (Hrsg.), Handbuch der Quellen und Literatur der neueren europäischen Privatrechtsgeschichte, Bd. 1: Mittelalter (1100-1500). Die gelehrten Rechte und die Gesetzgebung, München 1973, S. 261-364.

Hübner, Rudolf: Grundzüge des deutschen Privatrechts, 5. Aufl., Leipzig 1930.

Il diario Romano di Jacopo Gherardi da Volterra dal VII settembre MCCCCLXXIX al XII agosto MCCCCLXXXIV, in: Muratori, L. A. (Hrsg.), Rerum Italicarum Scriptores: Raccolta degli storici italiani dal cinquecento al millecinquecento, Band 23, Teil 3, Città di Castello 1904.

Illmer, Detlef: Die Statuten der Deutschen Nation an der alten Universität Orléans von 1378 bis 1596, in: Ius Commune, Bd. 6 (1977), S. 10-107.

Irtenkauf, Wolfgang: Reuchlin und Ditzingen, in: Ditzinger Heimatblätter 1972, S. 18-21.

– Bausteine zu einer Biographie des Nikolaus Basellius, in ZWLG Bd. 21 (1962), S. 387-391.

Isidorus von Sevilla: in: Paulys Real-Encyclopädie der classischen Altertumswissenschaft, Bd. 9, Stuttgart 1916, Spp. 2069-2072.

Jahns, Sigrid: Juristenkarrieren in der Frühen Neuzeit, in: Blätter für deutsche Landesgeschichte Bd. 131 (1995), S. 113-134.

Johannes Reuchlin Phorcensis (1455-1522): ein humanistischer Gelehrter, Ausstellungskatalog, Pforzheim 1988.

Joseph, Paul: Die Münzen von Worms nebst einer münzgeschichtlichen Einleitung, Darmstadt 1906.

Kantorowicz, Hermann: Studies in the Glossators of the Roman Law, Cambridge 1938.

Keim, Carl Theodor: Ein Wort über Reuchlin's Bruch mit Luther und Melanchthon, in: Theologische Jahrbücher 13 (1854), S. 288-294.

Kerckhoffs-De Heij, Alida Johanna Maria: De Grote Raad en zijn functionarissen 1477-1531, Amsterdam 1980.

Keussen, Hermann: Regesten und Auszüge zur Geschichte der Universität Köln 1388-1559, in: Mitteilungen aus dem Stadtarchiv von Köln, Bd. 15 (1918).

Kindermann, U.: Papias, in: LexMA VI, München/Zürich 1993, Spp. 1663 f.

Kirn, Hans-Martin: Das Bild vom Juden im Deutschland des frühen 16. Jahrhunderts. Dargestellt an den Schriften Johannes Pfefferkorns, Tübingen 1989.

Kisch, Guido: Aenea Silvio Piccolomini und die Jurisprudenz, Basel 1967.

– Bartolus und Basel, Basel 1960.

– Claudius Cantiuncula. Ein Basler Jurist und Humanist des 16. Jh., Basel 1970.

– Consilia. Eine Bibliographie der juristischen Konsiliensammlungen, Basel/Stuttgart 1970.

– Die Anfänge der Juristischen Fakultät der Universität Basel 1459-1529, Basel 1962.

– Humanismus und Jurisprudenz. Der Kampf zwischen mos italicus und mos gallicus an der Universität Basel, Basel 1955.

– Studien zur humanistischen Jurisprudenz, Berlin/New York 1972.

– Toleranz und Menschenwürde, in: Miscellanea Mediaevalia, Bd. 4: Judentum und Mittelalter, Berlin 1965, S. 1-36, Nachdruck in: ders., Forschungen zur Rechts-, Wirtschafts- und Sozialgeschichte der Juden, Sigmaringen 1979, S. 15-50.

– Zasius und Reuchlin. Eine rechtsgeschichtlich-vergleichende Studie zum Toleranzproblem im 16. Jahrhundert, Stuttgart 1961.

Klaiber, Julius: Johann Reuchlin's Beziehungen zu Wirtemberg und Stuttgart, in: Besondere Beilage des Staats=Anzeigers für Württemberg, Nr. 8 (1880), S. 113-122 und Nr. 9 (1880), S. 129-136.

Kluge, Otto: Die hebräische Sprachwissenschaft in Deutschland im Zeitalter des Humanismus, in: Zeitschrift für die Geschichte der Juden in Deutschland, Jg. III (1931), S. 81-97 und S. 180-193.

Klüpfel, K.: Urkunden zur Geschichte des Schwäbischen Bundes (1488-1533), Erster Theil 1488-1506, Stuttgart 1846; Zweiter Theil 1507-1533, Stuttgart 1853.

Knape, Joachim: Dichtung, Recht und Freiheit. Studien zu Leben und Werk Sebastian Brants 1457-1521, Baden-Baden 1992.

Knapp, Theodor: Das württembergische Hofgericht zu Tübingen und das württembergische Privilegium de non appellando, ZRG GA 48 (1928), S. 1-135.

– Die Lizenz der Lizentiaten, in: ZRG GA 51 (1931), S. 524-529.

– Vom Gericht des Schwäbischen Bundes, in: ZRG GA 51 (1931), S. 520-524.

Knod, Gustav: Analekten 5. Findlinge. Reuchlin, Wimpfeling, Hutten, Erasmus, Berns, in: Zeitschrift für Kirchengeschichte, Bd. 14 (1894), S. 118-132.

Kober, Adolf: Urkundliche Beiträge zum Reuchlinschen Streit. Ein Gedenkblatt zum 30. Juni 1922, in: Monatsschrift für Geschichte und Wissenschaft des Judentums, N. F. Jg. 31 (1923), S. 110-122.

Köchlin (Coccinus), Michael: De imperii a Grecis a Germanos tralatione, Straßburg 1506.

Koehler, B.: Geleit, in: HRG, Bd. 1, Spp. 1481-1489.

Kothe, Irmgard: Der fürstliche Rat in Württemberg im 15. und 16. Jahrhundert, Stuttgart 1938.

Kracauer, Isidor: Geschichte der Juden in Frankfurt a. M. (1150-1824), Bd. 1, Frankfurt am Main 1925.

Kraus, Dagmar: Altwürttembergische Lagerbücher aus der österreichischen Zeit 1520-1534, Bd. 7, Stuttgart 1995.

Krause, Eduard: Der Weißenburger Handel (1480-1505), Greifswald 1889.

Krebs, Manfred: Reuchlins Beziehungen zu Erasmus von Rotterdam, in: Krebs, Manfred (Hrsg.), Johannes Reuchlin (1455-1522). Festgabe seiner Vaterstadt Pforzheim zur 500. Wiederkehr seines Geburtstages, Pforzheim 1955, S. 139-155.

Kroeschell, Karl: Deutsche Rechtsgeschichte, Bd. 2 (1250-1650), Reinbek bei Hamburg 1973.

Kuhn, Werner: Die Studenten der Universität Tübingen zwischen 1477 und 1534. Ihr Studium und ihre spätere Lebensstellung, Göppingen 1971.

Kuttner, Stephan: Papst Honorius III. und das Studium des Zivilrechts, in: Caemmerer, Ernst von, Hallstein, Walter et al. (Hrsg.), Festschrift für Martin Wolff. Beiträge zum Zivilrecht und internationalem Privatrecht, Tübingen 1952, S. 79-101.

Lagler, Wilfried: Drucker, Händler und Gelehrte. Die Druckverleger, in: Eine Stadt des Buches: Tübingen 1498-1998, Tübingen 1998, S. 21-34.

Laufs, Adolf: Der Schwäbische Kreis. Studien über Einungswesen und Reichsverfassung im deutschen Südwesten zu Beginn der Neuzeit, Aalen 1971.

– Frieden durch Recht - Der Wormser Reichstag 1495, in: JuS 35 (1995), S. 665-671.

– Johannes Reuchlin - Jurist in einer Zeitenwende, in: Rhein, Stefan (Hrsg.), Reuchlin und die politischen Kräfte seiner Zeit, Sigmaringen 1998, S. 9-30.

– Johannes Reuchlin - Rat und Richter, in: v. Schmierer, Wolfgang et al. (Hrsg.), Aus Südwestdeutscher Geschichte, Festschrift für Hans Martin Maurer, Stuttgart 1994, S. 296-306.

– Rechtsentwicklungen in Deutschland, 5. Aufl., Berlin/New York 1996.

Laufs, Adolf/*Reiling,* Emil: Schwäbischer Bund, in: HRG, Bd. 4, Spp. 1551-1557.

Lieberich, Heinz: Gelehrte Räte, in: HRG, Bd. 1, Spp. 1474-1477.

– Landherren und Landleute. Zur politischen Führungsschicht Baiern im Spätmittelalter, München 1964.

Lindemann, Margarete: Die französischen Wörterbücher von den Anfängen bis 1600, Tübingen 1994.

– Le Vocabularius Nebrissensis latin-français et les dèbuts de la lexicographie française, in: Dees, Anthonij (Hrsg.), Actes du IVe colloque international sur le moyen français, Amsterdam 1985.

Lortz, Joseph: Die Reformation in Deutschland, 6. Auflage 1982.

Lotter, Friedrich: Der Rechtsstatus der Juden in den Schriften Reuchlins zum Pfefferkornstreit, in: Herzig, Arno u. Schoeps, Julius H. (Hrsg.), Reuchlin und die Juden, Sigmaringen 1993, S. 65-88.

Ludwig, Walther: Das Geschenkexemplar der *Germanograecia* des Martin Crusius für Herzog Ludwig von Württemberg, in: ZWLG 56 (1997), S. 43-64.

– Graf Eberhard im Bart, Reuchlin, Bebel und Johannes Casselius, in: ZWLG 54 (1995), S. 33-60.

Maffei, Domenico: Gli inizi dell'umanesimo giuridico, Mailand 1956 (ND 1972).

Majus, Johann Heinrich: Vita Johanni Reuchlini Phorcensis, Primi in Germania Hebraicarum Graecarumque, & aliarumque bonarum literarum Instauratoris, Durlach 1687.

Manlius, Johann: Locorum Communium Collectanea, Basel 1572.

Maurer, Hans-Martin: Von der Landesteilung zur Wiedervereinigung. Der Münsinger Vertrag als ein Markstein württembergischer Geschichte, in: ZWLG 43 (1984), S. 89-132.

Maurer, Wilhelm: Reuchlin und das Judentum, in: Theologische Literaturzeitung, Bd. 77 (1952), Spp. 535-544. Zit. wird der Wiederabdr. in: Kling, Hermann u. Rhein, Stefan (Hrsg.), Johannes Reuchlin (1455-1522), Nachdruck der 1955 von Manfred Krebs hrsg. Festgabe, Sigmaringen 1994, 267-276.

Mauz, Jörg: Ulrich Molitoris aus Konstanz (ca. 1442-1507). Leben und Schriften, Diss. phil. masch. in 4 Bänden, Konstanz 1983.

Mayer, Franz: Geschichte der ehemaligen Herrschaft Angelberg, Türkheim 1955.

Mayer, Hans-Joachim: Die Bedeutung der Rechtsgutachten in der Rezeptionszeit, Diss. iur. masch. Basel 1962.

Mayer, Hermann: Die Matrikel der Universität Freiburg i. Br. von 1460-1656, Band I: Einleitung und Text, Freiburg i. Br. 1907.

Mayerhoff, Ernst Theodor: Johann Reuchlin und seine Zeit, Berlin 1830.

Mehring, Gebhard: Beiträge zur Geschichte der Kanzlei der Grafen von Wirtemberg, in: Württembergische Vierteljahreshefte für Landesgeschichte, N. F. 25 (1916), S. 325-364.

Meijers, Eduard Maurits: L'Enseignement du droit dans trois universités du XIIIe siècle, in: Etudes d'historie du droit, Tome III: Le Droit romain au moyen âge, Leiden 1959, S. 3-208.

Meiners, Christoph: Lebensbeschreibung des Johann Reuchlin: Beurtheilung seines Charakters und seiner Schriften; und Geschichte seines Streits mit den Gottesgelehrten in Cölln, in: Lebensbeschreibung berühmter Männer aus den Zeiten der Wiederherstellung der Wissenschaften, erster Band, Zürich ohne Jahr (Vorrede datiert auf 25. Juli 1794), S. 44-212.

Melanchthon, Philipp: De Capnione Phorcensi. Oratio continens historiam Ioannis Capnionis, Phorcensis, recita a Mart. Simone Brandenburgis (Decano collegii phil.) anno 1552, in: Philippi Melanthonis opera quae supersunt omnia, Hrsg. von Carolus Gottlieb Bretschneider, Bd. XI, Halle (Sachsen) 1843, Spp. 999-1010.

– De Eberhardo Duce Wurtemb. Oratio de Eberardo, Duce Wirtembergensi; recitata a Doct. Iohanne Schneidewein, cum gradus decerneretur Doctori Georgio Müller, Mansfeldensi, an. 1552, in: Philippi Melanthonis opera quae supersunt omnia, Hrsg. von Carolus Gottlieb Bretschneider, Bd. XI, Halle (Sachsen) 1843, Spp. 1021-1030.

Mertens, Dieter: Eberhard im Bart und der Humanismus, in: Maurer, Hans-Martin (Hrsg.), Eberhard und Mechthild. Untersuchungen zu Politik und Kultur im ausgehenden Mittelalter, Stuttgart 1994, S. 35-81.

– Jakob Wimpfeling (1450-1528). Pädagogischer Humanismus, in: Schmidt, Paul Gerhard (Hrsg.), Humanismus im deutschen Südwesten. Biographische Profile, Sigmaringen 1993, S. 35-57.

Moraw, Peter: Der Reichstag zu Worms von 1495, in: 1495 - Kaiser, Reich, Reformen: Der Reichstag zu Worms. Katalog zur Ausstellung des Landeshauptarchivs Koblenz i. V. m. der Stadt Worms, Koblenz 1995, S. 25-37.

Morneweg, Karl: Johann von Dalberg. Ein deutscher Humanist und Bischof (geb. 1455, gest. 1503), Heidelberg 1886.

Müller, Ulrich: Die politischen Beziehungen zwischen der Kurpfalz und der Grafschaft Wirtemberg im 15. Jahrhundert, Stuttgart 1970.

Munzel, D.: Vokabularien, in: HRG, Bd. 5, Spp. 946-948.

Nägele, Anton: Dr. Ludwig Vergenhans im Dieste der Grafen und Herzoge von Württemberg, in: Württembergische Vierteljahreshefte für Landesgeschichte, N. F. 41 (1935), S. 32-82.

Nauert, Charles G.: Humanism as Method: Roots of Conflict with the Scolastics, in: Sixteenth Century Journal, Bd. 29 (1998), S. 427-438.

Neue und vollständigere Sammlung der Reichs=Abschiede, Teil 2, Frankfurt 1747.

Nève, P. L.: Actor sequitur forum rei, in: Spruit, J. E. u. Vrugt, M. van de, Brocardica in honorem G. C. J. J. van den Bergh, Deventer 1987, S. 67-73.

Nikolaus de Tudeschis: Abbatis Panormitani commentaria in Quartum et Quintum Decretalium Librum, Venedig 1578.

Nörr, Knut Wolfgang: Reihenfolgenprinzip, Terminsequenz und „Schriftlichkeit". Bemerkungen zum römisch-kanonischen Zivilprozeß, in: Zeitschrift für Zivilprozeß 85 (1972) S. 160-170. (ND in: ders., Iudicium est actus trium personarum. Beiträge zur Geschichte des Zivilprozeßrechts in Europa, Goldbach 1993, S. 19-29).

Ogris, W.: Testament, in: HRG, Bd. 5, Spp. 152-165.

Öhler, Heinrich: Der Aufstand des Armen Konrad im Jahr 1514, in: WVjH, Jg. 38 (1932), S. 401-486.

Oldendorp, Johannes: Wat byllick und recht ys / eyne korte erklaring / allen stenden denstlick, Rostock 1529.

Oldradus de Ponte: Consilia domini Oldradi de Ponte de Laude, Mailand 1515.

– Consilia seu Responsa et Quaestiones Aureae in quibus ea quae ad quotidianum usum in forensibus negotijs et controversiis spectant subtilißimè et exactißimè perstringuntur, Frankfurt am Main 1576.

Opitz, Eckardt: Johannes Reuchlin und Josel von Rosheim. Probleme einer Zeitgenossenschaft, in: Herzig, Arno u. Schoeps, Julius H. (Hrsg.), Reuchlin und die Juden, Sigmaringen 1993, S. 89-108.

Ottmar, Johann: Burkhard von Ehingen, eine biografische Skizze, in: ders., Landadel, Kirche und Bauern. Zehn Beiträge zur Geschichte und Kulturgeschichte der Adelsherrschaft am Neckar und Schwarzwald im 15. und 16. Jahrhundert, Horb am Neckar 1991, S. 34-56.

Padberg, Wilhelm: Der Vocabularius Breviloquus und seine Bedeutung für die Lexikographie des ausgehenden Mittelalters, Münster 1912.

Paulus, Nikolaus: Die deutschen Dominikaner im Kampfe gegen Luther (1518-1563), Freiburg im Breisgau 1903.

Pescatore, Gustav (Hrsg.), Thomae Diplovatatii opus de praestantia doctorum, erste Abteilung, Berlin 1890.

Peterse, Hans: Jacobus Hoogstraeten gegen Johannes Reuchlin. Ein Beitrag zur Geschichte des Antijudaismus im 16. Jarhundert, Mainz 1995.

Pfefferkorn, Johannes: Beschyrmung Johannes Pfefferkorn (den man nyt verbrant hat) zeygt menniglichen an den loblichen handell von ym geubt zwyschen ym und wyder Johan Reuchleyn und der trulosen juden zusambt yren mithelffers [...], o. O. 1516.

– Defensio Ioannis Pepericorni contra famosas et criminales Obscurorum Virorum Epistolas indigna earundem provocatione totam fere historiam Reuchlinianam a Cesarea maiestate contra perfidos dudum Judeos laudabiliter inceptam verissime describentis, o. O. u. J. (Köln 1516), zitiert wird der Abdruck in: Böcking, Eduard, Vlrichi Hutteni equitis operum supplementum, Bd. 1, Leipzig 1864, S. 81-176.

– Der Joeden spiegel, Köln 1507.

Pfeilsticker, Walther: Neues württembergisches Dienerbuch, Bd. 1: Hof, Regierung, Verwaltung, Stuttgart 1957.

Philippi Melanthonis opera quae supersunt omnia, Hrsg. von Carolus Gottlieb Bretschneider, Bd. IX, Halle (Saale) 1842.

Poliziano, Angelo: Lamia. Praelectio in Priora Aristotelis Analytica, Hrsg. von Ari Wesseling, Leiden 1986.

Pötzel, Walter: Geschichte des Klosters Irsee. Von der Gründung bis zum Beginn der Neuzeit 1182-1501, Ottobeuren 1969.

Preisendanz, Karl: Die Bibliothek Johannes Reuchlins, in: Krebs, Manfred (Hrsg.), Johannes Reuchlin (1455-1522). Festgabe seiner Vaterstadt Pforzheim zur 500. Wiederkehr seines Geburtstages, Pforzheim 1955, S. 35-82.

– Johannes Reuchlins Heidelberger Intermezzo. Zu seinem 500. Geburtstag (22. Februar 1455), in: Heidelberger Fremdenblatt, Nr. 17 (1955), S. 2-5.

– Die Bibliothek Johannes Reuchlins, in: Kling, Hermann u. Rhein, Stefan (Hrsg.), Johannes Reuchlin (1455-1522), Nachdruck der 1955 von Manfred Krebs hrsg. Festgabe, Sigmaringen 1994, S. 35-82.

– Luther und Reuchlin, in: Die Pyramide, Jg. 20 (1931) S. 31-32.

Press, Volker: Eberhard im Bart von Württemberg als Graf und Fürst des Reiches, in: Maurer, Hans-Martin (Hrsg.), Eberhard und Mechthild. Untersuchungen zu Politik und Kultur im ausgehenden Mittelalter, Stuttgart 1994, S. 9-34.

Quaglioni, Diego: <Inter Iudaeos et Christianos commertia sunt permissa>. ‚Questione ebraica' e usura in Baldo degli Ubaldi (c. 1327-1400), in: Aspetti e problemi della presenza ebraica nell'Italia centro-settentrionale (secoli XIV e XV), Roma 1983, S. 273-305.

– Gli ebrei nei *consilia* del Quattrocento veneto, in: Baumgärtner, Ingrid (Hrsg.), Consilia im späten Mittelalter. Zum historischen Aussagewert einer Quellengattung, Sigmaringen 1995, S. 189-204.

– I giuristi medioevali e gli ebrei. Due ‚Consultationes' di G. F. Pavini (1478), in: Quaderni Storici 64 (1987), S. 7-18.

Reiling, Emil: Reuchlin und die politischen Kräfte seiner Zeit. Bericht über den Zweiten Reuchlin-Kongreß der Stadt Pforzheim vom 23. bis 25. Juni 1994, in ZRG GA 112 (1995), S. 730-739.

Rhein, Stefan: Buchdruck und Humanismus - Melanchthon als Korrektor in der Druckerei des Thomas Anshelm, in: Philipp Melanchthon in Südwestdeutschland: Bildungsstationen eines Reformators, Hrsg. v. Stefan Rhein, Karlsruhe 1997, S. 63-74.

– Johannes Reuchlin (1455-1522). Ein deutscher «uomo universale», in: Schmidt, Paul Gerhard (Hrsg.), Humanismus im deutschen Südwesten. Biographische Profile, Sigmaringen 1993, S. 59-75.

– Reuchliniana I. Neue Bausteine zur Biographie Johannes Reuchlins, in: Wolfenbütteler Renaissance Mitteilungen, Bd. 12 (1988), S. 84-94. Korrigierter Neudruck in: Kling, Hermann und Rhein, Stefan (Hrsg.), Johannes Reuchlin (1455-1522), Nachdruck der 1955 von Manfred Krebs hrsg. Festgabe, Sigmaringen 1994, S.277-284.

– Reuchliniana II. Forschungen zum Leben Johannes Reuchlins, in: Wolfenbütteler Renaissance Mitteilungen Bd. 13 (1989), S. 23-44. Korrigierter Neudruck in: Kling, Hermann und Rhein, Stefan (Hrsg.), Johannes Reuchlin (1455-1522), Nachdruck der 1955 von Manfred Krebs hrsg. Festgabe, Sigmaringen 1994, 285-301.

Ridder-Symoens, Hilde de: Illmer, Detlef u. Ridderikhoff, Cornelia M., Premier livre des procurateurs de la nation germanique de l'ancienne Université d'Orléans 1444-1546. Band 2: Biographies des étudiants, vol. I: 1444-1515, Leiden 1978.

Ridderikhoff, Cornelia M. (Hrsg.), Premier livre des procurateurs de la nation germanique de l'ancienne Université d'Orléans 1444-1546. Band 1: Texte des rapports des procurateurs, Leiden 1971.

Riezler, Sigismund: Geschichte Bayerns, Bd. 3, in: Allgemeine Staatengeschichte, Abt. 1, 20. Werk, Gotha 1889.

Ritter, Gerhard: Die geschichtliche Bedeutung des deutschen Humanismus, in: HZ Bd. 127 (1923) S. 393-453.

– Studien zur Spätscholastik II. Via antiqua und via moderna auf den deutschen Universitäten des XV. Jahrhunderts, in: Sitzungsberichte der Heidelberger Akademie der Wissenschaften, Phil.-hist. Klasse, 7. Abhandlung 1922.

Röckelein, Hedwig: Die lateinischen Handschriften der Universitätsbibliothek Tübingen, Teil 1: Signaturen Mc 1-Mc 150, Wiesbaden 1991.

Roth, F. Wilhelm Emil: Der Kampf um die Judenbücher und Reuchlin vor der theologischen Fakultät zu Mainz 1509-1513, in: Der Katholik, Bd. 89 (1909), S. 139-144.

– Johann Reuchlin vor der theologischen Fakultät zu Mainz 1511-1513, in: Hessische Chronik, Jg. 4 (1915), S. 145-148.

Rowan, Steven: Ulrich Zasius. A Jurist in the German Renaissance, 1461-1535, Frankfurt am Main 1987.

Rummel, Erika: The Humanist-Scholastic Debate in the Renaissance and Reformation, Cambridge (Mass.)/London 1995.

Rupprich, Hans: Johannes Reuchlin und seine Bedeutung im europäischen Humanismus, in: Krebs, Manfred (Hrsg.), Johannes Reuchlin (1455-1522). Festgabe seiner Vaterstadt Pforzheim zur 500. Wiederkehr seines Geburtstages, Pforzheim 1955, S. 10-34.

Samaran, Carolus/*van Moé,* Aemilius A./*Vitte,* Susagna (Hrsg.): Liber procuratorum Nationis Anglicanae (Alemanniae) in Universitate Parisiensi, Tomus III: Liber Procuratorum Nationis Alemanniae ab anno MCCCCLXVI ad annum MCCCCXCII, Paris 1935.

Sander, Friedrich: Johannes Heynlin von Stein. Ein Lehrer Reuchlins, in: Pforzheimer Geschichtsblätter, Folge 1 (1961), S. 65-81.

Sattler, Christian Friedrich: Geschichte des Herzogthoms Württenberg unter der Regierung der Graven, Teil 3 u. Teil 4, 2. Auflage 1777.

Savigny, Friedrich Carl v.: Geschichte des Römischen Rechts im Mittelalter, Bd. 6: Das vierzehnte und fünfzehnte Jahrhundert, 2. Ausg., Heidelberg 1850.

Scarpatetti, Beat Matthias von: Heynlin, Johannes, de Lapide (von Stein), in: Roh, Kurt (Hrsg.), Die deutsche Literatur des Mittelalters, Verfasserlexikon, Bd. 3, 2. Auflage, Berlin/New York 1981, Spp. 1213-1219.

Schäfer, Karl Heinrich: Die deutschen Mitglieder der Heiliggeist-Bruderschaft zu Rom am Ausgang des Mittelalters, Paderborn 1913.

Schanz, Wolfgang: Das Tübinger Stadtrecht von 1493. Herkunft und Bedeutung, Tübingen 1963.

Scheible, Heinz: Reuchlins Einfluß auf Melanchthon, in: Herzig, Arno u. Schoeps, Julius H. (Hrsg.), Reuchlin und die Juden, Sigmaringen 1993, S. 123-149.

Schick, Ingeborg: König Maximilian I. und seine Beziehungen zu den weltlichen Reichsfürsten in den Jahren 1496-1506, Teil 1, Diss. phil. masch. Graz 1967.

Schieß, Traugott: Briefwechsel der Brüder Ambrosius und Thomas Blaurer 1509-1548, Bd. 2, Freiburg i. Br. 1910.

Schiffmann, Konrad: Johannes Reuchlin in Linz. Ein Bild aus der Vergangenheit der Stadt, 2. Auflage, Linz 1929.

Schlecht, Joseph: Briefe aus der Zeit von 1509-1526, in: Briefmappe, 2. Stück, Reformationsgeschichtliche Studien und Texte Heft 40, Münster 1922, S. 22-116.

– Reuchlin und Johann von Lamberg, in: ZGO N. F. 37 (1922), S. 322-330.

Schmidt, Luise: Maximilian I., Europa, das Reich und die habsburgischen Erblande 1490-1493, Diss. phil. masch. Graz 1971.

Schmitt, Wolfgang O.: Eine unbekannte Rede zum Lob der griechischen Sprache und Literatur. Zur literarischen Biographie des Humanisten Kontoblakes, in: Philologus 115 (1971), S. 264-277.

Schneider, Eugen: Die Rinklin von Rothis, in: WVjH Jg. 7 (1898), S. 351-356.

– Johann Reuchlins Berichte über die Krönung Maximilians I. im Jahre 1486, in: ZGO N. F. 13 (1898), S. 587-559.

Schnurrer, Christian Friedrich: Biographische und litterarische Nachrichten von ehemaligen Lehrern der hebräischen Litteratur in Tübingen, Ulm 1792 (zu Reuchlin S. 6-66).

Schöntag, Wilfried: Die Aufhebung der Stifte und Häuser der Brüder von gemeinsamen Leben in Württemberg. Ein Vorbote der Reformation?, in: ZWLG Bd. 38 (1979), S. 82-96.

Schröder, Richard/*Künßberg,* Eberhard v.: Lehrbuch der deutschen Rechtsgeschichte, 7. Auflage, Berlin/Leipzig 1932.

Schroeder, Klaus-Peter: Sebastian Brant (1458-1521) - Jurist, Humanist und Poet, in: NJW 47 (1994), S. 1905-1911.

Schuler, Peter-Johannes: Notare Südwestdeutschlands. Ein prosopographisches Verzeichnis für die Zeit von 1300 bis ca. 1520, Textband, Stuttgart 1987. (dazu ein Registerband, Stuttgart 1987).

Schulte, Friedrich: Lehrbuch des katholischen Kirchenrechts nach dem gemeinen, dem deutschen und österreichischen Partikularrechte und dessen Literaturgeschichte, Gießen 1868.

Schulten, Gerd: Entstehung und Entwicklung des Ratswesens, Tübingen 1982.

Schwab, Hans-Rüdiger: Johannes Reuchlin. Deutschlands erster Humanist. Ein biographisches Lesebuch, München 1998.

Sébastien Brant: 500e anniversaire de «La nef des folz» = «Das Narren Schyff», zum 500jährigen Jubiläum des Buches von Sebastian Brant: 1494-1994, Ausstellungskatalog hrsg. von den Universitätsbibliotheken Basel und Freiburg im Breisgau, Basel 1994.

Seckel, Emil: Beiträge zur Geschichte beider Rechte im Mittelalter, Bd. 1: Zur Geschichte der populären Literatur des römisch-canonischen Rechts, Tübingen 1898.

Sellert, Wolfgang: Kalumnieneid, in: HRG, Bd. 2, Spp. 566-570.

– Prozeßgrundsätze und Stilus Curiae am Reichshofrat im Vergleich mit den gesetzlichen Grundlagen des reichskammergerichtlichen Verfahrens, Aalen 1973.

– Schiedsgericht, in: HRG, Bd. 4, Spp. 1386-1393.

Setzler, Wilfried: Die Entwicklung vom „Römischen Kloster" bis zum „Sonderfall" im Reich (1089-1570), in: Pretsch, Hermann Josef (Hrsg.), 900 Jahre Benediktinerabtei Zwiefalten, Ulm 1989, S. 19-43.

– Kloster Zwiefalten. Eine schwäbische Benediktienerabtei zwischen Reichsfreiheit und Landsässigkeit. Studien zu ihrer Rechts- und Verfassungsgeschichte, Sigmaringen 1989.

– Zwiefalten, in: Quarthal, Franz (Hrsg.), Die Benediktinerklöster in Baden-Württemberg, Augsburg 1975, S. 680-707.

Sexauer, Ottmar: Pforzheim zur Zeit Reuchlins. Ein Kulturbild, in: Krebs, Manfred (Hrsg.), Johannes Reuchlin (1455-1522). Festgabe seiner Vaterstadt Pforzheim zur 500. Wiederkehr seines Geburtstages, Pforzheim 1955, S. 157-172.

Seyboth, Reinhard: Die Markgraftümer Ansbach und Kulmbach unter der Regierung Markgraf Friedrichs des Älteren (1486-1515), Göttingen 1985.

Sicherl, Martin: Neue Reuchliniana, in: Graeca recentiora in Germania - Deutsch-griechische Kulturbeziehungen vom 15. bis 19. Jahrhundert, Wolfenbütteler Forschungen Bd. 59, Wiesbaden 1994, S. 65-92.

– Zwei Reuchlin-Funde aus der Pariser Nationalbibliothek, Wiesbaden 1963.

Smend, Rudolf: Das Reichskammergericht. Geschichte und Verfassung, Weimar 1911.

Smet, Gilbert A. R. de: Wörterbücher, in: Kanzog, Klaus u. Masser, Achim (Hrsg.), Reallexikon der deutschen Literaturgeschichte, Bd. 4, 2. Aufl., Berlin/New York 1984, S. 930-946.

Sohm jr., Rudolf: Die Litis Contestatio in ihrer Entwicklung vom frühen Mittelalter bis zur Gegenwart. Ein Beitrag zur Geschichte des Zivilprozesses, München 1914.

Solleder, Fridolin: Herzog Ottheinrichs Frage an die Sterne. Zur Lebensgeschichte des Johann Schöner und der Herren von Croaria, in: Staat und Volkstum. Neue Studien zur baierischen und deutschen Geschichte und Volkskunde. Festgabe für Karl Alexander von Müller, Diessen 1933, S. 281-317.

Spanier, Meier: Zur Charakteristik Johannes Pfefferkorns, in: Zeitschrift für die Geschichte der Juden in Deutschland, Jg. VI. (1935), S. 209-229.

Spielvogel, Jackson Joseph: Willibald Pirckheimer and the Nuernberg City Council, Diss. masch. Ohio 1967.

Spitz, Lewis W.: Reuchlin's Philosophy: Pythagoras and Cabala for Christ, in: Archiv für Reformationsgeschichte, Bd. 47 (1956), S. 1-20.

Stauber, Reinhard: Herzog Georg von Bayern-Landshut und seine Reichspolitik. Möglichkeiten und Grenzen reichsfürstlicher Politik im wittelsbachisch-habsburgischen Spannungsfeld zwischen 1470-1505, Kallmütz (Oberpfalz) 1993.

Steinhofer, Johann Ulrich: Ehre des Herzogtums Wirtenberg in seinen Durchlauchtigsten Regenten/oder der Neuen Wirtenbergischen Chronik Dritter Theil, welcher den hohen Ursprung, das glückliche Wachstum, und gesegnete Regiment des hochfürstlichen Hauses Wirtenberg von Jahren zu Jahren pragmatische beschreibet und des Landes ganze Verfassung, erworbene Vorrechten und Freyheiten mit Kaysern, Königen, Fürsten, Grafen, Herrn, und denen Reichsstädten, zu allen Zeiten errichtete grosse Bündnisse, und geführte schwere Kriege, auch eine Menge vieler andern wichtigen und bisher fast ohnbekannten Begebenheiten deutlich vorstellet, alles aus richtigen Urkunden, alten Hanschriften, und bewährten Schriftstellern zusammengetragen, und aus Liebe zu dem Vaterlande, Stuttgart 1752.

Steitz, Georg Eduard: Der Streit über die unbefleckte Empfängniss der Maria zu Frankfurt a. M. im Jahre 1500 und sein Nachspiel in Bern 1509, in: Archiv für Frankfurts Geschichte und Kunst, N. F. Bd. 6, Frankfurt 1877, S. 1-35.

Stichweh, Rudolf: Der frühmoderne Staat und die europäische Universität. Zur Interaktion von Politik und Erziehungssystem im Prozeß ihrer Ausdifferenzierung (16.-18. Jahrhundert), Frankfurt am Main 1991.

Stiefenhöfer, Hermine: Philipp von Flersheim. Bischof von Speyer [1529-1552] und gefürsteter Propst von Weißenburg 1546-1552. Ein Beitrag zur Geschichte der Reformation und der deutschen Westmark, Speyer 1941.

Stievermann, Dieter: Der Augustinermönch Dr. Conrad Holzinger - Kaplan, Rat und Kanzler des Grafen bzw. Herzogs Eberhard d. J. von Württemberg am Ende des 15. Jahrhunderts, in: Engel, Josef (Hrsg.), Mittel und Wege früher Verfassungspolitik, Stuttgart 1979, S. 356-405.

– Der Jurist Martin Prenninger gen. Uranius, Professor in Tübingen 1490 bis 1501, und seine Tätigkeit für die Herrschaft Württemberg. Hinweise auf unbekannte Gutachten und den gescheiterten Plan eines Stuttgarter Druckes seiner deutschen Konsilien um 1608, in: Der Sülchgau, Bd. 24 (1980), S. 27-33.

– Die gelehrten Juristen der Herrschaft Württemberg im 15. Jahrhundert. Mit besonderer Berücksichtigung der Kleriker-Juristen in der ersten Jahrhunderthälfte und ihre Bedeutung für das landesherrliche Kirchenregiment, in: Schnur, Roman (Hrsg.), Die Rolle der Juristen bei der Entstehung des modernen Staates, Berlin 1986, S. 229-271.

– Johannes Reuchlin als Jurist und Rat in württembergischen Diensten, in: Rhein, Stefan (Hrsg.), Reuchlin und die politischen Kräfte seiner Zeit, Sigmaringen 1998, S. 31-51.

– Landesherrschaft und Klosterwesen im spätmittelalterlichen Württemberg, Sigmaringen 1989.

Stintzing, Roderich: Geschichte der Deutschen Rechtswissenschaft, Abt. 1, München/Leipzig 1880.

– Geschichte der populären Literatur des römisch-kanonischen Rechts in Deutschland am Ende des fünfzehnten und im Anfang des sechszehnten Jahrhunderts, Leipzig 1867 (ND Aalen 1959).

Stobbe, Otto: Geschichte der deutschen Rechtsquellen, Bd. 2, Braunschweig 1864.

Stolleis, Michael: Geschichte des öffentlichen Rechts in Deutschland. Bd. 1: Reichspublizistik und Policeywissenschaft 1600-1800, München 1988.

Stupperich, Robert: Vorgeschichte und Nachwirkungen des Wormser Edikts im deutschen Nordwesten, in: Reuter, Fritz (Hrsg.), Der Reichstag zu Worms von 1521. Reichspolitik und Luthersache, Köln/Wien 1981.

Summa Britonis sive Guillelmi Britonis Expositiones Vocabulorum Biblie, Hrsg. v. Lloyd W. Daly u. Bernadine A. Daly, 2. Bdd., Padua 1975.

Tewes, Götz-Rüdiger: Die Bursen der Kölner Artisten-Fakultät bis zur Mitte des 16. Jahrhunderts, Köln/Weimar/Wien 1993.

Thieme, Hans: Le Role des DOCTORES LEGUM dans la société de l'Allemagne de XVIe siècle, in: Recueil de mémoires et travaux, Bd. 6 (1967), S. 45-49.

Treu, Martin: Johannes Reuchlin, Ulrich von Hutten und die Frage der politischen Gewalt, in: Rhein, Stefan (Hrsg.), Reuchlin und die politischen Kräfte seiner Zeit, Sigmaringen 1998, S. 133-145.

Troje, Hans Erich: „Verwissenschaftlichung" und Humanistische Jurisprudenz, in: Comparative Law Review, Bd. 19 (1985), S. 39-72.

– Arbeitshypothesen zum Thema „Humanistische Jurisprudenz", in: Tijdschrift voor Rechtsgeschiedenis 38 (1970), S. 519-555.

– Die europäische Rechtsliteratur unter dem Einfluß des Humanismus, in: Ius Commune 3 (1970), S. 33-63.

– Graeca leguntur. Die Aneignung des byzantinischen Rechts und die Entstehung eines humanistischen Corpus iuris civilis in der Jurisprudenz des 16. Jahrhunderts, Köln/Wien 1971.

– Zur humanistischen Jurisprudenz: 1) Mos Gallicus; 2) Usura, in: Festschrift für Hermann Heimpel zum 70. Geburtstag am 19. September 1971, Bd. 2, Göttingen 1972, S. 110-139.

Trusen, Winfried: Anfänge des gelehrten Rechts in Deutschland. Ein Beitrag zur Geschichte der Frührezeption, Wiesbaden 1962.

– Der Prozeß gegen Meister Eckhart. Vorgeschichte, Verlauf und Folgen, Paderborn/München/Wien/Zürich 1988.

– Die Prozesse gegen Reuchlins „Augenspiegel". Zum Streit um die Judenbücher, in: Rhein, Stefan (Hrsg.), Reuchlin und die politischen Kräfte seiner Zeit, Sigmaringen 1998, S. 87-131.

– Johann Reuchlin und die Fakultäten. Voraussetzungen und Hintergründe des Prozesses gegen den „Augenspiegel", in: Keil, Gundolf u. a. (Hrsg.), Der Humanismus und die oberen Fakultäten, Weinheim 1987, S. 115-157.

– Römisches und partikuläres Recht in der Rezeptionszeit, in: Kuchinke, Kurt (Hrsg.), Rechtsbewahrung und Rechtsentwicklung. Festschrift für Heinrich Lange zum 70. Geburtstag, München 1970, S. 97-120.

– Von den Anfängen des Inquisitionsprozesses zum Verfahren bei der *inquisitio haereticae pravitatis*, in: Segl, Peter (Hrsg.), Die Anfänge der Inquisition im Mittelalter, mit einem Ausblick auf das 20. Jahrhundert und einem Beitrag über religiöse Intoleranz im nichtchristlichen Bereich, Köln/Weimar/Wien 1993, S. 39-76.

Tschech, Erna: Maximilian und sein Verhältnis zu den Juden (1490-1516), Phil. Diss. masch. Graz 1971.

Tüchle, Hermann: Beiträge zur Geschichte des Ulmer Dominikanerklosters, in: Aus Archiv und Bibliothek. Studien aus Ulm und Oberschwaben, Max Huber zum 65. Geburtstag, Ulm 1969, 194-207.

Ulmann, H.: Franz von Sickingen. Nach meistens ungedruckten Quellen, Leipzig 1872.

Urkundenbuch der Stadt Heilbronn, bearb. v. Moritz v. Rauch, Band 2 (1476-1500), Heilbronn 1913 u. Band 3 (1501-1524), Heilbronn 1916.

Viehweg, Theodor: Topik und Jurisprudenz. Ein Beitrag zur rechtswissenschaftlichen Grundlagenforschung, 5. Aufl., München 1974.

Villard, François: Un Juriste du XVe siècle. Hugues de Bauze, in: Bulletin de la Société des Antiquaires de l'Ouest, 4. Serie Bd. 9 (1967-1968), S. 435-462.

Vischer, Wilhelm: Geschichte der Universität Basel von der Gründung 1460 bis zur Reformation 1529, Basel 1860.

Vogelgesang, Gretl: Kanzlei- und Ratswesen der pfälzischen Kurfürsten um die Wende vom 15. zum 16. Jahrhundert, Diss. phil. masch., Freiburg i. Br. 1942.

Wackernagel, Hans Georg: Die Matrikel der Universität Basel, Band 1: 1460-1529, Basel 1951.

Wagner, Fritz: Der Schwäbische Bund und die fränkischen Hohenzollern, in: Forschungen zur Deutschen Geschichte, 23 (1882), S. 261-327 und 25 (1885), S. 463-510.

Walter, Peter: Johannes von Dalberg und der Humanismus, in: 1495 - Kaiser, Reich, Reformen: Der Reichstag zu Worms. Katalog zur Ausstellung des Landeshauptarchivs Koblenz i. V. m. der Stadt Worms, Koblenz 1995, S. 139-171.

Waltzinger, J. P.: Petrus Jacobi Arluenensis 1495-1509. Documents pour servir à une biographie, in: Le Musée Belge Bd. 12 (1908), S. 35-71.

Weijers, Olga: Dictionnaires et répetoires au moyen âge, Brepols 1991.

– Lexicography in the Middle Ages, in: Viator 20 (1989), S. 139-153.

Weimar, P.: Alexander de Tartagnis, in: Stolleis, Michael (Hrsg.), Juristen: ein biographisches Lexikon; von der Antike bis zum 20. Jahrhundert, München 1995, S. 29 f.

Weitzel, Jürgen: Anwälte am Reichskammergericht, in: Battenberg, Friedrich u. Ranieri, Filippo (Hrsg.), Geschichte der Zentraljustiz in Europa. Festschrift für Bernhard Diestelkamp zum 65. Geburtstag, Weimar/Köln/Wien 1994, S. 253-269.

Wesener, Gunter: Prozeßverschleppung, in HRG, Bd. 4, Spp. 68-70.

Wetzell, Georg Wilhelm: System des ordentlichen Zivilprozesses, 3. Auflage, Leipzig 1878.

Wieacker, Franz: Privatrechtsgeschichte der Neuzeit unter besonderer Berücksichtigung der deutschen Entwicklung, Göttingen 2. Aufl. 1967.

Wiegand, Wolfgang: Studien zur Rechtsanwendungslehre der Rezeptionszeit, Ebelsbach 1977.

Wiesflecker, Hermann: Kaiser Maximilian I. Das Reich, Österreich und Europa an der Wende zur Neuzeit, Band V: Der Kaiser und seine Umwelt. Hof, Staat, Wirtschaft, Gesellschaft und Kultur, München 1968.

Wille, Jakob: Johannes Reuchlin, in: ZGO N. F. 37 (1922), S. 249-275.

Willoweit, Dietmar: Deutsche Verfassungsgeschichte. Vom Frankenreich bis zur Teilung Deutschlands, 2. Auflage, München 1992.

Winterberg, H.: Fürsprecher, in HRG, Bd. 1, Spp. 1333-1337.

Worstbrock, Franz Josef: Die «Ars versificiandi et carminum» des Konrad Celtis. Ein Lehrbuch eines deutschen Humanisten, in: Moeller, Bernd, Patze Hans u. Stackmann, Karl (Hrsg.), Studien zum städtischen Bildungswesen des späten Mittelalters und der frühen Neuzeit. Bericht über Kolloquien der Kommission zur Erforschung der Kultur des Spätmittelalters 1978 bis 1981, Göttingen 1983, S. 462-498.

Württemberg im Spätmittelalter, Katalog zur Ausstellung des Hauptstaatsarchivs Stuttgart und der Württ. Landesbibliothek, bearbeitet von Joachim Fischer, Peter Amelung und Wolfgang Irtenkauf, Stuttgart 1985.

Zeller, J.: Paul Speratus von Rötlen. Seine Herkunft, sein Studiengang und seine Tätigkeit bis 1522, in: WVjH N. F. 16 (1907) S. 327-358.

Zeller, Joseph: Die Umwandlung des Benediktinerklosters Ellwangen in ein weltliches Chorherrenstift (1460) und die kirchliche Verfassung des Stifts, Text und Darstellung, Stuttgart 1910.

Zeller, Wolfgang: Der Jurist und Humanist Martin Prenninger gen. Uranius (1450-1501), Tübingen 1973.

Zeumer, Karl: Die Goldene Bulle Kaiser Karls IV. Erster Teil: Entstehung und Bedeutung der Goldenen Bulle, Weimar 1908.

– Quellensammlung zur Geschichte der Deutschen Reichsverfassung im Mittelalter und Neuzeit, Teil 2, 2. Aufl., Tübingen 1913.

Zeydel, Edwin H.: Johann Reuchlin and Sebastian Brant: A Study in Early German Humanism, in: Studies in Philology, Bd. 67 (1970), S. 117-138.

Ziehen, Eduard: Mittelrhein und Reich im Zeitalter der Reichsreform 1356-1504, Band 1: 1356-1491, Frankfurt am Main 1934; Band 2: 1491-1504, Frankfurt am Main 1937.

Zimmer, Eric: Hebrew Letters of Two Sixteenth Century German Humanists, in: Revue des études juives, Bd. 141 (1982), S. 379-386.

Namens- und Ortsregister